读客中国史入门文库

顺着文库编号读历史，中国史来龙去脉无比清晰！

刘邦
为什么能赢项羽

因为他既丢得起脸，又狠得下心！

汪志明 著

河南文艺出版社
·郑州·

图书在版编目（CIP）数据

刘邦为什么能赢项羽 / 汪志明著 . — 郑州：河南文艺出版社 , 2023.7

（读客中国史入门文库）

ISBN 978-7-5559-1546-1

Ⅰ.①刘… Ⅱ.①汪… Ⅲ.①中国历史–前210–前202– 通俗读物 Ⅳ.① K232.09

中国国家版本馆 CIP 数据核字 (2023) 第 093608 号

刘邦为什么能赢项羽

著　　者	汪志明
责任编辑	冯田芳
责任校对	殷现堂
特约编辑	王佳鑫
策　　划	读客文化
版　　权	读客文化
封面设计	陈　晨
插画设计	周　末
出版发行	河南文艺出版社
印　　刷	三河市龙大印装有限公司
开　　本	710mm×1000mm　1/16
印　　张	23
字　　数	341 千
版　　次	2023 年 7 月第 1 版
印　　次	2023 年 7 月第 1 次印刷
定　　价	59.90 元

如有印刷、装订质量问题，请致电 010-87681002（免费更换，邮寄到付）

版权所有，侵权必究

目 录

第 一 章 秦朝就快完蛋了   001
    1. 帝国的皇位该谁坐   001
    2. 星星之火燃起来了   007
    3. 王侯将相宁有种乎   014
    4. 化身武将的章邯   017

第 二 章 最成功的"流氓"——刘邦   020
    1. 天子嘛，出生的时候就得不一样   020
    2. 刘邦的交友之道   024
    3. 白捡了个媳妇   027
    4. 这回差事是完不成了   036

第 三 章 芒砀山，刘邦上好的藏身山   041
    1. 媳妇，你咋能找到这里   041
    2. 不愿去中央的萧何   043
    3. 沛县宣布独立   046
    4. "不成材"的项羽   052
    5. 我要是当了皇帝，肯定比他威风   056

第四章　被灭掉的六国又回来了　063
1. 老田家的江山也得恢复　063
2. 被灭掉的六国又回来了　065
3. 伙夫立大功　070
4. 一个女人引起的叛变　073

第五章　陈胜之死　079
1. 吴广死在了自家兄弟手里　079
2. 业余的遇上了专业的　081
3. "苟富贵，无相忘"　085
4. 司机，可不能轻易得罪　088
5. 英布入伙　091
6. 陈婴教你别出头　094

第六章　为了推翻秦朝廷，咱得立新楚王　097
1. 刘邦与项羽的第一次会面　097
2. 立谁当新楚王　101
3. 救火队长项梁　106
4. 赵高又出手了　110
5. 李斯的最后挣扎　116
6. 不听劝的后果　120

第七章　项羽的成名之战——巨鹿之战　125
1. 谁先入关中谁当王　125
2. 宋义，吃完大餐见阎王　130
3. 西楚霸王的名号，是打出来的　134
4. 走投无路的章邯　141
5. 郦食其是想借刀杀情敌　149

第 八 章　刘邦要进咸阳了　153
1. 以后就是一家人　153
2. 子婴接手的烂摊子　160
3. 大秦宣告灭亡　165
4. 约法三章　173
5. 二十万人，一个不留　176

第 九 章　项羽的战略计划　179
1. 咋敢跟霸王争天下　179
2. 刘邦的贵人　181
3. 项庄舞剑，意在沛公　187
4. 残暴堪比秦始皇　193
5. 封了十几个王　198

第 十 章　刘邦的战神来了　202
1. 萧何跑哪儿去了　202
2. 拜韩信为大将军　210
3. 项羽把义帝杀了　221
4. 美男子陈平　227
5. 刘邦与项羽的初次交锋　235

第十一章　背水一战，韩信给你打个样　240
1. 刘邦的桃花运又来了　240
2. 跟韩将军比，他们都是小学生　248
3. 汉文帝的身世　256
4. 教科书般的战役：背水一战　260
5. 英布也被策反了　265
6. 萧何的安家计　270

第十二章　项羽的人才快要走光了　　272
　　1. 不能再搞分封　　272
　　2. 项羽又中计了　　276
　　3. 刘邦的替身　　281
　　4. 围魏救赵　　287
　　5. 还得向韩信借点兵　　290

第十三章　刘邦的脸皮　　295
　　1. 一个小男孩救下了数万人　　295
　　2. 成皋丢了　　298
　　3. 煮成了人肉汤，给我一碗尝尝　　309
　　4. 韩信的水淹之计　　314
　　5. 就封他个齐王　　320

第十四章　霸王别姬　　322
　　1. 要不要三分天下　　322
　　2. 先把老爹和媳妇救回来　　328
　　3. 项羽的最后一场胜利　　333
　　4. 垓下之战　　336
　　5. 霸王别姬　　339

第十五章　皇帝轮流做，今年到我家　　343
　　1. 项羽的结局　　343
　　2. 韩信回楚　　348
　　3. 刘邦登基　　350
　　4. 项羽为什么失败　　355

第一章
秦朝就快完蛋了

1. 帝国的皇位该谁坐

公元前210年，在渡河前往平原津的时候，秦始皇突发恶疾。随行的太医们昼夜服侍在秦始皇身边，每日忙前忙后，诊脉、进药，但即使是这样，秦始皇的病情也没有一点点好转。到沙丘时，秦始皇已经病得奄奄一息了，随时都可能驾崩。

李斯看着病危的秦始皇，心中产生了不祥的预感。他想问问秦始皇，有关国家的事情该怎么处理，但秦始皇怎么会接受自己即将死去的现实呢？李斯愁眉不展，不知如何开口。

可能是回光返照的缘故，有一天秦始皇精神大好，叫来李斯和赵高，写了一封信，让他们交给扶苏，并且说："告诉扶苏，让他赶紧回来，料理我的后事。"他刚交代完毕，便立刻昏过去了。

身边的大臣们见此情景，连忙慌张地呼喊，正当众人以为秦始皇已经驾崩的时候，他却又突然醒来，无神的眼睛看向留给扶苏的信。李斯立刻上前，以为他还有什么吩咐，结果发现秦始皇已经没气了。

赵高被刚才秦始皇的动作吓了一跳。他必须确认这位权势滔天的皇帝是否真的已经仙去，于是他凑近秦始皇，把手放在他的心脏上，脸都几乎和他贴在一起，这才完全确认，秦始皇已经没有了心跳，也没有了鼻息。中国的第一位皇帝，迎来了他的结局。

此时，秦始皇归天的消息，只有李斯、赵高等五六个人知道，其他人都以为秦始皇还在他的车内休息。为了掩人耳目，李斯、赵高等人只好把他的尸体弄到辒辌车上。这辒辌车，实际上就是古代的空调车，不仅能遮挡视线，而且只要打开车窗，车内就会清凉无比，尸体放在车中，可以避免发臭。把秦始皇的尸体放在这里是最保险的。

就这样，李斯和赵高拉着秦始皇的尸体继续出行。为了封锁秦始皇已死的消息，一切事情都要跟之前保持一样，饭和上奏的简牍都依旧送到车内。奏章必须有人批复，无奈之下，赵高只好自己在车内批阅。这样折腾下来，竟然瞒过了所有人的眼睛，所有人都以为秦始皇就在车内，只是不愿意露面而已。

除了维持现状之外，还有一件很重要的事情，那就是处理秦始皇的遗书。按照李斯的意思，应该尽快把遗书送到公子扶苏手里，让他回咸阳主持丧事。但当时掌管大印的是谁？赵高。赵高不仅掌管着大印，连遗书也保存在他的手中。赵高是个心眼非常多的人，他知道，只要这封遗书送出去，一切就将成定局，公子扶苏会立刻继位，到那时再想换人，就不好办了。此时，他已经在心中制订好了计划。

赵高和公子胡亥向来关系不错。于是赵高找到公子胡亥，告诉他："如果我把这封信送给扶苏，公子扶苏就会继位做皇帝，天天吃香的喝辣的。可是，大秦毕竟没有实行分封制，轮到您这里，就什么都没有了！而扶苏未来怎么对待您，也是个未知数！"

面对这番深水炸弹般的话，胡亥不为所动，他说："天底下的君主，肯定了解自己的臣子，老爹肯定也最了解儿子啊！我老爹心里肯定清楚应该立谁为君主，我这个当儿子的听话就完事了，想这些干什么！"

赵高看胡亥没这个心思，有点着急，说："哎呀！您这可就大错特错了！您想想，现在是什么情况？谁继位，那还不是我们几个说了算吗？你，我，还有李斯，咱们三个人一商量，什么事都能办成。现在这是多么好的机会啊！机不可失，时不再来。您是想天天听别人使唤，还是想天天使唤别人？我是做奴才的，我知道伺候人的感觉不好受啊！"

胡亥听了这番话，有点生气了，说道："您这话是越说越离谱了！我是弟弟，扶苏是哥哥，哥哥做皇帝是再正常不过的了！我这个当弟弟的，如果把哥哥拉下来，自己继位，那不就是不悌吗？我这么做了，还有什么脸面对祖宗呢？"

赵高听完，无奈地说道："您啊，实在是太幼稚了，您怎么能墨守成规，守着那点礼仪道德呢？人要随机应变，您想想，商汤杀夏桀，周武王杀商纣王，齐桓公逼死其兄，这群人哪个受到了天下人的指责？他们甚至还拍手称快呢！您要是正义的一方，还在意那些乱七八糟的东西干什么！"

此时的胡亥，被赵高这么一说，不免有些心动。赵高索性再添一把柴，直接表示这都是为了胡亥好，一旦事成，受益最大的是胡亥；事情败露，自己将承担所有责任。

眼看劝得差不多了，赵高转身离开，直接奔着李斯而去。李斯见了赵高，赶紧问道："我正要找你呢，皇帝的遗书还在你那里，你发出去了没有？公子扶苏要在第一时间收到这封信，不能耽误。"

赵高的脸上堆满了笑容，不紧不慢地说道："兄弟，这件事我们不急，慢慢来。按理说，遗书应该是皇帝活着的时候就发出去的，可是皇帝先走一步，这遗书就落到了我们的手中。您想想，现在知道皇帝去世的人，两只手都能数得过来，咱们如果把皇帝的遗书这么一改，那岂不是想让谁当皇帝，就让谁当皇帝吗？换句话说，现在选择权在咱们手上，要不然，您来决定下一个皇帝的人选？"

李斯怎么都没想到，赵高竟然会来这么一出，赶紧说道："你这是什么话！咱们作为臣子，怎么能够产生这种想法！我们就按照遗书当中的意思办就成了，想那么多，反而会出岔子呀！"

赵高拍了拍李斯的肩膀，说道："我的好兄弟，不说别的，你先想想这几件事——你的功劳，比得过蒙恬吗？你的兵法战术，比得过蒙恬吗？你的威望，比得过蒙恬吗？是你和公子扶苏关系好，还是蒙恬和公子扶苏关系好？你要知道，现在他们两个人可都还在一起呢。"

李斯有点摸不着头脑，问道："你怎么有这么多奇怪的问题？这不都是废话吗？蒙恬是前线的将军，整个秦国谁不知道？我怎么跟蒙恬去比？我肯定比不过他。不过，你问这个干吗？"

赵高笑道："蒙恬和公子扶苏走得非常近，你想想，如果公子扶苏继位，那么当丞相的，还会是你吗？到了那个时候，蒙恬就是当朝一把手了。要知道，公子扶苏是一个非常刚毅的人，做事说一不二，非常痛快，那个时候你后悔都来不及。我曾经也是一个奴才，伺候人的滋味可真不好受，所以我日夜攻读法律，终于小有成就，得到了皇帝的赏识，进入宫中，一步一步往上爬，才有了今天的地位，想来也快三十年了。这三十年间，我没见过一个当过两朝丞相的人，只要君主更换，您的丞相之位必然不保。如果能够放你回家种地，那都算是好结局了。可是实际上呢？商鞅变法，让秦国变得异常强大。白起，人称战神。再看看吕不韦，他的功劳还小吗？可是他们的结局都非常惨啊！这些都是前车之鉴，我可太清楚这档子事了！如果公子扶苏继位，那么你我的性命都将不保，弄不好还要沦落到诛九族的地步。不过，现在咱们还有另外一个选择，那就是公子胡亥。胡亥是我看着长起来的，从小我就教他法律知识，这孩子仁慈宽厚，是个好的皇帝人选。现在遗书就在咱们手中，如果咱们稍微修改一下，让公子胡亥当皇帝，那咱们的荣华富贵可就不愁了！别看胡亥这小子不爱说话，实际上他是那种'茶壶里煮饺子——有货倒不出'的人。我看啊，立胡亥为皇帝就非常不错！"

李斯听了赵高的一番话，脸色都变了，赶紧说道："行了兄弟，我们共事这么多年，就不要说别的了。你的意思我都懂，但是我不能那么办。皇帝的遗书已经写好了，现在我们的任务就是把遗书送到公子扶苏手中，其他的事情都往后放一放吧。"

赵高知道李斯害怕，所以继续发动攻势："我知道你还在考虑很多事情，但这个节骨眼儿上就顾不了那么多了！你我都主动一点，日后还能够享受荣华富贵啊！"

李斯说道:"我之前不过是楚国上蔡的粮食管理员,后来受到了皇帝的赏识,才有了今天的地位,如果不是他,我估计今天还在粮仓里赶老鼠呢。你看,现在我的子孙都有了官位,每年也都能从朝廷中领到不少的俸禄,我很知足了,咱们做臣子的,尽职尽责就可以了。"

赵高也没想到李斯这么难啃,他知道李斯肚子里面还是有点墨水的,赶紧发动哲学攻势:"聪明人要懂得变通,如果墨守成规,不顺应潮流,那就要被历史淘汰。天下事物都有发展的方向,现在的形势这么明朗,难道你还看不出来吗?你想想,眼前的这个机会是多么难得,公子胡亥那里我已经去过了,人家已经铁了心想要继位。如今公子胡亥就在咱们身边,什么事都好商量,而遗书当中所立的皇帝扶苏还远在外面,消息不灵通,这都是天意啊!春天万物生长,秋天万物凋零,这都是规律使然,都是天意!都到了这个地步了,你怎么就想不明白呢?"

此话一出,李斯终于服软了,只是心中还是有点觉得对不起秦始皇。毕竟是因为秦始皇的赏识,他才有了今天,子孙后代也有了荣华富贵,自己这么办,心里多少有点过意不去。但赵高的劝告听起来也十分有理,此时的李斯心中非常矛盾。可为了自己的后代,他也只能同意赵高的意思了。

赵高这边说服了李斯,立刻就前往胡亥的住处,把这个消息告诉了他,铁三角如今已经形成,谁都攻不破。此时的胡亥早就不是几个时辰前的胡亥了。几个时辰前的胡亥,心中尚且存有一丝敬畏,对国家、对父子、对兄弟尚存一丝情意,此时的胡亥,脑子里面只剩下自己威风凛凛的样子。他想象自己坐在龙椅上,下面万民称臣、高呼万岁的场面。这感觉,实在是求之不得。

三个人一商量,计划就出来了。他们可以做一份假的遗诏,盖上大印,那他们所写的遗诏,就成了正儿八经的真货。至于内容,则全看他们自己的心情。遗书的问题解决了,但还剩下最后一个心腹大患,那就是公子扶苏。

公子扶苏现在正在上郡,和蒙恬一起监督修建长城。如果不除掉这个后患,就算胡亥当上了皇帝,估计蒙恬也会闹出事端来。于是铁三角又以秦始皇的身份写了一封信,信的内容大概为:我身为皇帝,为了这个国家忙前忙后，天天出来巡视，正是为了我大秦能够延续万年。但这么多年过去，大秦的疆土都没扩大，不仅如此，你们在边疆那么长时间，在战场上还损失了那么多将士，你们该当何罪！扶苏这个当儿子的，也太不孝顺，所以我今天赐给你一把剑，你就自己了断吧，省得我动手了。至于将军蒙恬，放任扶苏在外面那么长时间，也不帮忙管管，当人臣的心里过得去吗？干脆就跟我儿子一块儿去了，到地府中还能做个伴。军队的问题就不用你操心了，我直接把军权交给副将军王离，谁也不准违抗命令！写完了信，赵高找了个靠得住的人，快马加鞭二十四小时不停，立刻送往上郡。

此时的上郡，早已经乱成一团。蒙恬和扶苏看着眼前送来的书信和宝剑，心中五味杂陈。扶苏知道，自己是难逃一死了。这位大秦的公子和其他人不同，他宽厚仁慈，为人仁义，在他看来，虽然自己没有犯什么大错，可既然是父皇的命令，又怎么能违抗呢？扶苏这样想着，竟然哭出了声。

扶苏就像是一个大家庭当中最懂事的孩子，父亲突然写信责备他，赐剑让他自裁，心中当然觉得委屈。扶苏大哭一场，哭完后便拔出宝剑，在自己的脖子上一抹，倒地身亡了。他脖子上的鲜血喷出，染红了一大片土地，眼神中还透露着不甘。

扶苏软弱，但蒙恬可不是个好惹的主，多年的战争早就让他看淡了生死，要他死可以，但是必须死得明白。蒙恬没听使者那一套，直接表示："不用劝我，我是不可能拔剑自刎的！我身为皇帝的臣子，不会违抗他的命令，但我必须弄明白这到底是怎么回事。这样吧，我先去阳周县的大狱里等消息，相信皇帝一定会给我一个合理的解释。"

与此同时，铁三角已经带着秦始皇的尸体到了咸阳城。他们匆匆忙忙进城，这一路上不断有前来接驾的官员，都被赵高等人劝回去了，说秦始皇这一路上太劳累了，大家都回去吧！

他们前脚刚安顿好，后脚去上郡送信的人就回来了，说是扶苏已经自杀，蒙恬也被关进了大狱。最大的心患已经解决，现在铁三角可以掌控整个朝廷了，再也没有了后顾之忧。

他们立刻宣布了秦始皇的死讯，并且以迅雷不及掩耳之势把胡亥推上了皇帝之位。谁要是问起来，他们就把早就准备好的假遗诏拿出来，以示众人。实际上，并没有多少人过问这件事，大家都以为胡亥继位是秦始皇早就安排好的。毕竟没有多少人会亲自到宫里打听这样的消息，对他们来说，不管是胡亥还是扶苏，谁当皇帝都一样，都是皇帝自己家的事，跟自己没关系。

胡亥当上皇帝之后，自然就开始提拔赵高了。毕竟为这件事忙前忙后的都是赵高，如果不是他，估计自己也坐不上这个龙椅。因此，百官大臣，一律官职不变，只有赵高被升为了郎中令，相当于正部级官员。

眼看着大局已定，可赵高还不放心，眼下的蒙氏兄弟仍然是个威胁。胡亥和蒙氏兄弟本身没有多大的过节，可是禁不住赵高忽悠。他不断给胡亥洗脑，就说："我在宫里这么多年，几乎一直陪在秦始皇身边，秦始皇一直夸您这么好那么好，早就想把您立为太子了，结果蒙毅那家伙天天说您的坏话，把您说得一无是处，我看留着他是个祸害，不如早早除掉，让他永远闭嘴，让他的坏话都跟秦始皇去地府慢慢说吧！"

当上皇帝的胡亥，早就已经神志不清了，他已经分不清好坏了。听说蒙毅对自己这么不忠，二话不说，直接把蒙毅也抓起来，押入了大牢。

被关进大牢的蒙氏兄弟，再也没有等到平反的诏书，只收到一道自决的命令。在赵高的挑唆下，秦朝的两大顶梁柱先后殒命，而赵高也如愿站在了大秦的权力中心。

2. 星星之火燃起来了

俗话说"乱世出英雄"，放到大秦也是如此。阳城县有个叫作陈胜的农民，家里很穷，自打他记事开始，家里就穷得揭不开锅了，他从小到大基本上没吃过一顿饱饭。人们都把穷人家称为"寒门"，可陈胜家里可好，穷得连门都没有。为了能够活下去，陈胜从小就成了地主的雇农，从地主那里租来一块地，自己耕种，每年还要给地主交高得可怕的地租。陈胜自己虽然是一个壮劳动力，但是辛苦一年，最后除去交给地主的地租，粮食所剩无几。最终算下来，每天竟然只能吃个半饱。

有一天，他在地里干活，面朝黄土背朝天，长期的劳作让陈胜的腰都快累得直不起来了。好不容易到了中午，陈胜实在是干不动了，赶紧扔下手中的锄头，顺便叫上旁边一起耕种的伙伴，大家一起到田埂上休息。

大家坐在田埂上，喘着粗气，只见陈胜望着田野，说道："我只是想，如果以后真有那么一天，咱们都发家致富，成了暴发户，可别忘了今天在一起劳作的兄弟们，咱可都是难兄难弟啊！这辈子咱们没少受压迫，真要是有一天能够吃香的喝辣的，别人我不敢说，我肯定带着大家一起享福，只要我大富大贵，肯定也少不了你们的！"

当时陈胜的话，在旁边一起种地的农夫看来，和"我明天准定能够中五百万大奖"一样，都是废话，一天天吃饱了撑的，更何况还吃不饱呢。

不过陈胜似乎没有受到他们冷嘲热讽的影响，他一脸认真地说："你们看着吧，我肯定能够实现我的梦想，你们这群燕雀，根本就不知道我这鸿鹄的志向。你们哪，眼光太短浅，总有一天我会让你们刮目相看的！我不跟你们计较，因为你们压根儿就是一辈子种地的命，算了，我走了！"

当时胡亥要派人驻守渔阳县，而陈胜所在的阳城县必须征兵派往渔阳县。征兵官征来九百多人，其中大多数都是农民，陈胜也在被征用的队伍当中。在人群里，高大威猛的陈胜鹤立鸡群，征兵官一眼就看到了这个壮小伙。他走到陈胜面前，任命陈胜为屯长，负责率领这九百多人前往渔阳县。与他一起升为屯长的还有一个叫作吴广的阳夏人。他们两个人，外加两个正规军的军官，一同前往渔阳县。

临走前，征兵官还特意叮嘱说，从这里到渔阳县有三千多里，他们要在一个半月内到达，算下来每天要走六十多里，任务非常艰巨。路上不管有什么艰难险阻，都不能停止行军，如果在规定时间内无法到达渔阳县，是要被治罪的。

可是，队伍路过大泽乡的时候，突然天降大雨。大泽乡洼地非常多，一场大雨基本上淹没了所有的道路，就连休息的地方都非常难找。此地距离渔阳县还非常远，如果此时停下休息，那么肯定在一个半月内无法到达渔阳县。陈胜看了看天空，阴云密布，看来一时半会儿是等不到晴天了。

陈胜和吴广同为屯长，两个人坐在一起商量对策。陈胜心里早就有了反叛的想法，此时的他认为机会已经来了，算计了一番，跟吴广说道："兄弟啊，你看啊，现在并不是我想造反，而是老天爷把咱们往绝路上逼啊！咱们算一笔账，如果咱们等待天晴再赶路，那么一个半月内是肯定到不了渔阳县的，可如果继续赶路，这一路坑坑洼洼的，连兔子跳过去都费劲。话又说回来，就算咱们到了渔阳县，驻守边关多半也是个死。总之就一句话，咱现在走也不是，回也不是，还不如干他一票大的！"

吴广却是担心："你这话说得容易，咱啥都没有，只有这九百多人，怎么起义？最起码要有点权势才能起义吧。"

陈胜道："你这话说的，咱要是有权有势，还会被抓来服兵役，去驻守边关吗？正因为咱们没权没势才起义啊，不要说咱们一无所有，咱们要做天下的主人！公子胡亥继位了，可天下人谁不知道公子扶苏才是最适合当皇帝的那个？再想想，咱现在可是在原来的楚国境内，远的咱不说，就说楚国大将项燕，哪个楚国人不知道？咱们要是起义，干脆就打着扶苏或者项燕的名号。咱这大旗一举起来，你等着瞧吧，准保一呼百应！"

吴广被说得动心了，但这世间万物人说了不算，得看天意，得老天说行才行。陈胜听完也犯了愁，正琢磨着，突然间一拍手说道："老天自己不会说话，但咱们可以代表老天说话呀！楚国人普遍迷信，咱要是装神弄鬼，弄点事情出来，让大家都相信起义造反是天意，那就事半功倍了，这群人肯定死心塌地跟着咱们干啊！"

两个人商量了一番，决定第二天要给大家上一课，让他们绝对相信，造反起义、跟着自己干大事业，是上天的安排，而不是两个人的个人所为。

第二天，天还没亮，两个人就早早起来准备各项事务。陈胜找来一块帛，在上面用朱砂写上"陈胜王"三个字。陈胜带着帛书来到湖边，找到了一位正在打鱼的师傅，趁着他不注意，把帛书塞进了鱼的肚子里面，又以迅雷不及掩耳之势将鱼扔回了鱼筐当中。

陈胜回去之后，找来一个人说："我们都走了这么多天了，肯定是累坏了，你待会儿去市场买点鱼，我已经跟卖鱼的师傅说好了，所有的鱼都给咱们留着呢。"

鱼买回来之后，要剖开鱼肚子清理内脏。刚打开鱼的肚子，里面竟然出现了一块帛书。众人觉得稀奇，赶紧凑过来，打开帛书一看，"陈胜王"三个大字赫然出现在眼前。一时间，几乎所有人都知道了这件事，争先恐后地想要看看帛书。

到了晚上，陈胜又让吴广提着灯笼，跑到距离驻地不远处的一座古庙当中，学着狐狸叫，喊道："大楚兴，陈胜王！"众人都已经睡着了，结果被这怪异的狐狸叫声给惊醒了。本来他们以为这就是普通的狐狸叫声，可后来越听越不对劲，这狐狸怎么还能叫出人语来？再仔细听，这回听清楚了，"大楚兴，陈胜王"！白天的事大家还没缓过劲来呢，晚上陈胜又来了这一出，这让大家在心中确信，陈胜这家伙估计要干一些大事，估计要称王啊！

起事的那天，陈胜买来好酒好菜，招待两位军官，等到他们喝醉了的时候，又特意前来找事。这一路上，陈胜虽然身为屯长，但从来不使用自己的权力，手里的那点路费除了给军官买酒，就是为部队改善伙食。他跟大家吃住都在一起，关系处得跟亲兄弟一样，大家也非常信服陈胜。一来，这人的确非常仗义，丝毫不像那两位军官以及其他的官员一样耍威风，没有一点架子；二来，这鱼肚子里出现帛书，晚上又出现古怪狐狸叫声，这种种迹象都表明陈胜这人不简单，估计是天选之人，不知道什么时候就会干成一件大事，跟着陈胜干，肯定能够闯出一片天。

陈胜也不管这两位军官已经喝得酩酊大醉，进入营帐大声喊道："两位，不是我懒惰，也不是兄弟们不想走，实在是大雨下了好几天，走不了了！按照目前这个速度，在规定期限内是肯定到不了渔阳的，我不管二位的意见，反正我们主意已定，今天我们就跑啦！"

但这俩军官明显已经喝多了，口齿不清地说道："我的天，我没听错吧，你们想往哪儿跑？你这是触犯法律的，我看你们谁敢跑，我的刀剑可不长眼！"

吴广说道："二位，你们想一想，咱这队伍可不是几个人，而是九百多人啊！我们两个身为屯长，无法率领队伍到达渔阳，肯定是死路一条，但是完不成任务，您也不会有什么好下场！我们都是穷苦的命，我们命贱，可你们二位的命比我们金贵！不如咱们一块儿走，干大事！"

吴广的这番话彻底激怒了两位军官，他们抽出宝剑和皮鞭，准备教训眼前的两个屯长。可吴广也不是吃素的，眼看剑就要劈下来，他不慌不忙，往旁边一闪，躲过了攻击，然后飞起一脚，准确无误地踹飞了宝剑，他手拿宝剑挺身而起，对着一位军官就劈了下去，只见手起剑落，那位军官的头颅就像熟透了的西瓜一样被一劈两半。另一个军官看同伴失手，恼羞成怒，拔出宝剑跟吴广打了几个回合，陈胜则趁势绕到军官背后，一刀砍倒了军官。

两个人见时机已到，走出营帐，召集所有群众，大声喊道："兄弟们！这大泽乡的大雨，已经让我们延误了好几天的行程，接下来的几天中，就算我们不吃不喝不休息，也注定是走不到渔阳了！就算咱们命好，到了渔阳，赶上了大赦，可驻守边疆，面对凶猛的北方匈奴，我们又有几人能够活下来呢？说白了，咱们现在去是死，不去也是死，与其等死，还不如一起干点大事，这辈子也不算白走一趟！咱们过得生不如死，可那些当官的，整天花天酒地、醉生梦死，难道这群货就是天生的王侯将相，生下来就可以享福吗？不行！这不公平！咱们也要通过自己的努力，过一过王侯将相的生活！"

大家早就顺服了陈胜，大概率是因为前几日的帛书以及夜间的古怪狐狸叫，让他们认为此时的陈胜就是天选之人，他的所作所为也都是天意，所以死心塌地跟着陈胜。但眼前最大的威胁，莫过于随行的两位军官，信仰可以当饭吃，但遇上了现实，还是需要往后靠一靠的。

陈胜看出了大家的心思，赶紧说道："大家放心！我们已经把军官杀掉了，咱们准备准备，一起干一票大的！"

大家被陈胜说得热血沸腾，也不管别的了，直接冲进营帐，把两个军官的头颅砍下来，拿到高地上祭旗。起义军以陈胜为将军，吴广为都尉，号称"大楚"。为了表明自己的忠心，所有人都袒露右臂，举起写着"楚"字的大旗，聚集在陈胜、吴广麾下。这时候，天下人都还不知道扶苏已经被逼死，还以为扶苏在宫中或者野外某个地方苟且偷生，所以众人发布檄文，说公子扶苏的皇位被胡亥抢了，现在已经加入了起义军，楚国的大将军项燕也在军中，以此来呼吁百姓。九百多人浩浩荡荡，向最近的大泽乡发动进攻，一路势如破竹。中国历史上第一次大规模的农民起义就这样爆发了。

听到陈胜、吴广揭竿而起，过来投奔他们的人越来越多，其中就有张耳和陈余。张耳和陈余不仅是好兄弟，而且在当时都是大名人。张耳原来是信陵君魏无忌的门客，走桃花运娶了个大商人的女儿。这岳父不仅有钱，而且有权势。有了岳父的支持，张耳到各地访问学习，交的朋友越来越多，名气也越来越大。当时混得很不咋样的刘邦，听说张耳很有名，还仰仗着有钱的岳父，过着不错的生活，也赶紧过来巴结，还在张耳这里住下了。张耳也不在乎，反正岳父家里这么多人，多养一个也不会怎么样。于是，刘邦在这儿一住，就是好几个月。大家都知道刘邦本来是个无赖，不过在报答张耳这件事情上，他还是比较靠谱的。等刘邦当了皇帝以后，他不仅给张耳封王封侯，甚至还把公主许配给了张耳的儿子。当然，这都是后话了。

秦灭六国之后，秦始皇听说了陈余和张耳的名声，便开始重金悬赏他们。等消息传到他们耳里，两个人也是一脸震惊，觉得要是被秦始皇抓到，估计就是凶多吉少了。于是他们告别各自的妻子儿女和亲爱的老丈人，乔装打扮一番，跑到陈县避难去了。眼下听说陈胜、吴广造反了，闹得动静还挺大，陈余和张耳一合计，就赶紧跑到陈胜、吴广的山头上，去找条活路。

随着势力逐渐壮大，陈胜也按捺不住了，没过多久，他就正式称王，国号"张楚"，还打算让二把手吴广带着人马一路向西，进攻朝廷的老窝咸阳。

但现在有个麻烦，陈胜、吴广对兵法一窍不通，手下人虽然越聚越多，可没个将军带领，人再多也不过是乌合之众。这时候，就像是雪中送炭，一个自称是楚国大将项燕旧部的人赶来投奔陈胜，并说自己在军中曾学过兵法，这个人就是周文。陈胜对此毫不怀疑，认为周文就是上天派来帮他创造伟业的，立即授予周文将军印。

第二天，周文起了个大早，带着打手们浩浩荡荡地就出发了。听说起义军要去咸阳，替老百姓出头，大家都愿意帮把手。行军的路上，越走人越多，后来，竟然超过了三十万人。这帮人个个扛着锄头，拎着杀猪刀，咋看都不像打仗的，不知道的，还以为农民秋收呢！

此时的秦二世，在赵高的撺掇之下，逼死了大哥扶苏，抢了大哥的皇位，整天过着花天酒地的生活，他哪知道，外边已经乱成一锅粥了。

赵高趁着秦二世年轻不懂事，把大权都抓在了手里。很多人看不过眼，纷纷提醒秦二世，可是秦二世完全不在乎，反而认为这些人是在挑拨他和赵高的关系。赵高知道这件事情之后，顿时起了杀心，于是找机会把这些告密的人全部处死了。

整天睡到自然醒的秦二世，完全不需要过问朝政，整个人也显得非常清闲，可是他并不知道，自己已经被赵高架空了。

这一天，百无聊赖的秦二世起了个大早，特意上了个早朝，接见了一个远道而来的地方官。这人完全不知道咸阳的形势，所以把天下大乱的事情，原原本本地告诉了秦二世。

秦二世听到这样的消息，顿时大惊失色，不过站在秦二世跟前的赵高，仍然是面不改色心不跳："你这个妖言惑众的家伙，老百姓都安居乐业，哪里会有反贼？你看陛下年轻不经世事，就想在这里散布谣言，看我怎么收拾你！"

赵高说完这句话，旁边的带刀侍卫就冲了上来，他们拎起那个倒霉的家伙，就像拎起一只小老鼠一般，直接把他扔进了大牢。看到这样的情况，谁还敢在秦二世面前讲实话？

下面人了解到朝廷上的局势，也都对起义闭口不言，光拣漂亮话说。地方官们欺上瞒下，老百姓苦不堪言，反抗的队伍如星星之火，迅速成了燎原之势。而陈胜挑选的打手周文，带着兄弟们势如破竹，很快就逼近了函谷关。

3. 王侯将相宁有种乎

再说说陈余和张耳兄弟俩的事。之前，陈胜安排了自己的两个老乡武臣和召骚当老大和老二，让张耳、陈余并列当老三。随后，这四个人带着陈胜拨的三千个手下，一路向北，很快就到了原来赵国的地盘上。

天下苦秦久矣，人们一听到有起义军过来，更是一呼百应。在过黄河之前，他们还只是三千人的队伍，别说攻城拔寨，连一个土匪窝都打不掉。可是，他们过了黄河之后，很快就聚集了十万人之众，这时候别说攻城拔寨，就是一人吐一口唾沫，都能把城池淹了。

接连拿下了几座大城市之后，张耳和陈余的胆子更大了。这一天，他们来到了范阳县，看到城门楼子挺大，就决定先住下来，等兄弟们吃饱喝足了，再一块儿往上冲。

他们休养生息，但范阳县的徐县长看到城外面来了乌泱泱十几万人，把县城围了个水泄不通，心里吓得够呛，差点背过气去。可他虽然害怕，又实在不愿意丢掉自己的荣华富贵，所以他把城里面的老百姓都聚集起来，打算跟陈余和张耳兄弟俩死磕。

徐县长刚刚吃完晚饭，门卫就来传话说，当地的名流蒯通来了。徐县长一听，以为蒯通是给他送锦囊妙计来的，赶紧迎出了门。没想到蒯通看到徐县长之后，居然大哭了起来。徐县长觉得莫名其妙，问道："先生您这是怎么了？"

听到徐县长问自己，蒯通哭得更凶了："徐县长，是你们家快要死人了。"

徐县长一听，不高兴了："你这不是咒我吗？要不是看你是个文化人，我早让人把你赶走了。"

看到徐县长发怒了，蒯通立刻停止了哭泣，并把自己的想法讲了出来："你在范阳县当县长，也有十多年了吧，这些年来，你帮助秦朝干了不少坏事，把老百姓逼得家破人亡。如今起义军来了，你又逼着老百姓上阵杀敌，老百姓怎么会听你的？等明天真的开打了，估计会有很多老百姓把刀枪对准你，到时候你咋死的都不知道。"

徐县长想了想，还真是这么回事，于是赶紧把蒯通请进密室，向他请教退敌之策。看到徐县长如此诚心，蒯通开始娓娓道来，说："朝廷已经到了穷途末路了，咱们还有必要给他们尽忠吗？依我看，还不如顺应民意，打开城门迎接起义军。到时候，不仅可以保住你的身家性命，说不定还能升官发财呢。"

徐县长虽然知道是这么回事，但又怕起义军进城之后秋后算账，那样自己就赔大了。蒯通听到徐县长的担心之后，立刻拍着胸脯向他保证："徐县长放心，我现在就到那边探探虚实，让他们保证你的安全。"

蒯通见到起义军领头的武臣和张耳之后，就把自个儿的想法和盘托出："我们的父母官徐县长，听说你们要攻城，不仅把民兵预备队都组织了起来，还把老百姓都武装了起来，凡是能动弹的，都要拎起锄头上战场。这要是动起刀子来，谁都占不了便宜，你们还不如把他招安了，让他继续管理这范阳县，到时候，他一定会乖乖地打开城门，让大家伙儿进城的。进入范阳县之后，我建议你们不用着急进攻其他县城，只需要让徐县长坐着豪华的马车，穿着华丽的衣服，到其他县城炫耀一番，相信其他县城的长官，都会有样学样，跟着徐县长投奔你们的。"

武臣听完蒯通的建议，高兴得蹦了起来："先生的锦囊妙计，让人听了热血沸腾，麻烦先生走一趟，告诉徐县长，我们接受他的投降，只要他打开城门，县长他可以接着做。"虽然老大都同意了，可老谋深算的张耳，心里还有一丝顾虑："先生的妙计确实很诱人，可徐县长已经组织好了人马，怎么可能乖乖就范？再说了，你怎么就能确定其他县长会效仿徐县长，乖乖跟着他投降？"

听了张耳的担心，蒯通赶紧接过话茬，又给他们详细分析了一番："这里是燕赵之地，当年秦灭六国的时候，老百姓被秦国祸害得不轻。如今听说起义军来了，老百姓高兴得不行，没人愿意跟着徐县长攻打起义军，对于这一点，徐县长也是心知肚明。周边的几十个县城，情况和范阳县一样，如果其他县令，看到徐县长投降之后获得了优待，他们也会背叛朝廷，投入到起义军的怀抱。"

这时候张耳才明白，天下乌鸦一般黑，全国各地的老百姓，都等着起义军解放呢，没人愿意为秦二世卖命。当天晚上，他们就让蒯通回去告诉徐县长，让他第二天早上打开城门，大家化干戈为玉帛，剩下的一切都好商量。

徐县长听到蒯通的报告，就带着大家打开城门，带着起义军入城了。正如当初所约定好的那样，起义军进了范阳城之后，不仅让徐县长继续当县长，还让他乘坐豪华的马车，到其他县城宣传起义军的优待政策。

看到徐县长带着范阳县的百姓投奔起义军之后，日子过得越来越美，其他县长心里直痒痒，都恨不得马上投入到起义军的怀抱。就这样，武臣和张耳带着起义军，在短短的一个月时间里面，就占领了三十多座城池，实力已经不可同日而语了。

当他们越来越顺的时候，西路军却接连受挫，在进攻咸阳的路上走得颇为不顺。疑心特别重的陈胜，害怕别人威胁到自己的地位，还把几个立功的小头领借故杀了。张耳和陈余兄弟俩一看，就知道陈胜成不了大事，距离内讧已经不远了，于是他们赶紧挑拨武臣和陈胜的关系，希望武臣能自立山头。

这一天，看到武臣吃饱喝足了，陈余和张耳兄弟俩凑了过来："老大，自从咱们离开陈胜，已经过去大半年了，当初咱们只有三千多个兄弟，几乎没有立足之地。如今可不一样了，咱们占领了燕赵三十多个城池，拥有几十万兄弟，可以说是兵强马壮。不过什么事都有两面性，咱们的实力虽然增强了，但是陈胜那边屡屡受挫，他这个人小心眼，很多立功的小头目，都被陈胜借故杀了，咱们也不得不防啊！"

张耳一边说，一边观察，看到武臣的表情大变，他又接着添了一把柴："在陈胜的手底下，您的功劳最大，万一被人挑拨离间，恐怕您性命难保啊！如今咱们的实力，已经远远超过了陈胜，干吗还要在他的手底下受气？还不如另立山头。"

眼看着火候到了，陈余又劝道："当初陈胜只有五座城，就敢在陈县加冕称王，如今老大已经拥有了三十多座城池，还有啥不敢的？他陈胜敢称楚王,你就应该称赵王,和他平起平坐,将来就再也不用看别人的脸色了。"

王侯将相宁有种乎?这不仅是陈胜、吴广的心声,同样也是每一位起义军将领的心里话,武臣更不例外。如今翅膀硬了,又有人抬举自己,干吗不自己称王呢?想到这儿,武臣立马表态:"既然兄弟们看得起我,要我来当这个赵王,那还有什么说的?明天咱们就设祭坛,我也要登基称王。"

自此,天下除了陈胜称王外,又多了个赵王武臣。

4. 化身武将的章邯

看到周文带着陈胜的几十万大军来到咸阳城下,不要说秦二世,就是普通老百姓,都已经意识到了危险。他们开始抢购粮食,打算到山沟里面去避难。

秦二世哭丧着脸,把大家召集到一块儿,指着赵高破口大骂:"你不是说都是小蟊贼吗?咸阳城外的几十万大军,都是从哪儿蹦出来的?"

听到秦二世骂自己,赵高仍然不忘推卸责任:"我在咸阳城又没出去过,我哪知道外面的事啊?都是手下人汇报之后,我才知道起义军的事情。我和你一样,都被这帮欺上瞒下的人糊弄了。既然这帮强盗已经打到了家门口,咱们还是赶紧想个辙,把他们打跑吧!"

秦二世想了想,现在说这些还有什么用啊,还是赶紧找个人,带着队伍把叛军打跑才是正事。"看你们平时都挺能干事的,如今叛贼都打到家门口了,你们倒是想个办法,把这帮刁民打跑啊!"

正所谓上梁不正下梁歪,在整个朝堂之上,真正能够带兵打仗的并不多,大部分都是酒囊饭袋。看着大家伙儿都不发言,秦二世更加生气了,当他准备破口大骂的时候,突然看到一个人站了出来,这个人就是章邯,此时担任大秦帝国的财政部部长。

和其他人一样,章邯早就知道天下大乱的事情,也曾经多次写信,要求秦二世派兵征讨，可这些信件都被赵高压下来了，秦二世根本不知道。看到秦二世终于上朝，还亲自过问叛军的事情，章邯顿时来了精神，看着大家伙儿都不发言，章邯第一个站了出来。

"陛下，兵来将挡，水来土掩，老百姓都明白这样的道理。既然叛军已经来到了跟前，咱们只有发动全城的老百姓，全都爬上城头，共同对抗叛军，才有一线希望啊！另外，现在在骊山服役的犯人特别多，我愿意带着他们出城迎战。咱们双管齐下，相信一定能够克敌制胜，渡过眼前的难关。"

听完章邯的话，原本愁眉不展的秦二世，顿时觉得找到了救星："你现在就去骊山，传达我的命令，从今天开始，他们就不再是犯人了，而是我大秦帝国的勇士。只要他们能够打退叛军，我一定会论功行赏，绝对不会让他们吃亏的。"

接到命令之后，章邯从财政部部长立刻化身为武将，带着自己的贴身随从，到骊山赦免了犯人的罪行，并给他们分配了武器。

虽然这帮人之前都是普通的老百姓，但章邯知道，只要稍加训练，他们就能够成为攻无不克的军队，打败周文带领的泥腿子，完全不是问题。

正所谓"磨刀不误砍柴工"，拉出去之前，章邯先给这帮人分配了训练任务。那些年轻力壮的组成先锋部队，每天都要进行体能训练；那些年老体弱的，虽然不用上战场，但也要保证后勤供给，一旦遇到有人受伤，就要负责把他们抬走，接受治疗。除了体能训练之外，章邯又让大家训练了战法，并制定了极为严格的军纪，目的就是把这帮犯人训练成特种兵，一旦拉到战场上去，能够做到以一当十。

在章邯的管理下，这支由犯人为主要力量的队伍越来越成熟，此时的咸阳城，状况也越来越危急。章邯决定拼死一搏。临上战场之前，他还特意把大伙召集起来，做了一个动员："兄弟们，养兵千日，用兵一时。虽然大家都不是正儿八经的士兵，但今天只要你们上了战场，就是大秦的兵，以前的罪过一笔勾销，要是在战场上立了功，还会获得封赏，你们的家人也会衣食无忧。"

原本这帮犯人，都没想到自己能活着出去，如今能够上阵杀敌，给自己争取荣誉，那真是打着灯笼都找不到的好事。经过半个月的训练之后，他们浑身都有使不完的劲，就想尽快冲到叛军当中，争取自己的荣誉。

章邯训练犯人的时候，周文压根儿没想到，自己的死期将近。他带领着起义军高歌猛进，一路上从未遇到过敌手。此时距离咸阳城只有六十里地，大家都有必胜的信心，以为一定能够把秦二世的老窝掀了。

突然，前锋部队快马来报："前方遇到了一支劲旅，他们训练有素，作战勇敢，我军伤亡惨重！"听到报告之后，周文完全没有放在心上，他仗着自己人多势众，乌泱乌泱地往上冲。

周文并不知道，他手下虽然有几十万人，可大部分都是生活贫困的老百姓，他们参加起义军的目的，就是能够吃上一口饱饭。如果进展顺利，这些人每天都能够吃饱穿暖，他们就会一直跟着起义军干下去；如果被敌人打得七零八落，他们就会作鸟兽散，毕竟谁都不想丢了小命。

当他们刚刚遇到章邯的时候，就被他不怕死的攻势吓坏了，一个个跑得比兔子还快。看到自己的几十万大军瞬间跑得没个人影，周文也变得手足无措，他只好带着自己的亲信，赶紧跑到函谷关以外请求陈胜派援军。

章邯原本以为，一定会有一场硬仗要打，没想到这帮人不堪一击，还没等他动手，就已经跑得没了踪影。听说领头的周文撤到了函谷关外，带着他的亲兵卫队驻扎到了渑池，章邯又带着他的"绞肉机"追了过来。周文刚刚喘息了一会儿，没想到章邯跑得这么快，只能赶紧指挥大家奋起抵抗。可他们手下这帮人哪是章邯的对手，很快就全部成了刀下之鬼。

周文一看，原本浩浩荡荡的一支大军，几下就被章邯打没了，剩下他一个孤家寡人，回去估计也会被陈胜就地正法。没办法，周文只好选择了自杀。就这样，陈胜派出的一支劲旅，被章邯轻松拿下了。

虽然解了燃眉之急，但对于大秦帝国来说，危险还远远没有结束。各地的农民起义军，就像星星之火一样，已经发展成了燎原之势，再想扑灭下去，其实是非常困难的事情。秦二世看到叛军这么容易就被打跑了，还以为其他起义军都和周文一样，都是不堪一击的酒囊饭袋，所以他又回到了深宫高墙中，继续过起了花天酒地的生活。

第二章
最成功的"流氓"——刘邦

1. 天子嘛，出生的时候就得不一样

大汉王朝的缔造者刘邦，此时也藏身于众多的农民起义军中。关于他的出生，有很多神话传说，虽然都是文化人杜撰出来的，但也有很多老百姓相信，甚至成了大家茶余饭后的谈资。

刘邦出生于江苏省沛县，他的父亲刘执嘉，是一位老实忠厚的庄稼汉，只想过好自己的小日子，从来不敢与他人起争执。在娶了刘邦的母亲刘媪（ǎo）之后，两人一共生下了三个儿子。前两个儿子出生的时候，都和普通人一样，并没有太详细的记载。不过当刘邦出生的时候，却有了一个神话故事。

这一天，风和日丽，恰逢赶集的好日子，刘媪早早地打扮了一番，打算到集上买一些胭脂水粉。虽然已经生了两个儿子，但二十八九岁的刘媪依然风姿绰约，处处展现着迷人的风采。从家到集镇的路上并不远，老百姓赶集也没有太方便的交通工具，只能靠两条腿走路。刘媪在镇上袅袅婷婷地逛了一圈之后，天色已经到傍晚时分了。她返回的时候，天气越来越热，走了一段路之后，她来到湖边的大树下休息，没想到居然迷迷糊糊地睡着了。

眼看着电闪雷鸣，马上就要下大雨了，刘执嘉看到老婆还没有回来，

就赶紧拿着雨伞去接她。一路走,一路寻,刘执嘉同样来到了湖边的大树下,这时候天空更加昏暗。刘执嘉隐隐约约地发现,似乎有两个人在大树下行房事,不过自己老眼昏花,只是模糊看见趴在上面的好像是一条龙。这一看不打紧,刘执嘉当时就吓趴下了。

当他揉揉眼睛,大着胆子向前看的时候,发现只有妻子一个人,躺在湖边的大树下。这时候刘执嘉才走过去,问刘媪发生了什么事,看到刘执嘉来到面前,刘媪才告诉他:"刚才我走累了,想坐在这里歇歇脚,可突然看到一个金甲神人站在面前,一下就把我吓晕了,后来发生了什么事,我就不知道了。"

联想到刚才看到的情形,刘执嘉不禁后背发凉,难道真像老婆说的那样,她遇到了天神下凡,而且还被对方宠幸了?眼看着就要下大雨了,两人来不及多想,就赶紧打着伞回家了。

以上这些怪异现象,其实都是文人杜撰出来的,目的就是让刘邦的身世蒙上一层神秘的色彩,让他登上皇位显得更加符合天意。然而事实上,可能就是风姿绰约的刘媪早就被一名大汉盯上了,她在大树下休息的时候,被人突然打晕,然后成就了大汉的好事。刘执嘉匆匆赶来的时候,天上电闪雷鸣,所以误认为是天神下凡。

还有一种可能,就是刘媪有一个相好的,两人情投意合。恰好这一天,刘执嘉没在身边,刘媪故意在大树下等候相好的,两人见面之后,耳鬓厮磨了一番,然后就迫不及待地做起了美事。眼看着天空越来越暗,马上就要下雨了,恰在这个时候,刘执嘉跑过来给刘媪送伞,相好的发现了以后,赶紧跑得无影无踪。当刘执嘉来到跟前,把刚才看到的事实告诉刘媪的时候,她就只能编了个瞎话,声称自己遇到了天神下凡,顺利圆了过去。本来就两眼昏花的刘执嘉,自己也没有看清咋回事,就让刘媪钻了空子。

不论哪种说法,都给刘邦的出生添加了一层神秘的色彩。正是这些奇特的现象,让老百姓更加相信,刘邦就是真龙天子,他能够带领农民起义军攻城拔寨,最终登上皇位,也正是顺应天意的结果。

刘媪自从在大树下休息完了之后,很快就呕吐不止,因为已经怀过两个儿子，所以她立刻就明白自己怀孕了。在之后的十个月时间当中，刘媪一直小心翼翼，生怕不小心动了胎气。好不容易生出来了，刘执嘉一看又是个儿子，当时就激动得不行，不过怎么看，这个孩子都不像是自己的。

要是搁现在，刘执嘉一定会抱着孩子，去大医院做一个亲子鉴定，那样刘媪偷情的事情就很难瞒天过海了。不过，当时压根儿没这条件，刘执嘉虽然怀疑老婆，但抓贼抓赃，捉奸捉双，刘执嘉手上没证据，也只能忍着。

在刘执嘉看来，这个儿子虽然看上去不像自己，但他的左腿上却有七十二颗黑痣，这可是典型的富贵命。而且刘邦刚刚出生的时候，哭声特别响亮，几乎半个庄的人都听到了，所以刘执嘉也认为，这个儿子将来一定会与众不同，自己也能跟着沾点光。至于是谁的种，刘执嘉也就不再追究了，他和刘媪还和以前一样恩爱。

刘邦不仅出生的时候与众不同，而且还是一个调皮捣蛋的家伙，按现在的话来说，就是三天不打，上房揭瓦。他刚刚六七岁时，就特别喜欢跟人掐架，经常把大他几岁的小朋友打得鼻青脸肿。稍微大一点之后，刘邦又养成了偷鸡摸狗的习惯，不论谁家丢个东西，只要到刘邦的家里来寻，就准能找到。

虽然天天都有人来告状，但刘邦的爹妈并不烦，他们始终认为，男孩子调皮捣蛋太正常不过了。尤其是刘邦天赋异禀，将来一定能够成大事，所以爹妈更宠着他了。

跟刘邦同时出生的，还有村子里面的卢绾。卢绾是大地主的儿子，不过和刘邦特别有缘分，两人还经常一起玩耍。等到两人十来岁的时候，卢老爷子特意请来一位先生，在教卢绾读书的同时，顺便请刘邦来陪学。本来卢老爷子也是一番好意，却没承想好心办了坏事，不仅没把刘邦教好，还让刘邦把自己的儿子带坏了。

到了青年时期，刘邦已经长成一个大小伙子了，不仅玉树临风，且心胸开阔，做事情不拘小节。正是这样的性格，让刘邦成了远近闻名的孩子王，不管他走到哪儿，屁股后面都有一群小跟班。

刘执嘉是一名典型的农民，因为勤俭持家，所以家境还是非常不错的，老大刘伯和老二刘仲长大成人之后，刘执嘉都给他们找了门当户对的媳妇，生活过得也非常安定。可小儿子刘邦则不同，他讨厌干农活，整天游手好闲，好吃懒做，让他的父亲和哥哥特别发愁。

尤其是刘邦的大嫂，看到刘邦整天在家吃闲饭，也没有一个正经事干，对他非常厌烦，出来进去看到刘邦，就会指桑骂槐地骂两声。看到家庭矛盾越来越突出，刘执嘉决定分家，让老大和老二另起炉灶，自己带着小儿子单过。

这对于老大刘伯和老二刘仲来说，简直是求之不得的事情，他们早就看不惯老三的作风了，可父亲一直宠着他，所以他们俩也不好说什么。如今终于可以摆脱刘邦，兄弟俩别提多高兴了。分到了一些田产之后，老大和老二单独过日子去了，留下刘邦和父母一起生活，他仍然和以前一样，整天过着游手好闲的生活。

随着年龄的不断增长，刘邦开始垂涎美色，有时候为了博美女一笑，刘邦会主动给她们送花、送礼物。可这些都需要花钱，他是一个无业青年，本身并没有什么收入，无奈之下，刘邦只好瞒着家人，从钱罐子里面偷一些钱出来，带着美女们一块儿喝花酒。

刘邦小的时候，刘执嘉以为他天赋异禀，将来一定会有所作为，没想到他却是一个无赖，估计以后也不会有什么出息，所以就懒得搭理他了。有时看到刘邦拿钱花，还会不自觉地数落他几句："你个败家子，咋不跟你两个哥哥学学，整天跟一群流氓混混待在一起，将来能有啥出息？"

听到父亲数落自己，刘邦跑得比兔子还快，早就没了踪迹。有时候被父亲骂烦了，刘邦就干脆不回家，到大哥刘伯家里面住一阵，又到二哥刘仲家里面住一阵。虽然大哥二哥看不上刘邦，但毕竟是一母同胞，他们也不好意思发作。

这样蹭饭的日子，并没有持续多久。几年后，刘邦的大哥刘伯突然生了一场大病，虽然请了当地最好的郎中，但一直没能治好大哥的病，不久刘伯便一命呜呼了。没了家庭的顶梁柱，大哥家的日子越来越难过了，大嫂更不待见刘邦了。

可是，刘邦完全不在乎，还会隔三差五地到大嫂家蹭饭，到了饭点，更是早早地坐到了饭桌上，就等着大嫂端饭给他吃。

这一天，刘邦又带着一帮狐朋狗友，来到大嫂家混吃混喝。那时候不比从前，家里就剩一个妇道人家，自己吃饭都费劲，怎么可能招呼这么多闲人？眼看着过了中午，大嫂还不打算给他们煮饭，刘邦悄悄地把大嫂拉到了一边，让她赶紧给大家准备点饭。没想到大嫂却说："你是不当家不知道柴米贵，我和你侄儿都好几天没吃饭了，哪里有米招呼你们？"

刘邦哪能不知道，大嫂种着几亩地，家里的粮食还是挺富余的。听到大嫂诉苦，刘邦赶紧跑到米缸边，居然发现米缸见底了，再到厨房去看看，发现冰锅冷灶的，确实好几天没做饭了。

无奈之下，刘邦只能带着大家伙儿走了。可当他刚刚送走大伙儿，再次回到大嫂家的时候，却发现大嫂带着孩子吃得正香呢，桌子上不仅有上好的米饭，还有切好的牛肉。这时候刘邦才发现，大嫂是真不待见自己，宁可把饭菜藏起来，让孩子们挨饿，也不愿意分一杯羹给自己。

从那时候开始，刘邦再也没有踏进大嫂家一步，直到后来他登上了皇位，把家里的穷亲戚全都拉了出来，不管是有本事的还是没本事的，全都给了个官当，唯独大哥的孩子，刘邦始终不愿意搭理。刘执嘉虽然知道他记恨大嫂，但还是拉下老脸向刘邦求情，最终刘邦才封大哥的儿子为王。

2. 刘邦的交友之道

作为一个爱结交朋友的人，刘邦很喜欢请大家吃饭，可手中并没有闲钱，大嫂又不待见自己。无奈之下，刘邦只好带着兄弟们，到镇上的小酒馆赊账。从南头到北头，刘邦几乎赊了一个遍，不过酒馆的老板们发现，只要刘邦来赊账，他们的生意就会出奇地好，所以他们并不怕刘邦赊账。有时候刘邦不来，他们还想着让刘邦多来几趟，照顾照顾他们的生意。

刘邦带着一群狐朋狗友，在小酒馆一喝就是一天，有时候牛皮吹得震天响，不过其他客人并不厌烦，还把刘邦讲的事当成新鲜事四处传播。

有时候刘邦喝到天昏地暗，走不动了，就直接躺在小酒馆睡，老板们也不会赶他走。因为等刘邦酒醒了，他自己会颤颤巍巍地回家。不过，很多老板都发现，刘邦晚上出门的时候，头顶上总会有金龙的影子，所以他们更加坚信刘邦绝非池中之物。每到年底的时候，小酒馆都会让那些赊账的人还钱，然而没有一个老板催着刘邦还账。甚至有一些小老板，看到刘邦没钱还账，还主动把账单撕掉。他们相信刘邦肯定会大富大贵，将来少不了他们的好处。也正如他们所想的那样，刘邦登上皇位之后，确实没有忘记这些小老板，不仅给他们提供了很多便利，还让这些小老板飞黄腾达了。

在刘邦的心目当中，他也有自己的为人之道，多个朋友多条道，多个敌人多道墙。结交的朋友多了，刘邦就走得越来越顺了。县长听说了他的威名，特意让刘邦做了泗水县的亭长，要是搁现在，就是派出所所长，专门负责缉拿盗贼的。因为见多识广，结交的朋友特别多，刘邦上任之后，工作开展得特别顺利。

虽然在很多人看来，泗水县亭长只是一个芝麻大的小官，这却是刘邦飞黄腾达的起点。经常到县里出差的刘邦，又结识了他生命当中最重要的一个人，那就是辅助他登上皇位的萧何。

不过此时的萧何，还只是县长的一个秘书，因为和刘邦是同乡，所以两人经常来往，很快便成了莫逆之交。

在县衙里面，刘邦不仅认识了萧何，还认识了夏侯婴和曹参等人。每次刘邦来公办的时候，总会招呼他们几个人喝酒，这不仅让刘邦交到了更多的朋友，还让他了解到了天下大事。不过因为举止轻狂，刘邦也差点因此丢了性命。

有一天，几个人都喝到了兴头上，刘邦突然在夏侯婴的肚子上打了几拳。本来夏侯婴已经吃得很饱，突然挨了几拳，整个人脸色苍白，差点背过气去。看到夏侯婴的状态之后，其他几个人赶紧上前，有人给他泼凉水，有人给他掐人中。折腾了好半天，夏侯婴才慢慢地缓过气来。

大家都知道刘邦是无心之举，况且也没有造成太大伤害，所以大家都没在意这件事情。没想到过了几天，刘邦居然被抓起来了，因为有人告他故意伤人。刘邦知道犯了小人，但是他坚决不承认这项罪名。

无奈之下，县长只好把夏侯婴请了过来，希望他能够指认刘邦故意伤人。没想到夏侯婴特别讲义气，他坚决不承认刘邦伤害了自己，只说自己不小心绊倒了，其他人出于好心，对自己施救了一番，才让自己转危为安。

案件审理到这时候，大家都以为很快就会过去的，没想到举报人当时就站了出来，把当时发生的情况一五一十地讲了出来。这时候县长又认为刘邦和夏侯婴一起串供，于是把夏侯婴抓了起来，对他严刑拷打，试图让夏侯婴翻供，承认刘邦伤害了他。

如果是一般的小人，估计早就承认了，不过夏侯婴宁肯挨鞭子，也不愿意出卖朋友。被关了一年多之后，县长发现夏侯婴实在不愿意指认朋友，估计再关下去也没什么意思，只好把夏侯婴放了。因为夏侯婴不追究刘邦的责任，所以刘邦并没有受到牵连，这件事情也就不了了之了。

过了两三年之后，刘邦接受委派，要到咸阳去出差，地方士绅都给他送了些钱，让刘邦路上做盘缠。作为他的好朋友，萧何也不例外，别人都出三百块钱，只有萧何给了五百块，从中也可以看出，两人是真朋友。

在咸阳办完差事之后，刘邦并没有着急回家，而是决定到咸阳城到处逛逛。虽然在泗水县，刘邦也算见多识广，但他来到咸阳城之后，也和刘姥姥进了大观园一样，看到什么都觉得非常新鲜。

正当刘邦闲逛的时候，突然听到一阵急促的马蹄声，同时有官差大喊："闲人回避，皇帝来了！"

刘邦和其他行人一样，赶紧跪倒在街边，等待着秦始皇的车队经过。大家都不敢抬头，但跪在人群后面的刘邦，还是悄悄地抬头观察了一下，秦始皇坐着八抬大轿，前后左右都有官差护卫，整个人显得非常威严。

秦始皇的车队过去好长时间后，老百姓才敢站起身，买东西的接着买东西，卖东西的接着卖东西。这时候刘邦才回过神，慢慢地站了起来，不无羡慕地嘟囔了一句："要是哪天，我也能像皇帝一样威风，那该多好啊！"

旁边卖杂货的老板听到刘邦的嘀咕之后，不免向他翻了个白眼："你小子想啥呢？真是没见过世面的乡巴佬！"

刘邦听到之后也不恼，而是慢慢悠悠地走开了。也正是从那时候开始，刘邦萌生了一个念想，将来一定要有所作为，尝尝当皇帝的滋味。如果心愿得偿，也就不枉在世上走一遭了。

理想很丰满，但现实非常骨感。刘邦回到泗水县之后，还得接着做他的小亭长。这时候的刘邦已经三十多岁了，仍然是一个光棍汉。

平时发了工资，刘邦除了带着大家喝花酒，就是用来寻花问柳。正所谓"好事不出门，坏事传千里"，刘邦乱搞的事情被人传得沸沸扬扬，正经人家的女孩子，谁会看上他呢？刘邦的眼光也很高，乡下的女孩，他一个都看不上。他自由自在，整天我行我素，即使是爹娘也管不了他。

3. 白捡了个媳妇

这一天，刘邦到县城公干，意外得到了一个消息，县长的老朋友吕公，在老家得罪了人，带着一家老小来到沛县投奔县长。县长特意在大酒店摆了几桌，给老朋友接风洗尘，前来陪酒的，都是县里面有头有脸的人物。

平时就爱结交朋友的刘邦，哪能错过如此热闹的场合？来到酒店之后，刘邦也不管别人认不认识他，就冲着里面的人喊："有客自远方来，不亦乐乎。今天县长请客，我也来凑凑热闹。"

听到刘邦的声音之后，他的铁哥们儿萧何知道，刘邦又来白吃白喝了。为了防止他走错道，打扰了县长的好心情，于是对着众人喊："礼金超过一千的，都到雅间就座，礼金低于一千的，都到大堂下面去坐。"

刘邦听到这句话，就知道是好哥们儿在提醒他，不过他还是想冒充大头蒜，于是特意写了一张空头支票，声称自己送礼金一万。看到礼单之后，吕公感到非常纳闷，不知道刘邦是何许人也，居然如此大方。所以他特意派人去请，把刘邦让到雅间就座。

吕公是一个学识渊博的人，还特别喜欢研究面相。当他第一眼看到刘邦的时候,他就觉得这个人不同凡响,将来一定能成气候。按照算命的说法,刘邦天庭饱满、地阁方圆,将来非富即贵。作为一个老学究,吕公当然明白这样的道理,所以他暗下决心,一定要拉住这条线,和刘邦搞好关系。

看到吕公如此重视刘邦,萧何还以为他是见钱眼开,于是赶紧起身,来到了吕公和刘邦的身边,着重向吕公介绍了刘邦:"吕公初来乍到,可能对刘邦不太熟悉,他是泗水的亭长,平时就喜欢结交狐朋狗友,别人是一言九鼎,可刘邦是经常开玩笑,所以他说出的话,吕公千万不要当真。"

萧何的这番话,是个人都明白,刘邦虽然口头说送礼金一万,其实只是空头支票,可能他一个子儿都不会出。作为绝顶聪明的读书人,吕公当然明白萧何的意思,他立刻接过话茬,说:"进门都是客,刘亭长如此豪爽,真是性情中人,和我还特别有缘,从今天开始,咱们就是朋友了。"

刘邦一看,吕公如此热情,自己还有什么不好意思的?于是他毫不客气,坐下来就大口喝酒,大块吃肉,偶尔还大放厥词,一副目中无人的样子。没想到吕公毫不厌烦,对刘邦频频点头,非常赞成他的观点。

大家伙儿吃吃喝喝,吹吹牛皮,很快就到了傍晚时分。其他人都和吕公客套几句,起身回家了,只有刘邦还赖着不走。老吕本来就想和他多聊几句,所以也没有下逐客令。看到大家伙儿都走了,老吕又招呼刘邦喝起了茶水,说:"我这个人没啥本事,但看人特别准,我第一眼看到刘亭长时,就知道刘亭长绝非等闲之辈,将来一定能成气候。"

刘邦听到老吕夸自己,早就高兴得找不到北了,但嘴上还不忘假客套几句,说:"老先生言重了。刘邦就是一个莽夫,虽然当了亭长,但也没啥正经事,平时就是抓抓小毛贼。将来能混成个啥样,我自己都不知道。"

老吕一听,刘邦还挺谦虚,赶紧给他加油鼓劲:"英雄不问出处,别看你现在职位不高,但将来一定高不可攀!冒昧地问一句,刘亭长成家了吗?"

按理说,像刘邦这样的年纪,早就应该"老婆孩子热炕头"了,可刘邦还是孤身一人,说出去都怕人笑话。但刘邦毫不在意,仍然大大咧咧地回答道:"还没,婚姻大事看缘分,我一直觉得,我的桃花运还没到呢!"

"真是人不可貌相，海水不可斗量，我就说这个刘邦不寻常，他不仅有帝王之相，而且还能耐得住寂寞，真是可造之材呀！"想到这里，老吕赶紧抓住机会，把自己的女儿推荐给了刘邦："大丈夫何患无妻，恰好老夫家中还有一女，如今刚刚成年，如果刘亭长有意，我就做主将小女许配给你，不知道刘亭长觉得怎样？"

白吃了顿酒席，还白捡了个媳妇，天下还有这等美事？刘邦晃了晃脑袋，还以为自己做梦娶媳妇，净想美事呢！可看到老吕真诚的眼神，他才意识到这是真的。只见刘邦扑通一声，直接跪在了地上："岳父大人在上，请受小婿一拜！"

喊完这句话，刘邦就开始咣咣地磕头，直接把老吕磕蒙了。他赶紧站起身，把刘邦扶了起来，说："刘亭长别客气，以后咱们就是一家人了，虽然我已经做主，把小女许配给了你，但三媒六聘这样的礼节，咱们还是一样都不能少啊！"

听到老丈人的要求，刘邦拍着胸脯表示："岳父大人放心，我明天就把礼物置办好，找几个媒婆前来提亲。到时候岳父大人一定要替我美言几句，好让我们尽快完婚啊！"

"刘亭长放心，自古以来，婚姻大事，父母之命，媒妁之言，小女全凭我做主。只要媒婆上门，对了生辰八字，咱们就定下好日子，到时候刘亭长就等着娶亲吧！"老吕也没想到，自己逃难到此，还捡了一个乘龙快婿，真是树挪死，人挪活啊！

看着事情都定下来了，刘邦赶紧起身告辞，回家准备礼物去了。老吕回到家之后，也把这件事告诉了老婆。本来老吕以为自己给女儿找了个靠山，老婆一定会喜笑颜开，没想到老婆听说之后，顿时火冒三丈："你个老东西，这么大的事也不跟我商量一下，就擅自做主了。你跟这个刘亭长只见了一面，哪知道他是个什么人？万一所托非人，你不是把闺女推进火坑里了吗？"

老吕听到老婆的抱怨之后，也没好气地嚷嚷了起来："你个妇道人家知道什么？这几天，我夜观天象，发现紫微星越来越亮，就知道有大人物要来了，没想到在酒桌上遇到了刘邦。这个人一副富贵相，将来很可能成就帝王之业，咱们闺女嫁给他，那是打着灯笼都找不到的好事。"

虽然老吕说得头头是道，可他的老婆并不买账："你个老东西，怎么能知道这些？听说那个刘邦是个泼皮无赖，整天就知道混吃混喝，今天还说送上礼金一万，结果你连一个子儿都没捞着，我看八成是徒有其表，将来难成大事！再说了，有权有势的公子哥，都把咱家的门槛踢破了，你就是不愿意让闺女嫁给他们，也不知道你安的什么心！"

听到媳妇不满意，老吕更是拿出了当家的权威："这个家，还是我说了算，闺女的事，就这么定了。明天刘邦就会带人来提亲，你们娘儿俩好好准备准备，千万不要误了大事。"

正所谓胳膊拧不过大腿，虽然吕公的老婆天天唠叨他，但在关键问题上还是吕公说了算。吕公的女儿吕雉，听到父母的争吵声越来越大，本想进来劝架，可在窗户跟前听到，父母为了她的终身大事争吵，也不免犯起了嘀咕：这个刘邦到底是什么样的人？为什么老爸这么看重他，老妈反而这么诋毁他？

多说一句，吕雉的雉，就是"彩色野鸡"的意思。

吕雉听到两人争吵不停，干脆就回到了自己的房间。此时，她的心里也是七上八下的，害怕自己嫁错了郎，那以后的日子就不好过了。可婚姻大事全凭父母做主，吕雉也没有办法，只能一个人坐在闺房里发呆。吕老太太虽然不服气，但第二天照样起了个大早，把一切都收拾停当，就等着刘邦带着媒婆来提亲了。

吕公初来乍到，只看到了刘邦的富贵命，却并不了解刘邦的为人。当时已经三十好几的刘邦，本身就是一个拈花惹草的浪荡子，不但跟一些不干不净的女子来往频繁，还有一个固定的姘头曹氏。两人交往了一段时间，曹氏就怀上了孩子。那时候没有堕胎一说，曹氏怀胎十月之后，生下了一个男孩，也就是刘邦的大儿子刘肥。

在那个封建的社会里，未婚生子绝对是一大新闻，十里八村知道曹氏和刘邦的关系之后，谁还敢娶她呀！眼看着被刘邦害苦了，曹氏却没有不依不饶,让刘邦非常感动。刘邦安慰道:"你放心,有我一口吃的,绝对不会饿着你们娘儿俩。我一定会把小崽子抚养成人,让他成为一个对社会有用的人。"

虽然在很多人看来,刘邦就是一个无赖,但他是一个信守诺言、说到做到的人。在建立西汉王朝之后,刘邦不仅把曹氏接入了宫,还把她生下的孩子册封为齐悼王。

不过这是后话了。当下刘邦的名声越来越臭,清白人家的女子没有一个愿意嫁给他,虽然吃着皇粮,按月领着朝廷的工资,可三十多岁了还是光棍一个。就为这件事,刘邦的老爹老妈愁坏了,整天盼着刘邦娶亲:"我说小子啊,你爹你娘都黄土埋半截了,你不为自个儿考虑,也该为你爹娘考虑考虑了,万一哪天,我们俩腿一蹬,到了阴曹地府,还想着小儿子没成亲,我们走在黄泉路上也不安心哪!"

每当听到爹妈说这话,刘邦虽然心里有愧,但仍然死皮赖脸:"婚姻大事急不得,等哪天我一定领个大家闺秀回来,让你们二老开开眼。"

听到刘邦说这话,他的父母更是气不打一处来:"你小子整天说大话,也从来没见你领个女子上门啊,别说领个大家闺秀,就是领个癞蛤蟆进家,我都算你有本事!"还没等父母把话说完,刘邦早已经没了踪迹,不知道跑哪儿潇洒快活去了。

但是这一天,刘邦突然跑回家,看到爹妈正在生火做饭,刘邦拿起勺把舀了一勺水,咕咚咕咚喝了半天。"这是哪阵风把刘老三吹回来了?我们这粗茶淡饭,可养不了您这贵人啊!"刘邦知道这是老爸看不上他,故意给他难堪,可他平时被挤对惯了,完全不急不恼:"老爸老妈,跟你们商量个事,我在县城寻了一门亲,对方是县长的远房亲戚,三媒六聘都已经完事了,好日子也已经定好了,就等着咱们上门娶亲了。"

刘邦的父母一听,还以为儿子在开玩笑:"哎哟,三天不见,刘老三长本事了,还上门娶亲,我看你是做梦娶媳妇,想老婆想疯了吧!就你这混蛋样,县长还能不知道?别说是他的远房亲戚,就是他的使唤丫头,能嫁给你当媳妇吗?大白天做美梦,你也该醒醒了!"

眼看着父母不当回事，刘邦真的着急了："我说老爸老妈，平时你们不待见我也就算了，可娶老婆这么大的事，我怎么敢骗你们呢？再说了，娶亲的日子都定好了，黄花大姑娘马上就要进门了，你们咋就不能替我高兴高兴呢？"

看着儿子一本正经的样子，老两口也有点动心了，赶紧停下手中的活计，把刘邦拉到堂屋，让他说说咋回事。这时候，刘邦才把认识吕公、吕公把女儿嫁给他的事情，原原本本地复述了一遍。

直到这时候，刘邦的父母才彻底相信，儿子真的要娶媳妇了，真是浪子回头金不换啊！那还等什么，赶紧把街坊邻居都招呼起来，亲朋好友都通知一遍，新房子赶紧收拾出来，准备迎接新媳妇吧！

定好的日子马上就到了，刘邦穿上崭新的礼服，骑上高头大马，别提多威风了。一行人吹吹打打，很快就来到了吕公的门前。看到自己挑选的乘龙快婿带着媒婆和聘礼来迎亲，吕公脸上乐开了花。吕老太太则不同，她一个劲地抹眼泪，看着女儿上了花轿，心里别提多难受了，不知道闺女成亲之后，日子会过成什么样。

离开了老丈人的家，一行人接着吹吹打打，不一会儿就回到了家。按照当时的规矩，七大姑八大姨要依次上座，接受新郎新娘的跪拜。好不容易磕完了头，新郎牵着新娘入了洞房。

这些日子，虽然刘邦喜上眉梢，但心里也七上八下，毕竟没见过吕公的女儿，也不知道她长什么样。万一就像老爸说的，牵个癞蛤蟆进了家门，岂不让人笑掉大牙？那以后的日子还怎么过？怀着忐忑的心情，刘邦揭开了新娘的红盖头。

平时听刘邦总吹牛，说要领个大家闺秀回家，没想到今天还梦想成真了。只见红盖头下的一张小脸蛋，就像出水的芙蓉一般，不仅白里透红，娇艳欲滴，而且还羞答答的，任谁都想亲上一口。

这些天里，吕雉和刘邦一样，整天忐忑不安。因为在古时候，婚姻大事由父母做主，男女结婚之前，基本上都没有见过面，只有掀开红盖头的那一刻，才能见到对方的"庐山真面目"，所以吕雉也害怕，担心刘邦配不上自己。当刘邦掀开红盖头的时候，吕雉同样看到了一张英俊的脸庞，确实像老爸所说的那样，刘邦气度不凡，将来一定会成就一番伟业。

自从迎娶吕雉之后，刘邦已经好久没有去亭里坐班了，他的兄弟们每每谈到刘邦的时候，除了捂嘴窃笑，剩下的就是满满的羡慕，真是好汉没好妻，赖汉有娇妻呀！

刘邦和吕雉结婚一年之后，他们的女儿就出生了。有了这么漂亮的媳妇，刘邦哪肯罢休，接着又生了一个儿子，就是后来的汉惠帝刘盈。

作为中国历史上的第一位皇后，吕雉嫁给刘邦的时候，还是一个黄花闺女。可是，随着岁月的无情打磨，吕雉也逐渐成了一个女汉子，不得不让人感叹，岁月真是一把杀猪刀，无论扎在谁的身上，都让人受不了啊！尤其是守着招蜂引蝶的刘邦，吕雉不仅要争风吃醋，还要防着这个，防着那个，以免他人动摇了自己的正宫地位。

刘邦回到单位上班，少不了被一群小年轻调侃一番，对于刘邦这根老油条来说，这都完全不是事儿。秦朝的法律非常严苛，老百姓轻易不敢犯事，所以作为亭长，刘邦也乐得清闲。

自从有了一双儿女，吕雉除了伺候公婆之外，还要操持家里的几亩薄田。原本就是大家闺秀的吕雉，哪吃过这样的苦、受过这样的累？有时候她也埋怨老爸，当初那么多公子哥儿上门提亲，要是老爸开开眼，自己何至于受这份罪？可想来想去，后悔又有什么用呢？

有一天，吕雉带着儿女们在地里干活，当时太阳已经很高了，天气越来越热，可吕雉还在吭哧吭哧地锄草。她仰起头擦了把汗，打算把剩下的活干完，就带着儿女们回家。可她往路边上一看，发现地上躺着一个人，正当吕雉想招呼个邻居，一起去看看啥情况的时候，发现大家熬不住大太阳，早都回家了。无奈之下，吕雉只好大着胆子，往那人跟前凑了凑，发现是一个七八十岁的老头，估计是着急赶路，被太阳晒晕了。

想到这儿，吕雉赶紧拿来自己带的水，让老人家慢慢喝了几口。老人微微睁开了眼睛，发现吕雉正端着碗喂自己喝水呢。老人强撑着身子坐了起来，把吕雉碗中的水全部喝光了，这才慢慢恢复了元气。

"夫人不但有菩萨心肠，将来还会大富大贵的。"吕雉没想到，老人喝完水之后，居然还恭维了她一句。吕雉说："老人家既然恢复了身体，那就赶紧赶路吧，以免误了时辰，家人该担心了。"

听吕雉这样说，老人就知道，她没有把自己的话当回事，于是又说："夫人别不信，我就是算卦先生，平时就以此谋生。虽然阅人无数，但像夫人这样的富贵相，我还是第一次看到，将来夫人一定是天下少有的大贵人。"

正所谓三人成虎，当年老爸就认为自己嫁给刘邦之后，一定会大富大贵，如今这位素昧平生的老人，同样认为自己是大富大贵的命，难不成真是这样？

正当吕雉胡思乱想的时候，她的一双儿女跑到了跟前，看到妈妈在和一个老头说话，也感到非常好奇。老人看到吕雉的儿女之后，更是出语惊人："夫人是大富大贵的命，您的一双儿女，更是青出于蓝而胜于蓝，将来肯定是人上之人。"

还没等吕雉细问，老人便起身离开了。眼看着天也不早了，吕雉赶紧带着一双儿女回了家。这时候吕雉才发现，刘邦已经下班回家了，正躺在摇椅上，优哉游哉地喝着茶水，吕雉抱怨道："你回来这么早，也不知道下地帮帮我，就知道躺在那儿。刚才我在地头遇到了一个老头，他给我们娘儿仨看了面相，说我们都是富贵命，不知道是真的还是假的。"

刘邦一听，顿时来了精神，因为从小到大，刘邦不知道被多少人这样说过，但到目前为止，刘邦还没有尝过大富大贵的甜头。他迫切希望打开命运的密码锁，却一直苦于找不到领路人。如今听到老婆这么一说，刘邦顿时像抓住了救命稻草一般："老头在哪儿？朝哪个方向走了？"

看刘邦问得这么着急，吕雉赶紧告诉他："就在咱们的地北头，老头朝东走了，你现在追上去，肯定能追上。"

还没等老婆说完，刘邦撒丫子就跑，好像被人拿杀猪刀追着一样，再不跑就没命了。他刚刚跑出二里地，就看到前面一位老人，正慢慢悠悠地往前走。刘邦跑到跟前，大大咧咧地喊道："听说老先生会算命，麻烦你给我看看吧！"

老人看着上气不接下气的刘邦，用手拍了拍他的肩膀："我知道你一定会来的，我已经等你很久了，你的命贵不可言，将来一定要好自为之呀！"

刘邦听到之后，向老人深鞠一躬，"老先生，您说的这句话，我已经听了不下一万次了，耳朵都听出茧子了。可你知道吗，我现在还是一个亭长，日子过得紧紧巴巴的，你说的富贵命，啥时候到来呀？我需要干点啥，才能让我获得富贵呢？"

听到刘邦一连串的问话，老人只是微微一笑，并没有做出正面回答："命里有时终会有，命里无时莫强求，其他的无可奉告。"说完这句话，老人就独自离开了，留下刘邦一个人站在原地发呆。等到刘邦回过神来，打算寻找老人的时候，发现老人已经无影无踪了。

刘邦登上皇位之后，也曾经派人去寻找过那位算命先生，可在方圆百里之内也没能找到他。不过刘邦一直认为，老人并非故弄玄虚，而是不愿意泄露天机，以免遭受天谴。

虽然老婆孩子热炕头，刘邦的小日子过得非常美，但江山易改，本性难移，和吕雉结婚没几年，刘邦就又耐不住寂寞了。每次看到漂亮女孩，刘邦有事没事就往跟前凑，嘴里还不干不净，讲一些黄段子，被很多人称为二流子。作为一个亭长，刘邦平时也没啥事，除了拈花惹草，就是和朋友们一起喝花酒。

有一天，刘邦外出办案，抓到了一个外乡人，这本是一件很正常的事情，但是刘邦却对这个犯人的帽子产生了兴趣。经过打听之后，才知道这种帽子是用嫩竹皮编制的，在薛地很常见。

刘邦就派出了一个小弟，专门到薛地买了一顶帽子。小弟戴着帽子返回后，刘邦喜欢得不得了，天天把它戴在头上，也被老百姓称为"刘氏冠"。后来刘邦登基做了皇帝，他还让裁缝们照葫芦画瓢，拿这种帽子当皇冠，这就是历史上记载的鹊尾冠。

4. 这回差事是完不成了

就在这时，秦始皇外出巡游，突发重病，一命呜呼了。在赵高的帮助之下，秦老二杀掉大哥，自己登基做了皇帝。为了加快建设老爹的坟墓，秦老二上任之初，就发布了一道诏书，要求各郡县把罪犯押到建设工地做苦力。

接到这个任务之后，县长就想到了刘邦，毕竟他和吕公是远房亲戚，刘邦又是吕公的乘龙快婿，有这样的好事，当然要想着自家人了。临出发之前，县长还特意交代刘邦："这可是个露脸的机会，你带着手下的兄弟们，把这帮犯人顺利送到工地，公安局副局长的空缺，可就是你的了。"

刘邦也知道，这是县长抬举自己，他哪有不尽心办差的道理？他说："老大放心，我一定会把这帮犯人平安送到建设工地，绝对不会误了差事。"

县长把二百多名囚犯集中到一块儿，就让刘邦带着兄弟们出发了。哪承想刘邦不仅好色，而且还贪酒，还没走出沛县县境，刘邦就和兄弟们喝多了。有几个胆大的囚犯，看到刘邦他们一帮人睡得跟死猪一样，就趁着夜色逃跑了。

刘邦一觉醒来，发现少了几十个囚犯，心想坏了，这里距离咸阳还有一千多里路，按照这样的速度，别说到咸阳，估计还没有出江苏地界，这帮囚犯就跑得毛都不剩了。

临出发之前，刘邦还特意向领导承诺过："到时候，如果跑了一个囚犯，就把我和我的家人当囚犯抓起来。"既然木已成舟，自己已经要当囚犯了，还不如做一个顺水人情，把这帮囚犯全都放了。随后，他和随行押送的兄弟们讲明利害关系，大家一致同意放掉这帮囚犯。

当天晚上，他们就来到了一家农家乐，打算让囚犯们吃饱喝足，再把他们都放走。可是，面对好酒好菜，有几个囚犯心里泛起了嘀咕：平时都是吃糠咽菜，今天突然改善伙食，还有不少野味，莫不是昨天跑了几十个囚犯，当官的要杀鸡儆猴，给他们准备的断头饭吧？

看到大家迟迟不肯动筷子，刘邦多少也看出了点猫腻，他首先举起酒杯，说："乡亲们，大家不要误会，我知道你们都是老实巴交的庄稼汉，因为交不起赋税，所以才被朝廷的狗腿子关进了大牢。如今，又要征调你们去骊山修建陵墓。此去万水千山，即使路上没有意外，你们顺利到了骊山，以后想要再回到家乡，那也是痴人说梦。今天我决定，放大家一条生路，你们吃饱喝足之后，就赶紧跑吧，能跑多远跑多远，千万别再被官府抓到了。"

说完这番话，刘邦一饮而尽，其他囚犯听到了刘邦的话，终于明白了他的用意，赶紧抓起自己桌子上的酒肉，狼吞虎咽地吃了起来。有几名年长的囚犯，端起酒杯来到了刘邦的面前，说道："大恩不言谢，你放了我们是好心，可大家都跑了，你回去咋交差呀？"

听到他们的问话，刘邦并没有愁眉不展，反而非常爽朗地大笑了起来，说："老人家不必担心，我也不会白白去送死的，等你们都跑远了，我也远走他乡不再回来。至于能不能逃过一劫，只能看自己的命了。山高水远，咱们江湖再见！"

吃饱喝足，囚犯都跑得差不多了，只有十几个年轻的后生，坐在饭桌前始终不愿意动弹。刘邦走过去问道："别人都逃命了，你们几个傻小子，为啥还不跑啊？"

"我们几个人，都是无家可归的孤儿，到哪儿都是讨饭，说不定还会被官府抓起来送到骊山去。与其等着送死，还不如跟着您，最起码还能吃顿饱饭。"刘邦一听，哟嗬，这是赖上我了啊！

"你们几个傻小子，以为跟着我，天天都能好酒好肉啊？你们是只见过贼吃肉，没见过贼挨打呀！告诉你们，从今天开始，我和你们一样也都是逃犯了，今后能不能吃上饱饭，会不会被饿死，都很难说啊！"刘邦说完这句话，也不免仰天长叹，前两天，自己还是人五人六的泗水亭长，如今却成了人人喊打的过街老鼠，真是世事无常啊！

"不管咋说，我们跟定你了，你走到哪儿，我们就跟到哪儿。"不管刘邦怎么说，这几个四肢发达、头脑简单的壮小伙，就像狗皮膏药一样，贴到了刘邦的身上，怎么甩都甩不掉。

"随你们的便吧，我自己都不知道去哪儿，你们跟着我，要是有个三长两短，可别怪我啊！"刘邦没想到，自己就是一个无赖，这帮人比他还无赖，愿意跟就跟着吧。

吃饱喝足之后，刘邦就和其他逃犯一样，趁着月光逃跑了。那十几个壮汉一看，还愣着干什么，赶紧追吧！虽然是晚上，大家也害怕被官府的人撞见，万一盘问起来，那就麻烦了。

想到这里，刘邦就放弃了大路走小路。可毕竟岁月不饶人，刘邦已经是奔四十的人了，又喝了不少酒，还没走出二里地，就感到体力不支，被几个年轻人甩在了身后。

走着走着，前面的年轻人突然喊了起来："快跑，快跑！前面有一条大蟒蛇挡在了路上，嘴里还吐着蛇芯子，看起来要吃人，咱们赶紧跑吧！"

听到年轻人的喊声，刘邦顿时酒醒了一半："年轻的大小伙子，有点出息没有，遇到一条小蛇，你们就绕道走，将来能干什么大事？"

说完这句话，刘邦就拔出身上的宝剑，大胆地往前走。还没走出十步远，果然发现一条大蟒蛇，正在向着他们逼近，看它张开的大嘴巴，吞下个把人完全不是问题。看到情况非常危急，刘邦一个箭步跳到了蟒蛇的背后，直接把它砍成了两段。

其他年轻人一看，当时都被镇住了，他们走也不是，不走也不是。趁着年轻人犹豫的当口，刘邦大步流星地往前跑，一口气就跑出了五六里地，终于可以摆脱这帮吃货了。

这里不得不插一句，刘邦斩蛇的宝剑，其实非比寻常，它还有一段颇有渊源的传说。刘邦的老爸刘执嘉年轻的时候，也曾经走南闯北，倒腾土特产，补贴家用。

有一天，刘执嘉遇到了一个外乡人，他看到刘执嘉手中的野味，顿时馋得直流口水，可苦于囊中羞涩，所以把腰间的宝刀解了下来，说道："我这是家传的宝刀，听说已经好几百年了，我想用它换你手中的野味，不知道您是否愿意交换？"

刘执嘉虽然不是舞刀弄枪的人，可天下不太平，早就想买一把防身的武器。今天看到小伙子拿着一把宝刀换他的野味，哪有不同意的道理。

拿到宝刀之后，刘执嘉显得非常兴奋，他决定到山上找一头野猪试试手。刘执嘉刚刚来到山脚下，就遇到了一个铸剑的师傅，在那里不断地忙活着。刘执嘉好奇地走过去："看你忙得脚打后脑勺，一天能铸几把剑啊？"

听到刘执嘉的询问，铸剑师傅看了看他："老先生说笑了，别说一天铸几把，我这一辈子，能打磨出来一把好剑，就算没白折腾。"

刘执嘉一听，赶紧拿出自己换来的宝刀，让铸剑师傅看："这是我拿野味跟一个年轻人换的，你给瞅一瞅，看这是不是一把宝刀？"

铸剑师傅接过宝刀，用手轻轻敲了敲，然后又端详了一番："这可是一把稀世罕见的宝刀，看上面的铭文，应该是商朝流传下来的。如果您能把宝刀扔进炉内一块儿冶炼，我就能给您铸造出一把绝世宝剑，将来您拿着它，就能斩尽天下妖魔。"

看着铸剑师傅吹得唾沫星子横飞，刘执嘉鬼使神差地被说动了，他想都没想，直接把宝刀扔进了铸剑炉中。说来也挺奇怪，宝刀熔化的一刹那，原本晴空万里的好天气，突然变得天昏地暗、飞沙走石，让人睁不开双眼。

大约过了半个时辰，铸剑师傅就把宝剑递到了刘执嘉的手上，原本刻在刀上的铭文，居然完好无损地出现在了宝剑上，也让刘执嘉惊掉了下巴。可还没等刘执嘉细问，铸剑师傅就收摊回家了，从此再也没有出现过。

当刘邦当上泗水亭长的时候，刘执嘉就把宝剑送给了他。虽然刘邦也经常吹嘘自己的宝剑如何了得，但大家都知道，刘邦本来就是一个谎话连篇的二流子，没有人把他说的当回事。有时候刘邦也怀疑，他手中的这把剑，本来就是一件普通的兵器。

直到刘邦挥剑斩杀了白蛇，他才确信，这是一把有灵气的剑。因为隐隐约约间，刘邦似乎听到白蛇开口说话了："你小子要敢砍我，我就让你子孙后代不得安宁。"

遇到这种事，但凡是一个正常的人，都会掂量一下，但白蛇遇到的是刘邦这个二百五。只见他借着酒劲，上去就把白蛇拦腰砍断了。后来的情况大家也知道了，大汉王朝传了四百多年，中间却被王莽斩断了，也就是历史记载当中的西汉和东汉。

刘邦斩了蟒蛇之后，跟个没事人一样，找了一棵大树，在大树底下睡了半宿。第二天醒来，一个过路人来到大树底下乘凉，两人有一搭没一搭地聊了起来。过路人告诉刘邦："刚才我来的路上，看到一条大蟒蛇被人拦腰斩断了。不过这不是重点，重点是旁边坐着一个老太婆，正抱着蟒蛇的尸体痛哭流涕呢。"

刘邦听到过路人的言论，也感到非常奇怪，难道大蟒蛇是老太太养的宠物？

"当时我也问了，不过老太太的回答，差点把我的魂吓没了。她说大蟒蛇就是她的儿子，本是白帝的独生子，却在昨天晚上，被赤帝的儿子斩杀了。"过路人说完这句话，刘邦的心脏开始怦怦乱跳了。他来不及多想，赶紧跑到自己斩杀蟒蛇的地方，结果发现那里什么都没有了。

关于刘邦斩杀蟒蛇的记载，从古至今，不知道流传了多少个版本，不过都大同小异。很多读者都知道，无论这些神话故事讲得多么动听，其实都是封建文人为了歌颂帝王胡编乱造的，目的就是让他们登上皇位，显得名正言顺、合乎天意。

让刘邦没有想到的是，他没找到蟒蛇和老太太，反而又让那十几张狗皮膏药贴到了身上。当晚刘邦甩开他们之后，十几个壮汉不知所措，他们大着胆子，从蟒蛇的尸体上跨过去，可怎么找也没有找到刘邦。无奈之下，十几个壮汉就在附近的草丛里躺了一晚，打算第二天接着寻找。

正所谓踏破铁鞋无觅处，得来全不费工夫，十几个壮汉一觉起来，发现刘邦匆匆赶来了。他们一看到刘邦，立马喜笑颜开，以为刘邦回来寻他们了。可他们哪里知道，刘邦想甩掉他们还来不及呢！

眼看着逃也逃不掉，躲也躲不开，刘邦心一横，就带着十几个壮汉落草为寇了。他们一路向西，来到芒砀山上，成为远近闻名的山大王。这里的山虽然不是太高，但草深林密，不要说十几个人躲进去，就是几百上千人躲进去，都难觅踪迹。

再说了，刘邦这个人走南闯北多年，早就成长为千年的狐狸。他们平常日子靠打家劫舍解决温饱问题，被追捕了，就躲到大山深处的僻静处，和秦朝的打手们玩捉迷藏。

第三章
芒砀山，刘邦上好的藏身山

1. 媳妇，你咋能找到这里

接连好几年，附近的官府都组织兵力上山剿匪，但是始终找不到刘邦的蛛丝马迹，最后这事也就不了了之了。

有一天，刘邦和一群壮汉，正在山洞里面吹牛皮，说他找的这个地方如何如何隐蔽，外人就是拿着罗盘，也不可能走到这里。正当大家一脸崇拜的时候，突然发现一个年轻的妇女带着俩孩子走了进来，一看，这不是吕雉吗？众人齐刷刷地盯住了刘邦，这真是啪啪打脸。

还没等大家笑出声，刘邦就喊出了声："老婆，你们是咋找到的？我们躲在大山中，要是没有人带路，就是朝廷那帮狗腿子，也不可能找到这儿啊！"

听到刘邦喊这名女子为老婆，其他壮汉面面相觑，他们非常识趣地退出了山洞，以便刘邦和吕雉叙旧。

吕雉大骂道："你个没良心的东西，可把我们娘儿仨害惨了，你一个人只顾逃命，你知道我们是咋过的吗？"

吕雉听到他问话，并没有正面回答他，而是边哭边抱怨。一双儿女也好久没看到刘邦了，都不敢往前凑。刘邦一把把他们搂了过来，一家人抱头痛哭，让人无比动容。

等吕雉的情绪稳定之后，刘邦赶紧让几个人给老婆孩子准备饭。看着他们吃得如此香甜，刘邦心里有了无尽的负罪感，他知道自己逃跑的这几年，老婆孩子一定吃尽了苦头。等他们吃完饭之后，刘邦还是耐不住好奇心问道："这里山高林密，平时连个打猎的人都没有，你们是怎么找到的？"

已经恢复理智的吕雉，这时候才打开了话匣子："当年给咱们算命的老爷子，说你是富贵命，从那时候开始，我就细心观察，发现你走到哪儿，头顶上都会有一朵祥云笼罩。虽然我没有告诉你，但这朵祥云一直刻在了我的心里。无论你走到哪儿，我只要循着那朵祥云寻找，就准能找到你。"

刘邦一听，赶紧跑出山洞往天上看，可天上晴空万里，哪有什么祥云？吕雉之所以能够找过来，很可能是因为刘邦的手下人和家人有来往，吕雉得到了消息，就顺藤摸瓜找了过来。因为不愿意说出是谁和家人有联系，所以才扯了个谎，让刘邦误认为自己就是真命天子。

为了打消刘邦的疑虑，吕雉接着向他诉苦："孩他爹呀，我们都来了半天了，你也不问问，我们娘儿仨是咋熬过来的，真是没良心的东西。"

这时候刘邦才发现，自己神经兮兮的，差点忘了正事。"快跟我说说，家人都咋样了，有没有受到牵连？沛县的情况咋样？我的那帮兄弟，现在都干啥呢？"

听到刘邦一连串的问话，吕雉开始慢慢给他讲了起来。

当年，刘邦押着罪犯去骊山，本来三四个月就能回来交差，可县长等了半年，也没见刘邦回来复命。正当县长纳闷的时候，州府的官员前来询问，其他县城的囚犯都已经送到了骊山，为何只有沛县的囚犯迟迟没有送到。

这时候县长才意识到问题的严重性。他赶紧派人去了解情况，结果发现刘邦早就消失得无影无踪了，囚犯也跑了个精光。按照秦朝的法律，一人犯罪，全家遭殃，而且刘邦犯的是死罪，即使和县长沾亲带故，也是很难被免罪的。当衙役们带着铁链子，来到刘邦家中的时候，发现他的老爹老妈早就投亲靠友去了，只好把刘邦的老婆吕雉抓了起来。

虽然吕雉是县长的远房亲戚，但在大是大非面前，县长为了保住自己的乌纱帽，也不敢私自放了她。于是简单问了吕雉几句，就把她关到了大牢里。

正所谓阎王好见，小鬼难缠，吕雉进入大牢之后，虽然有县长的照顾，但那些狱卒狱吏平时欺压惯了，看到吕雉的身上并没有太多的油水，所以不免对她恶语相向。尤其是那些老色鬼，看到吕雉风韵犹存，也不免动起了歪心思。

在那样一个山高皇帝远的地方，看押犯人的狱卒，简直就是土皇帝、阎王爷。老百姓除了出钱出物之外，有时候还要牺牲色相，才能让家人得到减刑的机会。监狱里的黑暗程度，不是用语言能形容的。

吕雉在监狱里面关得久了，难免会让那些老色鬼垂涎三尺，他们先是用言语挑逗吕雉，有事没事就往她面前凑。虽然吕雉非常抗拒，但在那个举目无亲的地方，她也不敢轻易得罪这帮人。

2. 不愿去中央的萧何

在那段时间里面，幸亏刘邦的铁哥们儿萧何经常去看望吕雉，才让那帮狱卒有所收敛，不敢轻易对吕雉怎么着。作为县长的秘书，萧何才高八斗，是安邦治国的人才，做人做事，非常稳重干练，总给人滴水不漏的感觉。

有一年，咸阳的一位监察部长，奉命来到沛县考察工作。作为县长的秘书，萧何全程陪同，虽然只有两三天的工夫，对方就已经了解了萧何的才干，将他推荐到了州府。对于中央大员的推荐，地方官哪有不从的道理，他们赶紧把萧何提拔到了州府里面，担任地市级的秘书长。这对于萧何来说，也是完全没有想到的事情，不过，他并没有扬扬自得，反而表现得非常低调。

过了一年之后，那位监察部长又来了，看到萧何比去年成熟了很多，做事情更加稳健了，于是决定将他调到中央。这对于其他官员来说，都是打着灯笼都找不到的好事情，可萧何听说之后，立刻拜访了那位监察部长，并婉拒了对方的推荐。

"正所谓人往高处走，水往低处流，小伙子不愿意到中央工作，难道是有啥想法不成？"看到萧何的态度之后，监察部长也感到非常纳闷。

看到一脸困惑的部长，萧何解释道："大人您有所不知，学生才疏学浅，去年已经被上级提拔了一次，连升了三级，这已经让很多人嫉妒了。如果今年又上调中央，不仅会让其他人不服，还有可能危及上级的名声啊！我还是留在州府里面，再锻炼几年，到时候再上调，也可以堵住其他人的嘴！"

萧何说完这几句话，监察部长也感到非常有道理，于是就放弃了提拔萧何的想法。

其实这些都是萧何的托词，他不愿意上调中央，还有一个不为人知的原因，那就是"伴君如伴虎"。尤其是朝廷的当家人，那真是个喜怒无常的暴君，萧何害怕自己有去无回，所以坚决不愿意跟随监察部长赴咸阳任职。

虽然萧何放弃了飞黄腾达的机会，但在州府里面，佩服他的人更多了。能够在利益面前守得住初心，并不是一般人能做到的，而萧何云淡风轻地就放下了，怎能不让人肃然起敬？

因为在政府工作，所以萧何来沛县的机会不多了，为了防止吕雉吃亏，他特意拜托了一位名叫任敖的狱吏。与普通的狱吏不同，任敖为人谦和，也是一个热心肠，与萧何和刘邦的关系都不错。即使萧何不叮嘱他，任敖当值的时候，也会有意无意地探视吕雉，偶尔给她带些吃的用的。

这一天，任敖又来到女监，打算探望一下吕雉，他刚刚进门，就听到了里面的哭声，还有一名男子的辱骂声。任敖心想不好，不免加快了脚步，恰好发现一名狱卒正在欺辱吕雉。任敖一脚踹开狱门，拿起地上的锁链，砸向那个老色鬼："你这个欺软怕硬的老东西，看我今天不好好收拾你！"

任敖一边说着，一边挥舞着手上的家伙，打得那个老东西哇哇喊叫。任敖赶紧把吕雉扶了起来，安慰了她几句，看到吕雉并没有受伤，这才放心地离开了。

本来这件事情都过去了，可没想到，那个老色鬼居然把任敖告上了法庭，说他公报私仇，殴打同行。正当县长审理案件的时候，萧何恰巧路过，也一同参加了审判。听到原告和被告的阐述之后，萧何很快便明白了事情的原委，于是他解释道："州府大人三令五申地表示，如果有人知法犯法，必须严惩不贷，否则一粒老鼠屎，会坏了一锅粥的！"

听到萧何扣下的大帽子，县长哪能不知道轻重，立刻把那个老色鬼打了一百军棍，开除了公职。紧接着，萧何又建议县长："吕雉都已经被关押一年多了，也没见刘邦有啥动静。说不定当年就是个误会，刘邦带着犯人们走到半路，被他们联合起来打死了，扔到山沟喂了狼，连尸骨也没留下来。咱们在这里关押他的家人，再过个一年半载，我看也没个结果，倒不如把吕雉放回家中，也显得您宽宏大量啊！"

本来县长就想把吕雉放了，但一直没能接到上级的命令，他也不敢自作主张，如今萧何代表着州府的官员，自己也是奉命行事，何不做个顺水人情？就这样，吕雉因祸得福，很快就被放回了家。

吕雉回到家中之后，心想这样的日子不能再过了，万一哪一天，县长旧事重提，自己还得再受罪。虽然那时候的信息并不发达，但多多少少还是能打听到刘邦的一些信息。即使不知道真假，吕雉仍然带着一双儿女，来到了芒砀山，走遍了所有能藏身的山洞，终于找到了刘邦一行人。

当她突然出现在刘邦面前的时候，内心受到的委屈再也藏不住了，她当着众人的面哭了起来。看到老婆孩子受了这么大的委屈，刘邦虽然是一个二流子，但也不免心如刀绞。让他们安定下来之后，刘邦决定暂时不再打打杀杀了，想过几天安稳的日子。

至今在芒砀山上还有一条小山谷，据说就是刘邦占山为王的时候居住的，被后人命名为皇藏岭。每年春秋时节，都会有不少游人来到这里，参观刘邦居住的山洞。虽然几千年过去了，但山洞似乎并没有太大的变化，唯一不同的是，人们在山洞的外面，修建了一座古寺，命名为瑞云寺。这也很容易理解，刘邦隐藏在山洞里的时候，大家都认为他的头顶盘旋着一朵祥云，于是把这座寺庙起名为瑞云寺。

正所谓"山不在高，有仙则灵。水不在深，有龙则灵"，刘邦隐藏在芒砀山的消息，不知不觉散布了出去，很多壮士都慕名来投奔刘邦，这让他的山头越来越大了。

3. 沛县宣布独立

陈胜、吴广在大泽乡起义的时候，他们为了扩大影响，还特意发表了战斗檄文，号召那些被压迫的民众拿起手中的武器，为埋葬秦朝贡献一份力量。也正是从那时候开始，受苦受难的老百姓扛起了锄头，冲进了县府和州府，杀掉了县令和郡守，建立起了农民武装，各地起义军风起云涌。

看到沛县朝不保夕，县长也是寝食难安，与其被起义军攻破，还不如及早投降，说不定还能保住自己的富贵。县长想到这里，就打算派人去联络陈胜率领的农民起义军，这时候萧何也提出了自己的建议："老大，你以为起义军都是泥腿子，好糊弄吗？当初他们扛起反秦大旗的时候，一千人都不到，这才没过多久，已经发展到了几十万人。跟咱们比起来，这帮泥腿子比猴还精，你要是把他们当猴耍，估计没有好果子吃啊！"

县长一听，确实是这么回事。"我也是病急乱投医，没有啥好主意呀，不知道兄弟有啥高见？说出来，让老哥听听。"

看到县长是个顺毛驴，萧何也把自己的想法和盘托出："老大你也看到了，和陈胜、吴广站在一条战线上的，不是囚犯就是农民，我们跟他们，压根儿不是一个战壕里的人。不过前几年，咱们沛县逃了一拨囚犯，如果把他们找回来，组成军队，再去找陈胜、吴广谈合作，那就名正言顺了。"

县长本来就是个猪脑子,他哪能想到这茬?于是赶紧随声附和说:"那就按老弟的意思办,你现在就放出风去,凡是逃亡在外的囚犯,只要他们返回家乡,以前的事就算了。"

萧何之所以忽悠县长,其实还有另外一层意思——他想把刘邦找回来,带领大家伙儿造反。如今,得到了县长的"尚方宝剑",萧何赶紧把刘邦的连襟樊哙找了过来,让他到芒砀山去找刘邦。

说起刘邦的连襟樊哙,还不得不佩服吕公的眼光。因为吕公找女婿,从来不找那些达官显贵的儿子,只找那些面相富贵的人。当初樊哙只是一个贫下中农,就是个屠夫,平时靠卖狗肉为生,虽然长得五大三粗,但是家境并不好,属于那种吃了上顿没下顿的主。

刘邦三十好几了还没结婚,是因为他的名声不好;樊哙则不同,他三十好几了还打光棍,是典型的人穷志短,没有媒婆愿意给他说媳妇。这一天,吕公路过樊哙的狗肉摊,心想狗肉上不了台面,为啥还有这么多人爱吃?当他看到摊子后面的樊哙时,就像当年看到刘邦一样,被他的面相吸引了。

按照吕公的相面术,樊哙虽然不是帝王之相,但绝对是王侯面相。闲聊了几句之后,吕公直奔主题:"小伙子相貌堂堂,不知道成家了没?"

看这老头问东问西,樊哙还以为是想照顾他的生意,没想到东拉西扯之后,老头居然问他的婚姻大事,樊哙还有点不好意思:"我是家底薄,还有老爹老娘需要照顾,所以没有哪家的姑娘,愿意下嫁给俺啊!"

吕公一听,窃喜:"小伙子不要发愁啊,我家还有一女,虽然不是美若天仙,但跟你也算是绝配,不知道小伙子有没有想法啊?"

听到老头居然主动把女儿嫁给自己,樊哙着实没想到,但他看着老头相貌堂堂,一副读书人的样子,想必他的女儿也不差:"岳父大人在上,请受小婿一拜!"

同刘邦一样,樊哙也是跪下就磕,把吕公高兴得不得了。就这样,吕公的小女儿就嫁给了樊哙,樊哙也就成了刘邦的连襟。吕公虽然不是一个算命的,但他的眼光真准,大女婿登基做了皇帝,二女婿也封侯拜相,与现在那些目光短浅的父母相比，吕公可真是高瞻远瞩。

同吕雉一样，樊哙进入芒砀山之后，很快就找到了刘邦。此时的刘邦已经不是一般的草寇了，他手下有几百名壮士，即使攻城拔寨也不在话下。从这段故事中，大家也可以看出，秦朝的法律虽然严苛，但是，各级官吏并不是真心办案，尸位素餐的人不在少数，不然的话，刘邦即使有一百个脑袋，也不够他们砍的。

见到刘邦之后，樊哙转达了县长的意思，按照现在的说法，刘邦是被招安了，可以名正言顺地回到家乡。

这对于刘邦来说，着实是没有想到的事情，他赶紧整顿人马，带着老婆孩子，离开了他经营多年的山头。

正所谓计划赶不上变化，刘邦带着大家伙儿，兴高采烈地往回走，却迎头遇到了萧何和曹参。本来刘邦以为，这两个人是接他回乡的，可仔细瞧了瞧，似乎并不是那么回事。平时萧何打扮得看上去就像是一个老干部，可今天与众不同，萧何和曹参一副疲于奔命的样子，看上去就像是一对叫花子。

还没等刘邦问明情况，曹参就上气不接下气地说道："别往前走了，沛县我们是回不去了，再往前走，说不定就是自投罗网了。"

听曹参这么一说，刘邦就知道计划有变。这时候，萧何也接过了话茬说："本来计划得好好的，我让樊哙回来请你们，可是县长犯了疑心病，认为你们回去之后，就会夺了他的权。他不仅把那些已经回去的囚犯给抓了起来，还打算把我们两个杀掉，幸亏我们两个得到了信，蒙混过关出了城，否则就见不到你们了。"

刘邦听说之后，也没有怪罪萧何和曹参，说："我逃跑的这几年，多亏你们两个照顾我的家人。既然县长出尔反尔，不讲义气，我们也没必要跟他藏着掖着了。如今，各路起义军风起云涌，咱们这几百号人，手里的家伙也不是烧火棍，今天我就带着大家回沛县，好好干一场！"

看到刘邦心意已决，萧何和曹参也不再说什么了，跟着刘邦原路返回。走了五天五夜，一行人才回到了沛县，这时候天色已晚，城门关得严严实实的。看得出来，县长已经做好了充分的准备，要是靠硬拼，是很难进城的。

对县城情况非常了解的萧何，向刘邦提出了一个建议："现在城里的老百姓，也都知道各地的起义军正风起云涌闹得欢，他们也盼望着陈胜、吴广的起义军打进来，所以是没有人真心为县长卖命的。如果我们送一封信进去，告诉他们，起义军已经来到了门外，只要他们打开城门，响应起义军，就可以免除灾难，我相信老百姓都会起来造反的。到那个时候，我们来个里应外合，就可以兵不血刃拿下沛县。"

刘邦一听，都说读书人的鬼点子多，这次算是真见识了。"我们这帮人都是大老粗，舞刀弄棒没问题，可让我写信，这真是难为我了。"

即使刘邦不说，萧何也会主动写信的，因为他平时干的就是舞文弄墨的事情，给城里的老百姓写封信，那还不是信手拈来的事情？萧何对刘邦说："你放心好了，文章都在我的肚子里面写好了，你只要把笔墨纸砚准备好，马上就能给你写出来。可派谁去送信呢？"

"真是聪明一世糊涂一时，这点小事还用发愁？你把信写好了，我立刻就能给你送进去，而且还不走寻常路。"刘邦听到萧何这么问，想也没想就回答了。

正说话的当口，早有人准备好了笔墨纸砚，萧何大笔一挥，很快就将公开信写好了。过了几分钟，等到墨汁干了之后，刘邦让人把信装到了竹筒里，然后他拿出了一支箭，扎在了竹筒上。只听到嗖的一声，这支箭就带着竹筒飞上了城墙。

一个士兵听到了响动，赶紧跑过去捡起了竹筒，并拿出了里面的信，交给了一个小头目。几个人围了过来，看到信上写着："兄弟们，大家都被朝廷害苦了，如今各路起义军风起云涌，很多城市都被攻破了。你们再为朝廷卖命，能守住沛县县城吗？一旦城池被攻破，免不了身首异处。相反，如果你们响应起义军，打开城门，就能让全城的老百姓免除灾难。具体如何选择，就把握在你们自己的手里了！"

城头上的这帮小喽啰都是血气方刚的年轻人，早就盼望着起义军到来。眼看着起义军到了眼前,哪有拒人于千里之外的道理?他们立刻打开城门,迎接起义军进城。

城里的老百姓听到响动之后,就知道是起义军进城了,奴隶翻身做主人的日子到了。大家拿起锄头,扛起铁锹,就冲进了县衙。有冤的报冤,有仇的报仇,不一会儿,县太爷就被大家戳成了筛子。

刘邦带着几百名弟兄,昂首挺胸地进入了县衙,看着外面熙熙攘攘的人群,萧何赶紧给刘邦出主意:"虽然咱们占领了县政府,但很多老百姓并不知情,咱们还是应该发布一张告示,把各界名流都召集起来,共同推举一个县长,这样才能让老百姓安定下来,也方便咱们为以后做打算。"

刘邦一听,还是萧何想得周到,就让他赶紧写了一份告示,让兄弟们趁着天黑,贴到全城各处。一切准备停当之后,差不多也就到后半夜了,大家伙儿在县衙里面随便找了个地儿,躺下眯了一会儿。

第二天,沛县的各级名流看到告示之后,就知道刘邦回来了。他们三三两两地来到县衙,打算推举一个新的县长。刘邦首先做了表态发言:"父老乡亲们,我刘邦又回来了,虽然我们占领了县政府,但绝不会像朝廷一样,干一些残害百姓的事情。我们响应陈胜、吴广起义,就是为了让大家过上好日子。如今朝廷的走狗,都已经被我们铲除了,现在大家就选一个新的县长,带领我们对抗朝廷吧。"

听完刘邦的发言,各界名流讨论得非常热烈:"你带领大家伙儿攻进了县城,杀掉了朝廷的走狗,让老百姓都解放了,你刘邦不做县长,谁还能做县长啊?大家伙儿都说说,是不是这个道理呀?"

听到有人带头表态,其他人都随声附和:"就是啊,你现在兵强马壮,大家伙儿都等着你对抗朝廷呢,除了你,我们谁都不认。"

看到很多人都发言了,刘邦又接着说:"我就是一个舞刀弄枪的莽夫,让我带着大家伙儿造反,那肯定是没话说;但让我当这个县长,那可真是难为我了。刘邦才疏学浅,恐怕难以服众啊!如果能够推举一位德才兼备的人才,也能带领大家伙儿走得更远啊!"

听到刘邦有意推辞,大家伙儿又把萧何抬了出来,执意让他当这个县长。萧何听到之后，连连摆手说："萧何乃一介文人，躲在屁股后头出出主意还行，让我站出来领导大家，那还不如要了我的命。"

萧何虽然这样说，但在他的心里面，其实还有一个小九九。万一起义军失败了，秦朝廷卷土重来，谁当老大，还不得被灭九族？到时候，说不定连祖坟都得被人刨了。从这一点上，大家也可以看出，舞文弄墨的文化人都胆小，他们要想成就一番伟业，其实并不容易。

大家让来让去，最后讨论的话题，还是落到了刘邦的身上。"你就不要推辞了，自从你出生之后，算命先生不知道说了多少回，你是大富大贵的命，在座的哪一个不知道这件事？如果你再不愿意当这个县长，可就寒了大家的心了！"

眼看着大家伙儿都要跪下了，刘邦心一横："既然父老乡亲看得起我，我刘邦要是再推辞，那就太不识抬举了。不过刘邦也把丑话说在前头，让我当这个县长可以，往后大家一定要听我的号令，咱们一起对抗秦朝廷的打手们，谁也不能认怂啊！"

众人一听，当然同意，当时就有很多年轻的后生，打算加入刘邦的部队。刘邦让大家伙儿在县衙门前设了一个祭坛，祭拜黄帝和蚩尤，高举红色的义旗，宣布沛县独立了。

刘邦当了老大之后，立马开始论功行赏，功劳最大的萧何当了二把手，他的连襟樊哙做了兵马大元帅，夏侯婴和曹参也跟着沾了光。一切安排妥当之后，他们又在沛县县城招兵买马，很快就把队伍扩大到了上万人，附近几个县城的年轻后生，听说刘邦率兵起义了，也都跑到沛县来投靠他。

看着自己的手下人越来越多，刘邦的腰杆子越来越硬，于是让樊哙和夏侯婴一起，带着部队攻打附近的县城，以便扩大自己的实力。也正是从那时候开始，沛公的威名远播。其他县城的县令，听到沛公的名字之后，也不免吓得一激灵，害怕哪天刘邦不高兴，就把他们的县衙给砸了。

在刘邦的统筹安排下，樊哙和夏侯婴负责带领部队，充当攻城拔寨的急先锋。这哥儿俩带着人，首先来到了胡陵县城，本着先礼后兵的原则，

第三章 芒砀山，刘邦上好的藏身山 051

打算招降县令，没想到对方油盐不进，始终紧闭城门，不愿意出来投降。这下可惹怒了樊哙，他整天裸露着上身，露出自己的腱子肉，在城门底下破口大骂，扬言打进县城之后，一定要活剥了县长。

这一天，一切准备就绪，就等着樊哙一声令下，兄弟们就打算往城头上攻去。可他们突然接到了刘邦的来信，要求他们赶紧返回沛县，原来是刘邦的老母亲去世了。

接到了奔丧的命令之后，樊哙和夏侯婴带着队伍扬长而去，留下城头上看热闹的人起哄说："这帮大头兵，刚才还耀武扬威的，准备要攻城，这会儿是咋的了？咋突然跟霜打的茄子一样，耷拉着脑袋逃跑了？"

虽然大家伙儿很是奇怪，但是县长还是没敢打开城门。樊哙和夏侯婴回到沛县之后，刘邦就安排他们构筑工事，防止秦朝廷乘虚而入。

刘邦逃跑的这几年，老太太整天提心吊胆的。没想到自己刚回来，还没过几天好日子，老太太就去世了，这让大孝子刘邦哭得非常伤心。

吹吹打打了好几天，刘邦才让风水先生找了一块风水宝地，把老母亲安葬了。至于扩大地盘的事，刘邦决定先放一放，自己先放几天假，好好地守着家人，弥补一下这几年的亏欠。

4. "不成材"的项羽

放下正在休息的刘邦不说，咱们再来讲讲另外一支反秦的力量，它的领导人就是西楚霸王项羽。

项羽出身名门，他的祖父是楚国的大将项燕。当年，项燕跟随楚王南征北战，立下了不少战功。可惜人算不如天算，当项燕联合六国进攻秦国的时候，却被秦国的大将王翦率兵包围了。

经过数十天的战斗，他们仍然没跳出包围圈。看着身边的将士越来越少，年纪轻轻的楚王着急了，拔出宝剑抹了脖子。项燕一看兵败如山倒，随后带着手底下的残兵败将，如同丧家之犬一样东躲西藏，但是最终也没能逃过灭顶之灾，在突围当中战死了。

项羽出生时，项家就已经日薄西山了，父母也在项羽很小的时候就因病去世了，项羽一直跟随自己的叔父项梁生活。在这样的家庭环境里，项梁经常教项羽学习兵法，在言传身教下，项羽早就有了杀敌报国的志向。

不过，当时的秦国霸气外露，如日中天，刚刚灭了六国，不论是军事实力还是国运，完全睥睨天下。因此，此时的项梁、项羽，他们是无力回天的，只能把一腔热血埋在心底，等待时机。当然，假如一辈子都没有等到时机，那就另选出路。

在项羽小的时候，项梁就请了个教书先生，专门教授项羽学文化，让他将来做个文官，远离打打杀杀的战场，或许也是一条人生路。可是，学了几年文化之后，项羽连一篇文章都背不下来，更不要说出口成章了。

眼看着白花钱，项梁又决定让项羽学习武术，换个赛道试试，说不定还能弯道超车呢！因为自己就是武把式，项梁想着还能省下一笔费用，于是就逼着项羽天天练剑。刚刚八九岁的项羽，哪吃得了这样的苦？还没过几个月，项羽就不干了，哭着喊着不学了。

项梁一看，这小子也太不成材了，于是脱掉大草鞋，照着项羽的屁股上就招呼了过来，一边打一边骂道："你个小兔崽子，这也不学，那也不学，将来能有啥出息？咱们可是名门之后，将来还等着你光耀门楣，你可倒好，不给老祖宗丢脸就不错了！"

眼看着被叔叔骂急了，项羽也开始顶嘴："你个老爷子知道啥，现在都啥年代了，谁还学那些？学得再好，也就是个跑腿的命。舞刀弄枪就更别提了，学会了，也就是个杀人的莽夫。我将来要做的可是大事，咋能在这些个小事上瞎耽误工夫！"

项梁一听，没想到项羽人不大，见识还不小，将来一定是个将才，真是龙生龙，凤生凤，老鼠的孩子会打洞啊！这一看，就是项家的种，索性文也别学了，武也别练了，专心学习兵法吧！

从此以后，项梁就把家里的兵法书拿了出来，让项羽专心研究兵法。

项羽一看到兵书就两眼放光，但对这些兵法一知半解后就满足了，有些不清楚的地方也不求弄明白。

后来，项羽带兵打仗的时候，不是掉这个坑里，就是掉那个坑里，其实和这段经历也是有关系的。

项梁带着侄子项羽，整天猫在家里读兵书，就如同后来凿壁偷光的匡衡一样，两耳不闻窗外事，一心只读圣贤书。可是，他们叔侄俩并不知道，他们已经悄悄被仇人盯上了。当年项羽的爷爷项燕权倾朝野，虽然给他们家带来了很多荣誉，但也得罪了不少人。这些人对项燕恨之入骨，可项燕就像是一个混世魔王一般，没人敢招惹。可好日子没过几年，项燕居然死在了秦国的刀剑之下。被项燕打击的那帮人，终于可以出一口恶气了。

他们看到项家就像黄鼠狼下崽儿，一代不如一代，所以就紧盯着项梁和项羽叔侄俩。恰在这时，项梁和村里的寡妇眉来眼去，又恰好被仇家看到了，他们就把项梁告进了官府，诬告他勾引良家妇女。

县太爷也是一个混蛋，不问青红皂白，直接把项梁扔进了栎阳县监狱。眼看着受了不白之冤，项梁也不是吃素的，他赶紧给自己的好朋友写了一封信，让他们上下打点，最终找到了监狱长司马欣。司马欣为人豪爽，他很快便找了个借口，帮助项梁洗脱了罪名。

看到司马欣如此的仗义，项梁怎么可能会过河拆桥？所以，两人经常来往，也逐渐成了莫逆之交。或许司马欣也没想到，正是他的无心之举，不仅救了项梁和项羽叔侄俩，还给他自己留了一条退路。当项梁和项羽扛大旗造反的时候，司马欣还曾经带兵投降，正因为有了这层关系，才让司马欣保住了一条命，后来还飞黄腾达了。

回到家中之后，项梁越来越生气，自己乃名门之后，居然被人诬告勾引良家妇女，他怎能咽下这口气？打听到诬告的人是谁之后，项梁天天跑到人家门口破口大骂，起初那家人知道理亏，不敢出门和他理论。可没想到，项梁骂得越来越起劲，而且每天都来，比白领上班还勤快，这谁受得了？

这一天，项梁又起了个大早，搬起小板凳就来到了人家的门口，正打算坐好了就开骂,这时候门开了,诬告项梁的那家伙出来倒垃圾。当他看到项梁来得这么早,心想今天肯定逃不掉了,索性来个鱼死网破吧!想到这儿,他就把垃圾往门口一丢,指着项梁的鼻子破口大骂:"你个老东西,刚从监狱里面放出来,不老老实实在家待着,天天跑到我们家门口指桑骂槐,你是不是嫌牢饭没吃够!"

项梁没想到,自己骂了这么多天,一直都没人接茬,今天居然有人这么横,他更是得理不饶人:"你个臭小子,就会背后使阴招,有本事和我过两招,看我不把你的头薅下来!"

那小子一听,这老东西不但嘴臭,手脚还不干净,心想自己怎么可能连一个老头子都打不过?想到这儿,那小子就跑上前来,和项梁打斗在了一起。虽然项梁已经快五十岁了,但他毕竟是个练家子,手上的功夫了得。那小子还没靠近项梁,就被项梁一脚踹翻了,紧接着,项梁直接把他按在地上,对着他的脑袋,啪啪就是两巴掌。

还没等那小子反应过来,项梁的拳头就像雨点一样,打在了他的头上。眼看着动弹不得,那小子还不知道求饶,最终被打得只有出的气,没有吸的气了。项梁一看不好,再这么打下去,非出人命不可,所以他站起身,对着那小子踹了一脚,然后骂骂咧咧地就走了。

回到家中,项梁越想越不对,估计刚才下手重了点,那小子已经见阎王了。看着项羽还躺在床上没起来,项梁直接把他薅了起来,然后递给他一件衣服,让他赶紧穿好。这时候,项梁也把家里值钱的东西收拾了一下,装在一个小包里,拉着项羽就跑。

幸亏项梁跑得快,他们刚走一会儿,县里的衙役就冲到了项梁的家中,要抓他回去见官。原来刚刚他们打架时,那小子的家人听到动静赶紧冲出门去,发现项梁匆匆逃跑了,只留下那小子趴在地上。

情急之下,赶紧先找郎中看病吧,结果,郎中摸了摸那小子的脉象,发现他已经死亡多时了。这时候他们才想起来去报官,不过当衙役来到项梁家中的时候,发现项家一片狼藉,知道他已经畏罪潜逃了。附近山高林密,衙役们在山里面搜寻了半天,也没找到项梁的身影,也就只

第三章 芒砀山,刘邦上好的藏身山 055

好回去复命。

项梁逃出来后，就带着项羽来到吴中生活。为了防止被人认出来，项梁和项羽不仅改了名字，还特意伪造了家史，你还别说，这一招还挺好使。虽然县里的协查通报一直贴到了吴中，但没有一个人怀疑项梁叔侄俩，这让他们暂时安定了下来。

老百姓看到村里来了两个外乡人，起初对他们也非常防备，害怕他们是朝廷通缉的逃犯，然而过了一两年之后，发现项梁不仅为人和善，而且还非常讲义气，所以大家也对他另眼相看。作为一个见多识广的人，项梁也是个热心肠，不管谁家有了红白喜事，项梁都愿意替他们张罗，名望也越来越高。

5. 我要是当了皇帝，肯定比他威风

有一年，秦始皇到江南检查工作，当他的车队经过吴中的时候，十里八村的老百姓，都围拢到路边看热闹。为了让侄子开开眼，项梁也带着他挤到了人群里。不一会儿，秦始皇的仪仗队就到来了，不仅有骑马的，佩带刀的，还有扛大旗的，吹唢呐的，一路吹吹打打，比老百姓办丧事热闹多了。

看到这样的场景，老百姓纷纷伸出大拇指："也就是秦老大呀，其他人谁能有这排场？"

听到老百姓的议论声，当时已经十六七岁的项羽居然出语惊人："就他那个熊样，有啥了不起的？将来我要是当了皇帝，肯定比他还威风！"

虽然是童言无忌，但在那个封建社会里，这可是杀头的重罪。听到项羽的言论，他的叔叔项梁赶紧捂住了他的嘴巴："你个臭小子，胡说八道啥，这要是被人知道了，不但你的小命不保，连你老叔都得跟着遭殃，说不定咱们家的祖坟，都得让人给刨了！"

看到叔叔严肃的表情，项羽知道闯了祸，所以他也像一个闷葫芦一样

不再说话，跟在项梁的屁股后面，慢慢地回到了家。项梁没有继续责备项羽，反而更加坚信他的志向远大，将来绝非池中之物。

此时的项羽，已经是一位"力拔山兮气盖世"的勇士了，身高一米八几，身上的腱子肉，更是让无数的少女垂涎三尺。根据历史资料的记载，项羽力大无比，他恨天空没有装一个吊环，要是装上吊环，他就可以把天拽下来；他还恨地上没有把手，要是有把手，他就可以把地球给提起来。项羽过江的时候更有趣，他不需要走桥上，也不需要坐船上，只需要薅着自己的头发，就能把自己扔到江对岸。

当然了，这些都是文学家的艺术加工，只为了表明项羽力大无比。事实上，人可以搬起石头砸自己的脚，但绝不可能搬起自己砸石头，哪有人能把自己拽起来，那简直是天方夜谭。

作为将门之后，项羽不但生就了一身腱子肉，而且豪气冲天，算是吴中地区青年才俊中的典型。当其他纨绔子弟忙着追姑娘、喝花酒的时候，项羽却在忙着读兵书、练刀枪，这也让吴中人非常敬佩。

此时，已经过了知天命之年的项梁，也知道光耀门楣的事情，应该交给年轻人了。在平日里，项梁就像是一个和事佬，到处平事，就是为了扩大自己的影响力，等将来有了风吹草动，就把这帮人聚集起来，拉起队伍反抗秦朝廷。

机会总是留给有准备的人的，项梁和项羽叔侄二人在吴中没几年，就听到了陈胜、吴广起义的消息。看着各地的农民起义军风起云涌，项梁也决定大干一场。这时候，会稽地区的郡守殷通大人也听说了项梁的威名，于是派人请他入城，共同商讨起兵的事情。

项梁听说之后，也感到非常纳闷，按理说，殷通是秦朝廷的鹰爪，他应该反对起义军才对，怎么还会邀请自己商讨起兵呢？怀着忐忑不安的心情，项梁骑着高头大马，来到了殷通的衙门口。

第一次见到殷通后，项梁对他的第一印象是，这个人阴险狡诈，很能见风使舵。而对方看到项梁之后，也没有藏着掖着，直奔主题说："自从陈胜、吴广带领泥腿子闹革命，如今大半年过去了，很多地方都已经改换了旗帜，而秦朝廷这帮人还在作威作福。我找了几个算命的看了看，秦朝廷的气数已尽，天下马上就要改姓了，如果我们能够响应起义军，不仅可以先发制人，而且还可以扩大地盘，将来成就一番伟业。"

项梁听到殷通的分析之后，也不免暗暗惊奇，看来秦朝廷的打手们，也并不都是猪脑子，还有一些吃里爬外的人，正是他们的胡作非为，才让秦朝廷垮得更快了。

想到这儿，项梁赶紧随声附和说："您分析得太对了，既然要改朝换代了，我们干吗还要在一棵树上吊死？只要我们抓住机会，就可以变被动为主动。我虽然是一个莽夫，但只要老大吩咐，我一定鞍前马后，效犬马之劳。"

正所谓英雄所见略同，看到项梁和自己不谋而合，殷通当即就抓住他的胳膊："老兄，我一看你就是一个人才，听你这番话，我就知道没有看走眼。以你的才干，统领千军万马绝对不是问题，可眼下，还少一位开路先锋，本来我看好勇士桓楚的，想让他替咱们打前阵。可如今，这小子犯了事，害怕被抓，逃到深山老林里去了。"

还没等殷通说完，项梁就接下了话茬："不必担心，我的侄儿项羽和桓楚的关系不错，就算他逃到天涯海角，项羽都能把他找回来。大人您只需要静待些时日，我一定把桓楚给您带回来。"

殷通没想到，官府办不到的事情，项梁叔侄两人都能拍着胸脯打包票，还真不能小看他们："真是想啥来啥，只要你们叔侄俩把桓楚找回来，咱们就可以扯起大旗，和秦朝廷分庭抗礼。到时候，我保证你们叔侄二人平步青云，咱们共享富贵。"

项梁听到之后，也对殷通千恩万谢："大人真是太抬举我们了，能够给您分忧解难，那可是我们叔侄俩的福气，还谈啥报答！明天我就把项羽带来，咱们再好好商量商量起兵造反的事。"殷通一听，没想到这么顺利，马上安排人，把项梁送走了。

都说人心隔肚皮，殷通虽然高兴，可他哪里知道项梁是怎么想的？回到家之后，项梁躺在摇摇椅上，一边喝着茶，一边盘算这笔买卖。虽然殷通给的价不低，但给人打工，哪有自己当老板舒服？今天老板高兴了，还能给你个甜枣吃；明天老板生气了，反手就是一巴掌。从古至今，共患难容易，共富贵难啊！正所谓兔死狗烹，有多少大老板上台之后，就把功臣杀了个一干二净啊！

想到这儿，项梁就把研究兵法的项羽喊了过来："今天郡守殷通把我叫过去，吃了顿海鲜，唠了一会儿嗑，捣鼓来捣鼓去，我就听明白了一点，他想让咱们叔侄俩给他卖命，帮他把秦二世拉下马，再把他扶上马。"虽然项羽读兵书一知半解，但听到老叔这样说，也知道是什么意思了："大丈夫顶天立地，岂能给他人做嫁衣！要干咱们就自己干，为什么要在别人之下！"

项梁也知道，项羽不是一个省油的灯，可没想到项羽这么干脆。"咱们单干可以，可眼下咱们势单力薄，也没啥本钱，万一折了本，估计小命不保！我是这么想的，明天我带你去见殷通，到时候你看我眼色行事，咱们把他捅了，借助他的势力，再扛起大旗，到时候咱们兵强马壮，看谁还敢惹咱们！"

项羽一听，姜还是老的辣。"老叔放心，我天天看你眼神，还能不知道你咋想的？到时候，只要你一个眼神，我就让他见阎王。"

叔侄俩商量好了之后，项羽就去磨刀了。第二天天刚蒙蒙亮，项梁就把侄子招呼了起来："起床了傻小子，天天睡大觉，咋就不知道着急呢？"

项羽一看，外边还黑着呢："这又不是去吃酒席，着什么急，让我再睡会儿。"说完这句话，项羽头一歪，顿时打起了鼾。还没等项梁回过神来，项羽又进入梦乡了。

项梁一下急了，啪啪两声，大嘴巴子就扇到了项羽的脸上。"你个小兔崽子，这可是掉脑袋的事啊，你小子一点都不上心，弄不好，咱爷儿俩今天就得折在这儿，赶紧起来，吃饱了上路！"说完这句话，项梁也挺后悔，"上路"，多不吉利啊！呸！呸！呸！

再看被揍的项羽，他再也不敢赖床，一骨碌爬起来，抓起衣服就往身上套。来到厨房，看到老叔已经把早饭做好了，两人吃完饭，带着家伙就出发了。

路上，项梁反复叮嘱："到地方，一定要机灵点，眼观六路耳听八方，如果捅不死殷通，咱们两个小命不保，到时候不用管我，你自个儿能跑多远跑多远。"

看得出来，虽然平时项梁对项羽非打即骂，可到了关键时刻，还是想着自家的这根独苗。叔侄俩一路走一路唠，小半天的工夫，就到了殷通的衙门口。

本来叔侄俩想一块儿进去，可看大门的不同意，项梁只能把项羽留在了门口，自己一个人进去见殷通。殷通这两天什么事都没干，就等着项梁叔侄俩来见他，等人员到位之后，他们就可以扛起大旗造反了。

看到项梁一个人走了进来，殷通还以为事情有变："昨天不是说得好好的，把你侄子项羽找过来，今天咋又变卦了，难道你侄儿不愿意跟着我们？"

眼看着殷通误会了，项梁赶紧向他解释："愿意，当然愿意，我已经把他带到门口了，可咱们的保安看得太严，不允许项羽进来。"殷通一听，原来是这么回事，赶紧让人把项羽带进来。

听到殷通的话，他的侍卫赶紧站了起来，一溜烟就跑到了门口，恭恭敬敬地把项羽请了进来。看到项羽长得五大三粗，殷通心里顿时有了底，他朝着秘书摆了摆手，让他把门带上。"这毕竟是掉脑袋的事，知道的人越少越好。你们项家人真是人才辈出，我一看你这个侄子，甭管是杀人还是杀猪，都是好手，等咱们扛起了造反的大旗，我一定封你当开路先锋。"

项梁听到殷通夸奖自己的侄子，也假惺惺地谦虚了几句："大人过奖了，小侄不过是一介莽夫，随时听候大人调遣，只要您一句话，让他揍谁他揍谁，绝对不含糊！"

殷通一听，顿时乐开了花："听说你和桓楚关系不错，他现在犯了事，不知道跑哪儿去了，你能不能把他找回来？到时候咱们拧成一股绳，也好成就一番大业啊！"

项羽听到殷通问自己，赶紧向他跟前凑了凑："大人放心，我们俩是铁哥们儿，他跑路的时候，还是我帮他凑的盘缠。只要我出马，保准把他找回来。"

殷通看着项羽胸脯拍得震天响，心里更加高兴了，只见他转过身去，打算从酒桌上取出美酒和酒杯。这时候，项梁给项羽使了个眼色，项羽立刻明白了，他拔出腰间的刀，从背后捂住了殷通的嘴，直接朝他后心上插了进去。

殷通完全没想到，刚才叔侄俩还毕恭毕敬，突然之间就翻了脸，还要了自个儿的小命。不过项梁和项羽叔侄俩，完全不理会这个茬，他们捅死殷通之后，直接把他的人头割了下来。紧接着，叔侄俩翻箱倒柜，终于找到了殷通的大印，有了它，就可以调动州府的兵马了。

看着项梁手中提的人头，殷通的侍卫们个个吓得面如死灰，不过还是有几个胆大的家伙凑上前，打算拦住项梁和项羽的去路。只见项羽挥舞着手中的大砍刀，把那帮人砍得哇哇乱叫。其他人一看，这哪是人啊，简直就是杀人的绞肉机呀，谁还敢上前。这时候，项梁左手提着殷通的人头，右手高高举起殷通的大印，喊道："大家伙儿都听着，殷通已经被我杀了，想活命的都放下武器，我绝对不会伤害你们。要是谁敢不听，刚才这几个短命鬼，就是你们的下场。"

老大都被人杀掉了，谁还愿意为秦朝廷卖命？况且现在天下大乱，大家都自身难保，所以很多人听到项梁的喊声之后，直接吓得丢掉了武器，站在那里战战兢兢。

看到大家都挺听话，项梁接着说："我知道，大家都是为了养家糊口，才不得已为秦朝廷卖命。可如今，秦朝廷这帮人胡作非为，不但老百姓活不下去了，你们的日子也不好过。陈胜、吴广已经带头起义了，咱们也不能落后啊！今天我就宣布，会稽郡脱离秦朝廷，自立门户。你们要是愿意跟着我干，升职加薪都是小事，将来等咱们发达了，我肯定让你们封王拜相。当然如果有人不愿意跟着我干，只要你放下武器，我立刻放你回家。"

听到项梁说得很有道理，大家伙儿都愿意留下来跟着项梁。大家各司其职，局面很快便安定了下来，项梁又让秘书贴了布告，说明了自己招兵买马的意图，老百姓听说之后，都愿意加入项梁的队伍当中。短短几天时间，报名的年轻人就过了万，项羽精挑细选，从中挑出八千人，组成了敢死队。

为了能够攻城拔寨，项羽利用自己所学的战法，对他们进行了严格的训练。正是有了这些家底，项羽才成了威震天下的英雄，成了后来的西楚霸王。

正所谓林子大了什么鸟都有，一个小子看到项梁叔侄俩正在招人，他也仗着自己有点学识，向项梁毛遂自荐，要求封他个官过过瘾。虽然项梁不认识那小子，但是手下有个人却对他知根知底，手下人提醒项梁说："这小子平时爱说大话，但其实肚子里没啥本事，前几年就曾经忽悠过殷通，结果殷通给他个官做，他居然把事办砸了。如今看到咱们兵强马壮，又来凑热闹了。"了解到这些情况之后，项梁也告诉那小子："你连个小事都干不好，还想跟着我们造反，打起来可是刀剑无眼，赶紧回家吧！"

这件事情传开之后，大家更佩服项梁了，觉得他不仅有勇有谋，而且粗中有细，是个干大事的人。也正是从那时候开始，会稽郡下面的好多县城，没等项梁招安，都主动来到了他的门下，要求他带着大家伙儿造反。

项梁也没有想到，自己起兵之后居然如此顺利。短短几个月的时间，会稽郡的老少爷们儿，纷纷聚拢到了他的大旗下。项梁粗略算了一下，手下已经有三万多兵马了，攻打一般规模的县城，是不在话下的。为了方便管理，项梁也开始任用大小头目，让他们各司其职，为下一步攻打秦朝廷做好了充分的准备。

第四章
被灭掉的六国又回来了

1. 老田家的江山也得恢复

项梁叔侄俩越走越顺的时候,革命的先行者陈胜又遇到坎了。他派出的大将周市,来到了原来魏国的地界,打算扩大地盘。

可是强龙不压地头蛇,无论敲哪座山头都不好使,无奈之下,周市只好来到了狄城。看着面前破破烂烂的城门,高低不平的城墙,周市心想,这回总不至于无功而返吧。

本着先礼后兵的原则,周市先派出一个跑腿的,跑到狄城县衙,把劝降书交给了县长。没想到县长连看都没看,就把周市的劝降书撕了,还把跑腿的痛打了一顿。周市一看,这也太不给面子了,打狗还要看主人呢,于是下令攻城。

只见城墙下,一群叫花子拎着锄头、扛着铁锹往上爬,然而他们哪里是正规军的对手?还没一炷香的工夫,就被乱棍乱剑打死了一堆。看着兄弟们死伤惨重,再不撤军,估计自己就要成光杆司令了,周市赶紧鸣锣收兵。既然打不进去,那就安营扎寨,困住他们吧。周市打定主意之后,就让大家伙儿把草棚子搭上了,想要来个持久战。

大家知道,秦灭六国之前,齐国是田家的天下。周市围攻狄城的时候,原来齐国国君的后代田儋恰好在这里避难。当他看到天下大乱,各地的起义军风起云涌的时候,他就知道秦朝廷的根基不稳了。此时如果还不出头,将来怎么能恢复老田家的天下呢?

正当田儋蠢蠢欲动的时候,周市围攻狄城,又给他添了一把火。田儋把自己的两个堂兄弟田荣和田横给找了过来,说:"秦朝廷把咱们祸害惨了,要不是他们这帮混蛋,咱们现在还是王公贵族呢,哪至于受这份罪?现在老百姓都起来反秦了,咱们也应该抓住机会,把狄城的老百姓武装起来,恢复咱们老田家的天下。"

田儋的两个兄弟一听,顿时热血沸腾:"大哥说得太好了,可是咱们一没人,二没钱,能干什么呀?"

听到兄弟们的担心,田儋接着说道:"咱们老祖宗打天下的时候,不也是什么都没有吗?都准备好了,还要你干啥?现在是有条件要上,没条件创造条件也要上。我已经想好了,明天咱们就把家奴捆起来,说他私通周市,打算带起义军入城。等咱们进入县衙,你们就看我的眼神,瞅准机会,咱们就把县长砍了。没有了秦朝廷的爪牙,狄城就是咱们的天下了。"听到哥哥的计策如此周密,两个弟弟也不再说什么了,他们开始分头去准备。

第二天,他们起了个大早,带着家奴来到了县衙门前。田儋拎起大棒子就开始敲鼓,把老百姓的鸡、狗都给吓坏了,哇哇乱叫。县长一听,谁大早上的击鼓喊冤,赶紧披上衣服就来到了县衙门口。

田儋一看,县长连个保镖都没带,还等什么,只见他一个眼神,田横就像恶狗一样扑了上去。县长心想不好,然而面对有备而来的刺客,再想躲开,已经来不及了,很快就见了阎王。

兄弟三人冲进了县衙,拿走了县长的大印,随后他们开始发布告示,邀请各界名流到县衙,共同商量起义的大事。

当时,各府、各县闹革命的太多,老百姓都已经见怪不怪,听说是齐王的后代砍了秦王的爪牙,大家都抱着看热闹的心态,来到了县衙门前。

看着大家伙儿聚得差不多了,田儋站在一张八仙桌上,开始讲话:

"各位父老乡亲，咱们原来都是齐国的老百姓，本来过着平静的小日子，可这些秦朝廷的打手，来到咱们的地面上撒野，咱们肯定不能答应啊！作为齐王的后人，今天我就把秦朝廷的爪牙剁了。今后，我要带着大家恢复齐国的江山社稷！"

既然人家根正苗红，那还有什么好说的？各界名流自然支持他，田儋顺势扛起了大旗。

内部稳定之后，还要解决外边的问题，眼看着周市围城半个月了，老百姓都快断粮了，得赶紧想个辙解围。田儋又把两兄弟叫了过来："你们俩赶紧组织人马，老弱病残负责生火做饭，年轻的操练起来，过两天咱们杀他个措手不及。"

田荣和田横两兄弟，听到大哥的主意之后，赶紧分头准备去了。过了几天，周市看到城里面没什么动静，还以为他们窝里斗元气大伤，就等着自己去割韭菜呢，结果却发现，城门突然打开了。带头的两兄弟手持板斧，后面跟着一群老百姓，虽然衣衫不整，但个个斗志昂扬，看样子不像是来投降的，却像是来索命的！

来不及多想，周市就指挥兄弟们迎敌，哪承想他们在这里守了二十多天，早就没有了斗志，很快便被城里跑出来的老百姓给冲散了。眼看着小命不保，周市赶紧带着弟兄们撤退，很多人连吃饭的家伙都没带，跑得比兔子还快，生怕被人剁成肉泥。

田儋指挥老百姓打败了周市的军队，这场胜利让他的名气越来越大。附近几个县城的老百姓听说田儋是齐王的后代，已经带领大家起义反抗秦朝廷的统治了，于是纷纷过来投奔。看着自己的实力越来越雄厚，田儋也在众人的推举之下，登基做了齐王。

2. 被灭掉的六国又回来了

这时候，除了陈胜建立的楚国、武臣建立的赵国，又多了一个田儋建立的齐国。眼看着秦国灭掉的六国，一个一个又如雨后春笋般出现，魏国人也不甘落后，打算推举周市做魏王。然而此时的周市刚吃了一场败仗，整个人像霜打的茄子一样毫无斗志，更不要说称王了。

被逼急了，周市也给出了自己的理由："虽然我手下的兄弟众多，实力也不错，但在魏国的地界上，应该立魏王的子孙为王才对。我出身贫寒，怎么能当魏王呢？"

眼看着周市不同意登基称王，这帮人也没有办法，只好打听魏王的后代，好不容易找到了原来魏国的公子魏咎，却发现魏咎已经投靠了陈胜，正在他的手下当小头目。得到消息之后，周市也给陈胜写了一封信，希望他能放魏咎回来，打算立他为魏王。

陈胜听说之后，顿时气得火冒三丈："前段时间，武臣连个招呼都没打，就登基做了赵王。今天，周市又想立魏咎为魏王，真是无组织无纪律，还有没有把我这个老大放在眼里！原先就我一个人称王，现在可倒好，是个人都能称王了，这是个什么世道！"

派出去的人回来之后，把陈胜的说法告诉了周市，可是，周市还是不死心，一定要迎接魏咎回来，让他登基做魏王。就这样，周市派出了五拨人，才最终让陈胜改变了主意，把魏咎放回了魏地。在周市的扶持之下，魏咎登上了王位，成了名副其实的魏王。

这个时候，秦始皇灭掉的六国已经恢复了四个，分别是陈胜创立的楚国、武臣建立的赵国、田儋建立的齐国和魏咎领导的魏国。眼看着全国各地已经出现了大大小小的山头，而秦朝廷的头脑们还在作威作福，他们并没有意识到，自己的好日子马上就要到头了。

回过头来看看赵王武臣。自从他登基做了赵王，陈胜就软禁了他的家眷。为了削弱武臣的实力，陈胜还让他向西进攻咸阳，顺便帮周文解围。意识到陈胜的险恶用心之后，武臣并没有出兵向西，而是派出了他的心腹爱将韩广，向东北方向进攻原来燕国所在的几个县城。

年纪轻轻的韩广，本来就是一员虎将，燕地的老百姓也都深受秦国的迫害，所以他们早就盼望着起义军前来。当起义军刚刚包围县城的时候，很多老百姓不仅打开城门欢迎韩广,还把县令绑了起来,交给韩广处置。

看到进展如此顺利,韩广的胆子越来越大,他的翅膀也变硬了。这时候,一些燕国的达官显贵也都开始怂恿韩广:"如今天下大乱,稍微有点权势的人都已经称王了,韩将军拥有数十万雄兵,又占据燕国富庶之地,何不另立山头称燕王,到时候也可以与其他人分庭抗礼啊!"

韩广听到他人的劝告,也表达了自己的担心:"虽然咱们的实力越来越强,但我的老婆孩子还在赵王的手里。如果我贸然称王,很可能会让赵王怀恨在心,对我的家人不利啊!"

听到韩广的担忧之后,其他人也安慰他:"你放心吧,赵王武臣不也是这样的吗?当初他称王的时候,他的家人也在陈胜的手底下当人质,结果武臣不照样登基称王了?虽然陈胜恨得牙根直痒痒,可是他也不敢把武臣怎么样啊。如今你面临的情况,和武臣当年是一样的,武臣也不会对你的家人怎样的!"

韩广本来就是假客气,如今听到别人分析得头头是道,他也不推辞了,于是选了一个良辰吉日,设了祭坛,叩拜了天神,登基做燕王。这个消息被赵王武臣听说之后,也像当年陈胜一样火冒三丈:"万万没想到,我派韩广去抢地盘,结果地盘没抢着,他还自立门户了!大家都说说怎么办,要不要把他的家人都砍了?"

听到武臣的询问,二把手张耳首先发言:"老大,当初你把咱们的王牌部队全部交给了韩广,如今韩广带着咱们的家底跑了,咱们还拿什么对抗韩广?如果咱们把他的家人砍了,韩广恼羞成怒,带着那帮人回来打咱们,该怎么应付呀?再说了,你登基做赵王的时候,陈胜也看不顺眼,如果看到咱们内讧了,陈胜再来对付咱们,估计没有咱们的好果子吃啊!"

武臣一听,这不是让我当受气包吗?"那你说说咋办,反正我是咽不下这口气,不给韩广点颜色看看,我早晚会被他气死。"

听到武臣如此愤怒,张耳仔细想了想:"要不这么着,咱们先把韩广的老婆孩子送过去,韩广一定会对咱们感激不尽,他也会放松防备。这时候,咱们再找准机会,对韩广发起突然袭击,相信一定会让他吃不了兜着走,到时候你也可以出一口恶气。"

听到张耳的锦囊妙计,武臣也感到心情舒畅了,于是他派出几位机灵的兄弟,把韩广的老婆孩子送走了。

本来韩广还想着,老领导武臣一定会大动肝火,对自己兴师问罪,没想到,武臣不仅给他送来了贺礼和贺信,还将他的老婆孩子送来了。韩广当时就激动得不得了,并设宴款待了武臣派出的使者,让他们携带重礼,回去之后好好感谢武臣。

哪承想武臣的使者刚刚离开,赵国的大部队就已经出现在了刚刚诞生的燕国边境上。这时候韩广才发现,这只是武臣故意麻痹他而使出的缓兵之计。既然已经闹僵了,那就只能针尖对麦芒,看谁的拳头硬了。想到这儿,韩广立刻集合部队,驻扎到了武臣的对面。

看到自己的意图被识破了,张耳觉得,再硬磕下去,估计占不到什么便宜,于是建议武臣撤军。可是,老领导武臣正在气头上,哪能听得进去,他坚决要给韩广点颜色看看,否则决不收兵。张耳一看,这就是一头倔驴啊,没办法,只能跟着他耗下去。

有天武臣突然心血来潮,想到燕国去探探虚实,于是他让手下人找来几件老百姓的衣服,自己乔装打扮,带着几个随从就出发了。燕国边境的各个卡点,看到赵国大兵压境,他们也加强了戒备,不仅对来往的行人严格盘查,而且还会问清他们的来历,否则一律不准入内。

被哨兵拦住的武臣,非常心虚,很快便引起了他们的怀疑。这时候,看大门的小头目走了过来。这个小头目曾经跟随在韩广的身边,有幸见过武臣几次。

当他看到哨兵盘问武臣的时候,看他越来越眼熟,突然脑子里面就想起来了,这不就是赵王武臣吗?于是他大喊道:"兄弟们,赶紧把他抓住!他就是赵王武臣,抓住他,我们就是大功一件,今后升官发财就更不用说了。"

其他哨兵一听,还有这好事,他们一拥而上,就把武臣摁倒了,然后就把他捆得死死的,想跑,门儿都没有!武臣带来的几个手下,一看势头不对，拔腿就跑，可还没跑出几步远，就都被射成了筛子。

张耳和陈余两个人，听说武臣乔装打扮去燕国踩点，就赶紧带着大队人马去寻找，生怕武臣有个三长两短，那队伍可就不好带了。正当他们像无头苍蝇一样到处趔摸的时候，突然发现一个百姓模样的人，骑着高头大马朝着他们跑来了。

等那人跑到队伍跟前，他直接从马上跳了下来，这时候大家才发现，原来他是武臣的随从。问明情况之后，张耳也感到无所适从，没想到老大这么不靠谱，居然自投罗网了，这可怎么办？如果强攻，对方不仅不会放了老大，还有可能把他当成人质，到时候造成的伤亡更大；可不救老大，以后的路怎么走，大家心里都没底。想来想去，只能派人去和谈了。

因为老大在人家手里，所以在谈判桌上，张耳派去的人明显低人一头，说话都不硬气。回来之后，他们告诉张耳："韩广的人说了，可以把赵王放回来，但需要我们割让一半的土地；否则，就准备给赵王收尸吧！"

张耳一听，气得浑身直发抖："真是乘人之危，韩广也太不像话了，咱们的地盘本来就不大，再割让一半给他，那还有立足之地吗？万一这小子得了便宜，还把赵王撕票了，那咱们可就竹篮打水一场空了，以后谁还会把咱们当回事？"

陈余本来就是一个莽夫，听到张耳的分析之后，更是火冒三丈："韩广这个吃里爬外的东西，我早就看他不顺眼了，可赵王就是不听我的，非让他领导咱们的王牌部队，这下可好了，养出了一个白眼狼。再说了，这小子背叛我们称王的时候，咱们还把他的老婆孩子送回去了，如今他却敲咱们的竹杠，实在太不讲义气了。"

不得不说，陈余就是一个二愣子，自古以来，国与国之间都没有永恒的朋友，只有永恒的利益。当初武臣背叛陈胜称王的时候是这样，后来韩广背叛武臣称王的时候，同样如此。

3. 伙夫立大功

在利益面前，义气显得轻如鸿毛，一文不值。

其实大家都知道，不但是在古代社会，就是在现代社会当中，兄弟姐妹、亲朋好友之间，为了蝇头小利闹得不可开交，甚至对簿公堂的事情，也是很常见的。

退一万步讲，当初赵王使出阴谋诡计麻痹韩广的时候，他也没有讲交情；如今自己被人活捉了，又要韩广讲义气放过他，这怎么可能呢？没办法，张耳只好写了一封信，派人给韩广送去了，希望他不看僧面看佛面，早点把武臣放回来。

信虽然送出去了，但是大家用脚趾也能想出来，这肯定是自讨没趣，韩广完全不理他。张耳接连派出去了好几拨人，也没见有人回来，感到非常纳闷，难不成这帮人贪生怕死，根本没把信送到，都中途开溜了？

正当张耳纳闷的时候，终于跑回来一个送信的，原来韩广看他们心不诚，一直不答应割让土地，索性把送信的全杀了。这时候张耳和陈余才看明白，韩广不但是一个白眼狼，还是一个杀人不眨眼的恶魔，要想从他手里面把武臣救出来，简直比登天还难。可韩广提出的条件也太苛刻了，张耳和陈余都很难接受。

看到两人整天愁得不行，下面的兄弟也议论纷纷，其中一名伙夫站出来说："都是一帮饭桶，要是让我去燕国谈判，我不仅能把老大接回来，还不费一兵一卒，更不会割地赔款。"

其他人一听，都笑话他痴人说梦："之前派去了那么多人，不都被人砍了脑袋？你去了也是送死，还是老老实实待着吧！"

听到其他人的讥讽，那位伙夫非常不服气："你们这帮人知道什么？燕王韩广之所以把这帮人杀掉了，就是因为他们不会说话，没有把话说到燕王的心坎里去。我跟他们不同，要是我去了，肯定能把燕王忽悠得团团转，保证能立大功。"

无论伙夫怎么说，大家都不相信他，甚至有人挤对他："就你小子会说话，也没见老大提拔你呀！"

眼看着越吵越热闹，伙夫撂下一句狠话："你们就等着吧，我现在就去见燕王，明天我就能把老大接回来，到时候你们别眼馋我立功！"

这年头，吹牛皮又不上税，大话谁不会说呀！看到伙夫转身就走，其他人还不忘调侃："这小子肯定找地方闲逛去了，就他那样，他敢去燕国？我借他个胆子，他也不敢去。"

大家都知道去燕国非常凶险，伙夫却大摇大摆地走了过去，于是，毫无意外地被燕国的哨兵给抓住了。听说伙夫要见燕王，哨兵们顿时哈哈大笑："你算哪根葱啊，燕王是谁想见都能见的？我参加起义军以来，都还没见过燕王呢！"

看到哨兵们取笑自己，伙夫并不恼怒："你把我带到管事的面前，其他的就不用你操心了。要是你误了事，恐怕燕王都要大难临头了。到时候，不但你性命不保，还有可能株连九族啊！"

看到伙夫说得如此严重，哨兵也不敢怠慢，赶紧把他带到了燕国主将的面前。主将问："听说你小子要见燕王，有啥事吗？"

"我是赵国人，这时候来到你们燕国，还能有啥事？我们老大被你们抓了，我是来带他回去的。如果你们不放我们老大回去，不仅你们几个人头不保，连燕王也会受牵连的。"伙夫不紧不慢地回答。

虽然在很多人看来，伙夫这是妖言惑众，但燕国主将并不这样认为，他示意哨兵给伙夫松了绑，然后搬了把凳子给他，跟他说："我们大王已经说过了，只要你们赵国割让一半的土地，我们大王一定会放你们赵王回去的。可如今，你们派了好几拨说客，可并没有答应割让土地，反而让我们放了赵王，这样我们大王多没面子啊！"

看到燕国主将把自己的话当回事了，伙夫趁热打铁说："问题就出在这儿了，你们大王狮子大张口，扬言不割让土地，就要砍了赵王。可你想一想，如果你们老大砍了赵王，获利最大的是谁？"

燕国主将听到伙夫的问话，也不免思索了一番："如今天下大乱，是个人都能称王，如果我们砍了赵王，张耳作为赵国的二把手，他很快就会取而代之，那可能会便宜了张耳这小子吧。"

不得不佩服燕国主将，他还是非常了解天下大势的。

伙夫接着说道："将军您分析得很有道理啊！张耳和陈余派来了好几拨信使，可是他们始终不愿意割让一城一地，逼得你们大王把信使全杀了。这说明了什么？赵王的命在他们的心里面，根本就没有城池值钱。如果你们大王痛下杀手，直接把赵王砍了，张耳就可以顺利登基称王了。那时候，他们再假借替赵王报仇之名，举全国之力攻打燕国，你们还会有好日子过吗？"

听到伙夫分析得很有道理，燕国主将也感到事情重大，所以他赶紧请示了燕王韩广，说："听这个伙夫的意思，他和张耳不是一条心的！不然，怎么会把张耳的计划透露给我们呢？当初，咱们在陈胜手下的时候，我就听说赵王和张耳、陈余兄弟不和，如今，他们看到赵王被我扣下了，居然一点都不着急，这一点不能不防啊！"

听完燕国主将的分析之后，韩广紧张兮兮地说道："是啊，张耳和陈余两兄弟，一个足智多谋，另一个能征善战，他们岂能甘心给人打工？今天咱们扣押了赵王，正好给他们创造了条件。如果咱们把赵王撕票了，岂不正合他们的心意？到时候，咱们啥好处没捞着，还惹得一身臊，这是何必呢。"

这事得赶紧解决，一旦时间拖久了，还有可能让张耳和陈余两兄弟坐收渔翁之利。思来想去，燕王韩广决定让伙夫赶紧把赵王武臣带走，也免得夜长梦多，对自己不利。

当天晚上，韩广就举办了一场盛大的宴会，专门款待老领导武臣，说："赵王您受惊了，我听说前几天手下人把您抓住了，我还以为他们开玩笑，一直没来得及去看您。今天，张耳派了个人过来见我，我才知道这件事情是真的，赶紧让手下人把您请了过来。这几天招待不周，赵王千万别见怪呀！吃完这顿饭，赵王要是想在燕国多待些日子，我一定让手下人带您到处看看名胜古迹。当然了，如果赵王思乡心切，我这就让人把您送走。"

听到老部下韩广这么说，武臣也是感觉非常奇怪，但是，他还是顺着韩广的话往下说："既然都是误会，我也就不打扰了，吃完饭我就赶紧回去了。"

都到这份上了，武臣哪还有心情吃饭，胡乱吃了几口之后，就起身告辞。韩广赶紧派了马车，把他给送走。

天刚蒙蒙亮，张耳和陈余还在发愁，要想个什么办法把赵王救回来。这时候听到门外有人喊："大王回来了，大王回来了！"

起初张耳和陈余还以为自己睡着了，做了一场美梦，可他们俩同时跳起来的时候，才发现这不是梦，原来是真的。他们赶紧迎出去，才发现武臣坐了一辆马车，旁边并没有其他人，只有一个伙夫拉着马缰绳。

把武臣迎进屋之后，他们也感到非常奇怪，为什么燕王突然想开了，既不要赵国的一半土地，也不要黄金白银，就这样把大王给送回来了？

这时候，站在武臣旁边的伙夫给他们几个详细介绍了情况。大家这才明白，伙夫居然是一个能言善辩的人，正是他的巧舌如簧，才让武臣幸免于难。

虽然这件事情被司马迁记载在了自己的《史记》当中，可是赵王并没有奖励伙夫，也没有给他加官晋爵，所以在历史上，伙夫并没有留下任何名号。从这件事情当中，大家也可以看到，赵王武臣并不是一个知人善任的人，这也为他之后的覆灭埋下了伏笔。

4. 一个女人引起的叛变

死里逃生之后，赵王武臣消停了大半年，眼看着其他人的地盘越来越大，自己也不能闲着！缓过气之后，赵王又派李良去进攻常山。李良也是一个好打手，没过两个月，他就带着兄弟们攻破了常山，在常山插上了赵国的大旗。

赵王一看，李良这小子真不错，当初为什么用韩广这个吃里爬外的家伙，差点没弄死我。于是，回到邯郸汇报完工作之后，李良又被武臣派去了太原，想让他继续扩大战果。

李良带着自己的手下，一路晃晃悠悠地朝着太原进发。这一天，他们来到了井陉关，因为这里还是秦朝廷的地盘，所以，李良必须拿下井陉关，才能继续向太原挺进。看到天色已晚，李良决定先住下来，等到第二天再看看情况。

井陉关的守将整天无所事事，过着花天酒地的生活，可他没想到，赵王居然派出了大部队，打算把他们一锅端了。眼看着外边黑压压的全是人，守将也着急了，赶紧派人出去打探虚实。这一问不打紧，领头的居然是李良，他以前也拿秦国的俸禄，现在可倒好，摇身一变，成了赵国大将。

听说这小子吃软不吃硬，不如采取离间计，井陉关的守将商量完了之后，决定假借秦二世的名义，给李良写封信，让他们君臣互相猜疑，以便达到"不战而屈人之兵"的目的。这帮人来硬的不行，搞点阴谋诡计可是信手拈来。说干就干，他们连夜写了一封信，让人交给了李良。

第二天，天刚蒙蒙亮，李良刚起床，就听手下人说，井陉关的守将派人给他送来了一封信。刚刚打了一场胜仗的李良，还以为那帮酒囊饭袋害怕自己，送来了投降书。可他打开书信一看，原来是一封招降书，顿时气不打一处来，可冷静下来看了看，又觉得信中说得很有道理。只见信中写道：李良，你以前也是秦朝廷的栋梁之材，今天为何与反贼们搅和到了一起？别看他们最近闹得欢，等我腾出手来，一定会把他们通通收拾了。我知道你不是主动跟随他们的，只要你改过自新，以往的过错可以不追究，如果你带领起义军反水，我更会让你加官晋爵。

看到落款的时候，李良更没想到，这居然是秦二世的亲笔信，他的内心也有些动摇了。不得不说，李良还是太嫩了，他完全没有想到，这居然是敌人的反间计，是井陉关的守将假托秦二世的名义，写给李良的一封劝降信。

这封劝降信，让李良想了很久。眼看着耗了半个多月，李良带的粮草不足了，于是他决定返回邯郸，请求赵王多派些人马，再补给他一些粮草。

他们在返回邯郸的路途上，遇到了一辆豪华的马车，前后不仅有数十名仆人，而且还有仪仗队开道，就像当初秦始皇出游一样。李良一看，这里距离邯郸也不远，不会是赵王外出吧？想到这儿，李良赶紧下马，带领他的士兵们规规矩矩地跪在路边。

这时候，马车也跑到了他们的面前，李良赶紧上前打招呼："拜见大王，我是从井陉关赶回来的李良。"

还没等李良把话说完，车里就传出来了一个女人的声音："行了，我知道了。"然后马车疾驰而去。这时候李良才发现，原来这并不是赵王的车队，他赶紧站起身，发现车里面坐着一个贵妇人，一行人大摇大摆地走了。

作为一个血气方刚的年轻人，李良刚刚立下战功，哪能受得了这个气？他认为，即使赵王从他跟前过去，也会主动跟他打招呼的，这个女人是谁？竟敢完全不把他放在眼里。于是，李良赶紧问身边的人："刚才那个女人是什么来历？居然敢这么无理，看我不好好收拾她！"

没想到，还真有人见多识广。李良的一名手下告诉他，刚才过去的贵妇人，就是赵王的姐姐。李良一听，真后悔刚才说了大话，现在忍气吞声不行，更不能上去揍她一顿。正当李良犹豫的时候，又来了一个火上浇油的："赵王的姐姐有什么了不起？要不是我们在前方卖命，他们怎么可能作威作福？如今看到我们了，居然连个招呼都不打，算个什么事！"

李良的另一个手下也附和着说："说的是，当初将军和赵王一样，都是陈胜的顶梁柱，如今可倒好，赵王登基称王了，他的家人也变得如此蛮横。真是一人得道，鸡犬升天，不把将军放在眼里，这种气怎么受得了？干脆咱们反了，先把那个女人砍了，再把赵王剁了，将军登基称王，不比现在过得快活！"

听到大家的议论，李良也感觉有道理。自从他接到秦朝廷的招降信之后，心里就已经有了反叛赵国的想法，如今好不容易抓到一个机会，怎么可能轻易放弃？只见他拔出宝剑，向着马车驶去的方向大喊："谁追上那个

第四章　被灭掉的六国又回来了　075

泼妇，我就让他官升一级。"

　　李良的话音刚落，手下人就像潮水一般涌了上去，很快就拦住了赵王姐姐的车队。这帮人刚才还耀武扬威，这时候看到一群饿狼扑了上来，立刻就吓得不知所措了。不过几个胆大的侍卫，赶紧护住了赵王的姐姐："你们想干什么？知道这是谁吗？这是赵王的姐姐！你们再不让开路，小心让你们吃不了兜着走！"

　　李良一听，就知道这些人平时作威作福惯了，今天要不给他们点颜色看看，都不知道染坊的门朝哪儿开！"赵王的姐姐？兄弟们还没见过呢，赶紧让她下来，让兄弟们好好看看！"

　　还没等李良开口，手下人就已经迫不及待了，看到赵王的姐姐长得还不错，他们正想调戏一番。这时候，李良开口说话了："你们这帮人只会作威作福，兄弟们在外面流血打仗，你们连正眼都不瞧我们一下，真没把我们当回事，今天就让你们看看谁才是正主！"

　　李良说完这句话，就挥舞着自己的宝剑，把那几个侍卫杀死了。其他人哪见过这样的阵仗，都吓得跪在地上瑟瑟发抖。自从武臣当上赵王之后，他的姐姐就变得飞扬跋扈，而且每天还喜欢喝点小酒。她的臭毛病越来越多，但她的老公也不敢管她，这就让她变得更加无法无天了。

　　恰好这一天，赵王的姐姐又带着一群用人出来胡吃海喝，醉得不省人事。当这帮人和她往回走的时候，恰好就遇到了李良，看到一大帮人跪在路边，赵王的姐姐完全没有当回事，就让家丁们赶着马车走了。可她没有想到，正是她的傲慢无礼，给自己带来了杀身之祸。

　　李良砍掉几个侍卫之后，伸手就把赵王的姐姐拽了起来，就像拎起一只大鹅一样，把她扔到了马路边。平时作威作福的贵妇，哪受过这份罪？没想到她死到临头了，还不知道求饶，居然对着李良破口大骂。

　　当着手下人的面，这不是刺激李良吗？只见他举起宝剑，直接将赵王姐姐的人头砍了下来。本来李良对赵王一家还毕恭毕敬的，没想到过了几分钟的时间，他就把赵王的家人当成了砧板上的鱼肉，恨不能把他们全都杀光。

砍死赵王的姐姐之后，李良知道赵王容不下他了，于是他心一横，干脆带着手下们造反得了。趁着赵王还不了解情况，李良带着手下们返回了邯郸，然后直接冲进了王宫。这时候的赵王武臣正在喝着小酒，看着美女们跳舞，突然看到李良冲了进来。还没等赵王弄明白咋回事，李良就挥舞着剑，把他的头砍了下来。

杀红眼的李良并没有停下手，他决定斩草除根。他指挥手下们把赵王的家眷集中起来，然后把他们全都杀掉。除了赵王的家人之外，那些不顺从的官员，李良一个也没有放过。

听说王宫发生了兵变，张耳和陈余两兄弟来不及多想，赶紧带着老婆孩子跑了。幸亏他们跑得快，不然赵国的王公大臣们，会被李良一锅端了。

跑出去的张耳和陈余很快就弄明白了怎么回事，原来是赵王的姐姐触怒了李良，才让他大开杀戒，最终闹出了兵变。

在赵国上下，张耳和陈余两兄弟的威望很高，那些侥幸逃出来的王公大臣都聚集在了他们的周围。仅仅过了十多天，张耳和陈余两兄弟身边就已经聚起了数十万之众，他们决定打回邯郸，替赵王一家报仇。这时候，张耳的一位手下给他出了个主意："如今天下大乱，魏王的后人回到了外地，重新登基做了魏王；齐王的后人也回到了齐地，重新登基做了齐王。如果我们把赵王的后人找回来，辅助他登上皇位，不仅可以安抚赵地的民众，还可以增强我们的实力，那我们攻打李良的时候，胜算岂不是更大？"

听到手下的分析之后，张耳也觉得有道理，于是他们开始寻找赵王的后代。正所谓功夫不负有心人，他们最终找到了赵歇，把他迎接到了信都，立他为赵王。

此时的李良，在邯郸发动叛乱之后，也自立为王了。不过李良也清楚，自己的实力非常弱，要想对抗张耳和陈余两兄弟，光靠手底下这些人还远远不够。为了坐稳自己的江山，李良决定招兵买马。不过老百姓都知道，李良名不正，言不顺，跟着他干没有好下场，所以都不愿意报名，这也让李良发了狠。在邯郸城内，李良到处抓壮丁，老百姓怨声载道。过了两个多月，李良才组织起了两万多人的队伍，虽然人不多，但总比没有强。李良害怕张耳和陈余两兄弟来报复，也开始日夜不断地操练军队。

但李良没想到，自己准备了大半年，张耳和陈余两兄弟却一直没什么动静，等来等去才发现，这两兄弟是为了迎接新赵王做准备，根本顾不上搭理他。等赵歇登上王位之后，李良终于等不及了，他决定主动出击，给新赵王一个下马威。

李良带着部队来到信都，还没站稳脚跟，就发现陈余带领一群饿狼冲出了城门，向着他的大军冲来。正所谓"狭路相逢勇者胜"，李良的部队远道而来，还没来得及喘息，就被陈余的部队冲散了。仅仅过了一炷香的工夫，李良就落了下风。眼看着手下人越来越少，势头不妙，李良带着自己的亲兵卫队掉头就跑了。剩下的那帮人，要么被陈余的兄弟们砍死，要么丢掉武器投降了。

李良之所以失败，并不是因为他的实力不够强，而是因为他不得人心。作为赵王的手下，他却心存二心，为了一点鸡毛蒜皮的小事，就把赵王一家砍了头，对于这样的刽子手，老百姓又怎么能信服？

相反，张耳和陈余两兄弟，本来就有很好的群众基础，他们看到赵王被杀之后，并没有取而代之，反而把赵王的后代找了回来，把他重新立为了赵王。老百姓一看，这才是真正的忠勇之士啊！当他们扛起大旗的时候，老百姓纷纷聚拢过来。所以两军对垒的时候，李良怎能不败呢？

逃回邯郸的李良，看到大势已去，如果再坚守邯郸城，估计离死也不远了。想起前一段时间，秦二世写的那封招降信，觉得正好可以拿着它，去投奔秦朝廷。想到这儿，李良就带着自己的亲兵卫队，在邯郸城里面搜刮了一番，带着金银财宝，就投奔秦朝廷去了。

第五章
陈胜之死

1. 吴广死在了自家兄弟手里

　　作为秦朝廷的新锐，章邯曾经带着骊山大营的劳工们，打了一个漂亮的翻身仗，不仅把陈胜的大部队打残了，还把他的大将周文给逼得自杀了。听到这个好消息，秦二世高兴坏了，说："这帮刁民，我还以为都是三头六臂呢，没想到不堪一击。你们给章邯带个话，让他一定要把造反的刁民全部打怕。事后论功行赏，我一定给他加官晋爵。"

　　章邯本来就想着乘胜追击，在接到秦二世的命令之后，更是正中下怀，于是他带着劳工们一路向东，很快就到达了荥阳附近。

　　这里已经被吴广包围了几个月，可是守城的士兵十分顽强，拼命抵抗，导致吴广的手下一点便宜没讨着。眼看着荥阳就要弹尽粮绝，章邯带着兄弟们也加快了支援的脚步。然而吴广并不懂得正确用兵，还在那里吭哧吭哧地攻城呢！

　　这时候，吴广手下的田臧和李归等人发现了问题的严重性，如果再死扛下去，等章邯的援军一到，城内和城外两面夹击，他们的日子就不好过了。于是，他们赶紧找到吴广，说："进攻咸阳的大军，已经被章邯打败了，周文也被他逼得自杀了。如今章邯势头正盛，正带着大部队朝我们扑来，如果我们不赶紧阻挡章邯的援军，很可能会被他们包饺子，到时候想跑都来不及了！"

没想到吴广听了之后，完全不理会："咱们围攻荥阳好几个月，就差最后一步了，这时候放弃攻城，岂不是前功尽弃？章邯从咸阳远道而来，能有什么战斗力！就算他真跑到了跟前，咱们也不怕他们！"

眼看着吴广不听劝，田臧和李归也没办法，谁让自己低人一头呢！这一天，两人在一块儿喝闷酒，不知不觉又发起了牢骚："吴广就是一个泥腿子，啥也不懂，咱们还不如杀了他，取而代之呢！"

李归一听，就表示大哥说得没错，自己听大哥的。就这样，两人一合计，就来到了吴广的大营，宣称："陈胜大王有令，说你在荥阳徘徊数日，却一直裹足不前，肯定是图谋不轨，让我们哥儿俩要了你的命！"

还没等吴广反应过来，田臧就拔出了刀，向着吴广砍去。本来就没有防备的吴广，还以为这哥儿俩给他拜寿呢！哪承想，直接来了个大刀片子，吴广躲闪不及，咕噜一声，人头就落了地。

当初和陈胜一起闹革命的吴广，就这样死在了自己人的手下，也真让人寒心。当初一起造反的穷哥们儿，突然之间就变了心，这不是大敌当前自乱阵脚嘛！

但是这帮临时部队本来就无组织无纪律，谁也不服谁，闹出这样的动静，其实一点都不奇怪。

大敌当前，田臧和李归兄弟俩搞起了内讧，但总得给大家一个交代。他们拎起吴广的人头，把大家伙儿都召集起来，说："吴广不地道，居然不听从老大的指挥，密谋发动叛乱，我们俩接到了老大的命令，已经把他处死了。"

其他人一看，既然吴广已经死了，死无对证，谁能知道真假？田臧和李归两兄弟又写了一封信，让人交给了陈胜，意思是说，吴广拥兵自重，在荥阳城外也不进攻，很有可能已经背叛老大，投入秦朝廷的怀抱了。为了防止吴广反水，我们兄弟俩采取了果断措施，把吴广的人头砍掉了。

大家都知道，当初陈胜和吴广被逼无奈，在大泽乡起义，两人一路走来，好得跟亲兄弟一样。可随着队伍越带越大，两人已经离心离德。尤其是心胸狭窄的陈胜，看到兄弟们一个个另立山头，更怀疑吴广会像他们一样，指不定哪天也称王了。

正在提心吊胆的时候，陈胜突然接到田臧和李归兄弟俩的来信，声称他们发现吴广要谋反，已经将吴广的人头砍掉了。这时候，陈胜心中的一块大石头终于落了地。他不问青红皂白，就判定吴广阴谋造反，并把他的全家砍了头。紧接着，陈胜又发出了一封嘉奖信，让田臧和李归兄弟俩官升三级。

田臧和李归兄弟俩一看，陈胜果然够意思，既然升了官又发了财，那还等什么，使劲干吧！于是两人便兵分两路，李归带领一帮兄弟继续进攻荥阳城，田臧则带着另一帮兄弟一路向西，打算阻击秦朝廷的援军。

2. 业余的遇上了专业的

正所谓新官上任三把火，刚刚当上小头目的田臧，带着兄弟们火急火燎地上路了，可他哪里知道，这次是有去无回！田臧来到敖仓的时候，迎面就遇到了章邯的大部队。

虽然章邯的兄弟们大多是骊山的劳工，但是经过章邯的训练之后，已经成了无坚不摧的战士。他们不仅训练有素，而且令行禁止，战斗力非常强。

泥腿子出身的田臧，哪能跟章邯相比？他手下的这帮种地的，虽然看上去人多势众，但每个人心里都有自己的算计，其中大部分人都是为了混口饭吃，没有人真心为他卖命。

当两军相遇的时候，田臧从气势上就输了三分，但他还是硬着头皮，给大家做了战前动员："兄弟们，自从咱们扛起大旗造反以来，从来没有吃过败仗，今天，秦朝廷的狗腿子们就在眼前，咱们不把他们的狗腿打折，就会被这群疯狗撕了。能不能打赢这场仗，就看你们了！"

虽然大家心里都没底，但他们看到田臧的唾沫星子横飞，好多人就像喝了二两白酒一样，脑子一热就冲了出去。

刚刚打垮了周文的章邯，正在兴头上，看到这群泥腿子又冲了上来，心里别提多高兴了。这帮泥腿子还真是不要命，自己倒要看看是他们的命硬，还是自己的刀硬。

想到这儿，章邯就让手下人擂鼓助威，他提着大刀一马当先，很快就冲进了田臧的队伍。只见章邯挥舞着大刀上下翻飞，田臧的兄弟们就像秋风扫落叶一样，不是被砍掉了胳膊，就是被砍折了腿，一会儿就躺下了一大片。

章邯的兄弟们一看，老大也太厉害了，这哪是人呢，简直就是一个杀人的神啊！他们跟在章邯的后面，给那些打残的泥腿子再补上一刀。整个战场上，到处都是田臧的兄弟们哇哇乱叫的声音。

章邯的兄弟们越战越勇，而田臧的兄弟越来越少，整个战场上都是秦军的喊杀声。田臧一看不好，再不跑就来不及了，他赶紧掉转马头往回跑，没想到迎头就遇上了章邯。

正所谓仇人相见分外眼红，章邯恨不得拿刀劈了他，所以拎起大刀就砍了过来。田臧本来就心虚，以前打仗都靠群殴，今天突然遇到个单挑的，自己还从来没见过这架势，不过没办法，既然遇上了，那只能硬碰硬了。

还没打斗两个回合，田臧就明显感觉到体力不支，都怪平时养尊处优惯了，完全没有一点战斗力。还没等田臧缓过神，章邯的大刀就再次劈了下来，直接把田臧的人头给砍掉了。

田臧真没想到，前两天刚刚砍掉了吴广的人头，今天自己也尝到了人头落地的滋味。

章邯拎起田臧的人头，在两军阵前大喊："田臧的人头已经被我砍下来了，再不放下武器，你们就和田臧一起去黄泉路上做伴吧！"

这帮泥腿子一看，老大都被人砍掉了脑袋，自己还硬扛个什么，赶紧跑吧！那些站得远的，丢下武器撒丫子就跑。而被章邯包围、实在是跑不掉的，赶紧扔下武器，乖乖地举起了双手，随后被秦军套上绳子，像牵猴一样给带走了。

打扫完战场之后，章邯决定乘胜追击，他带着手下们来到了荥阳城外。这时候，李归刚刚拿下荥阳城，屁股还没有坐稳，就听说田臧被章邯砍了，眼下章邯趁热打铁，已经带着人把荥阳城里三层外三层地给包围了。

李归心想，偌大一个荥阳城我都打下来了，还怕你一个章邯不成！当即就带着兄弟们冲出了城。

可是，他没有想到，章邯是秦朝廷的超级打手，手下兵强马壮，个个奋勇争先。李归刚刚和他交上手，就发现这小子太硬了，真是一块难啃的骨头，但再想退回去是不可能的了，只能硬上。

攻守双方拉开阵仗以后，从上午一直死掐到下午，还不见胜负，但是到了傍晚，李归这一方渐渐显出了颓势。眼看着兄弟们越打越少，李归倒是没有像田臧一样弃城逃跑，而是坚决和章邯硬碰硬。然而，业余对专业，终究是讨不到便宜的，苦战到最后的李归，还是被章邯给劈了。

自古以来，带兵打仗都不是儿戏，那是要死人的。田臧和李归都是粗人，本身也没什么本事，凭借的都是自己的一些小聪明。遇到酒囊饭袋，他们还能侥幸取胜；一旦遇到了硬茬，就只有送命的份了。

接连打了两场胜仗，章邯信心倍增，带着兄弟们浩浩荡荡地入了荥阳城，在这里休整了半个月。

虽然秦二世整天花天酒地不干正事，但作为秦朝廷的超级打手，章邯还得听他的命令，接着出去砍人。

下一站，章邯决定进攻郏城。当他带着这支敢死队来到城下的时候，守城的将领邓说早就吓得屁滚尿流了，他和田臧一样，也是最早和陈胜一起起义的，根本不懂得怎么带兵打仗。一路跑步前进的章邯刚刚到这里，还没站稳脚跟呢，邓说就带着老婆孩子跑了。

这进攻也太顺利了吧，章邯看到邓说逃跑的样子，忍不住哈哈大笑，心想："就这帮泥腿子，还想起义，真让人笑掉大牙。兄弟们跟着我，咱们接着进攻许城！"

来到许城以后，章邯遇到了守将伍徐。这个人虽然也是如假包换的文盲，却有一身蛮力，他听说章邯攻无不克之后，并没有被他吓倒，反而带着兄弟们冲了出来。

章邯一看，居然还有主动送死的，今天自己就成全了他。两人很快便交上了手，然而章邯没有想到，自己和伍徐对砍起来还有一些吃力，甚至不占上风。斗了几个回合之后，伍徐也发现手下人越来越少，要是再接着硬扛，那就不是单挑了，很可能会被群殴，于是趁着章邯体力不支，回头跑了！

眼看着伍徐虚晃一枪，跑得比兔子还快，章邯也不打算追。接连砍掉了对方的好几员大将，章邯已经没有了当初的兴奋劲，气哼哼地说道："谅你小子也跑不了多远，等我恢复了力气，看我不好好收拾你！"

伍徐和邓说一样，都打算跑回老窝去拜见陈胜，结果两人路上不期而遇了。

伍徐阴阳怪气地说："你小子准备得挺好啊！老婆孩子一个没少，还带着十几箱的硬货，是不是原本就打算临阵脱逃啊？这要是被陈胜知道了，估计你小命不保啊！"

邓说听伍徐这么说，心里七上八下的，正想着怎么应付陈胜，巧的是，正好遇到陈胜带兵前来增援。

看到两人灰头土脸的样子，陈胜气不打一处来，大骂道："真是一帮饭桶！要你们有什么用，连个城都守不住！"

听到陈胜骂他们，伍徐不服气，嘴上嘟囔了起来："老大你不知道啊，秦朝廷的狗腿子章邯，手下有几十万人，个个都跟饿狼一样！我手底下才多少人，守着一座四面透风的小城，怎么可能是他的对手啊！"

陈胜一听也是："我知道你已经尽力了，可是你终究还是吃了败仗，要是不惩罚你，兄弟们也不服气！这样吧，你先坐几天冷板凳，以后有机会我再提拔你。"

安排好了伍徐，陈胜又看了看邓说："听说你小子临阵脱逃，压根儿没跟章邯交手，就带着老婆孩子跑了？"

邓说本来就心虚，听到陈胜这么问，心里更是打起了鼓，说："大王您是没看到啊，章邯手下的那帮人，那哪是饿狼啊，简直就是索命的厉鬼！要不是我跑得快，咱们的这帮兄弟都得喂了狗。我把他们带出来，就是为了保存实力！"

还没等邓说把话说完，陈胜就气不打一处来，说："逃跑就逃跑，你还找一堆借口，最烦你这样的人了！你们还等着干啥，还不把他给我砍了！留着他，下次还坏我的事！"

几个跟班的一听，直接把邓说拎了起来，手起刀落，就把邓说砍了。正所谓祸不及家人，陈胜并没有难为邓说的老婆孩子，而是直接把他们放走了。

再回头看看章邯，他已经接连攻占了十几座城池，势头越来越盛。这一天，章邯带领大军来到了陈地，这可把守将张贺吓得不轻。这可是陈胜的老窝，要是丢了陈地，还不被陈胜活剥了？想到这儿，张贺赶紧派了一个跑腿的，让他报告陈胜，请求火速增援。

没想到自己刚刚离开老窝，章邯这个鹰爪就乘虚而入了，要不尽快把他打掉，自己的后方将不安稳！陈胜接到报告之后，就赶紧把大家伙儿召集起来，共同商量对策。

虽然人到得很齐，但大家都跟闷葫芦一样不发一言。其实这也不奇怪，自从大家伙儿跟随陈胜闹革命，那些有功的，基本上都被陈胜砍光了，这会儿，谁还愿意替他出头呢！

陈胜接连点了几员大将，大家都是推三阻四的，不愿意出兵增援。陈胜一看，自己说话不好使啊！行，你们不去，我自己去，于是他带着手下的几千名亲兵，垂头丧气地走了。

3."苟富贵，无相忘"

想当年，陈胜和吴广起义的时候，那真是一呼百应，应者如云。当初陈胜还曾经撂下豪言："苟富贵，无相忘。"意思就是说，如果哪一天，咱们发家致富了，一定不要忘记穷乡亲。

后来陈胜果然称王了，这帮穷哥们儿都来找他了，当他们来到陈胜的高宅大院前，顿时羡慕得不行："陈胜这小子发达了，住的地方跟皇帝的一模一样。"

他们想着，既然到了家门口，那就赶紧进去吧，可还没走到近前，就被看大门的拦住了:"这是哪儿来的叫花子?也不看看这是啥地方,是你们想进就能进的?"

看着这帮人穿得破破烂烂,还一脸的沧桑,看大门的早就不耐烦了。可没想到,他们在门口晃悠了半天,居然还想硬闯,于是看大门的赶紧拦住了他们。眼看着吃了闭门羹,其中一位上年纪的老头,对着看门的说道:"小兄弟别生气,我们是陈胜的铁哥们儿,听说他称王了,我们过来看看他。"

本以为看门的听说之后,就会放他们进去,没想到看门的直接挥舞起了大棒:"你们是陈胜的铁哥们儿?前天还有一群人,说是陈老大的乡里人呢!这年头,招摇撞骗的太多了,也不看看你们那德行,能跟陈老大扯上关系?赶紧滚远点,不然,看我不揍扁你们!"

看大门的骂骂咧咧,手上也没有停下来,直接挥舞着大棒,就把这群人打跑了。好不容易从老家跑出来,没捞到一点便宜,还碰了一鼻子灰,谁也不会死心啊!

几个人躲到一个没人的地方,商量怎么办:"都说共患难容易,共富贵难啊!看陈胜今天这样子,我们压根儿就见不到他,咋可能和我们共富贵?不如回家吧,还是守着老婆孩子热炕头比较实在。"

眼看着大家都打起了退堂鼓,其中一个铁哥们儿不愿意了:"都说阎王好见,小鬼难缠,咱们又没有见到陈胜,怎么知道他会忘了穷兄弟呢?再说了,咱们好不容易来一趟,要是这么灰溜溜地回去,还不得让人笑掉大牙?大家耐心等几天,我就不信陈胜不出门,等他一出来,我们就堵住他,看他到时候怎么说。"

其他人一听,似乎还有点道理,于是他们就找了个破庙住了下来,每天吃完饭以后就远远地躲在陈胜的门口,等着他出来。功夫不负有心人,没等几天,他们就发现陈胜出门了,于是赶紧拥上去拦住他。

几个人一拥而上,陈胜还以为来了刺客,吓得赶紧往后退,卫兵们正打算拔剑,突然听到这帮人大喊:"陈胜,看看我们是谁,都是跟你光着屁股长大的穷哥们儿啊!"

陈胜定了定神,发现还真是,赶紧让手下人退下了,然后热情地拉住了他们的手,一群人开始嘘寒问暖。过了好一阵,陈胜干脆把他们都扶上了车,和自己一起返回王宫。

一群没见过世面的乡下人,一看到王宫的布置,都跟刘姥姥进了大观园一样。

"哎呀,我的乖乖,这王宫真气派呀!"

"那还用你说,要不是陈胜称了王,咱们一辈子也见不到这么好的房子,真是开了眼界!"

正当大家伙儿七嘴八舌议论的时候,陈胜早就准备好了宴会,把这帮人招呼了过来,说道:"我说过,苟富贵,无相忘。既然我今天称了王,就一定不会忘了大家。你们大老远跑来看我,就先住下来好好享受享受,等过几天,我再给你们安排个差事干。"

大家伙儿一听,陈胜果然重情重义,虽然称了王,可是还没忘了穷乡亲啊!他们开始端起酒杯,挨个向陈胜敬酒。酒过三巡,菜过五味,大家伙儿都喝高了,也开始说一些掏心窝子的话。

一个声音说:"从小我就知道,陈胜跟咱们不一样,心眼贼多。有一次,咱们去偷瓜,不承想被主人发现了,结果陈胜跑得比兔子还快,剩下我们几个被人吊着打。可不管别人咋问,我们硬是没把你供出来,怎么样,我们够意思吧?"

还没等陈胜答话,另一个哥们儿又发话了:"还好意思说你那偷鸡摸狗的事,当年我跟陈胜一起,偷看人家小媳妇洗澡,结果却被她男人发现了,追着我们两个跑。幸亏当时有一块玉米地,我们两个跑进去,一会儿就没影了。气得那小子大骂,可最终也没抓住我们俩。"

眼看着这帮人越说越不像话,陈胜承认不是,不承认也不是,只能尴尬地笑笑。好不容易吃完了这顿饭,陈胜就让人安排他们住下了。

第二天,这帮人就提议,好不容易来到了大城市,咋说也得到大街上好好逛逛。陈胜一听,这好办,马上安排人带着他们走了。没想到,这帮人嘴上没个把门的,还接着昨天的话胡咧咧,到处跟人说陈胜光屁股时候的事。

其实这帮人也没啥坏心眼,就是为了表示自己和陈胜关系特别铁,可

第五章 陈胜之死 087

没想到，还是被别有用心的人记下了，他们转身便报告了陈胜，说："大王啊，您这帮穷哥们儿也太不像话了，到处说您小时候的事，实在是有损您的威名啊！万一被那些识文断字的人记下来，还不得遗臭万年啊！"

陈胜一听，这几个家伙也太不像话了，我好酒好肉地伺候着你们，你们还不说我的好，到处胡说八道，那就别怪我不客气了。一气之下，陈胜就招呼人，把那几个乱说话的都砍了头。其他人一看，陈胜这哪是讲义气，这就是个夺命鬼呀！他们吓得赶紧跑了，再也没有回来。

除了以前的铁哥们儿之外，陈胜的小舅子和大舅哥，听说他称王之后，也带着家人来投靠他。这时候的陈胜看到这帮人，很是不耐烦，虽然没有赶他们走，但也总是对他们恶语相向。看到陈胜鼻子不是鼻子，脸不是脸，他的岳父也感到非常伤心，说："你小子刚吃上几天饱饭，就不知道东南西北了，像你这样的人，早晚会众叛亲离！"

撂下这句狠话，陈胜的岳父就带着他的儿子们回到了乡下，再也不愿意跟着陈胜受气了。

这件事情被大家知道之后，很多人都认为陈胜为人刻薄，将来成不了大事，所以很多人都不愿意给他出力。

不过陈胜并没感到有什么不对，看着自己的地盘越来越大，手下人越来越多，陈胜又找了两个人做纪委书记，专门监督手下人的过错，就像明朝时期的东厂一样。不过陈胜所托非人，那两个人新官上任三把火，不仅狐假虎威，还学会了公报私仇，遇到不顺眼、不听话的，不论功劳多高，他们都先斩后奏，也让将士们寒了心。

4. 司机，可不能轻易得罪

正所谓冰冻三尺非一日之寒，所以当陈胜打算派兵解救被围困在陈地的张贺的时候，没有一个人站出来替他卖命。这个尴尬的场面，让陈胜感到难以置信。眼看敌人已经打到了老家的门口，再不出门迎战，就得被人困死。陈胜只好亲自上前线。

虽然剩下的人不多，但陈胜出行，不讲点排场哪行？只见他们扛着大旗，一行人吹吹打打出了门，远远看上去，好像是送殡的队伍一样。陈胜没有想到，这竟是他最后一次出征。

陈胜带着手下刚刚到了汝阴，就看到一群守城的兄弟逃了过来，他上去一打听，原来守城的张贺已经战死，陈地已经失守。

章邯手下有几十万大军，而自己手下只有区区几千人，再往前走就是送死，没办法，陈胜只好命令大军往回走。

陈胜灰溜溜地往回走，因为心里有气，所以动不动就发火，尤其是他的车夫庄贾，更成了他的出气筒。平时陈胜就为人刻薄，庄贾没少受他的气，如今看到陈胜已经众叛亲离了，还那么耀武扬威，庄贾也是气不打一处来。

当他们走到下城父的时候，陈胜的马走不动了，庄贾提议休息一下，没想到陈胜破口大骂："真是懒驴上磨屎尿多，平时就让你把马喂好了，你小子就是不上心。停在这个前不着村后不着店的地方，一会儿敌人追上来了，咱们都得玩儿完！"

这本来就不是庄贾的错，陈胜还不依不饶，也彻底激怒了庄贾，只见他回头盯着陈胜，恶狠狠地说道："我给你赶了一上午的车，怎么不能休息一会儿？别瞎叫唤了。"

陈胜一听，真是虎落平阳被犬欺，一个车夫都敢顶嘴了，正当他打算招呼人把车夫绑起来的时候，只见车夫拔出自己的刀，直接砍向了陈胜。平时作威作福的陈胜，好久没有锻炼过身体，他端坐在马车里，就像一个活靶子一样，直接被车夫砍掉了脑袋。

作为我国历史上第一位农民起义的发起人，陈胜也没有想到，自己才当了六个月楚王，居然会被车夫砍掉脑袋。

再来说说庄贾，他砍死陈胜之后，就匆匆赶回了陈县，并把陈胜的残兵败将聚拢在了一起，打算向秦朝廷投降。可是，他还没有准备好，就被陈胜的另一个重量级部下吕臣包围了，他听说庄贾砍死了陈胜，还带着人打算逃跑，就赶紧从新阳赶来了。

本来就做贼心虚的庄贾，哪是吕臣的对手呢？仅仅过了不到半天的工夫，吕臣就把陈县攻破了，并活捉了庄贾。虽然庄贾跪地求饶，但吕臣完全没有理会，直接让人砍掉了庄贾的脑袋，让他给陈胜殉葬了。

后来，等刘邦夺得天下之后，他知道陈胜虽然为人刻薄，却是第一个点起人们心中反抗怒火的人，是推翻大秦王朝的功臣。也正是出于这个考虑，刘邦专门让人把陈胜的墓地重新修整了一番，还派出专人为他守墓。从这一点大家也可以看出，刘邦是一位宽厚的仁者，他能笑到最后，也并不奇怪。

正所谓树倒猢狲散，陈胜被人杀掉之后，他手下的起义军很快便分崩离析了，一部分投靠了项羽；一部分投靠了刘邦；当然，更大一部分人是直接被章邯给消灭了。在这一部分人当中，死得最惨的就是宋留。

宋留本来是铚县的县令。陈胜、吴广起义的时候，他眼看着周围的县城都被攻下了，自己再负隅顽抗，岂不是自寻死路？宋留很快就写了一份投降书，派人交给了陈胜。看到宋留如此识时务，在老百姓心目当中的地位也挺高，陈胜就把他提拔到了南阳郡。

可是好景不长，陈胜兵败被杀，章邯派兵夺走了南阳，宋留一个人独木难支，很快就被章邯包围了。本着好死不如赖活的原则，宋留又投降了章邯，可是他哪里知道，这次投降不仅没寻到活路，还被车裂了。

接连打了好几个大胜仗，章邯恃宠而骄，完全不把其他人当回事。他听说宋留是秦朝廷的县令，后来投降了陈胜，顿时气不打一处来，说道："这种墙头草，到处随风倒，当初陈胜兵强马壮的时候，他就去抱陈胜的大腿，今天看到我的势大，又投降咱们，简直是大逆不道。我一定要把他交给秦二世，用极刑处死他，起到杀鸡儆猴的效果。"

秦二世听说章邯进攻特别顺利，不仅夺下了十几座城池，还活捉了一名背叛朝廷的反贼，很是兴奋，对大家说："对待这样的乱臣贼子，我是把他'点天灯'好，还是用五马分尸的办法，把他撕扯碎了好？"

秦二世手下的这帮酒囊饭袋，平叛的本事没有，要是让他们搞些阴谋诡计，他们能想出一百个法。眼看着朝堂快成了菜市场，秦二世一跺脚说："都别吵吵了，还是把宋留车裂了吧，既解恨又过瘾，还能震慑住这帮反贼，以后看谁还敢起来造反！"

就这样，宋留被五马分尸了。其他人一看，宋留已经投降了，但还是被判处极刑，那以后谁还投降啊！即使打不过，也要和朝廷硬碰硬，否则没有好下场。

这虽然增加了章邯的进攻难度，但秦朝廷的其他将军也不敢轻易投降起义军了，不然等起义军失败了，自己同样没有好下场。唉！生逢乱世，跟着谁都没有好日子过呀！

在整个秦朝廷内部，眼下唯有章邯能征善战，不管他走到哪儿，起义军都是人仰马翻。原来赵国的打手李良杀了赵王武臣一家人，也加入了章邯的战队，让他的实力更加雄厚了。这对于垂死挣扎的秦王朝来说，仿佛又得到了一次喘息的机会。

但此时的秦王朝就像是一个得了重病的人，单纯凭借一味药，是很难解决问题的。章邯就像是一个救火队员一样，哪里燃起了大火，他就跑到哪里去。疲于奔命的章邯，一旦遇到更强的对手，不仅会让他本人丧命，还有可能让秦朝大厦轰然倒塌。

当章邯屡战屡胜的时候，驻守陈县的陈胜的手下吕臣迎难而上，毫无意外地被打得稀里哗啦。没办法的吕臣，只好带着残兵败将抱头鼠窜。

当他们跑出二十多里地的时候，迎面又遇到了一支部队，这时候的吕臣已经草木皆兵了，赶紧让兄弟们做好战斗准备。可当这帮人跑到面前的时候，吕臣发现这帮人并非秦国军队，好像是义军，于是便放松了警惕。

5. 英布入伙

在那样一个年代里，起义军多如牛毛，大家见面了也会互相打个招呼，如果碰到了熟人，还能互相帮助。看到对面的一员猛将，不仅长得相貌堂堂，而且身材还非常威猛，吕臣就主动下马打招呼，说道："我是陈胜手下的吕臣，不知道你们是哪路英雄好汉？"

听到吕臣自报家门,对方也主动下马回答:"我叫英布,别人也叫我黥布,刚刚举起反秦的义旗,还请吕将军多指教!"黥,就是在犯人的脸上刺字的意思。

既然都是反抗朝廷的义军,还有什么说的,两人很快便热络了起来,眼看着越说越投机,差点就结为异姓兄弟了。

吕臣看到英布兵强马壮,于是邀请他共同反抗朝廷。遇到这种情况,正常人都会想一想,然后再做决定,没想到英布为人非常豪爽,他直接就答应了吕臣,此后两人结伴而行。

英布本来是一个平头百姓,年轻的时候就相貌不凡,恰好被一位算命先生看到了,免费给他算了一卦,说:"你小子可是大富大贵的命啊!要想走上人生巅峰,必须先吃尽苦头,否则很难成大事。另外你记住,如果进了监狱,接受了黥刑,就说明你的好运气要到了。"

英布听到之后,顿时气不打一处来,虽然他是一个愣头青,但也知道算命的诅咒他,说:"你个老头子,就不会说点好听的?谁盼着自己天天蹲大狱啊!我宁可不要荣华富贵,也不愿意接受黥刑,要是破了相,今后还咋娶媳妇啊!"

看到英布不相信,算命的也不再争辩,站起身就走了。过了些日子,英布越想越不对劲,本着宁可信其有,不可信其无的原则,英布决定更名换姓,于是便有了现在这个名字。本以为改了名字之后,坏运气就会绕道走,可哪承想,刚过了没两天,英布就被抓进了监狱。

因为他的堂兄弟犯了罪,英布受到了牵连,所以也被判处了黥刑。英布没想到,真是人在家中坐,祸从天上来呀!不过当他接受完黥刑之后,不仅没有灰心丧气,反而显得非常兴奋,有时候还哈哈大笑,这让同狱的犯人们非常奇怪:"你小子是不是傻了,刚刚接受完黥刑,居然还这么高兴,估计受到了刺激,脑子不好使了。"

听到其他人的议论,英布也告诉他们:"你们知道什么啊!前一段,一个算命先生告诉我,我是大富大贵的命,接受完黥刑之后,距离封王拜相就不远了。"

同狱的犯人们一听，顿时哈哈大笑了起来："算命先生的话你也信，真是一个傻小子！我年轻的时候，算命先生还告诉我，将来我一定会登上王位，到时候妻妾成群，要风得风，要雨得雨。可现在你也看到了，我只能老老实实地待在监狱里，估计这辈子也出不去了。"

虽然打击英布的人很多，但是英布完全没有当回事，依然兴奋地表示："不管你们信不信，反正我是信了。要是有一天我当上了王，你们有一个算一个，只要去找我，我保管你们吃香的喝辣的，黄金白银随便拿，美女随便挑。"

没过几天，英布就被送到了骊山大营，成了七十多万劳工当中的一员。因为性格豪爽、喜欢结交朋友，英布很快就和几位勇士混熟了，他们还结为生死兄弟。

骊山大营的劳工很多，可看守的人并不多，所以隔三差五总有人逃跑。英布和他的几位兄弟瞅准了机会，也逃出了骊山大营，并占山为王做起了土匪。

陈胜吴广起义的时候，英布的手下已经聚起了三十多个壮汉，可是，要想举起反秦的义旗，这点力量还是很薄弱的。经过打听之后，他们听说番（pó）阳县的县令吴芮是一位开明的绅士，闲来无事的时候，喜欢去结交英雄豪杰，所以英布就带着手下人来投靠他。

看到英布天庭饱满，地阁方圆，绝非等闲之辈，吴芮非常器重他。两人越聊越投机，还差点拜了把子，只不过吴芮的年龄太大了，所以两人也只能成为忘年交。在那段时间当中，吴芮发现英布为人豪爽，而且弓马刀枪技艺十分了得，所以他也认为英布前途无量。

有句话叫肥水不流外人田，吴芮恰好有一个女儿，于是便把她许配给了英布。能够给吴芮做上门女婿，英布三生有幸，不过与他人不同，英布并不会躺在女人的温柔乡里不思进取，而是时刻不忘成就一番伟业。

看到天下大乱，各地义军风起云涌，英布也决定外出闯荡一番，跟岳父借钱借兵之后，英布就带着几千人上路了。没承想，他们刚刚走出番阳县的地界，就遇到了陈胜的手下吕臣。虽然是初次见面，但英布认为两人很有缘，所以果断答应了吕臣的请求，打算替他赶走秦军，夺回陈县。

刚刚吃了败仗的吕臣，意外遇到了英布，也是他的福气，两人当即决定返回陈县。此时的陈县，被章邯的手下把持着，他们和章邯一样，打了几场胜仗之后，尾巴早就翘到了天上。

看到吕臣没过两天又回来了，章邯的手下在城墙上放声大笑："看到没有，那个手下败将又来送死了，既然他不想活，兄弟们就送他一程！"

秦兵出城之后，很快就和吕臣纠缠在了一起。双方激战正酣，英布带着几千人突然杀到。章邯的手下这时候才发现，吕臣不但有备而来，而且还请了帮手。不过他们完全没有把英布放在眼里，认为起义军都是乌合之众，完全不堪一击。

还没等秦兵高兴太久，他们很快就认识到了英布的厉害，只见他手中一杆长枪上下翻飞，很快就让秦兵人仰马翻。不过这还不是最厉害的，英布带上来的那些兄弟，更像猛虎下山一般，把秦兵都砍傻了。他们完全没有想到，起义军里居然还有这么勇猛的，再不跑，估计就没命了。

这帮秦兵，刚占领陈县不久，还没来得及吃几顿饱饭，就被人赶跑了。吕臣也没有想到，英布居然如此英勇，如果没有他，自己很难收复陈县。两人入城之后，吕臣也大摆宴席，专门宴请英布和他的兄弟们。

白吃白喝了几天之后，英布也感到过意不去，带着他的兄弟们执意要走，吕臣拦也拦不住，只能给英布准备了一些粮草，让他带着兄弟们出发了。

又走了几天，英布遇到了项梁叔侄二人的起义军，看到他们军容整齐，地盘越来越大，英布赶紧上去抱大腿。看到英布人高马大，一身腱子肉非常诱人，项梁当即决定让英布入伙。

6. 陈婴教你别出头

项梁带着大部队一路向西，路上遇到了很多逃难的百姓，项梁上去一打听，发现这些老百姓都打算到东阳去，因为那里有一个体恤百姓的好县令，他的名字叫陈婴。

项梁心想，这样的人才要是能为我所用，何愁大事不成？于是他便让人带着亲笔信前去拜访，打算邀请陈婴入伙。

陈婴一家，世代都是读书人，不仅为人低调，而且做事非常谨慎。看到天下大乱，他为了躲避灾祸，天天躲在家里不出门。而此时的东阳县令因为作恶多端，刚刚被愤怒的百姓给灭了。可县令死了，县还在，县令的位置不能总空着吧？老百姓搞暴动行，你让他们直接当县令，还是不合适的。这时候，群众一商量，打算推举陈婴做县令。然而，陈婴虽然德高望重，但他并不愿意接这个烂摊子，可是抵不住人民群众的呼声，陈婴被逼无奈，只好赶鸭子上架，当了县令。

其他县城的人听说陈婴当了县令以后，也纷纷来到东阳县投靠他。仅仅过了半个月时间，陈婴的手下就已经突破了两万人，完全可以称王了，可是，任凭别人怎么劝，陈婴坚决不同意。

回到家中之后，陈婴茶不思，饭不想，一脸的愁容。看到这样的情况之后，陈婴的母亲走了过来，说："儿啊，你这几天是怎么了，别人当上县令都高高兴兴的，你为什么愁眉不展呢？"

陈婴本来就是一个孝子，听到母亲询问他，也赶紧把外面发生的事详详细细地讲给了母亲听："如今我当上了县令，他们又想让我称王，这是明摆着和朝廷对着干，万一起义失败了，将来可怎么办哪？"

听到陈婴的担心，他的母亲也表达了自己的看法："咱们家世代忠良，从来没有出过大富大贵的人，原先你只是一个普通的公务员，如今当上了县令，就已经很不容易了。不论别人怎么劝，这个王咱们是不能当的。如果有人愿意强出头，你跟着他们打打下手，这是没有问题的。即使将来朝廷反扑，你不是主要的带头人，别人也不会把你怎么样。可你要是当了王，那性质可就不一样了，说不定还会被株连九族，到时候后悔就来不及了！"

虽然在很多人看来，陈婴是一个不折不扣的胆小鬼，可是大家并不知道，他其实是一个忠厚老实的人。正是因为他能够明哲保身，才让他的家人安然无恙。不过他母亲的长远眼光也不得不让人佩服，这让陈婴少走了很多弯路。

要是放在今天,有人遇到了陈婴这样的好事,早就急不可耐地称王了。毕竟他们一天到晚地想着往上爬,现在有送上门来的好事,怎么会往外推?

正当陈婴骑虎难下的时候,恰好收到了项梁的来信,打算邀请他入伙。陈婴一看,真是想什么来什么,他赶紧把大伙儿召集了起来,说:"今天我收到了项将军的来信,邀请咱们入伙。他们叔侄俩根正苗红,如今又兵强马壮,相信将来一定会成就一番伟业。依我看,咱们要是抱上项将军的大腿,不仅没人敢欺负咱们,将来他们叔侄二人得了天下,咱们也能分一杯羹啊!"

自从项梁叔侄二人起兵以来,名声越来越大,老百姓也都非常信服。既然人家看得起我,主动邀请我们入伙,哪有不同意的道理?陈婴说:"既然大家都同意,我这就给项梁叔侄俩回一封信,以后咱们就听从他们的指挥。"

项梁叔侄俩接到信之后心花怒放,没想到他们不费一兵一卒,就得到了一座城池,还扩充了两万多兵马,真是做梦都能笑醒的事情,于是他们立刻就带着队伍来到了东阳县。

见到项梁之后,大家免不了要喝一顿大酒,陈婴当时就表了决心,说:"我们东阳县虽然是一个小地方,但物产丰富,今后项将军攻城拔寨,但凡有需要粮草的地方,将军只要知会一声,我一定想办法给你凑齐。另外我手上的两万多兵马,也全部归将军调遣,让他们跟随将军建功立业。"

项梁看到陈婴如此识大体,更是乐得合不拢嘴,说:"老百姓都说陈县令德高望重,今天我算见识到了。今后,东阳县还是您说了算,我带领大部队一路向西,如果哪天把秦二世掀下了马,陈先生一定要出山来主持大局啊!"

陈婴当即表示,一定会听从项梁的调遣。稳定了后方之后,项梁就带着队伍出发了,后来又遇到了一位姓蒲的将军,同样加入了项梁的起义军。这时候的项梁,和当初的陈胜一样,越走队伍越大。当他们来到下邳的时候,项梁的队伍已经达到了十万之众,即使和章邯硬碰硬,也绝不会落下风。

第六章
为了推翻秦朝廷，咱得立新楚王

1. 刘邦与项羽的第一次会面

项梁没想到的是，当他一路前进，来到彭城的时候，遇到了另一支农民起义军，领头的叫秦嘉。他本来是陈胜的手下，陈胜被杀之后，秦嘉就把陈胜原来的兵马聚拢到了一块儿，然后推举景驹为新楚王。

秦嘉仗着人多势众，完全不把项梁叔侄俩放在眼里，更别说投靠他们了。被激怒的项梁，决定给秦嘉点颜色看看，各位小头目群情激昂，自从跟随项梁闹革命以来，无论走到哪儿都是一呼百应，还从来没有碰到过硬茬。今天看到秦嘉不服软，那还不得好好教训教训他！

秦嘉也算是个有勇气的人，面对项梁的大军，居然主动出城迎战。然而，勇气和能力不是一回事，秦嘉根本就不是项梁叔侄的对手，两军刚刚交上手，项羽就挥舞着霸王枪，像狂风暴雨般冲向了秦嘉的军营，顿时就看到血肉横飞，到处都是哭爹喊娘的声音。

秦嘉本想着强龙不压地头蛇，可没想到对方就是一群饿狼啊！还没等他缓过神，自己的兄弟就已经死伤过半了，再这样硬撑下去，估计想跑都来不及了。想到这儿，秦嘉就带着自己的亲兵卫队跑了。项梁一看，想跑，门儿都没有，到嘴的鸭子还能让它飞了？

项梁带着大部队穷追不舍，很快就来到了胡陵，堵住了秦嘉的退路。迫于无奈的秦嘉，知道投降也没有好果子吃，只能硬着头皮硬砍，可还没过几招，就被砍死了，剩下的人马全部归顺了项梁。

又占领了几座城池，项梁的势头正盛，稍微休整了几天之后，他就带着大部队继续向西进攻。来到栗县的时候，正好遇到了朝廷的第一猛将、常胜将军章邯。

这两人都是攻无不克的将军，此时狭路相逢，那可真是针尖对麦芒，有好戏要看了！

项梁首先派出了两员大将朱鸡石和余樊君，想测试一下章邯的实力到底有多强。结果，很遗憾，两人刚刚和章邯交上手，就直接被打下马。两人此前单挑都没输过，这次两人一起上，居然一死一伤。好不容易躲过一劫的朱鸡石，骑着马就跑回来了。

项梁一看，章邯还真是名不虚传，赶紧绕道走吧！于是他便派侄子项羽，避开章邯去攻打襄城。没想到，这也是一颗硬钉子，差点没把项羽的大牙崩掉。接连失败之后，项羽也杀红了眼，抄起霸王枪就冲了上去。

看到项羽这么卖命，其他人也不敢怠慢，费了九牛二虎之力，终于把襄城的大门撬开了。这时候的项羽，就像是个疯子一样，无论是当兵的，还是拿锄头的老百姓，项羽不由分说见人就砍，还喊道："我让你们反抗，我让你们不开门，我让你们都去见阎王！"

项羽一边刺一边喊，直杀得天昏地暗。最后实在没劲儿了，项羽又让手下挖了一个大坑，把剩下的人全部推到大坑里活埋。也正是从那时候开始，项羽残暴的本性暴露无遗，让朝廷的爪牙闻风丧胆。

随着项梁的实力越来越强，地盘越来越大，他又得到了一个旧闻：登基称楚王的陈胜被车夫给杀了。项梁心想，我要是另立一个新楚王，不也可以号令天下吗？

随即，项梁就广发英雄帖，邀请各路义军齐聚一堂，共商国是。

接到英雄帖的刘邦，也带着兄弟们来了，不过他的目的并不是推举新楚王，而是向项梁借兵。这就让人想不明白了，刘邦扛起大旗之后，队伍发展得也挺顺利，为何又来找项梁借兵了？

这就不得不从刘邦给他的老母亲办丧事说起了。刘邦吹吹打打了好几天，把他的母亲安葬到了一块风水宝地。可是，他刚刚办完丧事，朝廷就派兵来打他了。这下可激怒了刘邦，他脱下孝服，穿上战袍，带着兄弟们猛冲猛砍，把朝廷的那帮酒囊饭袋砍瓜切菜一般，全都解决了。

这还不解恨，刘邦为了出心中的恶气，带着兄弟们一直追到了亢父，打算扩大战果，顺便再拿下几个城池给自己送个礼。

正当刘邦进攻越来越顺的时候，没想到后院起火了。刘邦出发之前，留下老乡雍齿守护老家丰乡，没想到他居然勾结魏国的二把手周市，在对方的威逼利诱之下反了水。刘邦收到消息之后，顿时火冒三丈。丰乡可是他的老窝，老婆孩子还没逃出来呢。

恰在这时，刘邦接到了项梁的英雄帖，他便带着兄弟们火急火燎地跑了过来。正所谓塞翁失马焉知非福，刘邦在路上恰好遇到了张良，两人一见如故。张良讲起兵法来头头是道，也让求贤若渴的刘邦发现，今天真是遇到了一位大牛人。

相信大家也都知道，正是靠着张良的辅佐，刘邦后来才成功逆袭，从一个名不见经传的小头目，逐渐成长为一方诸侯。和项羽争天下的时候，张良更是出了不少奇谋妙策，一次又一次帮助刘邦化险为夷。

不过，大家并不知道，张良在遇到刘邦之前，也曾经迷茫过。有一天，他在一座破桥上遇到了一位老者。虽然老者对他百般刁难，但张良始终不急不恼，最终从老者的手中得到了《太公兵法》。

拿到兵法之后，张良如获至宝，他每天躲在家中苦读，最终成就了一番伟业。恰在这时，项羽的另外一个叔叔项伯，也在老家犯了事，因为早就和张良认识，所以他跑路的时候，在张良的家中躲了一阵子。

正是这段不寻常的经历，让张良和项伯结下了深厚的友谊。后来在鸿门宴当中，为了报答张良，项伯特意来到刘邦的军中，把项羽准备暗杀刘邦的事情全盘托出。

正所谓善有善报，恶有恶报，张良对项伯的帮助，也让他得到了善报，不仅让自己免了一场灾难，也让刘邦起死回生，最终创立了大汉王朝。不过这些都是后话了。

把张良收编之后，刘邦带着兄弟们找到了项梁，并从他的手中借来了五千兵马。

"雍齿你小子给我等着，等我回去活剥了你！"发完狠之后，刘邦就带着兄弟们出发了。

雍齿就是一棵墙头草，本身也没啥本事，他哪里是刘邦的对手，很快就被刘邦攻破了城，带着残兵败将，赶紧跑到魏国找周市去了。

进城之后，刘邦也把那帮老顽固都抓了起来，说："当初起兵的时候，你们信誓旦旦地喊着，永远追随我，绝不背叛，如今可倒好，居然跟着雍齿，把枪尖对准了我！"

这帮人知道理亏，也都吓得不敢说话，只有几个老爷子嘟囔："当初要不是你所托非人，让雍齿来守城，哪会有这回事？再说了，不从就要杀人，谁不害怕呀？我们都是本本分分的老实人，给他服个软，也是没办法的事啊！"

听到他们的发言，刘邦感到自己也有责任，怒气也逐渐消了："算了，以前的事都别说了，往后谁要是再当孬种，看我不扒了他的皮！"

稳定了后方之后，刘邦带着借来的兵马又来见项梁，也正是在这里，刘邦第一次见到了项羽。他们两人谁都没想到，在未来的几年时间当中，他们会兵戎相见。

听说项羽刚刚拿下襄城，刘邦顿时来了兴趣，问项羽攻城顺不顺利。第一次单独带兵打仗，就拿下了一座城池，项羽当然豪气冲天，叫嚣道："这帮人的骨头是硬，可再硬也没有我的霸王枪硬，最后还是被我拿下了！不管是当兵的还是种地的，我一个没留，把他们全部解决了，看以后谁还敢挡我的路！"

刘邦一听，这就是一个愣头青啊，跟这样的人打交道，可得多留个心眼，万一被他咬住了，不咬死绝不松口啊！两人闲聊了一会儿，就各自回房休息了。

2. 立谁当新楚王

第二天，看到各路英雄豪杰都到齐了，项梁把大家聚拢到了一块儿，发表了一番昂扬向上的演说："各位老少爷们儿，大家都看到了，自从嬴政灭了六国之后，老百姓就生活在水深火热当中了。为了反抗秦朝廷的统治，陈胜率先举起了义旗，各路豪杰紧随其后。可是，天不遂人愿，陈胜如今已经被奸人所杀，各路起义军群龙无首，眼看就要被秦朝廷的走狗们各个击破。为了改变不利的局面，大家一定要团结一心，才能早日推翻秦朝廷的残暴统治，让老百姓过上幸福的生活。今天把大家叫过来，就是为了立一个新楚王，继续陈胜未完成的伟大事业，希望大家踊跃发言，推举合适的人选。"

听到项梁这样说，其他人心里都跟明镜似的，项梁不仅出身名门，而且眼下他的势力最大，不仅拥有数十座城池，而且还有十万之众，除了他，还有谁更适合做这个楚王呢？

眼看着大家都不说话，项梁的手下早就急不可待了，鼓噪着说："还推举啥呀，依我看就项将军最合适，自从您扛起反秦的大旗之后，所到之处无不归降，这就是民心所向。现如今，在各位头领当中，您的势力最大、威望最高，如果您不当这个楚王，还有谁更有资格当这个楚王呢？"

听到有人发言，其他人更是随声附和："说得就是嘛，项将军领导大家闹革命，不仅能让朝廷闻风丧胆，还能加快我们进攻的节奏，所以我们一致推举您当这个新楚王。"

项梁一看，干脆就顺水推舟，当这个新楚王吧！可还没等项梁开口说话，从外面跑进来一个跑腿的，慌慌张张地喊道："各位老大，门外有一位老者求见，他说他叫范增，专门为了立新楚王而来！"

项梁一听，觉得正所谓不听老人言，吃亏在眼前，既然老先生远道而来，还是应该听听老先生的意见。

在项梁的地盘上，其他老大还能有什么意见，他们本以为，这是项梁和范增唱的双簧，可没想到正是这个半路杀出的程咬金，打乱了项梁的计划。

此时，很多人其实是不认识范增的，这是一个饱读诗书的人，年轻的时候就喜欢给人出谋划策。如今，七十多岁的他，听说项梁和其他义军头领们正在附近商量立新楚王的事，他也匆匆赶来了。

范增进入大厅之后，项梁首先说："听说老先生见多识广，正好我们在商量立新楚王的事情，老先生有何高见，还希望您当着大伙儿的面，好好说说吧！"

看到项梁如此尊重自己，范增也赶紧拱了拱手："各位都是南征北战的将军，而我只是一个七十多岁的老朽，怎能在各位将军的面前谈论天下大事呢？只不过我听说，各位将军在这里谈论立新楚王的事情，我也想谈一些不成熟的看法，不知道各位将军愿不愿意听？"

看到范增如此谦虚，其他将军也赶紧表示："老先生走过的桥，比我们走过的路还多，相信一定能够提出建设性的意见，赶紧说出来让我们听听吧！"

这时候，范增也不再谦虚："既然大家看得起我，那我就实话实说了，依我看，陈胜作为最先反抗朝廷的人，失败被杀一点也不奇怪。因为他本身趾高气扬，突然间称王，更是居功自傲。大家想一想，这让其他的将领怎么想，既然你能称王，自己凭什么不能称王？所以大家也看到了，陈胜的手下，都跟葫芦瓢一样，一个一个都冒了出来，一会儿武臣称了赵王，一会儿韩广称了燕王。可他们的下场不是被自己人杀掉，就是被朝廷杀掉，没有一个得善终。"

其他人一听，还真是这样的道理，这个老爷子真不是一般人哪！范增接着说："项将军就不同了，你出身名门，而且从江东一路走来，却一直没称王，所以大家也认为，你是真心实意反抗朝廷的统治，并不是为了自己称王称霸的。如果项将军能够扶持楚王的后代，立他为新楚王，相信还会有更多的英雄豪杰归顺到项将军的旗下。到时候，项将军不仅力量会更加强大，而且进军关中也会更顺利。"

和其他人一样，项梁早就听得入了迷，他也非常佩服老先生的见解。当然了，如果按照范增的说法，项梁称楚王的事情就泡汤了，不过项梁并没有灰心丧气，反而显得非常兴奋："老先生和我想到一块儿去了，虽然大家都愿意让我当新楚王，但是我知道，最合适的人选，还是楚王的后人。我这就派人去寻找，等找到楚王的后人之后，一定会把他迎回来，立为新楚王。"

看到项梁如此重视自己的意见，范增也感到非常欣慰，正当他打算告辞的时候，没想到项梁居然请求他留下来，共同举起反抗朝廷的大旗。而本来就没打算走的范增，非常爽快地答应了。

正所谓功夫不负有心人，项梁派出去的人，很快就找到了楚怀王的孙子熊心。自从楚国灭亡之后，熊心就跟随家人流亡在外，最后只能以放羊为生。项梁听说之后，赶紧准备好了八抬大轿，并让人带着王的衣服和王冠，准备把熊心接回来。

此时刚刚十几岁的熊心，突然从一个贫穷的羊倌，摇身一变成了新楚王，这对于普通人来说，还不得像范进中举一样乐傻了？可是，熊心不一样，他天生就有一种王族的气质，更有一种宠辱不惊的豁达心态。

听说项梁要把他接回王宫，立为新楚王，熊心不慌不忙地准备去了。他不仅洗了一个热水澡，还让人好好地打理了一下头发，穿上项梁准备的王服。一切准备利索之后，他才坐着八抬大轿，来到了项梁驻扎的薛城。

还没走到城门口，项梁带着各路英雄豪杰，就已经迎了出来。虽然是第一次见面，可熊心完全不怯场，看上去就像是一个君王一样，根本就不像是一个十几岁的少年。这不得不让人感叹，气场这个东西，你说它有它就有，普通人是学不来的。

祭祀完天地，行了三拜九叩大礼之后，熊心就正式登基称王了，不过，他仍然沿用了楚怀王的称号。而项梁呢，则自封为武信君，随后任命陈婴为总参谋长。当各种政务准备完毕以后，下一步，就开始准备向西，进攻秦朝廷。

这时候，已经跟随刘邦的张良，也向项梁提出了一个建议："现如今，被秦国灭掉的六国，其中齐、楚、燕、赵、魏都已经复国了，只有韩国没有新王登基。如果项将军能够把韩王的后代找回来，就像立楚王的后代一样，把韩王的后代立为韩王，那可是大功一件啊！不仅能够增强项将军的实力，还能让韩王的后代对您感恩戴德。相反，如果这样的好事被他人抢了先，项将军就亏大了。"

听完张良的分析，项梁也感到非常有道理，于是他赶紧求教张良说："先生可知韩王的后代在哪里？如果能把他找回来，我当然会按照先生的提议，把他立为韩王。"

张良既然这样说，肯定知道韩王的后代在哪里，只见他从容地说道："这一点就不劳将军费心了，我早就打听好了，原来韩国的公子韩成，正流亡在外，虽然他年龄不大，却十分贤能，是一个不可多得的青年才俊。我这就派人把他找回来，到时候项将军一定要信守诺言，帮助韩成登上王位啊！"项梁拍着胸脯表示："先生放心吧，只要你把他找回来，我一定会像对待熊心一样，把他扶上王位的。"

正所谓夜长梦多，张良看到自己说服了项梁，赶紧派人去寻找韩成，并在最短的时间内把他带到了项梁的面前。这时候，项梁还没明白怎么回事，可自己说出的话、泼出去的水，总不能收回，既然韩成来了，那就把他立为韩王吧！

在项梁的帮助之下，韩成顺利登基做了韩王，也正是从那时候起，被秦始皇灭掉的六国，全部实现了复国。

回过头来看，秦朝廷的打手们可不愿意看到分崩离析的状态。于是他们疯狂地组织人马，到处剿匪，试图扑灭农民起义军。

在朝廷的众多打手当中，章邯算是最能扛事的一个，他带领几十万骊山劳工，接连消灭了好几支起义军，内心也越来越膨胀。在他的心里，这帮起义军要是落到自己手中，没有一个有好下场的。

这一天，章邯又带着他手下的兄弟们来到了魏国，准备把这帮反贼铲平了。看到章邯来势汹汹，魏国的丞相周市知道不是他的对手，赶紧派人向楚国和齐国求救。魏国和齐国接壤，齐王田儋亲自带着大军来增援；楚国虽然距离遥远，但项梁也派出了一支轻骑兵，紧急向魏国靠拢。

眼看着魏国朝不保夕，齐王率兵到达之后，并没有等待楚国的援军，就和魏国兵合一处，直接和章邯冲杀到了一起。从咸阳跨越两千多里来到魏地，章邯和他的兄弟们始终斗志昂扬，直杀得昏天黑地。

虽然魏国和齐国联手，但是也没能从章邯的身上讨得半点便宜。眼看着天色已晚，双方都鸣锣收兵了，就等着饱餐一顿，明天接着对砍。然而，周市和田儋毫无战斗经验，他们只知道以逸待劳，没有防备章邯的偷袭。

当天晚上，伸手不见五指，张嘴不见牙齿，魏国和齐国的将士们，早早地就进入了梦乡。可是，他们哪里知道，白天生龙活虎的秦兵，晚上也不消停，他们手持快刀，悄无声息地摸到了魏国和齐国的营寨。

把哨兵抹了脖子之后，他们开始进入营帐，只见秦兵手起刀落，魏国和齐国的士兵还在睡梦当中，就直接见姥姥去了。

约莫过了半个时辰，大部分秦兵都已经得手，这时候魏国和齐国的士兵才有所反应，刹那间杀声震天。

不过魏国和齐国的士兵，只有鬼哭狼嚎的份，他们根本摸不清敌人的数量，很多都成了刀下之鬼。齐王田儋和魏国丞相周市，都在这场混战当中丢了老命。

本来就鼻孔朝天的章邯，这下更不把齐军当回事了，早知道这帮饭桶这么不中用，干吗要偷袭他们，还不如硬碰硬，那样杀得不是更痛快？章邯这样想着，嘴上又露出了轻蔑的笑容。

紧接着，章邯带领手下的将士们，包围了魏国的都城，眼看着朝不保夕，魏王魏咎单枪匹马来到了章邯的跟前，说："我知道章将军威武，我手下的这帮兄弟完全不是你的对手，可是全城的老百姓是无辜的。如果章将军是为了要我的命，那我答应以死谢罪，只求章将军能放过全城的百姓。"

章邯一看，这年头像魏咎这样讲义气的老大不多了，于是他爽快地答应了魏咎，说："只要城内的士兵和百姓放下武器，我可以既往不咎，用你一个人的命换全城百姓的命。"

3. 救火队长项梁

当章邯带领大军进城的时候，魏咎的弟弟魏豹却悄悄地逃走了。他一路狂奔，打算投奔项梁，路上恰好遇到了项梁派来的救兵。既然魏国已经亡国了，领头的项它心想，自己再跑过去也没什么意义了，于是便带着魏豹回到了楚地，向项梁报告了情况。

项梁早就听说章邯攻无不克，战无不胜，没想到他这么厉害。他想，如今各路起义军都在我的帐下，如果不趁着这个机会把章邯打残，今后再和他相遇，麻烦就更大了。

打定主意之后，项梁决定带领各路起义军一起出发，一定要全歼章邯的军队。可是，他们还没出发，就收到了齐国将军田荣送来的求救信，还没等项梁拆开信件，跑腿的就跪在地上直磕头："项将军，赶紧救救我们吧！章邯带着一群人把东阿城围得水泄不通，如果项将军再迟疑，估计全城的百姓都要被章邯的手下撕碎了！"

项梁赶紧把送信的扶起来，向他详细问明了情况。原来齐王田儋战死之后，老齐王的弟弟田假自立为王，他们把都城定在了临淄，并任命田间为总司令，田角为总理。

可是，田儋的弟弟田荣不服，认为哥哥战死之后，理应由他称王，所以，他把田儋的残兵败将收编之后，也来到了东阿城自立为王。

章邯看到这个情况之后，也开始各个击破，他首先包围了东阿城的田荣。原先魏国和齐国联手，都不是章邯的对手，如今剩下了被打残的田荣，怎么可能抵挡住章邯的进攻？看到马上就要破城了，田荣赶紧派出信使向项梁求救。了解到这些情况之后，项梁告知田荣的信使："你现在就回去告知田荣，我带领大部队随后就到，一定会把章邯打残。"

因为形势危急，项梁来不及多想，就带领大部队出发了，他们日夜行军，迅速向东阿城靠拢，就是为了在破城之前赶到，对章邯形成内外夹击之势。

此时的章邯，正忙着指挥他的将士们进攻东阿城呢。他对前线的战士们下了个军令状,要求在限定时间内一定要攻破东阿城,成功了有奖励,否则便会受到军法处置。

章邯作为秦国的大将军,他的命令没有人敢违背,再加上军令的威慑,手底下的战士们都拼死搏斗,不敢有一丝懈怠。

就在将士们拼死搏斗,战事处在白热化的时候,章邯却接到了前线的士兵送来的急报,说是楚国那里突然间出现了很多增援的队伍,看着来势汹汹,队伍庞大,让章邯速速给出应对的方法。

章邯是什么人,他的一生就像是为了打仗而生的,在他的眼里就没有打不赢的仗,再加上他军功赫赫,屡战屡胜,不知搞定了多少支起义军,即便士兵说对方阵仗好像很大,章邯也不把对方放在眼里。他立马就给出了应对的方案,他留下了一部分士兵在原地继续战斗,自己则亲自出马,率领着心腹精兵,准备去对付他们。

让他没想到的是,项梁这支队伍真的是太强了,个个都不怕死地往前冲,像猛兽一般,专门攻打章邯的精兵主将。

章邯终究还是太自信了,交手过后他就感到有些吃力,明显感觉到了这支军队和他以前平定过的那些起义军是不同的,起码这是他出关以来碰到的最强劲的一支队伍。

那个场面简直就是惊天动地,喊杀声一片。

头一次碰到这么难打的仗啊,对手个个拼命,感觉无人能敌。这下可把章邯给惊着了,他手下的人,也都跟着着急。

可章邯作为主将,绝不能退后,只能提着他的大刀,孤身一人冲进敌军队伍中去,想要挫挫他们的锐气,看能不能给战士们鼓鼓气。可他刚出去便碰上了一名将军,想着那就拿他开刀,让所有的人都看看自己的厉害,谁知那楚国的将军更是个不怕死的,毫不惧怕,怒发冲冠,提着枪就冲了过来。

两人来来回回地打了几个回合,也算是势均力敌。此时的章邯满身是汗,虽然没有输,但是也顶多打个平手。但是再打下去的话,估计也就没有还手之力了。

章邯的心里很纳闷，这到底是何方神圣，突然搞得自己措手不及？正所谓留得青山在，不怕没柴烧，这种时候还是保命要紧。说时迟，那时快，章邯立马对着那名猛将挥了一刀，转身就撤退了。

这其实也不能怪章邯没能力，怪就怪他撞上的那个人，名字叫项羽，就是那个力大无比、能一人扛起大鼎的那个猛将项羽。章邯这辈子真的算是碰上对手了，而且这个对手的能力比他不知道强多少倍。在这种力量悬殊的情况下，他要是不先开溜，那他的手下很快就要给他收尸了。

他溜了之后，心想这楚军有这样一名猛将，怕是短时间不好对付，需要回去想想应对的策略才行，硬碰硬他肯定是干不过，还可能会全军覆没。于是他一声令下，紧急撤退，又命令原来留下攻城的士兵也跟着撤退，随后一路率领大军往西边去了。

此时的田荣知道项羽打退了章邯，兴高采烈地打开城门，准备迎接楚军。项羽的叔叔项梁下令集合两军，对章邯乘胜追击，追出十几里地的时候，田荣看到章邯已经走远了，便找了个由头，自己领着军队先走了。

但是，项梁怎么会放过这种机会？他不理会田荣，自己率领大军，继续追杀秦军。不久之后，齐王田假突然到访，样子狼狈得很，跟逃难的一样，他向项梁哭诉着说，田荣把自己给赶了出来，就是因为田荣不同意齐国人立自己做齐王。他的另外两个兄弟田角和田间，也吓得跑到了赵国避难。

田假请求项梁为他做主，讨伐田荣，拿回本该属于他的一切。但是，此时的项梁觉得，眼下最主要的，是要一致对外，对抗秦朝廷，别回头秦朝廷还没攻下，自己就先窝里反了。到那时候，很可能就让秦朝廷有机可乘，实在是没有必要冒这个险。于是他拒绝了田假的请求，让他以大局为重，并催促着田荣，赶紧整理队伍，联合赵国出兵攻打秦朝廷。

楚国的大使到了齐国以后，向田荣说了项梁的要求。可是田荣却不以为然，也不愿意立马出兵，只是让人带话给项梁，让他杀了没有资格当齐王的田假。

可田荣这货完全就是胡说八道，田假是齐王田健的弟弟，根正苗红，怎么就不能当齐王了？田荣之所以这么说，无非是不想出兵，只想着经营好自己的一亩三分地而已。

眼下的田荣，立了他的侄子田市为新的齐王，自己则当了齐国的丞相，又让自己的弟弟田横当上了齐国总司令。更可气的是，他还想让项梁帮忙杀了跑到了赵国的田角和田间。

项梁根本不可能同意。他毫不犹豫地拒绝了田荣的无理要求，同时带话给田荣说，没有你齐国的那点残兵败将，我照样能推翻暴秦。与此同时，赵国也表示没必要为了讨好齐国，就杀了田角和田间，毕竟他们是无辜的。

田荣见楚国和赵国并没有杀那哥儿仨的意思，也有点着急了，又派人传话说："田假他们与你们楚国、赵国既不是兄弟也不是亲戚，何必为了这几个不相干的人影响了攻打秦朝廷的计划？如果你的手被毒虫给蜇了，命在旦夕，那你一定要把手砍了保命，弃车保帅的道理你们肯定懂得啊。推翻秦朝事关重大，要么成功，天下太平；要么失败，所有造反的人都要死。杀了他们三个，你们就会得到我齐国的帮助，这对你们只有利没有弊，对你们攻打秦朝会多一分胜算，你们为什么不听我的建议？何必为了这三个无关紧要的人，伤害自己的利益呢？"

然而，任凭田荣怎么忽悠，楚国和赵国依然没有答应的意思。田荣被气得头昏脑涨，就更不愿意出兵攻打秦朝廷了。眼下的项梁，也没时间更没心情去搭理田荣，而是安排刘邦和项羽一起出兵进攻城阳。

刘邦在这次的行动中真正地领教了项羽的本事。城内射出的箭雨和城墙上扔下的巨石，丝毫挡不住项羽进攻，这老兄身先士卒，竟然第一个冲上了城墙。大军入城后，项羽就跟打了鸡血一样，大杀四方，他还下令杀光城里的全部士兵和百姓，一个活口都不留，如此的暴虐，一度把无赖出身的刘邦都给惊呆了。

而另一头，项梁则率领着军队，一路向西，追杀章邯，章邯躲到了濮阳城以后，死活不肯出来了。眼下濮阳城墙高大坚固，城内的粮草也充足，项梁眼看攻打濮阳比较费劲，也就没再纠缠，而是带着军队冲向了防守相对薄弱的定陶。

让项梁没想到的是，定陶城也有重兵把守，而且还扛住了自己一波胜过一波的进攻。久攻不下的项梁没办法，只好在定陶城外安营扎寨，另谋计策。同时命令刘邦和项羽向西出发，至于定陶城，自己先围住它再说。

项羽和刘邦整顿好部队后，开始向西出发，刚一到雍丘，就碰到了秦朝丞相李斯的大儿子李由的部队。李由不知道项羽的厉害，贸然就出来应战，结果项羽只一个回合就打死了这位官二代。

擒贼先擒王，主将死了，军心立马就涣散，剩下的士兵降的降，死的死，跑的跑。项羽再一次打了场漂亮的胜仗。

李由作为秦国的大将，又是丞相的儿子，死在战场上对他来说也算是对得起自己的国家了，但是人算不如天算啊，皇帝身边总有那么一个爱祸乱朝纲、胡说八道，还得大王信赖的人。本是忠臣为国而死，却被赵高诬陷说他勾结起义军，要造反。欲加之罪，何患无辞，何况李由也死了，死无对证。赵高硬是把李斯关进大牢严刑逼问，最后一家子被满门抄斩。真是够冤的，要是李斯能变成鬼，他肯定会找秦二世和赵高索命的。

4. 赵高又出手了

赵高为了自己的权势也是煞费苦心，他蛊惑秦二世不再亲征，成天花天酒地，贪图享乐，把所有的事情都全权托付给赵高，自己什么都不管。

即便国家局势动荡，多处反叛，秦二世也不怪赵高蛊惑君心，而是听信赵高的话怀疑李斯，还杀了他全家。

秦始皇在世的时候李斯就是功臣，他才华横溢，足智多谋，是个难得的人才，为秦王朝当时的建设出了很多力，同时辅佐了秦始皇统一六国，可谓是立下了汗马功劳，也算是个能干的贤相。

但是他也做了一些坏事。比如，他嫉妒同门师兄韩非的才华，设局陷害了韩非。他参与了焚书坑儒，伙同赵高篡改秦始皇遗诏，帮胡亥登基，间接逼死了扶苏和蒙恬。像蒙恬这样的猛将没死在战场，却是被小人陷害死的，也是可惜到家了。

李斯很聪明，但是后来的他贪恋权位，贪图荣华富贵，为了更高的权力跟赵高结盟，最后却被赵高陷害得上了西天，终究是自己作孽。

他到底是怎么作孽的呢？当时，全国到处都是农民起义，胡亥就问李斯，你为什么不及时平定叛乱？李斯害怕了，担心受到惩罚，就给出了馊主意，让国家对那些反叛的人加重刑罚，只要一人犯罪，全家人乃至全族的人都要被抓起来受刑，同罪论处。这样，百姓就会因为害怕连累家人而不敢造反。

新的法律实行之后，无论高低贵贱，无论平民还是官员，只要是触碰了法度，不是被拉去削胳膊、打断腿，就是扒了皮、抽了筋，严酷的法令之下，秦朝每天都有人受重刑，咸阳城里更是每天都能听到受刑人撕心裂肺的惨叫。而那些因为亲人和邻里，也被抓去连坐受刑的人，那才是叫天不应，叫地不灵。

而向来就会因为一点不愉快的事就借题发挥的赵高，更开心了，他本来就受宠，这下因为这个法度的事，大家更不敢得罪他了。因为一个不小心，可能脑袋就会搬家啊！

看到臣民一个个地都很听话，胡亥觉得，这个法规靠谱，效果很好，天下应该不会再有人叛乱了。没有了所谓后顾之忧的胡亥，从此以后，愈发堕落，成天都在美女堆里醉生梦死，至于国家大事就由老师赵高处理得了。

眼下的赵高，竟然成了秦王朝实际掌舵人，这搞得李斯很不满。赵高见李斯对自己和秦二世颇有怨言，很是不爽，心想：想和我争权夺利啊，我不搞死你我不姓赵。

但是大家都是文化人，直接动刀动枪是不合适的，因此，还得想点策略。

这一天，赵高故意在李斯面前说："现在全国各地，到处都是叛军在折腾、在造反，但是咱们的皇帝，一天到晚，不是提笼架鸟就是飞鹰走狗的，要不然就修什么阿房宫，尽搞这些没用的东西，国家大事在他眼里，远不如美女重要，我是真着急啊。但是，李大人您也知道，我就是个宦官，人微言轻，话都说不上的，只能干着急。可是您不一样，您是当朝丞相，第一大臣，向皇上进谏是您的本职啊，您怎么也不劝劝皇上呢？食君之禄，担君之忧，您要为这个国家尽职尽责啊。"

李斯听了以后，也只能唉声叹气地说："皇上整天在后宫美女堆里，我见不到他啊。我要是能见上就好了，我有很多话都憋了很久了，怎么会不着急呢？写奏折是没用的，这种大事，一定要当面和皇上说清楚，就是苦于没有机会啊！"

赵高心中暗喜，这李斯是进圈套了。

他笑着对李斯说："这事好办啊，您要真心地想做这个事，我可以帮您，皇上什么时候有空闲了，我就喊人通知您，然后您就可以见到皇帝了。"

李斯一听，以为赵高改邪归正了。殊不知，自己马上要大祸临头。进了圈套的人也好，兽也好，通常是离死不远的。

几天之后，赵高通知李斯，说现在皇上有时间了，你赶紧进宫进谏，不然就迟了。

李斯一听高兴极了，着急忙慌地穿上了朝拜时的衣裳，以迅雷不及掩耳之势冲向了皇宫，求见胡亥。

赵高哪有什么好心，此时的皇上，哪里有空搭理李斯？他正在寝宫里跟他的那些莺莺燕燕把酒畅饮，你侬我侬。就在他兴致最高涨的时候，贴身的太监急匆匆地来禀报，说是李斯丞相求见，十万火急。

这一下，把胡亥给扫兴的，直想掐死李斯，于是，他很不耐烦地告诉小太监，就说现在没空，明天再说。

太监阴着脸，告诉了李斯秦二世的态度。李斯很郁闷，心想，赵大人说得清清楚楚，怎么就没空了？但是，既然皇帝没空见自己，那也就只能回家去了。

李斯吃了闭门羹，只能无奈地回家去了。第二天，李斯又来求见皇上，结果赵高挡住了他，说皇帝现在忙得不得了，根本没时间见他。李斯没办法，只能又一次灰溜溜地回家。

又过了几天，赵高告诉李斯，这会儿皇上没什么事，正是进谏的大好时机，不可再耽误良机，速速来见。

李斯再次相信了赵高的话，二话没说，就冲向皇宫求见胡亥。哪知胡亥正在寻欢作乐，神仙快活。

听太监说，李斯又来求见了，秦二世气得摔东西，破口大骂说："李斯是不是活得不耐烦了，每次都是挑我寻欢的时候来，我空闲的时候怎么都不来，非要扫兴，简直不把我这个皇帝放在眼里，是故意想让我难堪吗？"

胡亥正骂着李斯，赵高看到机会来了，立马凑过来，煽风点火地说道："李斯怕不是对您心怀怨恨，当时他参与篡改遗诏扶您上位的事，其实他也是有私心的，盼着自己能割地封王。现如今，您已经称帝了，但是他依旧还是个丞相，怕是心有不甘啊。要不是他屡次以下犯上，奴才也不敢这么说的，他的大儿子李由，手握兵权，跟叛军陈胜、吴广都是老乡，肯定是李斯纵容他们，才引发他们起兵造反。叛军进攻的时候，李由只守城，不进攻，这明摆着就是徇私。奴才还听说，李由跟这些叛军有书信往来，只是没有证据，我也不敢瞎说。眼下，李斯的威望快要盖过您了，我看他就是个大隐患，而且这几天，他三番两次地求见，我感觉是不怀好意，皇上您可得小心，防人之心不可无。我建议还是把他先关起来，稳妥一些为好。"

虽然胡亥很认可赵高说的，但是，毕竟当初是李斯帮自己登上了皇位，而且李斯又是先皇的重臣，还是找到证据再关他比较好，不可这么轻易地下决定。

要说这胡亥，也是脑子机灵了一回。胡亥立马派人去三川郡暗访，找寻李由私通叛军的证据，如果找到了，就一并将李家问罪，可是胡亥却不知道，此时李由已经被项羽给打死了。

赵高知道，他的言辞没办法让胡亥杀了李斯，并且得知了胡亥派人去调查的事，于是，他便重金买通了胡亥派去调查的人员，让他们诬陷李由。

李斯好歹也是位高权重的丞相，朝中多多少少还是有他的心腹的，有人告诉李斯，皇帝正在暗中调查李由，而这都是因为赵高挑唆的。

李斯恍然大悟，这才知道赵高不是个好人，开始想着反击。其实，凭借李斯自己府上的精锐安保人员，随便派两个人，也能把赵高给暗杀了，而且还神不知鬼不觉的。然而，他太高估了自己的威望，低估了赵高对秦二世的重要性。他竟然想着把实情告诉秦二世，让二世杀了赵高，这个操作简直就是玩火自焚，自寻死路，完全有失丞相的水准。

当时，李斯虽然参与了胡亥的登基，但主导者是赵高，赵高才是那个最大的功臣。因此，胡亥对赵高的信任是李斯所意想不到的。李斯以为胡亥会成为除掉赵高的利刃，却不知道这把刀指向的是自己。

李斯苦思冥想了几天，还是忍不住想找胡亥弹劾赵高，可是胡亥不是看歌舞，就是看戏曲，不然就是跟那些莺莺燕燕玩得不亦乐乎，没人给他通传，他也见不到皇上。

这种情形下，也只有一个办法了，那就是上折子。他将赵高的种种恶行都写在折子上，说："大臣如果做什么，都想和皇帝一样，那没有不危害国家的。小老婆如果要求地位和丈夫平等，那就没有不危害家庭的。现在，有个大臣在您身边，无论好事坏事他都要独断专行，和皇帝您的权力不相上下，这就非常危险了。以前，司城子罕当宋国的丞相的时候，掌管朝廷一切事务，用各种威逼的手段，使其他大臣都屈服他，亲近他，害怕他。结果才一年的时间，子罕就夺取了王位。再说一个齐国的例子。齐国的田常本是齐简公的大臣，爵位在国内无人能比，财富多得和齐国王室差不多，他还经常用国家给的俸禄和自己的财产贿赂大家，又出钱去救助穷苦的百姓，用各种方法收买民心，慢慢地窃取了整个齐国的政权。他的势力强大后，就公开用田氏家族取代了姜氏家族，这是尽人皆知的事情啊。

"现在的赵高就有那样的野心，他的种种叛逆行为，就像以前子罕辅助宋国一样。赵高的私人财富也快和齐国的田常差不多了，而他用的手段则是综合了两人的特点，这是想要灭亡国家的节奏。陛下如果不提前想办法，他迟早会叛乱，一定会有无穷的祸害。"

然而，此时的胡亥，简直把亲爱的赵老师看成是自己的另一半，相信他超过了任何人。

他看完奏章，把李斯喊过来，当面斥责他说："你在奏章里说得不对。赵高原本是个宦官，他不会因为处境舒适就为所欲为，也不会因处境恶劣就改变忠诚。他对国家、对朝廷向来忠心耿耿，朕认为他确实是个了不起的人才，可是你却怀疑他，这是什么缘故，是不是嫉妒啊？我这么年轻，父皇就去世了，我自己什么见识都没有，不懂得治理天下，而你的年龄又大了，如果没有他，朕恐怕永远也没有机会掌握天下的政权。我不把国家大事交给他又交给谁？而且赵高精明强干，年富力强，下能洞察民间隐情，上又能顺朕的心意，朕不信任赵高，该信任谁呢？你是不是想把他赶下台，你好独揽朝中大权啊？"

李斯见二世怀疑他陷害赵高，真可以说是西瓜皮擦屁股越弄越糟。但即便如此，他还想着再争辩争辩，于是接着说："事实并不像陛下所说的那样。赵高是个卑鄙无耻的小人，出身低贱，并不懂得治国平天下的道理。而且他贪得无厌，追逐个人利益没完没了。现在，他的权势和陛下您不相上下，所以我说您的处境太危险了。"

李斯说的这些话都是抽象的、漫无边际的空话，没有真凭实据，也不能举出具体的实例，胡亥怎么能相信呢，只能增加二世对他的反感。谈话不欢而散以后，李斯实在是不甘心，苦苦地思索着对付赵高的办法。

此时，天下农民起义如火如荼，派出去的军队越来越多，但基本无济于事。身为总理的李斯心里很着急，他联合副总理（右丞相）冯去疾、将军冯劫一同上书，说："关东成群的盗贼同时兴起，朝廷派出去大批军队，虽然杀死了很多叛军，但还是不能把他们完全消灭。这主要是到边疆戍守的人和参加劳役的人太多、赋税太重的缘故。请求皇帝陛下下令，停止修建阿房宫，减轻民众的负担，与民休息。"

秦二世看了奏章，气愤地说："我听韩非子讲，尧舜时期，他们用土做的碗来吃饭喝水。他们虽然是君主，但他们的日子，比现在看门的小兵过得还要苦。大禹凿开龙门，疏通了堵塞的河水，引导河水流到大海，还亲自手拿铲泥的锹，整天泡在水里，辛苦得小腿都没有汗毛了，即使是奴隶，也不过如此吧。我认为，凡是拥有天下的贵人，是可以随心所欲、为所欲为的。当君主的修明刑法，下面的百姓就不敢乱来，用这个方法来治理不是很好吗？像夏朝的大禹那样，虽然贵为天子，还要担负劳苦百姓所干的事，那有什么好学习的呢？我名义上贵为拥有万乘之尊的天子，可是却没有万乘之实。所以，我想建造千乘的车驾，拥有万乘的兵马，这才能使我名副其实。而且，先帝出身诸侯，兼并六国，统一天下，对外抵抗戎狄的进攻，使边境安宁，在内建筑宫室，显示他深得民心。你们是亲眼看到先帝的丰功伟业的。现在我继位才两年多的时间，就有那么多的叛军反叛朝廷，你们既没有办法制止，还想停止先帝所做的事，怎么能算上对得起先帝，下对我尽忠竭力呢？就这，你还有什么资格和脸面担任这总理级的高位？"

一旁的赵高见秦二世越说越激动，赶紧火上浇油，推波助澜，一个劲说他们三人不忠于朝廷，请皇帝先把这三人关在监狱里再说。胡亥也不经思考，立刻就批准了。李斯、冯去疾、冯劫，这大秦帝国的三根擎天之柱，就这样被胡亥亲自放倒了。

5. 李斯的最后挣扎

李斯被关在监狱里，抬头望着天空，深深地叹口气说："真是悲哀呀，这无道的君王，怎么才能为他出谋划策呢？以前，夏桀杀了关龙逢，商纣杀王子比干，吴王夫差杀了伍子胥，这三个大臣，对国家难道不是赤胆忠心吗？最后都逃不掉被杀的厄运，这是由于他们看错了对象，对无道君王尽愚忠的结果，而我的智慧，是远不如他们三人的。更可怕的是，二世皇帝的昏庸荒淫，远远超过夏桀、商纣和夫差。我因为一时的糊涂拥戴了这么个东西而被杀，也是应该的。二世一上台，就屠杀他的兄弟姐妹，紧跟着屠杀忠臣，还重用那些身份低贱的人，奴役大量的人民来修建阿房宫，对这些残暴无道的行为，我也不是没有进谏，只是他不听我的啊。

"古代圣贤的君王，他们的饮食都有节制，宫殿的建设也都有一定的制度，无论是颁布什么命令或兴办什么事情，只要是对人民没好处的，都在禁止之列，所以，他们才能够维持长治久安。现在二世皇帝，对自己的兄弟施以违反常理的野蛮手段，根本就没有考虑到后果；滥杀忠臣，也不想后来的灾难。大规模地建造宫室，对人民实行敲骨吸髓的剥削，根本不爱惜百姓的血汗钱。这样做，天下人民谁还会信服他？现在起义的人民，已经遍布了秦国一半以上的国土，可是皇帝还不觉悟，居然还让赵高辅佐他。我看，不久的将来，叛军就会攻进咸阳城，朝廷的宫室转眼间会变成一片废墟。"

冯去疾和冯劫听到李斯的抱怨后，没那么多的废话，直接说："我们身为将相，是不能受侮辱的。"说完以后，两个人竟然慷慨地自杀了。

然而，李斯可不愿意就这样不明不白地去死。他想着，自己有拥立秦二世的功劳，再怎么样也不至于把自己处死吧？他还梦想着有咸鱼翻身、东山再起的机会。

当年，嬴政下令驱逐从各国来的客卿，就是看了他的奏章，才把他留下来重用的。可惜的是，眼下的赵高不想给李斯任何机会，只有干死了李斯，自己才能登上丞相大位。

眼下的李斯已经落在了赵高手里，赵高必须让李斯承认自己有谋反的罪名，然后就可以顺理成章地干掉李斯家族。李斯也不是傻瓜，他知道只要承认谋反，那就必死无疑。

赵高心想，你不承认，那就让你尝一尝生不如死的滋味，我看是你的嘴硬还是我的刑罚硬。他下令让狱卒往死里打李斯，衙役得到了命令，哪管你丞相不丞相的，光是皮鞭就抽了一千多下，把李斯打得浑身皮开肉绽，没有一块好肉。李斯大人什么时候吃过这种大苦，几次昏死了过去。昏死也不行，赵高命令衙役用冷水劈头盖脸浇在李斯的身上。李斯实在忍受不了这种痛苦，最后屈打成招，承认自己有罪。

到了这个时候,不知道他有没有想起被他整死的韩非,有没有想起被他害死的扶苏和蒙恬。如果想起来了,他就应该明白,陷害别人是什么滋味了吧。

李斯承认有罪,赵高第一步的目的达到了。他下令,把李斯押回监狱,听候处理。李斯始终不肯自杀,是因为自负口才和文章都很好,对国家有大功,又确实没有萌生过反叛朝廷的心。因此,他总希望有一天,万一有机会上书秦二世,说不定秦二世胡亥会猛然醒悟过来,放他一马。

回到监狱后,李斯忍住伤口疼痛,给秦二世上书,说:

"臣担任秦国的丞相已经三十多年了,当初臣到秦国的时候,国家领土还很小。先皇的时候,秦国的版图也不过才一千多里,军队也只有几十万。我尽了微薄的力量,小心谨慎地执行国家的法令和君王的命令。暗中派遣谋臣,带着金银珠宝去游说诸侯,又不动声色地发展军队,整顿政令,做到令行禁止。我特别敬重功臣,尽量提高他们的俸禄。通过这些措施,终于迫使韩国屈服,又搞垮了魏国,打败燕国、赵国,消灭齐国、楚国,先后吞并了这六个国家,俘虏了这几个国家的国君,拥立秦王为皇帝,这是我的第一大罪状!

秦国的土地,已经很广阔了,可是我还主张北伐匈奴,南定百越。竭尽全力地壮大秦国的国力,这是臣的第二大罪状!

重用能干的大臣,给他很优厚的待遇,以此来巩固君臣之间的亲密关系,这是下臣的第三大罪状!

立定掌管土地的社神和掌管五谷的稷神,向全天下彰明君王的贤能,这是下臣的第四大罪状。

统一度量衡,制定各种制度,让大秦国树立不朽的名声,这是下臣的第五大罪状!

修建天子专用的马路,建造游览的名胜,以满足君王的要求,这是下臣的第六大罪状!

主张减轻租税,让民众的日子过得好些,让天下万民拥戴他们的君王,这是下臣的第七大罪状。

像下臣这样有罪的人，早就该死了，可是皇上还准许我在朝廷效力，让我苟延残喘地活到今天。

愿皇帝您对这一切，都能仔细明察。"

这个李斯，名义上写的是罪状，其实件件都是夸耀其功劳和对大秦王朝的忠诚。他想用这种反话来刺激秦二世，指望二世看了以后可以从轻发落。管理监狱的官吏看他是丞相，也就同意给他转达了。

可是事不凑巧，这事又被赵高知道了，就责问那个准备送信的官吏，说："一个罪犯怎么能随便给皇帝上书？你以为他还是丞相吗？你是不是受他的什么贿赂了，不然怎么会替他转达？是不是活得不耐烦了？"

一番话，说得对方三魂丢了二魂半，连忙说不敢，抱头鼠窜而去。随后，赵高命令把李斯的上书给毁掉，不准向胡亥报告。

赵高见李斯还不死心，还想死灰复燃，决定彻底让他死心。

他派出十几个心腹，伪装成专门审查案件的司法官（御史）等官员，轮换着一次又一次去审讯。李斯还以为是二世皇帝派人来复查，以为看到了生的希望，便更改了口供，把实际情况向这些人陈述，说自己完全是屈打成招的。没想到，这一下就又落进了赵高的圈套。李斯只要申斥一次，赵高就下令严刑拷打一次，决不允许他翻供。如此三番五次，李斯终于死心了。

等到秦二世正式派人来复审时，李斯认为，不承认还要受酷刑，与其这样活受罪，不如早点死了算了。于是不再改口供，并用书面形式承认自己有罪。赵高把李斯的认罪书和判决书拿给二世看，这个不明真相的糊涂蛋很高兴地说："如果不是赵君能干，险些被丞相出卖了！"

再说秦二世派往三川郡调查李斯儿子李由和叛军勾搭的事，调查人员返回后，先是到了赵高那里说明情况，说李由已经阵亡了，死无对证，所以，正好可以诬陷他和起义军勾结。赵高也没想到，事情竟然如此顺利，随后向二世报告情况。

秦二世简直是愤怒至极，下令把李斯处以五刑，就是在处死之前先在脸上刺字，把鼻子割了，砍掉左右脚趾后，再腰斩，砍脑袋，最后把整个人砍成肉泥。

李斯被狱卒拉出监狱，和他另一个儿子走向刑场。他对儿子心痛地说："我还想像以前那样，和你一起牵着黄狗，到家乡上蔡的东门去打猎，可是哪还有这种日子呢？"

李斯的父母、兄弟、妻子、儿女和三族以内的人被全部处死。李斯的一家，除了大儿子李由是三川郡的最高军政长官之外，其他的儿子大多数娶的都是嬴氏家族的公主，李斯的女儿也基本上都嫁给秦国王室的公子，这一家人，可以说是享尽了荣华富贵。

把"物极必反"这个词用在李斯身上，恐怕是比较合适的吧。实际上，如果李斯不是私心作怪，篡改遗诏，拥护胡亥上台，他也能算是中国历史上的名相了。

然而，由于一念之差，不但死于非命，名相榜上也不可能有他的名字，不管他为大秦王朝立有多少功劳，最后也只能算是阴险小人的代名词而已。

赵高害死了李斯之后，就代理了丞相职务，眼下所有大秦帝国的军政大事，都由他一个人包揽，真正是说一不二，真正到了人生光辉的顶点。

秦二世依然一如既往地和木偶一样，做什么事，都没有主见，一切都听赵高的。而赵高也非常清楚目前的形势，知道全国的农民起义如火如荼，危机已迫在眉睫。

于是，他特意写信给章邯，让他全力平叛。可是，章邯多次被项梁打败，目前困守在濮阳，他也想着出奇制胜，建立战功，因此，每天都派出大批的侦察员，四处打探项梁的情况，希望能找个机会狠狠收拾一下项梁。

6. 不听劝的后果

项梁的大军，目前正驻扎在定陶城下，这会儿正好赶上了雨季来临，到处都是坑坑洼洼，泥泞不堪。此时，刘邦和项羽从雍丘方向对外黄发动进攻，也因为下大雨而没有攻下，只好把外黄城团团围住，准备等天晴再说。

项梁屡战屡胜，根本瞧不起章邯，自身也骄傲自满起来，既不把派出去的军队召回，也放松了应有的警惕，甚至连防止敌人偷袭的常识都不注意，每天在军营中就是靠喝酒消遣来打发时光。

士兵们在雨天，一个个懒散得很，睡懒觉的睡懒觉，闲逛的闲逛，这种情况，早就被章邯的侦察兵了解得一清二楚。章邯认为和项梁部队决战的时机差不多成熟了，但是，他还担心兵力不够，于是派人到各处紧急征调兵马，等各路大军云集后，打算一举消灭项梁。

项梁的部下中，有一个叫宋义的参谋人员，他发现秦朝政府军越来越多，深感忧虑，就劝项梁说："将军您渡江以来，屡战屡胜，大破秦军，威名传遍天下，真是可喜可贺！但是，今天却让人担心，因为战胜敌人以后，将军容易骄傲，士兵也容易产生懒惰思想。常言道：'骄兵必败。'小胜不能彻底消灭敌人，还不如不胜。现在各营的将士都表现出了骄傲自满的情绪，松散极了。政府军虽然失败，可是您别忘了，章邯可是身经百战的猛将，咱可不能轻视他。最近从各方面传来消息说，他到处在征调部队，目的就是要和我们决一死战。我们如果不事先加强戒备，不做好对付他的准备，一旦被他突然袭击，很可能会遭遇惨败。我真是日夜担心，请将军您三思。"

项梁笑着说："你真是杞人忧天，太多心了。章邯屡次被打败，早就吓破了胆，哪还敢再来！就算是增兵添将，也不过为了防守濮阳。况且，现在连续几天下大雨，路上到处是烂泥巴，他怎么可能突然对我们发起攻击？你等着吧，只要天一晴，我立即率军攻克濮阳，不杀章邯誓不罢休，看他还能活几天！"说完还哈哈大笑，脸上露出得意的神色。

宋义还想再劝劝，但是项梁已经显得有些不耐烦了，于是项梁抢着说："前一次，我准备征集齐国的军队，共同去攻打秦军，可是田荣这小子，却因为私人的恩怨，一点也不讲他这个王是怎么来的，没有我，他能当王吗？这个没良心的东西。我本来想派人去问问他，但是，当时由于军情紧急，一时顾不上，就耽误了这么长的时间。现在，我也考虑了，如果章邯增兵，于我是不利的，不如再征召田荣，让他率部队来会合。田荣如果再不来，就别怪我对他不客气，就先把他灭了再说！"

宋义看到项梁故意把话题岔开，估计再劝也是没有用的。想了想，眉头一皱计上心来，就对项梁说："将军如果要派人出使齐国，那就派我去吧！"

项梁当时也派不出合适的人选，见宋义今天主动提了要求，毫不犹豫地就同意了。宋义立刻就去收拾东西，一分钟也不愿耽误。出了军营以后，他向东一路狂奔，马不停蹄，因为他预料到，项梁的军队马上要遭遇惨败，自己必须跑得越快越好，离战场越远越好。

刚刚走到半路，他凑巧遇上了齐国派来的大使高陵君，这两个人，少不了要互相打个招呼的。

宋义问道："高陵君，您是要去见武信君项梁吗？"

"对啊！我是齐王派遣来的，怎么了？"高陵君回答说。

宋义说："我也是受武信君的派遣，出使贵国，一是为增进两国之间的友好关系，同时也是为自己避祸！你如果要去，路上走得慢一点，最好耽误几天，就可以免于被杀；如果去快了，一定有杀身之祸。"

高陵君听了这话，吓得眼珠子都快要掉出来了。

他不理解地问："怎么回事啊？您这说得怪吓人的，不会是忽悠我吧？"

宋义回答："我忽悠你干什么呢？武信君屡战屡胜，已骄傲自满得不行了，他觉得秦军不堪一击。士兵们也和他差不多，军纪涣散得一塌糊涂，连必要的警惕性都没有。而我从各方面得到消息，秦国将军章邯连续几天在调兵遣将，集结兵力，目的就是想要突然袭击。在这个关键时刻，武信君却轻视秦军，怎么提醒也不听，这样发展下去不失败才怪呢！你现在过去，一旦秦军发起进攻，战场混乱，你肯定跟着倒霉。所以说，你还是慢慢地走吧！我估计就在这几天，武信君就要失败了！"

高陵君听了以后似信非信，随后，双方告别，往各自的目的地出发。

这一路上，高陵君就想，这个宋义是楚国的大臣，他说这番话应该是有道理的。事关生命安全，还是宁可信其有，不可信其无吧。

于是，这高陵君就开始以蜗牛般的速度前进，反正作为使臣，早一天到晚一天到，又能怎样呢？

果然，高陵君还没有到楚国的军营，项梁就已经兵败战死了。

原来，正像宋义预料的那样，项梁派走宋义后，还是没有警惕起来，不但没有做好战时应有的戒备，就连巡逻的哨兵也都放了羊。

当时正是雨季，连续好些天，暴雨下个不停，弄得楚军将士们连营门都不想出。楚军那些巡逻放哨的，见没人管、没人问，那谁还认真工作呢？大家都认为，秦军也不会有什么动静。于是，这帮兄弟都躲在了军营里睡大觉，睡醒了吃，吃饱了睡。浑然不知，一场巨大的灾难正悄悄降临。

只是，不知道范增这会儿跑到哪儿去了，司马迁在《史记》里都没有说明，可能是随项羽一起去外黄了。不然的话，以他七十多岁的身子骨，在乱军中能跑到哪儿去呢？他如果在的话，情况可能会好些。

章邯打定偷袭楚军大营的主意之后，就趁着一个黑夜，带着他的小喽啰们出发了。害怕惊扰了猎物，他们还特意把靴子裹了几层布，走起路来蹑手蹑脚的，一个个都跟老太太一样。当他们慢慢悠悠挪到楚军大营的时候，发现一个站岗放哨的都没有。

真是傻人有傻福，章邯赶紧给大家伙儿交代了一番："建功的时候到了，大家进去之后，摸到软乎的就捅，叫唤的就多捅两下。天黑看不清，别捅到自己人！"

接到领导的指示之后，小喽啰们赶紧乌泱乌泱地冲进去了。迎头正遇上几个撒尿的楚军小弟，还没等他们喊出声，就被章邯的小弟抹了脖子。

几十万人动刀子，难免会搞出声响，一些做着梦的楚国士兵，突然听到嗷嗷叫的杀猪声，也都一个激灵惊醒了。听到杀声震天，再傻也知道被敌人偷袭了。哭爹喊娘的声音越来越大，秦国士兵仍然毫不手软，他们背后捅刀子的手法已经形成了肌肉记忆，一进一出"啊"一声，一进一出又"啊"一声。

就这，还有一些秦国士兵感到不过瘾，干脆放火烧。风借火势，一会儿就把楚军大营烧成了火葬场，好不容易逃出来的楚军，身上的火苗哧哧乱蹿，痛得他们龇牙咧嘴，哭爹喊娘声此起彼伏。

同样被惊醒的武信君项梁，昨晚上小酌了几杯，此时脑子还不太清醒，看到群魔乱舞的场景之后，还以为自己又睡着了。幸亏小跟班牵来了一匹马，塞到了项梁的手中："老大快跑吧，章邯带人偷袭我们了，再不跑我们就成烤乳猪了！"

翻身上马的项梁，还不忘拎起自己的武器。不过他的运气太差了，还没跑出两步，迎面就遇到了章邯，真是冤家路窄！虽然两人都稀里糊涂，不知道对面是谁，但肯定不是自己人。那还想什么，过招吧！

早有准备的章邯斗志昂扬，提起大刀就砍过来了，慌不择路的项梁哪是他的对手，还没反抗两下，就被章邯砍落马下，吭哧吭哧两下就没声了。一个小喽啰捡起项梁的武器，赶紧向章邯邀功："老大，这是一条大鱼啊！刀上还有金疙瘩呢！"

章邯自己也没想到跟自己碰上的就是项梁。

第七章
项羽的成名之战——巨鹿之战

1. 谁先入关中谁当王

没了主心骨，楚军士兵更像没头苍蝇一样乱窜，他们在秦国士兵的杀猪刀下很多都成了孤魂野鬼。剩下几个偷奸耍滑的，早就一溜烟跑回了老巢，看到项羽和刘邦就抱头痛哭："老板，敌人里三层外三层围着我，我好不容易才脱身回来报信，可惜项梁他老人家捐躯了！"

项羽一听，差点晕过去，项梁虽然不是他爹，可比他爹还要亲呢！当年老爸死得早，正是项梁和项伯一把屎一把尿把项羽拉扯大的。项羽能有如今这样，项梁功不可没！

看到项羽哭得跟个小娘们儿一样，经常背后捅刀子的刘邦，拍了拍项羽的后背："兄弟别哭了，你的心情我感同身受，咱们不能躲在这儿，等着章邯打过来！咱们应该带着大王赶紧跑，等将来发达了，再给兄弟们报仇。"

武功再高，也怕菜刀，项羽听刘邦这么一说，赶紧抹了把鼻涕："大哥说得是，我带楚怀王先走，给哥哥探个路，你带兄弟们随后跟上！"

还没等刘邦反应过来，项羽已经提着霸王枪出门了。刘邦赶紧追出去，发现项羽已经骑着马一溜烟地跑了，剩下刘邦在风中凌乱。

项羽以为捡了一个大便宜，带着楚怀王就往陈留跑。哪知陈留是一块硬骨头，崩掉了项羽几颗大牙也没啃下来。随后赶来的刘邦，看着灰头土脸的项羽，说："兄弟着急了，心急吃不了热豆腐，看看哥哥给你打个样。"

刘邦本以为陈留快被项羽打残了，自己稍微用几下力，就能把陈留的大门推倒。就像人吃了十个烧饼没吃饱，喝口水饱了，后悔吃那十个烧饼了，早知道喝口水就好了。

多吃两年咸盐的刘邦，没想到打仗和吃烧饼真不是一回事，带着兄弟们吭哧了半天，陈留的大门纹丝不动，只能灰头土脸地回来了。

楚怀王看着两员大将都没能撬开陈留的大门，赶紧邀请吕臣军帮忙。还没等这群饿狼扑向陈留，楚怀王就发现章邯不知道哪根筋搭错了，居然掉转炮口，准备去攻打赵国了。

"终于可以歇口气了，今儿晚上好好放松放松。陈留早晚是咱们的，兄弟们都别着急。"楚怀王安慰大家。虽然吃了败仗，丢盔弃甲，回到彭城之后，楚怀王照样论功行赏，项羽封侯，刘邦封侯。楚怀王也真是心大，没发现自己都快成孤家寡人了！

吃了几天饱饭之后，楚怀王突然发现，自己的地盘又小了，赶紧派打手出去抢地盘。楚怀王知道魏豹天天没事干，就派人把魏豹找回来，给了他一千多人，让他随便干去了。

魏豹天生就是一个小混混，欺男霸女的事没少干。看到魏国防守空虚，就赶紧带着手下跑去了，很快踢开了二十多座县城的大门，插上了楚怀王的大旗。楚怀王一听这么顺利，立马任命魏豹为分支机构老大，接着抢地盘，年底分红，给包大红包。

前面说到齐国国君为了抱大腿，派高陵君出使楚国，结果在半路遇到了宋义先生。在宋义的提醒下，高陵君躲过了一劫。天生胆小的高陵君，对老宋千恩万谢。

打听到楚怀王的豪宅之后，高陵君壮着胆子找来了。听说齐国来了个跑腿的，楚怀王也感到很意外，但还是把高陵君请进了家门。都说急性子心直口快，高陵君不但心直口快，肚里连一点花花肠子都没有，看到楚怀王之后，就把齐国老大想抱大腿的事情和盘托出。楚怀王见过爽快的人，可还是被高陵君这样的使者惊掉了下巴。

办完公差之后，楚怀王以为高陵君要走了，没想到他居然打听起宋义的下落。"好巧不巧，我刚派老宋给你们老大送点特产，小弟们就告诉我先生来了，先生跟老宋很熟吗？"楚怀王漫不经心地问了一句。

"幸亏来的路上遇到了老宋，不然我也会被秦国士兵要了小命。老宋夜观天象，发现楚国大营上方阴云密布，肯定会有一场大难降临，所以劝我慢慢悠悠地来见您，才躲过了一场大劫。"心直口快的高陵君，压根儿不知道自己把老宋卖了。

"老宋还有这本事，我怎么不知道？小李子给我记着点，等老宋回来了，让他赶紧来见我。"楚怀王听高陵君这么一说，赶紧对身边的小跟班吩咐了一声。

没过几天，老宋就从齐国回来了，还没等他回家看看老婆孩子，就被小李子安插的眼线发现了，赶紧带到了楚怀王面前。

"齐老板刚从老爸手里继承公司，要钱没钱，要人没人，虽然想跟咱们联合，但手头上的烂账太多。齐老板想着，先把公司里吃里爬外的都赶走，等自己的屁股坐稳了，再和咱们联手对付秦朝廷。"老宋想着汇报完正事，赶紧回家陪老婆孩子去。

"这个事先不着急，听说你还能夜观天象，预测我军会遭受天谴？"楚怀王摆摆手，示意老宋离近点。

老宋一听，就知道高陵君胡说八道了。"老大，别听高陵君瞎说，我们俩喝酒喝高了，我跟他瞎扯着玩呢。不过上次看到项梁的时候，发现老爷子鼻孔朝天，对谁都爱搭不理的，我估计没人愿意替他卖命，被秦国士兵剁了，也是早晚的事。"

楚怀王听到老宋的分析之后，居然点了点头，认为他说得很有道理。"老宋说说，我们下一步怎么办呢？"不得不说，楚怀王心真大，用人都不按常理出牌。

没想到自己三言两语就把老大镇住了，平时不受待见的宋义，顿时来了底气，清了清嗓子接着说："依我看呢，射人先射马，擒贼先擒王，现在

第七章　项羽的成名之战——巨鹿之战

秦国地盘最大，咱们先把它干趴下，以后看谁还敢不服咱？"

楚怀王一听乐了："真是和我想一块儿去了，原先秦国是老大，连小孩都怕，没想到老宋居然如此有胆识。明天咱们就出发，先把它干趴下！"

两人越说越激动，跟打了鸡血似的。第二天，楚怀王就召开了动员大会，准备向西进军，跟秦国决一死战。"秦朝廷作恶多端，老百姓都被逼急了。我们能怎么办，只能跟他对砍了，总不能等着他们来砍脑袋吧？项梁是个狠角色，总喜欢摸摸老虎屁股，可惜被老虎啃了。眼下谁能挑大梁，带领小弟们打掉秦朝廷？"

虽然楚怀王唾沫星子乱飞，可手下人不为所动，大家心里都有算计。秦朝廷兵强马壮，现在去，就是当炮灰；等别人拼得差不多了，再出手也不迟。

眼看着大家都不出声，楚怀王着急了："打仗嘛，哪有不死人的？兄弟们这次出去砍人，挂彩了都按工伤处理，抚恤金翻倍。谁要是先入咸阳，我给他封王！"

正所谓重赏之下必有勇夫，还没等楚怀王说完，人群中立刻就炸开了锅，争着抢着要出头。"让我去！让我去！我手下小弟多！"喊得最响的就是刘邦了。他眼看着四十出头了，再不表现表现，以后就没奔头了。

"老大，还是让我去吧，我叔叔死在他们手上，我要亲手砍死这帮混蛋！"项羽边哭边喊。

看着下面争强好胜的样子，楚怀王又开始为难了，都是打手，自己总得一碗水端平吧。"打虎亲兄弟，上阵父子兵，既然你们兄弟俩都愿意上山打虎，那就选个好日子出发吧！"

听到老板发号施令之后，项羽顿时喜笑颜开，拉着大哥刘邦的手，赶紧跑去准备了。这哥儿俩刚走，下面的人就嚷嚷开了："老大不应该让项羽瞎掺和，这个人打仗有两把刷子，但和他叔一样是个狠角色。当年打进襄城的时候，男女老少全被杀了，这不利于我们的名声啊！"

听到大家议论项羽，楚怀王也有点后悔，但说出去的话泼出去的水，不好收了。好不容易散会了，楚怀王回到家中，一边摸着小妾的手，一边闷声发呆。小妾看到楚怀王闷不作声的样子，还以为自己伺候得不好："今天是怎么了，咋这么不高兴呢？"

"唉！都是项羽和刘邦这两个混蛋，我一说有好处，两人争着抢着去打秦国。其他打手又不服气，害怕项羽犯了驴脾气，再把我的名声搞臭了。"楚怀王闷闷不乐地开始和小妾发牢骚。

当晚没睡好，楚怀王的眼睛跟兔子一样，给大家开早会的时候也无精打采。不过当他睁开眼一看，发现项羽和刘邦兄弟俩跟打了鸡血一样，连过年的新衣服都穿上了，就等着自己一声令下，他们就打算直捣黄龙，给嬴氏家族一个下马威。

"沛公准备好了，就带着你的兄弟们出发吧！我昨晚考虑了半宿，项羽还是留下吧，家里还有不少事等着你去干呢！"楚怀王想了半天，终于慢慢悠悠地说出了自己的心里话。

项羽一听，立马就不干了："昨天不是说得好好的，我和大哥一块儿去，给我叔报仇！再说家里还有什么事啊，这不还有一大片兄弟吗？"

楚怀王真不知道怎么回答项羽，这时候赵国派了一个跑腿的，着急忙慌地跑进来，呼哧呼哧喘半天，才把事说明白。原来章邯掉转炮口，很快就打到了赵老板的家门口，他赶紧来向楚怀王求援。

楚怀王一听，正好哪壶开了提哪壶："项羽你看看，砍死你叔的章邯，正在赵老板的家门口撒野，要不你带着弟兄们去看看，正好还可以给你叔报仇。"

项羽一听，煮熟的鸭子飞了，等刘邦攻入汉中封了王，还有自己啥事啊？不过也不一定，等刘邦吃了败仗，说不定我还能捡个便宜。想到这儿，项羽赶紧答应了楚怀王："老板放心，我就是一块砖，哪里需要哪里搬！既然章邯在赵国，我就带着兄弟们会会他。"

"你去可以，我怕你搂不住，把章邯打跑了，再把赵老板的门踢破了，所以给你派了两个军师——宋义和范增。虽然他们两个不善于打打杀杀，但花花肠子多，你还要多听他们两个的，免得自己吃亏！"有了昨天的教训，楚怀王想事明显高明了很多。

虽然项羽一百个不情愿，但也不敢违背老大的意思，毕竟自己吃喝拉

第七章　项羽的成名之战——巨鹿之战　129

撒还得靠老大提供。"老板放心，我虽然是一介武夫，但好赖话还是听得出的，我一定听军师的，绝不给老大添乱！"

项羽出来之后，带着军师和兄弟们就出发了，但还是比刘邦晚了一步。刘邦一直向西，路上捡了不少好东西，有陈胜、吴广留下的残兵败将，还有从项梁军营侥幸跑出来的士兵。他们都是好打手，手中的家伙一点都不差，稍微给点吃的，就能像疯狗一样到处咬人。

项羽带着兄弟们一路向北，看到那些散兵游勇，就想拿起刀剁了他们。幸好老宋及时阻拦："将军收了这些小弟，咱们的队伍越来越大，等到了赵老板的家门口，吓都把章邯吓死了，还用咱们动手？"

项羽一听也对，赶紧变了一副嘴脸，对那些散兵游勇好言好语，仿佛是他失散多年的兄弟。越往北走，项羽的手下越多，胆子变得越来越肥了。看到秦军士兵，他们上去一顿乱砍，一会儿就把他们剁成了烂泥。听到项羽的威名之后，秦朝廷的打手们哪还敢逗留，早都跑得无影无踪，去投奔章邯了。

此时，作为秦朝廷的第一战士，章邯正带着手下的一群战士，在赵国境内到处撒野，把赵国的巨鹿城团团围住，几乎连一只小家雀都飞不过去。恰好在这时候，被刘邦打败的王离，也来到了赵国讨饭吃，投靠章邯，这更助长了章邯的嚣张气焰。

2. 宋义，吃完大餐见阎王

看到城门马上就要被章邯踢破了，赵王赵歇赶紧派人向准备支援自己的宋义和项羽求救。可是宋义这个人的花花肠子比较多，当他们带着战士们来到安阳之后，就在这里住了下来，居然不向前走了。

眼看着秦朝廷的战士越来越多，赵王已经朝不保夕，没办法，他只能派出几个跑腿的，天天去恳求宋义，让他带着兄弟们跑快点，赶紧把自己救出来，别被章邯手下的疯狗撕巴了。

但不管赵王派来的人咋说咋劝，宋义始终不为所动。他天天躺在摇摇椅上晒太阳，或者喝着茶水，看着报纸，优哉游哉地盯着蚂蚁上树。那边都火烧眉毛了，宋义还跟个没事人似的，甚至连愣头青项羽都看不下去了。

这一天，项羽又看到宋义提着小马扎，拿着鱼钩子，打算去小河边钓鱼，他就气不打一处来。"我说老宋，赵王赵歇都急得火上房了，你咋还这么没心没肺，不知道救人如救火吗？"

宋义看到项羽着急忙慌的样子，并没有正面回答他的问题："年轻人，听说过螳螂捕蝉黄雀在后吗？咱们帮助赵王解了围，什么好处都没有；还不如等着他们俩撕巴累了，咱们上去一个冲锋，就能把章邯剁碎了。那时候咱们出力最少，获利最大，这买卖才划算。"

看到宋义老奸巨猾的样子，项羽不仅没有夸他，还感到一阵恶心："老宋，平时看你道貌岸然的，没想到还这么有心计，要是赵王被章邯的士兵给撕巴碎了，你回去怎么给楚怀王交代？"

宋义看到项羽不死心，干脆撑开小马扎坐了下来。"楚怀王和赵王又不是亲兄弟，都是无利不起早的家伙，即使咱们救不了赵王，只要能帮楚怀王抢到地盘，招到更多的战士，楚怀王照样看重咱们。反过来，为了救赵王，咱们把楚怀王的家底赔光了，回去照样没好果子吃。年轻人还是太嫩了，你还得多学着点。"

项羽本来就嘴笨，听到宋义教训自己，他就气得脸红脖子粗，直接把宋义新买的茶具踢翻了，然后骂骂咧咧地出了门。

在安阳住了四十六天，宋义根本不顾赵王的死活，反而派人去联系了齐国的当家人，把他儿子工作解决了。齐老板知道宋义大权在握，所以把总理的位置，让给了宋义的儿子。宋义听说之后，心里别提多高兴了，见人就嘚瑟得不行。

为了给儿子铺路和饯行，宋义专门摆了几十桌，把安阳城有头有脸的人物，全都召集了过来。可手下的那些战士就没这么好命了，外面下着大雨，战士们缩在帐篷里啃着干粮，嘴里开始骂骂咧咧。

当年宋义看到项梁带兵，还特意指责人家鼻孔朝天，和战士们离心离德。如今自己带兵了，同样跩得跟大鹅一样，根本不把小弟们当回事。

本来项羽不想来参加宴会的，可架不住兄弟们劝说，只能硬着头皮来了。看到宋义嘚瑟的样子，项羽就像吃了苍蝇一样，感到一阵一阵恶心。喝了几口酒之后，项羽越想越憋屈，真是穷山恶水出刁民，楚怀王咋看上宋义了，非让他带兵，当什么狗头军师。

还没等人吃完，项羽已经喝多了，先是在酒桌上发牢骚，紧接着骂骂咧咧。看到项羽骂得越来越难听，宋义赶紧让人把他给整走了，免得搅了自己的好心情。

回到军营之后，看到战士们都缩着脖子，揣着手，三五成群地聚在一起，嘟嘟囔囔的不知道说啥，项羽又来了兴致，把大家聚拢在了一起，说："老宋把咱们放在这个前不挨村后不挨店的地，他自己在城里面潇洒快活，还把他的王八儿子送到齐国当大官，回来看我不收拾他！"

本来这帮战士对宋义就有意见，听到项羽煽风点火之后，他们的意见更大了："楚怀王派我们出来，不就是为了救赵王吗？如今却被宋义拉到了这个穷山沟里，不知道他安的什么心，是不是想当山大王，不打算跟着楚怀王干了？"

项羽本来就是一个莽夫，听到战士们这样说，心里也不免犯起了嘀咕。"大兄弟说得是啊，我咋没想起来这茬呢？他要是敢背叛楚怀王，我一定宰了他。"

再说宴会那边，大家伙儿吃饱喝足之后，宋义就把他的儿子送走了，自己坐着八抬大轿回到了军营。看到宋义耀武扬威的样子，战士们都想把他踹趴下。不过宋义并没有看到战士们恶狠狠的眼神，照样跷着腿剔着牙，别提多惬意了。喝完小丫头递过来的茶水之后，宋义感到太累了，衣服没脱就睡着了。

听说宋义回来了，还坐着八抬大轿，项羽想都没想，直接一脚踹开宋义的门，看到宋义像一头死猪一样，正趴在床上呼呼大睡。项羽上去扑哧一刀，就把宋义捅了个透心凉。宋义连哼一声都没有，就直接见了阎王。

把宋义的脑袋剁下来之后，项羽把战士们聚拢在一起："宋义打算背叛楚怀王，幸亏我早有发现，把他送去见了阎王。"

大家一看项羽办事这么爽快，都愿意推举他当老大："当年我们都是跟着你叔干的，现在他老人家已经不在了，我们都愿意跟着你干，你就当老大吧！"

本来项羽还想谦虚一下，可他嘴笨，话到嘴边又不知道如何说出口，于是他直接喊了一嗓子："既然大家瞧得起我，今天我就带着大家一路向北，咱们先砍了章邯，把赵王救出来，然后我就带着大家见楚怀王。"

稳住这帮人之后，项羽就派英布和蒲将军一起，带着两万战士先过黄河，自己带着大部队随后赶到。虽然项羽是个大老粗，但他在出发之前，还特意派出了几个杀手，让他们去追杀宋义的儿子，以绝后患。

这段时间，章邯在赵王的地盘上胡作非为，可把赵王害苦了。赵王手下的将领陈余刚跟章邯交上手，就被对方打得屁股开花，再也不敢出头了。他带了几万大军占山为王，当起了缩头乌龟。

在巨鹿城，赵王手下只有一群老弱病残，别说出门打狗，能守住自己的院墙就不错了。为了踹开赵王的家门，章邯命令战士们，不分白天黑夜地进攻，直到赵王投降为止。

眼看着城里的粮草越来越少，老百姓都快活不下去了。赵王只好派出了几个跑腿的，让他们上山告诉陈余，赶紧下山救人，不然自己的小命就没了。

可是，不管赵王怎么催促，陈余始终充耳不闻，也不愿意离开山头。就这样过了几个月，楚怀王的援军也没来，赵王的总理张耳再也坐不住了，他把张黡（yǎn）和陈泽两位小头目找了过来，亲自给陈余写了一封信。

收到信之后，缩头乌龟陈余摇了摇头，对张黡和陈泽说："虽然我和张耳是生死之交，但眼下这个局面，你们也看到了，不是我不想救他们，只是我的力量太弱了，带着兄弟们下山也是送死，还不如保存实力，将来替赵王和张耳报仇。"

张黡和陈泽一听，就知道陈余见死不救。"都说你是个缩头乌龟，起初我们哥儿俩还不信，今天亲眼看见了，还真是那么回事。赵王已经朝不保夕了，你还在这里优哉游哉地当着山大王，你还是人吗？"

不管张黡和陈泽他们如何骂，陈余始终不为所动，也坚决不同意下山。救人心切的张黡和陈泽，决定哥儿俩一块儿回去救赵王。他们刚刚走出门，就发现黑压压一大片人，他们听说陈余忘恩负义，不愿意下山救老大，就主动跑了过来，打算跟着张黡和陈泽一起下山。

看到张黡和陈泽要把自己的人带走，陈余赶紧挡住他们的去路，可架不住人多势众。张黡和陈泽仔细清点了一下，愿意跟随他们下山的，居然多达五千人。虽然与陈余的几万人相比，这点兵马并不多，但也足够章邯喝一壶的了。

当他们拿着砍刀、锄头，黑压压地冲向章邯的时候，章邯一时还没反应过来。没想到打了几个月，赵王还有这么多存货，为了给他们一点教训，章邯直接推出了自己最精锐的力量。

虽然张黡和陈泽带来的五千人马士气很盛，但毕竟是初上战场，章邯手下的战士们，很快就把张黡和陈泽他们给咔嚓了，几乎没有一个人逃掉。

赵王赵歇和张耳在墙头上，看到手下的勇士们，都被章邯剁了个稀巴烂，心里别提多伤心了。其他老板派来的救兵，看到章邯的精锐如此疯狂，没人敢靠前。他们远远地站在山头上，都不敢下山，害怕被剁成肉酱。

3. 西楚霸王的名号，是打出来的

正当赵王绝望的时候，听说楚国的增援部队换老大了，正在加速向赵王靠拢，他们又重新燃起了希望。项羽派出的前锋，遇到章邯的狗腿子，直接拿起了大棒，把他们打得哇哇惨叫。

听说英布和蒲将军干得不错，项羽的信心更足了，他一边给战士们鼓劲，一边安慰赵国的使臣，很快就带着大家来到了赵王的家门口。渡过黄河之后，项羽又发挥了愣头青的本色，他让伙夫把锅砸了，又让运输队长把船烧了，目的就是让战士们抱定必死的决心。成语"破釜沉舟"，就是

源于这里。

巨鹿之战的战前动员会上，项羽说道："兄弟们，我们面前就是秦朝廷的二十多万名死士，今天我们要不把他们剁碎了，他们就会反过来咬死我们。刚才大家也看到了，咱们吃饭的家伙都被我砸了，要是不能把这帮秦国死士砍死，咱们也得饿死。"

项羽的大军往前走了没多远，就遇到了自己的前锋英布和蒲将军，他们遇到了章邯的几个虾兵蟹将，很快就把他们结果了，进展得非常顺利。他们看到项羽之后，也提出了自己的建议："老大，章邯带着一群死士，从咸阳跑到赵王的地盘上撒野，本身带的粮食就不多，如果我们能把他们的粮草烧掉，这帮秦人就会自乱阵脚，到时候咱们的进攻就更加顺畅了。"

听到他们二人的提议，项羽耸了耸肩："你们能想到，章邯怎么会想不到？万一你们没有烧掉他们的粮草，还被他咬了怎么办？"

看到老大不同意，英布和蒲将军不再瞎逞能，他们跟在项羽的屁股后面，很快就来到了巨鹿城下。远远看上去，巨鹿城已经被秦军打得不像样子了，到处都是大大小小的豁口。项羽心想，要是我晚来一步，估计赵王都被秦军剁碎了，连骨头渣都找不到。

赵国被折腾了五十多天，也没见有人来帮他们解围。章邯手下的战士们更加嚣张了，一个个张牙舞爪，跟没人管的野孩子一样。现在突然看到楚怀王派来的战士们来了，还没等老大发话，王离就主动跳了出来，说："老大，这几天光给您添麻烦了，也让兄弟们出把力，给这帮不怕死的点颜色看看，给您长长脸！"

看到有人愿意出头，章邯心里乐开了花："兄弟快去快回，我让伙房准备几个好菜，一会儿给兄弟庆功！"

听到老大给自己打气，王离更狂傲了，拿起武器就出门了："小的们！自从咱们投奔了章老大，老大待咱可不薄啊！现在有人跟老大作对，咱们必须把他剁碎了。都把吃饭的家伙亮出来，谁要是敢尿，看我不活剥了他！"

王离带上一群死士，翻身上马出发了，准备在老大面前表现表现，可他哪里知道，自己面对的是个超级巨无霸！

看到秦朝廷的一群死士出来了，项羽一身腱子肉终于派上了用场。什么叫置之死地而后生，项羽手下的这帮战士，一个个跟下山的饿虎一样，很快就把王离的死士们打散了。刚才还鼻孔朝天的王离，哪见过这样的战士，原先都是他们欺负别人，一下子遇到更不怕死的。

眼看着小弟们都见了阎王爷，王离也开始尿了，掉头就要跑，可迎头就遇到了项羽。看到大汉冲过来，王离也只好拎起了武器，准备硬碰硬！

项羽可是一台超级绞肉机，按照他的战斗力，他要是想把王离按在地上摩擦，那都能磨出火星子来。听到王离的惨叫，其他战士哪还有胆量再战，立马都跑了！

观战的章邯看到王离马上就要不行了，赶紧带着战士们冲了过来，打算从绞肉机里把王离拉出来。嗜血如命的项羽，冲过去就和他们两个干了起来，三个人打得是天昏地暗。场面太热闹了，其他诸侯国的战士们，都忘记自己是来救人的了，赶紧都爬到山头上看热闹。

"看看楚怀王派来的战士，一个个灰头土脸的，没想到战斗力还挺强。"这帮人看热闹不嫌事大，还对人家指手画脚。

项羽手下的小弟们，虽然穿得都跟叫花子一样，但他们心里知道，要是不把眼前的这帮死士砍死，自己就要被饿死在荒郊野外。所以他们一个个都跟杀红眼的赌徒一样，拿起打狗棒一顿乱抡。

章邯的战士们，哪见过这样的阵仗，还以为年轻人火气盛，不按套路出牌。不过，要想挡住这帮叫花子，还真不容易，没办法，只能硬拼了。

此时的赵王赵歇，正在家里面唉声叹气，听人说外面打起来了，赶紧和张耳一起爬上了城楼。只看到外面，有成群成群的人，在毫无章法地互殴。赵王赵歇正纳闷，旁边的张耳看出了门道，说："八成是楚怀王派来的战士到了，正帮咱们打秦人呢！要不咱们赶紧出去搭把手，也好把章邯赶跑。"

赵王一听，赶紧下令全城出动，给项羽壮壮胆子。可是，放眼全城，能扛起锄头的年轻人都不多，没办法，老弱病残都出动，只要是能动弹的，全都扛起锄头上战场，不能出力，喊几嗓子也行！

章邯和王离正和项羽打得难分难解，突然听到背后杀声震天，还以为其他诸侯也派战士来打群架了。章邯想都没想，就带着王离和战士们赶紧跑了，那些没来得及撤退的士兵，悉数被项羽咔嚓了。

别人都把章邯传得邪乎，什么三头六臂，什么战无不胜，项羽压根儿不听这一套，第一次交锋，就把章邯打了个大败，瞬间跌下了神坛。看到章邯躲在老窝不出来，项羽也命令大家生火做饭，等吃饱喝足了，再接着打老秦人。

这一次，项羽也接受了老叔项梁的教训，晚上特意放出了流动哨，就害怕章邯搞偷袭。可他哪知道，章邯早被项羽吓破了胆，别说让他去偷袭，项羽就是站着不动，让他拿刀砍，他都得吓得尿裤子。

第二天吃完饭，项羽浑身的腱子肉又痒痒了，他把兄弟们召集了起来："咱们初来乍到，昨天的戏没表演好，让章邯溜了，今天大家伙儿都吃饱了、喝足了，一定要把章邯给剁碎了，谁也不能放走一个活口。"

把兄弟们的斗志撩起来之后，项羽翻身上马，来到了章邯的老窝门前，对着里面破口大骂。要是搁以前，不用项羽张嘴，章邯早就提着砍刀出来了。可今天不一样了，任凭项羽怎么骂，章邯和他手下的兄弟们，再也没有了以前的嚣张气焰，一个一个都跟缩头乌龟似的，再也不愿意出门迎战。

章邯越是不出来，项羽骂得越难听，把他祖宗十八代问候了一遍，还不过瘾，又把章邯的爹娘搬了出来。正所谓人要脸，树要皮，再让项羽骂下去，自己在战士们心目当中算什么。章邯咬了咬牙，提起砍刀就出门了。看到老大忍不住，要出去跟项羽拼命，手下的这帮小弟再贪生怕死，也不能不跟着壮壮胆。

项羽在外面骂得热火朝天，突然看到章邯带着一帮死士出来，项羽带着战士们，立刻朝章邯冲了过去，本来昨天就占了大便宜，项羽的兄弟们胆子更大了，他们抡起大砍刀，砍得那叫一个欢实。

跟项羽的兄弟们不同，章邯的战士们，本来就被吓破了胆，这次更不敢上前了。看到几个当官的冲了出去，他们也只能硬着头皮往前冲，可刚跟对手交上手，他们手中的武器就变成了不中用的烧火棍，不是被踢掉了，就是被夺走了。

没过一会儿，章邯的战士们，很多都成了刀下之鬼，躺在地上面目狰狞。眼看着手下的兄弟们越来越少，王离早就没有了斗志。当初他投奔章邯，本来想着能捞点便宜，没想到还折了本，再不跑，估计连小命都得搭在这儿。想到这儿，王离也顾不得章邯了，打算掉头就跑。

不过，跟上次一样，王离一回头，又遇到了大型绞肉机。打又打不过，跑又跑不掉，还没等王离想好咋办，项羽上来就是一脚，直接把王离踹下了马，被生擒活捉了。

章邯一看，王离都被人抓住了，手下的兄弟们更没有了斗志，再硬扛下去，还能有什么好果子吃，干脆带着兄弟们跑吧！大家伙儿一看，老大都跑了，自己还在挺着干啥，一个个跑得比兔子还快，生怕被项羽剁碎了。

赵王赵歇和张耳站在城楼上看了半天，眼看着项羽占了上风，他们正想出去加油助威，发现章邯他们已经跑了。两人赶紧带着好酒好肉，来到了项羽的面前："恩人哪，要不是你来解了围，估计我家都被章邯祸害惨了。"

看到赵王一把鼻涕一把泪，就差给自己跪下了，项羽赶紧让人搬了几把凳子，让赵王和张耳坐下来。项羽谦逊地说："赵王言重了，我就是奉楚怀王之命，特意来解围的。可惜章邯跑得快，不然我一定把他抓住，替您出口恶气。"

几个人正说到兴头上，其他几位诸侯王派来的战士们，看到章邯已经被打跑了，他们赶紧从山头上跑了下来，也想从中分一杯羹。

"项将军真是威武，你小试牛刀，就把章邯赶跑了，真是佩服啊！"

"项将军真是天生神力，那帮狗崽子哪是对手！"

"项将军，项将军……"

"项将军……"

这帮缩头乌龟，不光擅长看热闹，也擅长说漂亮话。当初赵王都快被秦军撕巴了，可是这帮老油条，一个个站得老远的，谁也不愿意过来帮忙。眼下秦军跑了，他们却又跑过来咋咋呼呼。项羽看着这帮人的嘴脸，心里不免有点恶心，但是，面子上还是要过得去的。于是，项羽说："漂亮话就别说了，既然大家都来了，就一块儿喝一杯吧！"

"我们几位商量了一下，今后都听从项将军调遣，有什么指示，您一句话，我们一定照办。"看到项羽如此英勇，其他诸侯王的战士们，都希望抱大腿，不然项羽哪天不高兴，把刀对准他们，他们怎么死的都不知道。

"既然大家看得起我，我就勉为其难，当这个老大了。回头谁再做缩头乌龟，看我不活剥了他！"

项羽口头上答应，但心里边一百个不情愿，他知道这帮人没安好心，所以把丑话说到了前头。也正是从那时候开始，项羽就有了一个响当当的名号——西楚霸王。他要带着其他诸侯的战士们，接着向西，攻打咸阳，准备推翻嬴氏家族的统治。

中国有句老话，叫作秋后算账，作为赵王的大管家，张耳虎口脱险之后，立刻来到了陈余的狗窝棚，一个劲地大骂："你山大王当得挺舒服啊！我命都快没了，给你发了几百封加急电报，你都不当回事，你个缩头乌龟。"

陈余自知理亏，头也不敢抬，只是从喉咙里面嘟囔了几句话："我也想救你们，可是咱的实力不允许啊！您没看到秦朝廷的那帮鹰犬，一个个跟恶狗一样，我手下这帮兄弟要是下山了，还不得被他们撕碎了。"

张耳一听，骂得更来劲了："你个孬种还敢顶嘴，人家楚怀王的兄弟们不远万里来到了咱的家门口，裤子都快跑没了。你可倒好，躲起来当缩头乌龟，还有理了。"

看到陈余被骂痛了，蹲在地上不吭声，张耳这才算消了气："张黡和陈泽跑哪儿去了？我让他俩来找你，你不会把他们两个人剁了吧？"

陈余知道躲不掉，又开始扯谎了："我给他俩拨了两万人马，可大家伙儿一听要下山，都以为有去无回，所以都不愿意去，只有五千人跟着他俩下山了。后来的事，你们也都看到了，这帮人都被秦朝廷的死士们给结果了。"

张耳一听，自己心爱的两个战士，都被陈余害死了，骂得更凶了："你这个不中用的东西，自己当了缩头乌龟不说，还把别人害死了，真应该把你剁碎了。"

陈余好歹也是五十好几的人了，被人指着鼻子大骂，实在没有一点面子，于是他把砍刀往地上一扔："有本事你干吧，我不伺候你们了，天天跟着你们提心吊胆，我捞到啥好处了？"

发完牢骚之后，陈余直接跑了出去，剩下张耳站在那，走也不是，不走也不是。捡起陈余扔下的砍柴刀，张耳想想，可能是自己骂得太狠了，还是把陈余找回来吧，毕竟还需要他带着战士们往前冲呢。

可张耳左等右等，陈余都没回来。张耳追出去一看，发现陈余已经带着自己的几个心腹，早就跑得没了踪影。

张耳一想，离了你地球还能不转了？于是，他把陈余手底下的残兵败将都召集了起来，领着他们回到了巨鹿城。

但听说陈余带着几百名小弟，很快就回了老家，又过上了鸡犬相闻的田园生活，这让张耳也是羡慕。毕竟在那个乱世，能够安居乐业，享受一方太平，也是一件不容易的事情。

项羽赶跑了章邯，被赵王奉为座上宾，每天都有几个小菜伺候着，出出进进都有美女相伴，日子过得别提多舒心了。养了一段时间之后，项羽整个人都胖了一圈，身上的腱子肉也没了。看到项羽养尊处优的样子，他的军师范增实在觉得不舒服，就过来规劝项羽："虽然咱们把章邯打跑了，可终究还没能让他伤筋动骨，万一他养好了伤再扑回来，到时候咱们比你叔还要惨呢。"

项羽一听，还是军师想得远："可赵王对咱们太好了，这刚吃上几天饱饭，还没享受够呢，这会儿让兄弟们出去抛头颅洒热血，估计大家都不愿意动弹了。"项羽撇撇嘴，向范增表达了担心。

范增听到项羽的抱怨，就知道他离不开温柔乡了，于是开始采用激将法："我说章邯把你叔都结果了，你还在这里吃着小菜，喝着小酒，心里不觉得有愧吗？当年要不是你叔照顾你，估计你现在跟路边的野孩子也没什么差别。"

项羽最怕别人提他的伤心事了，可范增就喜欢揭他的伤疤，项羽当时就愤怒了，他伸手就把酒杯摔了："要不是老范提醒，我都忘了这茬了，赶紧集合队伍出发，今天晚上就要了章邯的命。"

打听到章邯已经逃到了济源，项羽带着战士们，很快就开到了这里。正当项羽带着大砍刀，准备连夜砍掉章邯的时候，范增又阻止了他："我说老大，穷寇莫追呀，兔子急了还咬人呢，我们要是把章邯逼急了，估计兄弟们损失也很大。我夜观天象，发现这帮残兵败将的军粮不多了，再等几天，等他们饿得走不动道了，再让兄弟们出动，那时候就跟砍瓜切菜一般，兄弟们也少受点损失啊！"

项羽虽然是个莽夫，但他最听老范的话，于是，他命令大家伙儿安营扎寨，就等着那帮秦军饿得走不动道了，他们再上去对砍。

4. 走投无路的章邯

这段时间，秦二世一直躲在大院子里，每天和小姑娘们捉迷藏，小日子过得别提多滋润了。虽然赵高把持了朝政，可章邯战败的消息，还是越传越邪乎。听到院子里的下人们交头接耳，秦二世也感到非常好奇，以为他们在说自己的坏话，详细打听了一下，原来是自己的战士挨揍了，几乎被人剁了个稀巴烂。

秦二世一想，这还得了，得赶紧把赵高叫过来。那几个小跟班哪敢不听话，赶紧跑到赵高的家中，把他请到了秦二世的豪宅里。看到赵高进来了，秦二世立马就站了起来："章邯咋还被人欺负了？谁这么大胆，不知道章邯是我的人吗？"

听秦二世这么一说，赵高差点没笑出声来。秦二世除了吃喝玩乐，剩下的什么也不知道，还以为自己跟他老爸一样说一不二呢，其实外面都乱成一锅粥了，大家都想把秦二世掀下马，自己当皇帝呢。

不过赵高转念一想，既然秦二世问起来了，自己也得想个辙，让章邯顶罪："老大，我跟你一样，整天也是大门不出，二门不迈，出去收保护费的事，都交给了章邯。他现在手握百万雄兵，把谁都不放在眼里，我哪知道他的事啊？"

看到赵高推得这么干净，秦二世也没办法，只能把一肚子怨气全都撒到章邯的身上，于是写了一封信，让人快马加鞭交给章邯。

章邯接到信，还以为秦二世知道他受了委屈，打算派人给他报仇呢，可是打开一看，原来是秦二世看他办事不力，让他尽快剿灭叛军，不然的话，就要把他斩首示众。看到这个，章邯气坏了，自己刚吃了败仗，秦二世不但不派兵增援，还对自己横挑鼻子竖挑眼，简直没把自己当人看。想当年要不是自己，秦朝廷的这帮家伙早就给人端了。

想归想，气归气，可是没办法，还得向秦二世要人，不然光靠手下这帮人，很难抵挡住项羽的进攻。思来想去，章邯把跟班的司马欣给找了过来，说："我给你准备了点硬通货，你到咸阳上下打点，一定要让秦二世再派点人，不然咱们都没啥好下场。"

司马欣接到任务之后，骑上马就跑到了咸阳，赶紧去见秦二世，可被看门的保安给挡住了去路："老大今天休息，任何人都不见！"

小样儿，给哥来这一套！见多识广的司马欣面露蔑视，拿出了一个金坨子。可是，今天奇了怪了，这个保安收了好处，居然不办事。

好说歹说，司马欣也没能进门，只好找了一家小旅馆住了下来。等第二天再来，还是被挡在了门外。司马欣就纳闷了，秦二世整天都忙什么呢，可听听里面的动静，好像也没啥正经事。

一连等了好几天，也没能看到秦二世的面，司马欣等得不耐烦了，只好拿出金银财宝，去见了几个衙门的大官。这一打听不要紧，原来是赵高使的坏，他想借刀杀人，通过秦二世的手把章邯弄死，然后夺了他的兵权。

得到可靠消息之后，司马欣连夜逃出了咸阳，准备把这个消息报告给章邯。可是，他刚出咸阳，就被赵高的眼线盯上了，幸亏司马欣早有准备，买通了几个小混混让他们帮自己打了个掩护，才成功脱险。

回到军中之后，司马欣把在咸阳打听的消息，一五一十地报告给了章邯。这时候章邯才知道，什么叫官逼民反，想当年自己为秦朝廷立下了汗马功劳，如今刚吃了败仗，就要被人卸磨杀驴了。可干等着也不行啊，必须想个辙，不然不被项羽砍死，也会被赵高害死的。

正愁得不行，突然来了个跑腿的，给章邯送了一封信，章邯打开一看，原来是陈余写的。

古文很晦涩，用大白话翻译一下，大概的意思是："章邯啊，我知道您现在很苦闷，就像猪八戒照镜子一样，里外不是人。项羽想要你的命，赵高也想要你的命，秦二世虽然不想要你的命，可他想着让你卖命。这样的主子，你还有必要给他卖命吗？现在天下大乱，老百姓都想着造反，我劝你，识时务者为俊杰，尽快加入起义军吧！"

读完这封信，章邯觉得虽然两人曾经兵戎相见，可还是英雄相惜，也实在是不容易啊！章邯决定派人去探探项羽的虚实，看他能不能允许自己投降。

这一天，项羽正和一帮人围在一起吹牛皮，突然听说章邯派来了人，打算跟他讲和。心高气傲的项羽根本不当回事，努努嘴说："让他进来，我倒要看看他葫芦里卖的什么药。"

项羽的话音刚落，章邯的手下就来到了营帐。这个老兄进来后，一句话没说，直接递上了一封信。项羽跷着二郎腿抖了抖，看都没看，就对着那个小子说："回去告诉你们老大，把脖子洗白了，我一定会劈了他，给我叔报仇，还想投降，门儿都没有！"

听到老大这么说，手下人也开始起哄，直接把章邯的信使抬了起来，扔到了马粪堆上。那小子爬起来之后，想都没想，赶紧跑了。

章邯听说项羽不同意投降，心里后悔得不行，想自己当初真是手欠，干吗要把项羽的叔叔给宰了，如今落得个里外不是人。章邯正愁得不行，又有兄弟跑进来报告，项羽已经带着人马冲了过来，再不跑，他们就要被包饺子了。

章邯虽然害怕项羽，可在兄弟们面前，为了打肿脸充胖子，也不得不假装镇定，他恶狠狠地说道："把我的刀拿过来，看我不活剥了项羽！"

可是，没想到，话音未落，又有人来汇报说，项羽正带着遮天蔽日的大军冲来。章邯吓得两腿直打战，那些小喽啰就更不用说了，他们在巨鹿吃过亏，早就被项羽给打怕了，很多人扔下兵器就跑了。

眼看着小命不保，章邯也顾不得脸面了，跑得比兔子还快。一下跑出几十里，章邯估计项羽那群人也累坏了，赶紧停下来歇歇脚，弄两口吃的吧！

吃饱喝足之后，章邯打算带着小弟们再跑几十里，彻底甩开那帮楚人。当他打着饱嗝，捂着肚子，准备上马的时候，突然被一个愣头青拽住了。章邯仔细一看，是自己手下的小头目董翳。

"老大别跑了，我们吃了败仗，跑回去都要被秦二世剁了喂狗，干脆投降得了！"愣头青董翳，说话倍儿直接。

"兄弟我也想啊！可去年咱们不是立功心切，砍了项羽他老叔嘛！这下可好，结下梁子了。咱们再去贴人家的凉屁股，万一被人家翻旧账，小命不保啊！"章邯愁眉苦脸的样子，让人看着就想笑。

"老大别上火，听说司马欣和项羽叔侄俩关系不错，我们让他去试试，保准能成！"董翳胸脯拍得震天响。

董翳的话，让章邯顿时心花怒放，他赶紧抓住救命稻草："兄弟早说啊！快去快回。"

当年，项梁被县太爷关进了大牢，看大牢的就是司马欣。看到司马欣吃软不吃硬，项梁赶紧给他送了一箱金银财宝。两人关系越处越好，司马欣还帮他减了刑，大事化小，小事化了。

正所谓狼狈为奸，司马欣和项梁两人天天黏在一起，除了好事不干，坏事全干。后来项羽长成半大小子了，也和这两人混在一起，是栎阳县有名的三剑客。

如今老大让司马欣找项羽求情，司马欣一听，露脸的时候到了，哪还想着推辞，他跨上马，一溜烟就跑到了项羽的大营。听说章邯派了一个跑腿送信的，项羽二话没说，提着武器就出来了。

司马欣一看这架势，腿都吓软了，不过还是壮着胆子喊了一声："大侄子，你看我是谁，我是当年把你叔捞出来的司马欣啊。"

项羽仔细一瞅，这老爷子好多年没见，还活着呢！"真是少见啊！您咋给章邯当起了说客？"

"大侄子，说来话长，过去的事就别提了。章邯当年也是误杀了老项，还特意让我准备了上好的棺材，让你叔入土为安了。秦二世太不是东西，我们正打算跳槽跟你干呢，大侄子你可别记仇啊！"司马欣看着项羽收起了杀意，嘴皮子也变利索了。

"你带着兄弟们来吧，有多少我收多少。可章邯杀了我叔，这个仇不能不报，你回去给他带个话，我非亲手宰了他不可！"项羽本来就像个屠夫，发起狠来，大牙都能咬掉。

"老大说气话了，大哥别见怪啊！依我看啊，章邯是个好打手，手下小弟也不少，要是跟着咱们干，推翻秦二世，那都是早晚的事。"说这话的正是范增，他在项羽眼中，那就是精神导师啊。

"既然老范说话了，那还有什么可说的？你回去告诉章邯，啥时候入伙都行，我绝不会亏待他。"都说项羽是莽夫，但他在关键时刻还是挺会算账的。

司马欣也没想到会这么顺利，见到章邯之后，赶紧吹牛："老大放心，我大侄子都说了，咱们到那边，吃香的，喝辣的，想咋造咋造。"

章邯一听，心里有底了："让兄弟们都精神点，明天咱们去入伙。"

作为秦朝廷的超级打手，章邯为秦王朝打下了半壁江山，可惜被败家子秦二世逼走了。要是秦二世有他爹一半精明，怎么可能会被赵高架空？章邯跳槽之后，秦二世破产的速度更快了，最后被赵高抄了家，小命都丢了，不过这些都是后话。

第二天，项羽起了个大早，把过年的新衣服穿上，简单扒拉了几口饭，就带着兄弟们出发了。他刚刚来到章邯的驻地，就发现他们早都准备好了，就等着迎接新老板检阅呢！跟项羽喜气洋洋的神态完全不同，此时章邯的心里还在犯嘀咕，要是项羽记仇可咋办。

这时候项羽已经来到了章邯的跟前："以后都是一家人了，以前的事情一笔勾销。现在咱们共同的敌人就是秦二世，谁要是能把他的头砍下来，不但楚王重重有赏，我也会把他当兄弟！"

章邯一看，项羽如此豪爽，绝对不是小心眼的人，于是他也拍了拍胸脯："老大放心，虽然我以前跟着秦二世干，但我心里跟明镜似的，知道他不是好东西，干尽了坏事。以后我跟着老大，一定好好干，不但会砍下秦二世的人头，还会把咸阳的坏蛋杀干净，让老百姓都过上好日子。"

正所谓不打不相识，章邯和项羽以前跟俩疯狗似的乱咬，如今又跳到了一个战壕里，跟失散多年的亲兄弟一样抱在了一起。既然在一个锅里抡马勺，总得有个庆祝仪式吧，喝酒吃肉最简单，那就整吧！

胡吃海喝了几天之后，项羽才想起来，还有正事没办呢，赶紧集合队伍出发，别让刘邦抢了先机进了咸阳，到时候黄花菜都凉了。可跑了二里地才发现，章邯喝醉了没起来，项羽又差人回去报信，让章邯暂时留在大本营看家。

随后，项羽带着四十多万士兵，浩浩荡荡地向咸阳进发。眼下的项羽，胆子更肥了，真是人挡杀人，佛挡杀佛。

刘大哥虽然跑得早，但就他手底下那帮废物，估计早被人打趴下了。我肯定是第一个打入咸阳的，到时候风风光光的肯定是我项羽。想到这儿，项羽睡觉都能乐醒了，骑马飞奔更有劲了。可惜了手下那伙人，光靠两条腿，早被甩到了八百里开外。

虽然项羽的打手越来越多，但他完全没有想到，他的刘大哥运气到了，此刻已经打到了函谷关，距离咸阳城只有一步之遥。刘邦带着一帮小弟，一路打打闹闹，很快就到了昌邑。看着城门楼子又窄又破，兄弟们以为很好打，于是一窝蜂地往上冲。没想到守城的也不是吃素的，一顿狠揍，把这帮酒囊饭袋打跑了。刘邦一看，忘记先礼后兵了，赶紧找人去喊话："上面的人听着，秦二世残害百姓，我们是来解救大家的，赶紧打开城门吧！"

还没等人喊完，几支箭从楼上射下来，吓得小弟赶紧跑了。

这可咋办，软硬不吃啊！刘邦看着不大的昌邑城门犯了难。正当刘邦唉声叹气的时候，一个尖嘴猴腮的小弟跑过来："老大，一个叫彭越的，带着小弟拜码头来了。"

刘邦一听，还有这好事，来不及多想，他就一溜烟地跑过去了。这个彭越，本身就是昌邑人，老爸靠打鱼为生，把他养成了七尺男儿。没想到彭越不甘守着一条破船受穷，经常干些打家劫舍的勾当，就这还成了年轻人的心中偶像。

陈胜、吴广跟秦二世对砍的时候，彭越的家里跟赶大集似的，年轻人都盼着他扛大旗占山为王呢，但他一点都不着急："你们这帮小崽子知道啥！别看他们现在闹得欢，就怕秋后拉清单！到时候祖坟都得让人刨了。"

又过了一年，多如牛毛的各路起义军到处乱窜，这帮年轻人再也坐不住了。他们又跑到了彭越的家里，可彭越还是不同意："别看他们一个个都称王，只不过都是短暂的，陈胜、吴广不都被人砍了？咱可不去当炮灰啊！"

眼看着劝不动彭越，这帮年轻人又耍起了无赖，直接住到彭越家里不走了。正所谓坐吃山空，彭越家本来就不富裕，很快米缸就见了底。没办法，彭越只好同意："明天早上村东头集合，太阳出来，咱们出发！"

这帮年轻人一听，顿时来了精神，赶紧回家准备去了。有几个愣头青第二天早上兴高采烈地来到村西头。一看，咋没人啊，仔细一琢磨，好像是村东头，赶紧又跑到了村东头。

看着其他人都带着铺盖卷，围在地上斗地主，这几个晚来的后生不着急了，嘻嘻哈哈跟他们打闹。眼看着人到得差不多了，彭越开始训话："都给我严肃起来！你们以为咱们去闹洞房呢？咱们去造反，是要掉脑袋的，都精神点！最后来的是谁？给我站出来！"

本来就一身匪气的彭越，发起狠来更像一个土匪，晚来的几个小子擦擦鼻子，慌慌张张地出来了："规矩一开始就得立好，你们几个就得按军法处置。"彭越不依不饶，把最后来的那小子吓得腿肚子直颤。

"老大，不至于啊！咱们刚拉起杆子就杀人，多不吉利。先让他记着

第七章 项羽的成名之战——巨鹿之战

这茬，回头戴罪立功多好。"年轻后生也有胆大的，打算给那小子求情。

"我刚才说了，咱们干的是掉脑袋的买卖，没有规矩哪成？到时候别说吃香的喝辣的，咱们的命都得搭上，你们愿意吗？你们俩把他摁住了，把刀给我。"彭越说着，就拎起了刀，朝着那个倒霉蛋走来。

"大哥，饶了我吧，我回家，我不干了，我不造反了，我……"还没等那小子说完，彭越就手起刀落，把他的头砍了下来。

其他人一看，这是来真的，幸亏来得早，不然还没出发，就去见阎王爷了。那几个来晚的，腿一直抖个不停，倒数第二的更离谱，都尿裤子了。

彭越这一招杀鸡儆猴真好使，其他人再也不敢嘻嘻哈哈了，随着手下的小弟越来越多，彭越成了昌邑县附近的一霸。

眼下，听说刘邦带人打昌邑，他们也决定添把柴，没准将来也能捞点好处。刘邦看到彭越带来的小弟还真不少，激动得差点没当场跪下："大哥来得太及时了，一个小小的昌邑县城，把我牙都崩掉了好几颗，到现在还没啃下来，咋办？"

看着灰头土脸的刘邦，彭越自信满满："老弟放心，只要大哥帮忙，没有打不下来的山头，等小弟们吃饱了饭，咱们一块儿冲上去。"

刘邦一听喜笑颜开，赶紧把伙夫找来："好酒好肉都拿出来，让大家伙儿都吃饱了，好去干仗！"

吃饱喝足之后，两人提起大砍刀，带着兄弟们就出发了。哪知道城门还是那个城门，城墙还是那个城墙，他们还是没能冲进去。刘邦一看，这原来是一帮饭桶啊！

"老哥，我看算了，别冲了，让兄弟们都歇歇，明天我带着兄弟们往高阳走，老哥还是在本地打游击。等哪天老弟发达了，一定给老哥捎个信，让老哥享享清福。"刘邦想把这帮饭桶甩开，可又不好明说，只好忍痛放弃了昌邑。

彭越没出过远门，也不明白刘邦的花花肠子，只好带着兄弟们接着当山大王去了。

5. 郦食其是想借刀杀情敌

在昌邑栽了一个大跟头,刘邦来到高阳,终于学会了夹着尾巴做人,让兄弟们把帐篷搭好,先看看再说。高阳县有一个老学究,名叫郦食其,家里穷得叮当响,还谁都看不上。当初项梁挑山头的时候,很多人都去捧场了,郦食其认为他们不够档次,懒得去。

听说刘邦来到了高阳,郦食其再也不装清高了,没事就跑到城门楼子上,看看刘邦的动静。看到村里人都投奔刘邦去了,郦食其心里直痒痒,要是有人引荐就好了。

看到郦食其跟个没头苍蝇一样乱窜,他的一个远方表侄看不下去了:"表叔别端着了,跟我去投沛公吧,别等着打下高阳了,你再入伙,连汤都喝不着了。"

虽然是八竿子打不着的亲戚,可郦食其还是觉得表侄有心:"来来来,你跟叔说说,刘邦的人品咋样?像我这样的文化人,入伙了能给多少安家费?"

"哎呀,表叔,人家能要咱就不错了,还有啥讲究的!我听说沛公最烦你这样的老学究了,还经常拿你们开涮。有一次,来了一个老学究,上来就问沛公要待遇。沛公挺高兴,把人家的帽子拿下来,在里面撒了一泡尿说,这就是待遇!表叔,我看你那帽子还挺脏,估计连这待遇都不见得有。"表侄一边说,一边捂着嘴笑。

"你知道个啥,明天你去见沛公,就说你有个表叔上知天文、下知地理,见过公鸡下蛋,看过咸鱼翻身,问他要不要我。"郦食其看到表侄取笑他,也开始骂骂咧咧了。

第二天,郦食其的表侄见到刘邦,把他的情况简单说了一下,没想到刘邦还特别感兴趣:"这老头还挺有意思,明天让他来吧。"

得到信之后,郦食其赶紧把裤子脱下来,让老婆给他缝了缝,确定没有窟窿之后,就来到了军营。刘邦正坐在那洗脚,旁边还有两个年轻貌美的小姑娘伺候着,三个人打情骂俏,完全没发现郦食其已经走到了跟前。

第七章 项羽的成名之战——巨鹿之战 149

突然，刘邦抬头看了一眼郦食其，说：“听说老先生上知天文、下知地理，帮我算一卦，看我啥时候能打进高阳城。"

郦食其看到刘邦完全没把自己当回事，也没好气地说了一句：“老弟要进高阳城，那还不是老哥我一句话的事，只不过，您这待客之道，实在让老哥心寒哪。"看到郦食其挑自己的礼了，刘邦也知道自己做得不对，赶紧让小姑娘给自己擦擦脚，然后让她俩把洗脚水端走了。

两人坐好之后，刘邦特意让人泡上一壶茶，说：“我一看老哥您就不是池中之物，来尝尝我的茶。上次，我在昌邑栽了一个大跟头，这次来到高阳，再也不敢轻举妄动了。万一把这帮兄弟送进了阎王殿，剩下的队伍就更不好带了。老哥您既然来了，赶紧想个辙，让我赶紧打进高阳城，兄弟们也好好放松放松。"

看到刘邦和项羽、项梁叔侄俩完全不同，郦食其也终于打开了话匣子，说：“我夜观天象，发现秦朝廷的气运已衰。这两年，虽然各路义军你方唱罢我登场，好像谁都能称王称霸，但老哥心里清楚，将来天下一定是老弟的。"

刘邦听到郦食其夸自己，早就分不清东西南北了，不过嘴上还不忘谦虚几句：“老哥说笑了，比咱有实力的起义军多得是，我就想老老实实地当个山大王，这辈子就知足了。现在高阳城挡住了我的去路，咱怎么把这个钉子拔掉啊？"

郦食其听到刘邦请教自己，心里别提多高兴了：“老弟放心，高阳城咱肯定能打下来，但现在不行。你手下的这帮兄弟，虽然平时吃五喝六的，但都是酒囊饭袋，想打下高阳城太难了。咱们不如掉转枪口，先去攻打陈留，我保准老弟不放一枪一炮，就能把陈留城打下来。到时候咱们有了据点，再想发展就更容易了。"

刘邦听到郦食其的见解，心里感到七上八下的，他带领兄弟们上蹿下跳，到现在还没打下一座城池，要是放弃高阳打陈留，到时候再吃一个闭门羹，这帮兄弟还不得先把自己咬残了？

想到这儿，刘邦又问了一句：“老哥为啥这么有把握？陈留的城墙虽然没有我的脸皮厚，但比高阳城墙可厚多了，万一咱们打不进去，队伍可就不好带了。"

看到刘邦不相信自己，郦食其只好交了底："陈留城的县长是我的拜把子兄弟，到时候我先进城去会会他，要是这小子不识时务，咱们再来硬的，把他的老窝端了。"

要是搁以前，刘邦听到这样的主意，一定就信了。但现在不同了，被人坑了几回之后，刘邦的弯弯绕得更多了。他想，万一郦食其联合他的把兄弟，把我的这帮兄弟包了饺子，那可是叫天天不应，叫地地不灵了。

刘邦又问了一句："老哥和这位把兄弟，哦不对，是县长大人，到底有啥仇？为啥帮助我一个外人，对付自己的把兄弟？"

郦食其一听，本来不想说，可逼到了这份上，不说又怕刘邦误会："老弟有所不知啊，我这位把兄弟，把我惦记了若干年的姑娘给娶回家了，让我苦守了多年哪。"

这时候刘邦才知道，郦食其是想借刀杀情敌呢，于是赶紧答应了他。郦食其先行一步，刘邦带着打手们，随时等候郦食其的信号，到时候他们一块儿进城，陈留城就该换老大了。

来到陈留之后，郦食其很快就见到了把兄弟。两人除了叙旧之外，就是互相吹牛皮。

把兄弟当了县长，混得比郦食其不知道好多少倍，于是，他豪迈地说道："老兄，您看我这衙门口不赖吧？干脆你也别走了，留下来给我当个军师，我保证你吃香的喝辣的，还能夜夜笙歌。"

看到把兄弟如此热情，郦食其也没忘了自己是来干什么的。到最后，他干脆开门见山地说："老哥啊，你这小日子过得是不赖，但秦朝廷马上就要破产了，你跟着秦二世，估计不会有好下场啊。还不如跟我一块儿投奔起义军，等起义军得了天下，说不定还能封王拜相。"

几十年没见，没想到郦食其还想上山当土匪。把兄弟赶紧劝说道："老弟呀，土匪哪有好下场，你没见陈胜、吴广那哥儿俩，不都被人剁了。咱们还是留在这陈留县城，当咱们的土皇帝多好。"

第七章　项羽的成名之战——巨鹿之战　151

眼看着谁也说不动谁，郦食其干脆灌酒，喝到大半夜的时候，把兄弟已经像死猪一样，直接滚到了桌子底下。

这时候，郦食其拿起了火把，把城门楼子打开。他站在城门楼子上晃了几圈，刘邦很快就得到了信号，带着打手们，浩浩荡荡地进了城。

就像当初郦食其和刘邦约定的一样，真是不费一枪一炮，就轻松拿下了陈留城。守城的打手们纷纷逃命，郦食其带着几个手下，把烂醉如泥的把兄弟抹了脖子。

好不容易有了根据地，刘邦显得非常谨慎，不允许打手们四处咬人，也不允许随便到老百姓家中闹事。老百姓从来没见过这么讲规矩的队伍，顿时感动得热泪盈眶，拿出了过年才吃的上等粮食，坚决让刘邦的打手们收下。

拿下陈留城，郦食其功不可没，刘邦特意让他留下来看守老窝。临走时，刘邦还不放心，特意叮嘱郦食其："老哥，咱们的老窝一定要看好，要是让人家把老窝给端了，到时候咱们只能喝西北风去了。"

鸠占鹊巢的郦食其，赶紧拍着胸脯对刘邦说："放心吧老弟，您带着兄弟们尽管冲，吃喝拉撒的事我来管，保证让老弟满意。"

稳住了郦食其之后，刘邦带着一群兄弟，浩浩荡荡地向开封进发。没想到开封和昌邑一样，都是难啃的骨头，攻城战进行了好几天，结果什么进展都没有。斗败的刘邦就像疯子一样，看谁都想咬几口。

这一天，刘邦正坐在椅子上发呆，一名手下匆匆跑进来报告说，秦朝廷派杨熊增援开封，正准备剿灭刘邦。刘邦正愁找不到出气筒呢，这下把一肚子气全撒在了增援的杨熊身上。

刘邦决定不打开封了，把将士们全都派出去搞杨熊。他们埋伏在杨熊的必经之路上，趁杨熊的大军正在赶路，像下山的猛虎一样，把杨熊的士兵打得狼狈不堪。杨熊还没来得及反抗，就被打残了。幸亏几个胆大的手下，把杨熊从对手的包围圈中救下，一行人逃回了荥阳。

第八章

刘邦要进咸阳了

1. 以后就是一家人

秦二世听说杨熊吃了败仗,手下的小弟全都战死了,他也不分青红皂白,居然把杨熊给杀了。

到了这会儿,刘邦才发现,帮助自己打杨熊的是张良。

这两人好久都没见面了,眼下又打了胜仗,自是高兴万分。张良在刘邦面前,从来不藏着掖着,直接说:"自从上次分手之后,我就带着兄弟们到处打游击,已经好几天没吃上饱饭了。听说你在这里死磕杨熊,我就赶紧过来帮忙了。"

"既然老哥来了,咱们的实力就更强了,明天吃饱喝足,咱们就一块儿打荥阳。"刘邦和张良边吃边聊,天很快就全黑了。

第二天,天刚蒙蒙亮,刘邦和张良就带着将士们出发了,他们看到守城的士兵还没起床,直接带着人就冲了上去,很快就占领了荥阳城。把这里插上刘邦的大旗之后,他们的下一个目标是洛阳。

洛阳可是一个大城市,守城的秦军也很多。刘邦和张良指挥着士兵们像疯子一样往前冲,可是,洛阳城太高大坚固了,数次冲锋都被居高临下的守城士兵给打了回来。

眼看着洛阳城搞不定，刘邦和张良决定绕开洛阳，向南去攻打南阳。

这一次进攻南阳非常顺利，一路上还收留了很多散兵游勇。他们拿下南阳，下一步的计划是攻打宛城。

刚刚来到城下，刘邦发现城头上的士兵，比自己手下的士兵还要疯，目前来看，靠硬砍估计是讨不到便宜的，干脆接着换个地吧。看着刘邦灰溜溜地跑了，城头上的秦军骂得更欢实了，把刘邦的祖宗十八代，全都问候了一个遍。

刘邦耷拉个脑袋往前走，正琢磨着怎么挽回脸面，突然被张良拦住了去路："兄弟别走了，咱们还是回去打宛城吧！白天咱们灰溜溜地走了，晚上那群傻瓜肯定会放松警惕。到时候，咱们再来个回马枪，这帮蠢货肯定想不到。"

刘邦一听有道理，正好还可以挽回颜面，于是带着将士们又偷偷回来了。来到宛城城下一看，和张良预料的一样，白天那群秦军喊累了，这会儿都在那呼呼大睡呢。刘邦一声令下，手下的将士们噌噌往上爬，很快就打开了一个豁口。

听到动静之后，守城的吕齮赶紧爬了起来，看到乌泱乌泱的士兵往上冲，守是守不住了，城亡人亡，打算自己来个了断！

正当吕齮打算殉国的时候，小跟班陈恢拦住了他："老大，好死不如赖活着，千万不能寻短见啊！再说那秦二世，也不值得咱们替他卖命，干脆投降得了。"

吕齮一听，像是抓住了救命稻草，说："还是你小子有主意，可是，白天咱们骂得那么凶，把刘邦的祖宗十八代都问候了，这会儿投降，他能答应吗？"

陈恢想都没想，直接拍着胸脯说："老大放心，我听说刘邦根本就不是记仇的人，咱们去投靠，他肯定乐意！"

看到陈恢这么肯定，吕齮沉默好长时间，终于横下一条心："眼下也没别的好法了，死马当活马医吧，你去试试，看看刘邦能收咱不？"

刘邦手下的一群将士，正咬着猎物不撒手呢，突然看到城墙上飘起了白旗,刘邦一看,哎呀,终于求饶了。

"都歇歇,都歇歇,让扛白旗那小子过来,我看看他想干啥。"

陈恢来到刘邦的面前,把老大要投降的想法,给刘邦汇报了一番。"想投降,可以啊,把你们老大的头砍下来,其他的人既往不咎,看他还骂我不?"刘邦吹着胡须,瞪着眼,轻蔑地吐出了这句话。

见多识广的陈恢,立刻就知道刘邦记仇了,说:"沛公是干大事的人,咋还和我们较劲?我们老大知道错了,肠子都悔青了,自己都把自己祖宗十八代问候了一个遍,沛公您消消气,大人不计小人过。再说了,兔子还咬人呢,我们手里的家伙也不是吃素的。要是来个鱼死网破,沛公拿下宛城,也要崩下几颗大牙!"

刘邦琢磨了一下,看着地上缺胳膊少腿的士兵正龇牙咧嘴地叫唤,只好无奈地说了一句:"行了,我也不是蛮不讲理的,让你们老大打开城门,以前的事翻篇了。以后咱们兵合一处,将打一家,有肉一块儿吃,有酒一起喝。"

看到刘邦如此豪爽,陈恢赶紧跑回去,把自己的英雄壮举向吕齮吹嘘了一番。听说刘邦同意他们投降,吕齮赶紧让人劈了几根荆条子背在身上,跪在大门口等着刘邦入城。

刘邦一看吕齮太有诚意了,一把扶起了吕齮:"老弟啊,这是干什么?以后咱都是一家人了,别这么见外。宛城还是你说了算,你把大哥我的旗帜挂上去,给小弟们准备点吃的喝的就行了。"

吕齮看到刘邦这么豪爽,心里顿时有底了:"大哥您放心,宛城地大物博,方圆百十里,都是老弟说了算。将来大哥您有需要,老弟肯定当仁不让,兄弟们吃喝拉撒的事,老弟全包了。"

刘邦一把抱住了吕齮,就像找到了自己失散多年的亲兄弟一样,就差抱头痛哭了。看到这一幕,大家都忘了,昨天两人还像泼妇一样骂大街呢!

解决了宛城的麻烦之后,刘邦走得特别顺利,其他小县城的老大一看,宛城的老大都乖乖投降了,自己还有必要给秦二世卖命吗?于是,看到刘邦带着打手们来了，半推半就地就从了刘邦。

坐着八人抬的大轿，刘邦腆着肚子，打着饱嗝，来到了咸阳的门户之一——武关。秦二世的守城大军一看，对面来了一大片不要命的死士，个个手里拿着大砍刀，嘴里骂骂咧咧，估计是凶多吉少了。

看着手下的战士们好久没有开过荤了，刘邦也顾不得先礼后兵，直接让兄弟们冲了上去。武关的守军平时养尊处优惯了，哪见过这架势，没一会儿，就被人撕碎了。

看着兄弟们这么能干，刘邦更有信心了："走吧，兄弟们，我带着大家入咸阳，见识见识花花世界，到时候大家都矜持点，别跟没进过城的乡巴佬一样！"

武关丢了，嬴氏家族的大门就关不住了，咸阳城谣言四起。老百姓谁不害怕打仗啊，都推着小车，带着老婆孩子躲进了山沟。那些土财主，更是人心惶惶，纷纷带上硬通货，逃之夭夭。

这时候，阴险狠毒的赵高发愁了。他以前把秦二世拿捏得死死的，可对付各路山大王，赵高还真不是那块料。

这时候的秦二世，还没有意识到火烧眉毛了，整天跟个二百五似的，除了吃就是睡。虽然秦二世是个木偶，可其他人不傻啊，赵高害怕其他人联合起来整自己，将来自己咋死的都不知道。思来想去，赵高突然心生一计。

这一天，赵高牵着一只梅花鹿上朝。秦二世看到之后问："我说赵老师，您这腿脚不好使，牵一只梅花鹿也不顶用啊，干吗不骑一匹马呢？"

"陛下您见笑了，不过这不是梅花鹿，这是一匹马啊，我就是骑着它来的。"赵高听到秦二世问自己，不紧不慢地回答了一句。

"您是不是老糊涂了，是鹿是马我还分不清？前天上山打猎，我还射中了一只梅花鹿，和你手上牵的一模一样。"秦二世不服气，急得脸红脖子粗。

看到秦二世着急的样子，赵高更加得意了："陛下要是不相信，可以让大家伙儿说说，看看这到底是个啥。"

再看这帮人，都开始炸锅了，好多人都跟着赵高瞎起哄：

"赵大人，我用祖宗十八代发誓，这就是一匹大马。"

"老大，老大……"

这哪是朝堂啊，简直就是菜市场，比大妈买菜还热闹。秦二世看到大家都这么说，自己也犯起了嘀咕，难道前天我射中的不是梅花鹿，也是一匹马？

"陛下，您看我说得没错吧？"赵高扬扬得意地说。

这时候，赵高基本确定，秦二世已经被彻底架空，不管自己怎么瞎整，都不会有人反对。虽然赵高只手遮天，把秦朝廷的人看得死死的，可是刘邦率领的起义军，已经到家门口了。再不解决这个问题，恐怕谁都没有好下场，想到这个棘手的问题，赵高吃不好，睡不好，整天躺在床上唉声叹气。

正所谓没有不透风的墙，秦二世就是再傻，每天看到大门口一堆人大喊大叫，心里也知道咋回事了。再让人找赵高，发现这老家伙居然装病不见。没办法，秦二世只好找了个算卦的，看看咋过这个坎。

没想到算卦的也是一个神棍，直接告诉秦二世，是泾水的水神作怪，咱们去喂它两头猪，这个坎就能过去了。秦二世一听这么简单，赶紧带着人就去了。

赵高听说之后，知道秦二世现在是被人忽悠了。自己得赶紧想办法，不然秦二世回来了，发现门口的人越来越多，肯定还要找他算账。

想来想去，赵高决定先下手为强，直接把秦二世做了，自己当老大，然后再和刘邦讲和。打定主意之后，赵高就把自己的弟弟和女婿找来了："平时秦二世被咱们耍弄惯了，没想到，算卦的也能糊弄他，可纸里终究包不住火，咱们还得想个辙，把这个坎迈过去。"正所谓一人得道，鸡犬升天，赵高早就把弟弟和女婿安插进了要害部门，就等着这一天用他们呢。

"大哥放心，你咋说，我咋办。"最先表态的，是赵高的弟弟赵成，他已经是宫廷保安队队长了。

"老叔说得是，老爸放心，你咋说，我们咋办。"赵高的女婿阎乐紧接着也表了态，他抱着老泰山的大腿，已经是咸阳市市长了。

看到弟弟和女婿铁了心跟着自己干，赵高也就放心了，他把自己的想法和盘托出，并让他们俩分头准备。为了防止女婿有二心，赵高还把亲家母请来喝茶了。不得不说，成大事的人，不光花花肠子多，心狠手辣也是必需的。

正所谓心急吃不了热豆腐，可是阎乐并不这样认为，他利用自己咸阳市市长的身份，在短短的两天时间当中，就迅速聚敛起了一千多人马。虽然都是一些歪瓜裂枣，但是并不影响这支队伍的战斗力，他们跟着带头大哥，直接朝着秦二世的望夷宫冲了过来。

听到外面杀声震天，正在喝小酒的中央警卫团团长赶紧跑出了值班室。他定睛一看，原来是一群扛着锄头和铁锹的莽夫，不过领头的似乎有一些面熟，居然是赵丞相的乘龙快婿阎乐。

当他们跑到跟前的时候，警卫团团长借着酒劲拦住了他们的去路："这里是皇宫禁地，任何人不允许靠近！"

早有准备的阎乐，上来就给团长一个响亮的耳光："你个孙子，我是来捉贼的，赶紧把路给我让开！"

警卫团团长虽然知道自己比阎乐矮一头，但是，他并没有忘记自己的职责，还是拼命拦住了阎乐："我在这儿盯了一天了，哪里有贼？如果有贼，我怎么没有看到？"

气急败坏的阎乐，压根儿不理对方的茬，直接拔出宝剑砍下了警卫团团长的头颅。大家一看阎乐的派头十足，一个一个冲得就更猛了。看守皇宫的几个警卫，哪里是他们的对手，不一会儿就被砍瓜切菜一样，杀了个精光。

听到外面的动静越来越大，声音越来越近，宫里面的太监宫女们全部四散逃窜，那些做饭的、打杂的，更是没有见过这种阵仗，早已经躲得无影无踪了。

早就埋伏在宫中的赵成，看到阎乐已经得手了，也来了一个里应外合，招呼阎乐赶紧活捉秦二世。

但是，即使是在这样的危急时刻，仍然有几个胆大的卫兵守护在秦二世的卧室边。虽然他们训练有素，但架不住群狼，很快便成了刀下之鬼。

眼看着他们就要攻入内室了，秦二世这才发现，已经没有一个卫兵前来救驾，只有一个小太监跟随左右。这时候的秦二世，气急败坏地叫嚣了起来："你们这些缺心眼，咋不早告诉我有人谋反？"虽然小太监平时唯唯诺诺，但他也知道大限已到，哪还顾得"大不敬"之罪，于是张嘴顶撞了起来："这还不是你自找的吗？当初李斯丞相提醒过你，结果被你砍了头，我们这些小奴才谁敢说，说了还会有命吗？"

还没等小太监说完，阎乐已经站到了秦二世的跟前，伸腿一脚就把小太监给踹倒在地，转过身就对秦二世恶狠狠地说道："你这个杀人不眨眼的恶魔，是让我亲自动手，还是你自己了断？"

虽然死到临头了，但秦二世还是知道，单凭阎乐一个的能力，他是不可能犯上作乱的。于是秦二世问阎乐："是谁让你来杀我的？"

"你这不是揣着明白装糊涂吗？除了赵丞相，谁有这么大的权力？"阎乐反问道。

幡然醒悟的秦二世，这时候才明白了赵高的意图。当初，他篡改诏书帮自己登上皇位，又诛杀了朝中反对的大臣，其实就是为了帮助他自己布局。

如今，蒙恬被赵高杀了，李斯也成了冤死鬼，我真是自作自受啊！当初对我那么好的赵高，怎么会突然背叛我呢？想到这里，秦二世也有了一丝幻想，于是他可怜巴巴地询问阎乐："我可以见一下赵高吗？"

没想到阎乐回答得非常干脆："你就死了那份心吧，人家早就不想看到你肥头大耳的样子了。"

贪生怕死的秦二世，并没有放弃自己的幻想："我愿意把皇位让给赵高，我做一个诸侯王总可以吧？"看到秦二世恬不知耻的模样之后，阎乐顺手抓起了他的衣领："你就别白日做梦了，再不自行了断，我就自己动手了！"说完这句话之后，阎乐就把秦二世扔到了地上。

看到阎乐恶狠狠的样子，秦二世彻底绝望了，他赶紧爬到了阎乐的脚边，用哀求的语气恳求阎乐："求求你放过我吧，我愿意做一个平头百姓，离你们远远的，只要能放过我一条命，我就天天为你烧香祈福。"

早就不耐烦的阎乐，一脚把秦二世踢飞了："谁要你烧香祈福？我今天不要了你的命，回去赵高能饶了我？冤有头债有主，你要怨就怨赵高吧！"

眼看着阎乐怒目圆睁，准备挥剑砍向自己，秦二世才知道自己已经没了活路，为了能够留个全尸，他终于勇敢了一回，拔剑自刎了。作为大秦帝国的第二代当家人，秦二世在位的三年里，享尽荣华富贵，不问任何政务，现如今丢掉了卿卿小命，也算是咎由自取吧。

顺利攻占了皇宫，逼死了秦二世，阎乐也是大功一件。他赶回岳父的豪宅，把自己的英雄壮举添油加醋地表述了一番。

听说秦二世已经完蛋了，赵高悬着的心终于放下了，下面要做的就是抢夺传国玉玺。

因为在封建社会，传国玉玺就是权力的象征，如果没有这块小石头，无论是谁登基做皇帝，那都是名不正言不顺的。所以，赵高必须拿到那块石头。

在秦二世死的当天晚上，赵高就鬼鬼祟祟地来到了阴暗的皇宫当中。虽然内心有一些忐忑，但赵高还是轻而易举地找到了传国玉玺。因为秦二世的圣旨，基本上都是赵高下发的，所以那块小石头，他基本上每天都能摸一摸，拿到它如同囊中取物。

回去的路上，赵高也在不断地盘算，要是自己篡位当皇帝，虽然其他人嘴上不敢说什么，但是，保不齐心里会不平。为了堵住他们的嘴，不如先找一个人过渡一下，子婴这孩子就不错，不仅忠厚老实，而且还特别听话，就用他来将就一下！

打定主意之后，赵高回到府上美美地睡了一觉。

2. 子婴接手的烂摊子

第二天，赵高早早地来到了朝堂之上，把留守咸阳的高级官员召集了起来。这里面，不仅有嬴氏家族的遗老遗少，还有手握重权的中央大员，按照今天的话说，都是各界名流。

　　看到大家都到齐了，赵高清了清嗓子，开始讲话了："秦二世自从登基之后，整天只想着吃喝玩乐，老百姓的赋税越来越重，搞得民怨沸腾，大家都不愿意让他继续当皇帝了。为了顺应民意，让老百姓都过上好日子，我已经把他处死了。不过，国不可一日无君，同为嬴氏子孙的子婴，是一个宅心仁厚的好人，我提议让他做皇帝，大家都有什么想法？"

　　虽然参加会议的人都是达官显贵，但是，他们心里也清楚，赵高连指鹿为马的事情都能干得出，那谁还能提出反对意见？那不是给自己找不痛快吗？

　　看到大家都不说话，赵高心里很不爽，怎么连一个吵架的对象都没有了？郁闷的赵高抱怨着，继续说："行不行，你们给句话啊，别跟个木头桩子一样在那儿戳着。另外我再说一点，现在国家快要分崩离析了，刘邦和项羽打得不可开交，马上就要进攻咸阳了，我还是建议别再称皇帝了，干脆还叫秦王得了。"

　　但是任凭赵高在上面口若悬河，下面的大臣们，始终不发言，一个一个都跟闷葫芦似的。

　　"既然大家都没意见，那就这么定了。子婴来了吗？挑一个好日子，咱们举行个仪式，这个位置就是你的了。"虽然子婴也想往前凑凑，但是，他知道自己就是一个傀儡，真正掌权的还是赵高。

　　回到家中之后，子婴也为秦二世不值，他用自己年轻的生命，换来了三年醉生梦死的皇帝生涯。如果自己步了他的后尘，将来咋死的都不知道。

　　如果秦二世当初不贪恋荣华富贵，让自己的哥哥扶苏继承皇位，说不定，秦国还会兴旺发达下去，而秦二世自己也能安稳地度过一生。

　　能够认识到这一点，说明这个子婴，要比秦二世聪明得多。

　　子婴心想，自从秦二世当上皇帝之后，坏事都是赵高干的，最后却把罪名都安在了秦二世的身上。如果自己也当了赵高的傀儡，那么，将来是很难逃脱背黑锅命运的。想到这里，子婴赶紧把两个儿子找过来，希望他们能够给自己出出主意，毕竟三个臭皮匠，顶个诸葛亮。

看到孩子们都来了，子婴开门见山："看看大秦的江山，都被赵高祸害成什么样了，他不仅害了你们叔叔的命，还把罪名都安在了他的身上。如果我当了这个傀儡皇帝，将来咱们家也没有好下场，你们有啥好办法？"

正当子婴的儿子准备表态的时候，家里突然跑进来一个人，原来是太监韩谈。之前，为了及时打探宫中的消息，子婴可没少给韩谈塞钱，如今韩谈跑过来，肯定有不为人知的惊天消息。

见屋子里都是自己人，韩谈向子婴禀报："赵高太不是东西了，他居然派人到楚国军营讲和去了。如果我们再不做打算，可都要成为砧板上的肉。"

听到这个消息之后，子婴更是气不打一处来："这个吃里爬外的东西，我早就知道他不是什么好鸟，没想到他居然这么着急。干脆我们一不做二不休，把他引诱到家里来，然后把他杀了拉倒。"

三个人听到之后，也感到非常吃惊，没想到子婴一副老实巴交的模样，居然这么心狠手辣。

韩谈最先点头同意了，几个人合计了半天，最终决定，在祭拜祖先的时候，让子婴先假装自己生病，到时候，赵高一定会来家里请他的，届时，就可以把赵高给杀掉了。

在这个计划没实施之前，先说说刘邦和项羽那边的事。楚怀王曾经和刘邦、项羽等人，有过一个君子协定，谁先打进关中谁称王。现如今，刘邦占尽了天时地利，只要再往前走一步，他就可以登上权力的巅峰。没想到此时事情出了插曲，赵高居然派人来讲和，说他会帮助刘邦打进咸阳，但是自己要瓜分秦国的一半领土。

这对于天生贪婪的刘邦来说，简直是痴人说梦，他不仅把赵高的使者骂走了，还让他捎了一句话给赵高："要想活命，就赶紧打开城门迎接我，否则让他不得好死。"

听到使者带回来的话之后，赵高当时就气得半死，为了避免夜长梦多，他决定让子婴尽快登基。当一切准备就绪之后，都快中午了，也不见正主子婴来登基。赵高派人去催了一下，说是子婴生病，起不来了。

"真是懒驴上磨屎尿多！"赵高骂骂咧咧地骑上了马，直接往子婴的家里跑，他心想，这么重大的日子，你小子想旷工？就算是拖，我也要把你拖到龙椅上去送死。

然而，快马加鞭的赵高并不知道，自己已经踏上了黄泉路。果不其然，赵高刚刚到了子婴的府上，还没来得及发火，就被子婴的儿子们一顿乱砍，瞬间丢了老命。

提着赵高的人头，子婴把文武百官召集了起来，同样发表了一番慷慨激昂的言论："大家都看看，这个指鹿为马的乱臣贼子，今天被我砍掉了脑袋，大家再也不用受气了。今天，我会把赵高的党羽全部抓来，大家有仇的报仇，有冤的伸冤。"把赵高的党羽一网打尽之后，子婴踏踏实实地登上了皇位。面对岌岌可危的江山，他一面调兵遣将，一面召集文武百官商讨对策，希望能够阻挡刘邦的大军。

看到咸阳换了正主，刘邦感到非常后悔，应该先答应赵高的要求，等攻入咸阳之后，再把赵高处置了也不迟啊。

不过，这时候再后悔已经晚了，算了算了，先干正事吧，把眼前的秦国峣关给敲掉再说。

听说刘邦正在召开军事会议，准备调兵遣将攻打峣关，张良赶紧跑过来，说："虽然咱们有几十万大军，但杀鸡也不能用牛刀啊！听说峣关的守将是屠夫的儿子，咱们可以给他带点硬货，让他主动放弃抵抗，这样咱们也可以不战而屈人之兵。"

听到张良的建议之后，刘邦感到心悦诚服，要说还得是读书人的花花肠子多。这时候张良又补充道："为了确保万无一失，咱们先搞五万人的预备队，让他们到峣关的四周驻扎下来，吓唬吓唬峣关的守将。"刘邦自然是言听计从。

再说此时的秦国守将，他们正在关内大口喝酒，大块吃肉呢，突然听手下人来报说，关外驻扎了大量的楚国军队，似乎要攻打咱们的峣关。

听到这个消息之后，秦国守将们不敢怠慢了，赶紧扔了酒杯，爬上墙头，果然发现了大量的楚国军帐，不过，这帮看上去来势汹汹的楚人，似乎没打算立刻攻城。

回到城内以后，秦国守将百思不得其解，实在搞不明白对方想干什么，正纳闷呢，这时候又有人来报，说楚国使者郦食其求见。

虽然不知道对方葫芦里面卖的什么药，但秦国守将还是把郦食其请了进来。没想到郦食其带来的不是战书，反而是一箱一箱的硬通货。

看着眼前闪闪发光的黄金白银，屠夫的儿子两眼放光，虽然嘴上说着无功不受禄，但手已经不听使唤了。看到秦国守将贪婪的样子，郦食其不失时机地说道："沛公让我给您带句话，识时务者为俊杰，将军如果和我们合作，将来的好处数不清。如果将军一意孤行，继续与我们为敌，我们的大军长途奔袭千里路，那真不是来游山玩水的。"

还没等郦食其把话说完，秦国守将就已经心领神会了，说："沛公什么时候想进城，就是我一句话的事，将来沛公得了天下，还希望先生多替我美言几句，我一定鞍前马后追随沛公。"

搞定了秦国守将之后，郦食其赶紧返回了楚国大营，并把对方的诚意告诉了沛公。刘邦听到之后，顿时向张良伸出了大拇指："先生真是太高了，把秦国守将拿捏得死死的，下一步，我们是不是应该跟他签一个攻守同盟呢？"

没想到张良白了刘邦一眼说："一个屠夫说的话能信吗？都是忘恩负义的小人，如果他打开大门让我们进去，再突然搞个背后袭击，我们不就成瓮中之鳖了？趁他们放松警惕，把准备好的五万人投进去，直接把峣关拿下就行了。"

这时候刘邦才发现，读书人不光花花肠子多，发起狠来比屠夫都可怕。

随后，刘邦命令大将周勃，趁着夜色偷袭了秦军。此时的秦国守将还在被窝里面做着白日梦，没想到外面已经杀声震天了。还没等他穿上裤子，拿起刀，就已经被楚国大将劈成了两半，这下发财梦也破灭了。

砍死秦国守将的人叫周勃，这个人和刘邦也算是半个老乡。小时候家里弟兄多，周勃可是吃尽了苦头，然而苦难中的周勃，始终没有放弃对艺术的追求，尤其善于吹箫。那会儿，谁家要是有个什么红白喜事，都会请周勃去吹箫，这让他时不时能饱餐一顿。

浑身充满艺术细胞的周勃长大成人之后，对武术又着了迷，天天和村里那些习武之人一起切磋武术。这样一个能文能武的人才，自然逃不过刘邦的法眼。后来，当刘邦打算带领老百姓造反的时候，特意通知了周勃，让他给自己当贴身侍卫。

打了几场胜仗之后，刘邦论功行赏，给周勃封了个虎贲令的官职。这一次，周勃又帮助刘邦顺利夺取了峣关，自然又是大功一件。

紧接着，周勃再接再厉，作为楚国先锋部队的指挥官，率领大军继续砥砺前行，很快，大军就冲锋到了咸阳边上的霸上，并在这里驻扎了下来，等候刘邦的主力部队。

3. 大秦宣告灭亡

花开两朵各表一枝，再说此时的秦朝廷，公元前206年，原本被当作棋子的秦王子婴，此时，已经来了一个咸鱼大翻身，把手握棋子的赵高送入了阎王殿。这对赵高来说，真是玩鹰被鹰啄了眼，还丢掉了自己的老命。

那些打了败仗，丢盔弃甲的秦军，一个一个灰溜溜地跑回了咸阳。秦王子婴听说刘邦已经摆开了架势，打算攻打咸阳了，他赶紧召开军事会议。

当秦王子婴在空荡荡、阴森森的大殿里来回转圈，四处想办法的时候，那些腿脚利索的大臣，悉数趁着子婴不注意，脚底抹油溜了。只有几个跑不动的老爷子，被太监们连哄带骗地挡住了去路，看到这几个手不能提、肩不能扛的大臣哭丧的老脸，子婴也只能唉声叹气，看来天要亡我大秦了！

正当几个人抱头痛哭的时候，一个不识趣的小太监，又给秦王子婴送来了招降书，这不是给人添堵吗？子婴看了看招降书，心里更没底了。跟刘邦硬碰硬，咱也没那实力啊，不行，还是乖乖投降吧！

打定主意之后，子婴就效法古人，手中扛着一面白旗，让人驾着一匹白马车出城了。到了距离楚国大营不到二里地的地方，子婴就下了车，跪在了路边，手中捧着传国玉玺，哭得别提多伤心了。

听说子婴来迎接自己了，刘邦立刻吩咐众人把过年的新衣服拿出来，打扮利索、收拾停当之后，刘邦就率领众人出发了。刘邦来到子婴的跟前，还假惺惺地扶起了他，顺手就把传国玉玺给塞兜里了。

进入咸阳之后，大家都劝刘邦杀了子婴。刘邦对着众人说道："你们这帮人啊，心胸太狭窄，成不了大事，怎么就容不下一个手无缚鸡之力的人？再说了，人家刚投降，我就杀了他，以后谁还敢投降啊！"

不得不说，子婴遇到了刘邦，也算是不幸当中的万幸。要是子婴投降了项羽，说不定当时就被咔嚓了。

子婴跟随刘邦到了咸阳之后，尊严已经被践踏得一丝全无，但日常生活保障还是有的，刘邦安排手下人，各种好吃好喝地供应着子婴，至于他有没有胃口，那就不在刘邦的考虑之列了。

可怜又可悲的子婴，从登基到退位，前后仅仅经历了四十六天的时间，而威震天下、影响了中华民族几千年的大秦王朝，在运营了十五年后，正式宣告灭亡。

作为正统历史学家的司马迁，把这一年当成了汉高祖刘邦的开国元年，这显然是不合规矩的。因为此时刘邦的实力还远远不及西楚霸王项羽，只不过在楚汉争霸当中，刘邦最终把项羽和他老婆逼死在了乌江边，摇身一变，成了实际的当权者，所以司马迁也就认定了刘邦的正统地位。

对于司马迁这种厚此薄彼的做法，我一直不敢苟同，毕竟西楚霸王项羽也曾经雄起过，是当之无愧的战神，应该将这一年称为项羽元年才对。或许是感觉对不住项羽这个草莽英雄，司马迁在《史记》当中，又特意留出来了好大的篇幅，来详细介绍项羽的发家史，这就是大家所看到的《史记·项羽本纪》。

秦朝灭亡的原因非常复杂，其中，严苛的法令和朝廷过度消耗民间的财富是最为主要的原因。

自从秦始皇统一六国，建立了庞大的帝国之后，全国老百姓就怨声载道，天天埋怨政府。再加上管理层的赵高胡作非为，天天搜刮民脂民膏，直接把老百姓逼上了造反之路。

秦始皇去世之后，他的儿子胡亥觊觎皇位，老二居然害死了老大。嬴氏家族不光对外人狠，对自己人也毫不手软，窝里斗都见血了，这也让老百姓看得直瞪眼。然而，登上皇位的秦二世，仅仅过了三年，坐龙椅还没过够瘾，就又被自己人给逼死了，真是活该！

大秦帝国的最后一位掌门人子婴，本想挽救大秦，奈何大秦已经走入了穷途末路，凭他那点小能耐，是无法扶大厦于将倾的。

一个庞大的帝国，居然在短短的十几年时间当中，就彻底地瓦解了，这不仅与秦王朝满身蛀虫有关，也和秦始皇本人的行事作风有极大关系。作为最高统治者，他每天想的不是如何爱护臣民，而是如何让大家听话照做，违背者一律是大棒伺候。

这就让他身边的高层很难做人，高层向上面对秦始皇，自然是不敢违抗的，但不敢违抗不代表没有怨气。他们只好把一肚子怨气撒向中层，中层撒向底层官员，底层直接就去欺负老百姓，老百姓活不下去了，不造反才怪呢！

至于傻瓜秦二世，跟他爹一样残暴无比，任何看不顺眼的人，一律杀掉，总之一句话，顺我者昌，逆我者亡。这哪是当皇帝，这就是一个刽子手啊，这样的做法严重动摇了大秦王朝的根基。

春秋战国时期，泱泱中华你方唱罢我登场，今天老李当家，明天老王做东，这样的局面持续了四百多年。

直到商鞅变法开始，秦国才坐稳了老大的位置，也让统治者变得越来越骄横。老李不服，就捅你一刀；老王不进贡，照样削你。

到了秦王嬴政时期，干脆你们都别当老大了，我一个人说了算。其他六位老大听说后，那哪行啊，他们纷纷拿起锄头、铁锹反抗。没想到六个人加起来，都不是秦王嬴政的对手，最后都被他收拾了。

建立了统一的帝国之后，秦始皇也颁布了统一的法律，简单来说一句话,以后都得听我的。买东西、卖东西的,都用我的秤,都用我印的钱。有不服气的,不愿意用的,你过来,我保证不打死你。

此时的老百姓,在秦朝的统治下,已经够惨的了,但是,如果和同时期的罗马共和国相比,那简直是小巫见大巫了。

因为那会儿,这帮西方人还处在奴隶制社会当中呢,奴隶主杀死奴隶,就像踩死一只蚂蚁一样随便。现在大家到意大利旅游,还能看到庞大的角斗场,那些都是给统治者取乐建造的。他们不仅喜欢看到奴隶跟奴隶打斗,还喜欢看到奴隶跟猛兽打斗,今天看来,这简直就不是人干的事。

秦始皇当了十二年的皇帝,按理说能让自己的政权越做越强,至少富过三代应该没问题。没想到老大去世三年之后,这家庞大的机构就不复存在了。在司马迁眼里,到底是什么原因造成秦朝的灭亡呢?

他首先认为是子婴无能,因为秦朝是在他的手上灭亡的。

司马迁是这么说的:"秦国四面环绕山水,有着天然的屏障。子婴登上王位之后,只要派人把住各个关口,即使躺在床上睡大觉,刘邦想骑着大马打进来,那也得磕掉他三颗大牙。"

这个老兄继任王位以后,中层、下层的人,一开始都是抱有期望的,希望他能给大家颁布点好政策,少盘剥一点人们的血汗钱,别再喝老百姓的血了。现阶段秦国底层的百姓,就像是一个个即将被饿死的人,政府只要给他一口吃的,他们就会对政府感恩戴德;要是再给大家几件衣服,这帮人都能给政府卖命,能把政府当作救世主。

如果秦二世把追着宫女们玩耍的时间,都用来追着高级大臣们好好干活,那谁还敢作奸犯科呢?那个赵高要是想搞点小动作,也迟早会被抓住小辫子,怎么还会有后来的暴乱呢?不过,这些都是美好的幻想,最终也没有发生。

真正的秦二世,就是一个性格暴躁的愣头青,对底层官员、老百姓的合理诉求,从来都不当一回事,全部交给赵高去处理。这对于老谋深算的赵高来说,简直是求之不得的事情。他不仅拿着鸡毛当令箭,还大肆排除异己。凡是以前跟赵高有过节的人,要是不扛着硬通货去赔罪,他就早晚让人家破人亡。

这边秦二世整天玩得不亦乐乎，那边赵高杀得天昏地暗，老百姓人人自危。别说陈胜、吴广振臂一呼，应者如云，就是一个傻瓜喊一嗓子，老百姓都会跟着他冲入咸阳城。谁不想活命啊，再让赵高祸害下去，大家都得去见阎王。

关于秦王朝灭亡的原因，除了专家的观点，也有"砖家"的观点。对于后者的观点，有很多我是不敢苟同的，所以，在这里，说一些个人观点。

第一点就是秦朝的徭役特别重。

不得不说，秦王嬴政对付国民确实有一套，把六国治理得服服帖帖，不过他面对北面的匈奴人，就显得有些黔驴技穷了。这帮匈奴人就像饿狼一样，饿了就到嬴政的家里咬一口，还没等嬴政提起锄头，饿狼早就跑得无影无踪了。等过几天，嬴政放松了警惕，饿狼又来了。没办法，嬴政只能垒墙头，他派出大将蒙恬，率领三十万大军，把自己家附近都垒上墙头，垒得越高越好。

垒墙头不比打仗，需要大量的劳役，而且他们都是免费的，连基本工资都没有，这让底层人民苦不堪言。

修长城，算是为了保家卫国，这一点呢，老百姓还都能忍。可是，征集了近百万人给自己修建豪宅、修陵墓，这就让老百姓想不通了。自己连饭都吃不饱，皇帝还追求这些虚无缥缈的东西，还让不让人活了。

百姓活不活不管，反正皇帝我要一直活下去，这就是秦始皇心中的打算，为此他曾经还派徐市（亦作徐福）去寻找长生不老药。这个徐市本来就是一个江湖术士，简单说就是一个大忽悠。他带着秦始皇给他的黄金珠宝和三千童男童女，优哉游哉地来到了日本，自己做起了土皇帝。既然都当皇帝了，谁还愿意回到秦国，过那种朝不保夕、提心吊胆的日子呢？

这边秦始皇还等着长生不老药，没想到南越又打起来了。焦头烂额的秦始皇，又凑了五十万兵马给尉佗，让他赶紧把南越叛乱的事情给处理了，处理手段相当简单粗暴，见人就砍，不留活口，免得以后夜长梦多。尉佗接到命令之后，就带领部队来到南越，很快就把叛军砍瓜切菜一般消

第八章　刘邦要进咸阳了　169

灭了。驻扎到南越之后，尉佗也尝到了手中有权的滋味，于是他带着弟兄们也不回去了。

正所谓饱暖思淫欲，尉佗还给秦始皇写了一封信，说弟兄们常年在外面打仗，实在饥渴难耐，希望朝廷派遣三万名妇女前来，主要是来帮我们洗衣服。接到书信之后，秦始皇虽然气得牙根直痒痒，但也只能打掉牙往肚子里咽。因为，如果不答应尉佗的请求，他在南越起兵谋反，自己还得再派至少一百万的军队，才能把尉佗手下的五十万兵马消灭掉。如果派出的将士有样学样，那就陷入了恶性循环，皇帝不也就成了运输大队长？

无奈之下的秦始皇，只好送出了一万五千名妇女，又假惺惺地封尉佗为王，才算稳住了这只白眼狼。面对如此繁重的徭役，最苦的就是底层老百姓了，他们完全没有想到，现在伺候一个老大，比当年伺候六个老大还要辛苦。

除了赤脚百姓生活困苦之外，穿长衫的儒生日子也不好过，秦始皇不仅烧了他们的书，还把他们当中的很多人活埋了。爱记仇的儒生们，如同骂街的泼妇一般，把最恶毒的语言都用在了秦始皇的身上。所以在历史记载中，秦始皇头上的屎盆子一层摞一层，几乎没人说他的好话。

除了盘剥百姓之外，造成秦国这艘巨轮沉没的另外一个原因，就是越来越严苛的法律。自从商鞅变法开始，老百姓就被拴住了手脚，拈花惹草的杀掉，偷鸡摸狗的杀掉，就连乱倒垃圾的都要被砍去双手。这虽然保护了生态环境，但缺胳膊少腿的人越来越多了，老百姓怨声载道。

刑场杀的人太多了，老百姓都不敢从那过，监狱长也害怕遭报应。所以，后来干脆把犯人们押到渭水边，像杀猪一样，一砍完直接扔到河里。有时候，一天能砍掉七百多个脑袋，渭水附近的老百姓，吃水都能闻到血腥味。这种僵化的法治模式，把大家管得像温驯的小绵羊一样，谁也不敢乱说话。

当年陈胜、吴广被派去垒墙头，走到半路下起了大雨，按照现代人的想法，正好可以歇歇脚。可对他们来说，这就是掉脑袋的事情。

到了地方也是死路一条，于是，这九百多个壮汉一商量，那还去个啥，跑吧！于是，他们在陈胜、吴广的带领下，铤而走险，另起炉灶。原以为队伍不好发展，可是不承想，还没干多少日子，屁股后面已经跟了好几十万人。

看到陈胜、吴广两个愣头青都能聚拢起几十万之众，那些被秦国灭掉的旧贵族，纷纷揭竿而起。这帮人平时就不满秦朝的统治，一天天地吃着牛肉，喝着羊汤，嘴里还没完没了地骂骂咧咧。在这帮人的煽风点火之下，越来越多的武装起义爆发了，而这些破落贵族凭着满嘴的仁义道德，很快又成了农民起义的领袖。

在这些旧贵族当中，项羽和项梁叔侄二人，是最为典型的代表。他们借助农民起义的星星之火，很快便燎得越来越旺。没过几年，项羽就成了农民起义队伍中最有实力的一个，把他的结拜兄弟刘邦远远地甩在了身后。虽然两人表面上以兄弟相称，但背地里也在互相使坏，尤其是刘邦先入咸阳之后，项羽赶紧摆下了鸿门宴，差点要了刘邦的小命。

抛开这些农民起义不讲，秦朝灭亡也有一定的偶然性。秦始皇虽然儿子众多，但他始终认为自己能够长生不老，所以并没有立遗嘱，也没有指定接班人。他外出检查工作的时候，突然生了一场大病，眼看着自己即将一命呜呼，才想起来大儿子扶苏还在边关监军呢。于是他赶紧写封信让扶苏回来继承皇位。不过秦始皇并没有想到，这封信没能给大儿子带来荣华富贵，反而要了他的小命。

因为跟随在秦始皇身边的，还有他的小儿子胡亥和赵高。两人看到秦始皇只有出的气，没有入的气了，干脆改了诏书。从古至今，很多皇室子弟为了尝尝做皇帝的滋味，兄弟对砍的事情太多了，英明一世的秦始皇，却没能看到这一点，让赵高和胡亥钻了空子。

作为秦始皇的大儿子，扶苏不仅继承了父亲的英勇和果敢，人品也比他的弟弟胡亥强上百倍。当秦始皇准备活埋儒生的时候，同样爱好小文章的扶苏，坚决反对父亲的决定。在秦始皇看来，这不就是吃里爬外吗？所以就把扶苏赶出了咸阳城，没想到这居然是父子二人的永别。

年事越来越高的秦始皇，本身还是非常勤勉的。他不顾自己年迈体弱的身躯，坐着小车，慢慢悠悠地巡视工作去了。

看到父亲又要出远门潇洒了，年仅二十岁的胡亥吵着要去。要是搁以前，秦始皇一个大嘴巴子就扇过来了："我下去检查工作，你跟着瞎掺和什么！"

可最后一次，秦始皇也没有想到，自己竟然鬼使神差地同意了。他不仅带着胡亥上路了，而且还带着胡亥的老师赵高。

这两个人放在一起，本来就是狼狈为奸的一对，平时就没少干欺男霸女的事情。外出巡游的过程当中，两人看到秦始皇马上就要蹬腿了，他们反而不再留恋风月场所，而是紧盯着丞相李斯。李斯是秦始皇最信任的跟班，他走到哪儿，胡亥和赵高就跟到哪儿。作为一位比较有作为的丞相，李斯当然明白这两人的用意。

当秦始皇写信召回扶苏的时候，胡亥和赵高就拦住了李斯的去路，并把他引到了一个偏僻处："远水解不了近渴，老爷子马上就不行了，只要李丞相把我捧上位，以后保管你吃香的喝辣的！"

看到胡亥恬不知耻的模样之后，李斯也感到一阵恶心，但人在江湖，谁没有一点私心呢。三人一合计，最终篡改了诏书，发动了沙丘之变。

作为一位正直的丞相，李斯不仅帮助老大统一了度量衡，还把老百姓统一到了同一阵线上，为大秦这条劈波斩浪的战舰提供了无限的能量。

实际上，在传位这个问题上，老眼昏花的秦始皇的心里是明白的，老大扶苏是最合适的人选。但此时，秦始皇已经病入膏肓，是秋后的蚂蚱，蹦跶不了几天了，所以被小人截了和。

李斯虽然帮助胡亥登基了，但他本人也像一把夜壶一样，被人用后就废弃了。赵高把李斯的丞相之位夺去之后，又把他们全家人处置了，真是善有善报，恶有恶报。

李斯如果能早点识破赵高的险恶用心，再联合其他中层管理干部，坚决把公子扶苏迎回来，或许这也能帮助秦王朝度过瓶颈期，保住自己一家老小的性命。正是李斯的错误决定，将辉煌一时的秦王朝葬送了。

刚刚登上皇位的秦二世，是一个典型的花花公子，用现在的话说，那就是吃喝嫖赌，样样精通。面对这样一个五毒俱全的家伙，老谋深算的赵高不费吹灰之力，就将他玩弄于股掌之间。比如，后来就出现的指鹿为马、借刀杀人的事情，这些事都是赵高做的，坏人都是秦二世当的。

一艘乘风破浪的巨轮，突然来了一个白痴当舵手，面对险象环生的环境，触礁沉没只是早晚的事情。

秦朝灭亡的原因太多了，除了败家子祸害之外，作为中国历史上第一个统一的多民族国家，它本身就像是一个蹒跚学步的婴儿，并没有太多的经验可以借鉴，在成长的过程当中难免会栽跟头，不仅会把自己栽得鼻青脸肿，丢掉小命也是很正常的事情。越来越多的老百姓吃不上饭，除了效仿陈胜、吴广起义之外，别无他法。

4. 约法三章

话题扯远了，咱们接着说刘邦进入咸阳的事。虽然刘邦也是见过大世面的人，但是，当他来到了咸阳宫之后，就像是刘姥姥进入了大观园一样，哪儿哪儿看着都新鲜。

那些没见过世面的士兵就更不用说了，直接砸开了秦国的国库，把大包小包装得满满的，恨不得把国库搬到家里面去。当众人疯狂的时候，还是有一个人比较清醒的，他就是刘邦的谋士萧何。

来到丞相府之后，萧何并没有想着圈钱，而是搜集了大量的户籍图册和政策法令。其他将军看到之后，也不免发出了感慨："真是百无一用是书生，你要这一堆破烂儿干什么？还是黄金白银来得实在。"

不料萧何轻蔑地吹了吹胡须："你们这帮饭桶知道啥？这些比你们手中的金银值钱多了。"事实正如萧何所认为的那样，帮助刘邦打下天下之后，其他人口中所谓的废纸在萧何手里变成了权力，那些硬通货是想要多少就来多少。

来到后宫之后的刘邦，看着规模宏大的建筑，有了一种乡巴佬进城的感觉。不过真正让刘邦流连忘返的，还是那些出来迎接他的美女。因为常年和糙汉子们在一堆，刘邦哪见过这样的阵仗，看着风摆杨柳的细腰、灿若桃花的面容，刘邦恨不得马上进入秦宫，和这帮美女云雨一番。

想到这儿，刘邦一手拉起美女的手，另一只手挽起美女的腰肢，打算往寝宫走去。这时候，一个愣头青挡在了刘邦的面前："老大小心被美女迷惑了，我们还没有打下天下，万一被项羽知道了，小命不保啊！"

刘邦定睛一看，这个愣头青不是外人，正是自己的心腹樊哙。樊哙的这句话虽然分量不重，但还是让刘邦火急火燎的心凉了半截。

不过刘邦也不是吃素的，稍微稳了一下神之后，他还是决定先享受一把。没想到樊哙不依不饶："老大还是忍一忍吧，你看秦二世是怎么亡国的？不就是被美女们迷惑了，才被赵高钻了空子，最终丢掉了小命。我们不能和秦二世一样，最后被项羽咔嚓了，还是赶紧夹起尾巴，回霸上的军营吧！"

虽然樊哙的话说得有道理，但刘邦的心已经火烧火燎的了，哪那么容易缩回爪子？眼看着刘邦就要霸王硬上弓，樊哙再不识趣，即使不被项羽咔嚓了，也会被刘邦咔嚓了。既然人家不愿意听老人言，樊哙只好跑出来了。

他知道谁能制服刘邦。找到张良之后，樊哙把刘邦色眯眯的样子绘声绘色地描绘了出来，最后补充了一句："老先生赶紧出马吧，不然沛公今天出不了后宫了。"

跟领导共事多年，张良哪能不知道刘邦的德行？他来到秦王宫之后，听到刘邦和美女们浪荡的声音，特意朝里面喊了一声："吕雉来了，沛公快跑啊！"

听到张良的声音之后，刘邦顾不得穿衣服，裹着床单就跑了出来，紧接着就被张良拽住了："别跑了，吕雉没来。咱们来到这儿，就是为了几个美女吗？秦朝统一六国没几年，就因为不顾老百姓的死活，最终造成了今天这样的局面。你要是和他们一样，咱们就得等着被人活剐了。"

虽然刘邦有着流氓的习气，但好赖话还是听得出的，尤其是张良的话分量格外地重。悬崖勒马的刘邦，认识到自己有点过分了，赶紧穿好衣服，跟着张良灰溜溜地走了。

过了几天之后，恢复元气的刘邦，把各界名流召集在了一起，发表了一篇慷慨激昂的演说：

"父老乡亲们，我们来晚了！嬴氏家族这帮人把大家害惨了，不过大家放心，从今天开始，这样的日子一去不复返了。我们来到这里，就是为了让大家过上好日子，我已经告诉手下人了，谁也不能为难老百姓，更不能拿老百姓的一针一线。

"当初我们各路义军有过约定，谁先杀入咸阳谁就可以称王。承蒙各路义军承让，我刘邦第一个到了这里，不过我不会独吞这份功劳。等其他义军的首领进入咸阳之后，我们会共同制定稳定社会的法律条款。

"今天，我先给大家约法三章：杀人的一律处死；偷鸡摸狗的一律处死；作奸犯科的一律处死。

"老百姓该种地种地，上班的该上班上班，当官的该咋干还咋干。"

关中的老百姓，原先都听说过刘邦的流氓习气，以为他来到这里之后，大家都没有好果子吃。如今看到刘邦还挺像个人，说出的话也挺中听，慢慢地，大家都放松了警惕，不再像以前一样神经兮兮的了。

除了给社会贤达做动员之外，刘邦回到自己的军中，也悄悄放出话来："原先咱们的名声不太好，老百姓都怕咱们了。以后不论多大的官，都不能骚扰老百姓，不然的话，可别怪我不留情面。"

为了和秦朝的各级领导多接触，刘邦还煞有介事地来到了各个衙门口，让他们带着自己慰问百姓，顺便把自己的约法三章讲清楚。还别说，刘邦起义之前是一个街头混混，与萧何和张良等文化人学了几招之后，真是士别三日，当刮目相看。

咸阳附近的老百姓，看到新领导如此平易近人，纷纷感激得泪流满面，甚至拿出过年才舍得吃的酒肉，来慰劳刘邦的军队。

刘邦作为场面上的人，自然赶紧表示："乡亲们都不容易，怎么好意思让你们破费呢？我们带的粮食足够多，填饱肚子没问题，大家就不要担心了。"

第八章　刘邦要进咸阳了

不得不说，刘邦还是很了解老百姓的想法的，真是流氓懂文化，比啥都可怕呀！

被嬴氏家族祸祸了十几年的老百姓，都把刘邦当成了救世主。就怕他离开了秦地，再来一个秦二世那样的混世魔王，那老百姓就又要遭受一茬罪了。

这一天，刘邦正在霸上煞有介事地检阅军队，突然来了一位乡绅求见。刘邦一听乐开了花，赶紧迎了出去，两人嘘寒问暖了一番，乡绅告诉刘邦："别人都说穷乡僻壤出刁民，其实我们这里民风淳朴，物产还非常丰富，沛公一定要在我们这里称王啊，不能被他人抢占了先机。"

刘邦一听，我这么受人爱戴吗？顿时心花怒放了起来。还没等他摆摆姿态，谦虚一番，来人又接着说了："听说，前几天章邯投降了项羽，并被项羽封为雍王。他这个人就是秦朝廷的鹰犬，沛公一定要防着他，别被这只鹰啄了眼睛。我们这里三面环山，只有一处函谷关可进出，只要把这里把守住，一只兔子都别想跑进来。"

这时候刘邦才意识到了事情的严重性，赶紧把乡绅打发走，并把自己的几位心腹找来，商量了一番。很快，他们就完成了军事部署，并加派了人手，把住了函谷关。

5. 二十万人，一个不留

刘邦进军咸阳的时候，项羽那边也没闲着，他接受章邯的投降之后，迅速稳定了黄河以北的局面，紧接着就带领大军浩浩荡荡地奔向刘邦。要是刘邦不听话，那就只能动手了；要是刘邦识趣，心甘情愿做一个诸侯王，一切都好说了。

正当项羽心事重重的时候，突然听说了一个不好的消息，章邯领来的小弟们要叛变。

详细调查一番之后，项羽终于明白了原委。当年，秦始皇打败其他六位老大之后，把他们的小弟全都抓到咸阳服徭役。而中央的小弟，看到了这些地方上来的小弟之后，完全不把他们当人看，对他们非打即骂。正所谓三十年河东，三十年河西，章邯投降项羽之后，原本属于秦朝中央政府军的人，现如今自然成了地方上的小弟，最可怕的是，还被他们曾经欺负过的人给认出来了。

翻身农奴算老账，那能逃得过吗？那些投降过来的秦国士兵受不了委屈，纷纷认为章邯骗了他们，说好投降了就能过安慰日子，能过有尊严的日子，现在尊严在哪儿呢？之前跟着秦二世是当奴隶，眼下跟着项羽是当奴隶，未来万一刘邦当了皇帝，又得跟着刘邦当奴隶，这不就是典型的三姓家奴吗？

这样的议论越传越远，最终进入了项羽的耳朵里，他赶紧召集蒲将军和英布开会。说是开会，其实就是把自己的想法告诉二位，让二位巩固一下自己想法的合理性。

项羽说道："哎呀，章邯的小弟不好带啊，万一我们和刘邦动手的时候，他们在背后捅刀子，估计咱们都小命不保了。要不就趁着天黑没防备，把他们全了结得了。"

蒲将军和英布本来就是有勇无谋的人，听到项羽的决定之后，他们点头如捣蒜一般，回去就开始磨刀了。当天晚上，伸手不见五指，张嘴不见牙齿，看来老天爷也害怕杀人，悄悄躲了起来。

蒲将军负责断后，准备把逃出来的秦国小弟了结了，英布负责从三面进攻，只给他们留下通往后山的小道，在那里，蒲将军已经布置好了绞肉机，只等着剁肉馅儿了。

英布指挥楚军，左胳膊戴上白布条，手中拿着短刀，冲进了秦国降兵的军营。他们一个个人狠话不多，对着呼呼大睡的秦国降兵一顿乱砍。很多小弟睡得正香，完全不知道咋回事就丢掉了小命。

领头的司马欣听到响动之后，穿上裤子，提上鞋，冲出了营房。当他揉揉眼睛，定睛一看，只见一个个人影出来进去，然后就是杀猪般的号叫。

还没等他张开嘴，就看到英布来到了跟前："你个糊涂蛋，小弟们都

第八章 刘邦要进咸阳了

发动兵变了，你还不知道，赶紧找项羽请罪去吧，我来给你擦屁股。"

司马欣一头雾水，但他还是千恩万谢，自己骑着马赶紧跑出了营房。而秦国降兵们，就没有那么好命了，有些胆大的逃了出来，也看不清对面是敌是友，只能往山上跑。这帮人跟无头苍蝇一样乱窜，很多都掉进了山谷中，那些好不容易逃到山上的，也都被蒲将军埋伏好的小弟给咔嚓了。

短短两个时辰，章邯手下的二十多万小弟，都被蒲将军和英布杀了个一干二净。那些缺胳膊少腿的，就直接被扔进大坑里活埋了。

不得不说项羽也是一个狠角色，与愣头青秦二世相比，是有过之无不及。幸亏后来和刘邦对砍的时候，项羽一命呜呼了，不然的话，还会有更多的老百姓遭殃。

狼狈逃窜的司马欣，好不容易来到了项羽的大营，发现项羽跟个没事人一样，司马欣赶紧上前拉住项羽："老大，听说发动兵变了，你咋还不着急呢？"

项羽看到司马欣着急的样子，若无其事地表示："听说了，英布和蒲将军两个人已经去平叛了，你就安安心心地等消息吧！一切都在我的掌握中！"

司马欣不知所措地挠了挠头，看到项羽一脸云淡风轻的样子，也不好打扰他的美事，就灰溜溜地出去了。

天刚蒙蒙亮，英布和蒲将军就回来了，并把死了二十万降兵的好消息告诉了项羽。这时候的项羽，心满意足地点了点头，安排大家伙儿吃饱喝足，好好睡上一觉。

等到这件事情平定之后，项羽就带领大家伙儿一路向西，打算入咸阳争天下。可他们来到函谷关的时候，却发现早有人捷足先登了，这个人不是别人，就是项羽的大哥刘邦。看到函谷关高高飘扬的旗帜上，写着一个斗大的"刘"字，项羽感到非常恼火。

第九章
项羽的战略计划

1. 咋敢跟霸王争天下

早听说刘邦进了关中，没想到他还这么嚣张，居然把大旗都插到了函谷关上，项羽顿时气不打一处来，来到函谷关前，项羽大声叫喊："上面的人听着，赶紧把大门给我打开，我要入咸阳！"

守关的士兵听到喊话，也骂骂咧咧地喊了起来："这是哪儿来的疯子啊！敢在我的地盘上撒野，你以为谁想去咸阳都能去啊？"

项羽一听更来气了："睁开你的狗眼看看，知道我是谁吗？"

看到下面的人还挺横，守关的士兵压根儿不理这茬："此路是我开，此树是我栽。要想从这儿过，留下买路财。我管你是谁，没有沛公的命令，谁也别想从这儿过去！"

项羽一想，再难啃的骨头我都啃下了，一个小小的函谷关，还能难住自己？项羽破口大骂："别怪我没提醒你，我就是西楚霸王项羽，你要是再不把大门打开，一会儿后悔都来不及！"

可是，任凭项羽怎么喊，函谷关的大门依旧纹丝不动，项羽本来就是一个急性子，哪受得了这种气。他当即下令，第一个冲进函谷关的官升三级，只见项羽的话音刚落，手下的兄弟们就像饿狼一样，大叫着冲了上去。

函谷关虽然坚若磐石，但也架不住四十万大军的狂轰滥炸，更何况项羽的手下大多都是亡命徒，他们只花费了半天的工夫，就把函谷关的几千名士兵撕碎了。

看着兄弟们入了关，项羽特意关照，把刘邦的大旗烧了，把自己的大旗插上去。既然兄弟们打了个大胜仗，那必须好酒好肉伺候着，项羽当即决定，把大家伙儿安置在了戏地，大口喝酒，大块吃肉，连干三天。

自从起兵以来，好久没有这么痛快了，项羽也把手下的几个参谋召集到了一块儿，大家一起敞开了肚皮喝。项羽问道："兄弟们，刘邦这小子抢了先，比咱们先入了咸阳，按照当初和怀王的约定，先入咸阳者可称王，这可怎么办？"

大家正在兴头上，听到项羽这样问，当时就炸了锅："老大，此一时彼一时，当初咱的拳头不硬，说话没分量。可现在不一样了，咱们兵强马壮，谁敢不听咱的，咱们就跟他较较劲！再说了，当初的约定兄弟们哪知道啊！不管谁先入咸阳，最后称王的都是咱们老大，谁敢跟咱们老大抢，兄弟们绝不答应！大家说是不是啊？"

听到这么有煽动性的话语，其他人当时就喊了起来："说得对呀！现在咱们的拳头硬，谁敢跟老大争天下，我看他是活腻烦了！"

虽然群情激昂，但也有几个没喝多的："老大，虽然大家伙儿说得都有道理，但刘邦和咱们一样，都是反抗秦朝廷的一支劲旅，既然他先入了咸阳，咱们就先看看他的态度，如果他给老大服个软，拥护老大称王，那就好办了。如果他不识抬举，敢跟老大对着干，那时候咱们再撕破脸也不迟啊！"

项羽一会儿听听这个的，一会儿又听听那个的，心里也不知道怎么办。正在这时候，看大门的跑进来，告诉项羽有人求见。项羽摆摆手："让他进来。"

项羽没想到，见他的人居然是曹无伤的手下，他特意给项羽送来了一封密信。项羽打开信一看，原来是曹无伤向他报告，刘邦进入咸阳之后，就已经有了称王称霸的决心，目前已经将秦国国库的财宝封存了。

刚才项羽还没有下定决心怎么对付刘邦，看完这封信之后，就决定除掉他了："刘邦这小子，真是不知道天高地厚，当初要不是我叔叔借给他五千兵马，他能有今天？现在可倒好，居然敢跟我抢天下，明天我就带人剐了他！"

看到项羽咬牙切齿的模样，他的军师范增也推波助澜："我早就听说，刘邦年轻的时候，就是一个贪财好色之徒，看到年轻漂亮的大姑娘，就想上去调戏。可他进入咸阳之后，居然不贪财了，也不好色了，这不是他的本性啊！这说明了什么？说明他包藏祸心，想要称王啊！前两天，我夜观天象，发现刘邦的军营上方，有一团紫色云雾，这就是典型的天子气，如果我们不尽快铲除刘邦，后患无穷！"

听到范增的分析，项羽哼了一下鼻子，用轻蔑的口吻说："我看刘邦就是小人得志，将来成不了大气候。咱们坐拥四十万雄兵，弄死刘邦还不像踩死一只蚂蚁一样简单？今天大家伙儿吃好喝好，明天咱们把刀磨亮了，就去取了刘邦的命！"

打定了主意之后，项羽就让人送走了曹无伤的信使，让他回去之后告诉曹无伤，明天他们就带兵攻打刘邦，让曹无伤做好内应，事成之后，一定会好好答谢曹无伤。

按照当时的状况来看，刘邦手下有十万之众，而项羽的手下足足有四十万人。除了兵力悬殊之外，项羽的战斗力远远在刘邦之上，如果硬碰硬，刘邦基本上没有生还的可能。

当时刘邦驻扎在霸上，而项羽驻扎在鸿门，中间一马平川，只有四十里的路程。如果项羽第二天带兵出征，只需要半天的时间，就可以到达霸上，即使刘邦有天兵天将助攻，恐怕也难逃一死。

2. 刘邦的贵人

正所谓人算不如天算，越是到危急关头，刘邦越是有贵人相助，而这位贵人，就是项羽的叔叔项伯。这就让很多人想不通了，项伯和刘邦并没有什么交情，他为什么要吃里爬外，帮助刘邦这个外人呢？这就要从张良说起了。张良家五世为韩相，到了张良的时候，恰好赶上秦始皇统一六国，张良为了替韩国报仇，也曾经雇用刺客刺杀秦始皇，然而却功败垂成。

侥幸逃过一劫的秦始皇，听说是张良派人暗杀他，便下发了通缉令。走投无路的张良，逃到下邳去避难。恰在这时，项伯也因为犯了事，同样跑路到了下邳。两人在机缘巧合的情况之下相遇了，共同的经历，让两人很快就成了无话不谈的好朋友。

虽然后来两人各为其主，但少不了书信往来。听说项羽要杀掉刘邦，项伯本来挺支持的，可他又想起张良在刘邦的营中，所以隐隐有一丝担心。万一明天打起来，张良这个文弱书生又不知道躲避，岂不是白白搭上性命？

想到这儿，项伯就骑上了一匹快马，仅一顿饭的工夫就来到了霸上，正打算找张良，却不承想被巡逻兵发现了。看到项伯鬼鬼祟祟的样子，巡逻兵立刻就把他抓了起来，项伯赶紧告诉他们，自己是张良的朋友，让他赶紧带自己找张良，否则张良性命不保！

看到项伯着急的样子，巡逻兵也不敢怠慢，就把他带到了张良的大营。看到项伯被巡逻兵带了进来，张良一脸迷惑，紧接着，就给项伯松了绑，说："听说你们过了函谷关，现在正驻扎在鸿门，离我们有四十多里路，为啥大半夜跑来了？"

听到张良问自己，项伯并没有回答他，而是拉起他的手便走，说："别问那么多了，赶紧跟着我跑吧！要是等到明天，估计你的小命就没了！"

听到项伯没头没脑的话，张良一点都不着急，他一把拽住项伯："大哥说啥呢，我如今住在沛公的营帐当中，沛公有十万之众，谁有那么大胆，能轻易要了我的命？"

看到张良不相信，又不肯跟着自己走，项伯急得一跺脚，就把项羽的计划说了出来，张良听完之后大惊失色，说："原来是这么回事啊！那我就更不能走了，我奉韩王之命，特意来帮助沛公，如今看到沛公有难，我就脚底抹油溜了，那我算啥人呢？你稍微等我一下，我跟沛公商量商量咋办，然后再回来告诉你。"

项伯本想拦住张良，带着他一走了之，可还没等他站起身，张良已经跑出营帐了。在刘邦的地盘上，项伯也不敢大呼小叫，只能干坐着。张良走出营帐之后，就赶紧来到了刘邦的大营。

此时的刘邦，听说项羽已经攻破了函谷关，正驻扎在四十里外的鸿门，他心里也是七上八下的，害怕项羽突然袭击，到时候自己就吃不了兜着走了，所以刘邦也不敢早睡。听说张良求见，他赶紧让人把张良带了进来。

张良看到刘邦之后，也顾不得嘘寒问暖了，直接就奔了主题，说："沛公，大事不好了，明天早上，项羽就打算带着他的四十万雄兵，来跟我们决斗了！"

刘邦听说之后，还假装很吃惊："我们都是反秦的义军，项羽凭啥要找我决斗，他不应该找秦朝廷决斗吗？"

张良一听，还以为刘邦吓傻了："沛公你是揣着明白装糊涂，还是被吓傻了？现在秦朝廷基本上全军覆没了，你又最先进入了咸阳，派兵把守了函谷关，这明显是要称王啊。项羽手握雄兵，他岂能容得下你，不找你拼命才怪呢！"

这时候，刘邦才意识到问题的严重性，急忙询问张良说："咱们只有十万人，怎么可能挡住项羽的四十万雄兵，这可咋办啊？"

张良思来想去，只好把希望寄托在项伯的身上了，说："幸亏项伯提前给咱们送信，要不然，咱们咋死的还不知道呢！既然他是项羽的叔叔，沛公只好用钱砸他，把项伯收买了，他就乖乖替我们办事了。让项伯在项羽面前多替咱们说些好话，相信这件事还会有转机。"

此时的刘邦，已经像热锅上的蚂蚁一般，心里早就没了主意，说："只要能阻止项羽进攻，你让我干啥我干啥！顺便多问一句，你是咋认识的项伯？这么重要的事，他怎么可能向你透露呢？"

为了解开刘邦心中的谜团，张良就把自己和项伯的交情，简单向刘邦讲述了一遍，归纳起来就几句话："我们两人是生死之交，一直保持着联

第九章　项羽的战略计划　183

系，所以项伯听说项羽要进攻咱们的消息，就赶紧连夜跑了过来。"

刘邦为了稳妥起见，告诉张良："你还是把项伯请过来，我愿意以礼相待，如果咱们这次能够起死回生，我一定要好好地报答项伯。"

听到刘邦的嘱托，张良赶紧返回了营帐，邀请项伯一起来见刘邦。项伯一听，坚决反对："我是来救你的，和他有什么关系？再说了，这事要是让项羽知道了，还不得骂我吃里爬外呀！要我说，咱们还是赶紧走，别在这儿瞎耽误工夫了！"

眼看着劝不动项伯，张良也非常着急，说："大哥这样说就不对了，刘邦和项羽都是起兵反抗秦朝廷的，现在虽然取得了一点战果，但天下仍然不安定啊，还需要两支队伍精诚合作。如果这时候搞窝里斗，到时候两家两败俱伤，不仅会让他人坐收渔翁之利，对大哥也非常不利呀！如果咱们和沛公一起，商量一个好的办法，也可以避免流血冲突，对你我都好！"

项伯一听，觉得张良说得还是很有道理的，况且自己来都来了，见一下刘邦也无大碍。在半推半就的情况之下，项伯就跟着张良，来到了刘邦的营帐。

此时的刘邦，早已经准备好了，就等着项伯进来，和张良一起忽悠他。看项伯走了进来，刘邦赶紧把他扶到了上座，然后让人端上了美味佳肴，大家边吃边聊。

既然大家都知道项伯此行的目的，刘邦也不再揣着明白装糊涂了，他直接开门见山地表示，说："老哥有所不知啊，虽然我刘邦第一个率军攻入了咸阳，可我并没有从秦朝廷拿走一分钱的东西，而是派人清点了秦朝廷的财物，然后把它们封存了起来。做完这些之后，我们也没敢在咸阳城久待，就一起来到了霸上驻兵，目的就是迎接项将军叔侄二人哪！"

听到刘邦这样说，项伯也嘟囔了一句："你说是迎接我们，可我们来到函谷关的时候，却怎么喊门都不开，最后项羽一生气，就直接把函谷关拿下了，你这又怎么解释？"

刘邦知道，即使项伯不问，项羽也会问的，说："那都是误会，如今天下大乱，盗贼四起，我们进入咸阳之后，全国各地都知道秦王朝灭亡了，少不了会有一些乌七八糟的人想趁火打劫，乘虚而入，所以我就派了一些士兵守在了函谷关。哪承想这帮饭桶有眼无珠，冲撞了项将军叔侄，我替他们赔罪。再说了，光靠这几千兵马，怎么可能抵挡住项将军的数十万雄兵，还希望老哥回去之后，在项将军面前多替我美言几句，把这个误会解释开了，刘邦一定重谢。"

说完这句话之后，刘邦就向手下人摆了摆手，他们心领神会，赶紧抬出了一箱子财宝玉器。看到金光闪闪的硬通货，项伯顿时喜笑颜开："好说，好说，我这个侄子最听我的，等我回去之后，一定把话带到！"

这时候，张良还不放心，说："我听说老哥的大儿子尚未婚配，恰好沛公的大女儿如今也没有许配人家，你们二位不如结为儿女亲家，将来也好有个照应，不知道我这个提议，可遂了二位的心呢？"

刘邦一听，赶紧就坡下驴："天下间还有这么巧的事？我刘邦要是能高攀老哥，那简直是求之不得的事情啊！不知道老哥啥意见？"

项伯没想到今天还真是来对了，不仅得了一箱的珠宝，还白捡了一个儿媳妇，真是打着灯笼都找不到的好事啊！听到刘邦问自己，项伯早就乐得合不拢嘴了，说："能跟沛公结亲家，那还有什么说的，我高兴还来不及呢，怎么可能拒绝呢？"

眼看着成就了一桩美事，作为媒人的张良，同样高兴得不得了："当初刘项两家共同讨伐秦朝廷，如今天下已定，老百姓也要过上好日子了。在普天同庆的时刻，刘项两家又结为儿女亲家，也是美事一桩啊！"

刘邦赶紧举起了酒杯："从今天起，咱们就是一家人了，正所谓一家人不说两家话，还希望亲家公回去之后，把我的心意告知项将军啊！"

这时候的项伯，早就没有了刚来时的矜持："亲家翁放心吧，你的事就是我的事，我这就回去，把你的良苦用心给我的侄子摆一摆，相信他一定会收回成命。不过我还得说一句，你们明天最好还是跑一趟，专门向项羽赔礼道歉，那样也能让他有面子，这件事就过去了。"

听到项伯的话，刘邦当即就表了态，说："亲家公说得对，明天早上我就备好礼物，带着兄弟们去见项羽，到时候一定让他满意。"

第九章 项羽的战略计划

眼看着时间不早，项伯赶紧起身，因为还有更重要的事情，所以刘邦和张良都没有挽留他。几个人刚刚走出军营，就有人把项伯的千里马牵了过来，项伯翻身上马，不一会儿就跑到了项羽的军营。

来不及休息，项伯就赶紧去见项羽，此时的项羽正辗转反侧，看到项伯走了进来，项羽知道有事："天都这么晚了，叔叔怎么还不睡？"

项伯看到项羽一脸的倦意，还特意往他跟前凑了凑："你还记得叔叔落难的时候，曾经被张良搭救过吗？明天咱们就要进攻刘邦了，听说张良在刘邦的帐下，刚才我就专门跑过去，想把张良招过来，让他为我们所用。"

还没等项伯说完，项羽就急切地问道："我早就听说过张良的大名，要是他能来帮助咱们，那就太好了！他来了吗？"

这时候，项伯又接着说："张良也是一个重情重义的人，他听说咱们要进攻刘邦，还特意为刘邦鸣不平，因为刘邦先入咸阳，却并没有按照之前的约定称王，还特意把秦朝廷的财产全部封存了起来，就是等着咱们去接收呢！如果咱们不分青红皂白，就把刘邦那帮人砍杀了，那不是让天下人寒心吗？"

项羽越听越觉得不对劲，这好像是给刘邦当说客来了，说："叔叔你忘了，咱们刚到函谷关的时候，刘邦居然派兵把守不让咱们入关，他怎么可能会把秦朝廷的财产拱手相让？他分明是想据为己有，叔叔不要被他们骗了！"

看到项羽越说越激动，项伯又赶紧劝说他："那都是一个误会，刘邦派兵把守函谷关，不是为了防咱们，而是为了防范那些盗贼。如今秦朝廷刚被灭，正是人心不稳的时候，难免会有一些人乘虚而入，所以刘邦派兵把守，也并没有什么不对。刘邦以前确实是一个好色之徒，可这次完全不同，王宫里的那些美女，他一个都没有带走，财产也一分钱没动，就等着咱们去接收呢！"

听到项伯说的这些话，项羽愣了好一阵子："叔叔讲的是真的吗？刘邦真的甘愿向咱们称臣，听咱们调遣吗？"听到项羽的问话，项伯肯定地说:"这一点你放心,刚才刘邦已经向我保证了,他不仅不会称王,还会对你唯命是从,你让他向东他不敢向西,你让他打狗他不敢撵鸡。明天刘邦就会带着他的兄弟们,为防守函谷关这件事,亲自来向你道歉。到时候你可要悠着点,别没个轻重,让人家耻笑啊!"

听到项伯这样说,项羽心中的怒气也消了下去,说:"既然刘邦知道错了,那还有什么好说的,只要他明天来认错,我就大人不计小人过,这件事情翻篇了。我看天也不早了,叔叔赶紧回去睡觉吧!"

项伯本来就已经过了知天命之年,大半夜的,又来回折腾了百十里地,早就人困马乏。听到项羽这样说,项伯赶紧跑了回去,头刚挨到枕头,就沉沉地睡去了。

3. 项庄舞剑,意在沛公

第二天早上,项羽手下的兄弟们早就摩拳擦掌,准备好好教训刘邦了。可他们万万没想到,刘邦居然带着一行人,早早地来到了军营门口,说是要拜见项羽。虽然人家送上门来了,可这帮大头兵也不敢造次,赶紧去通报了项羽。

因为昨天晚上睡得晚,此时项羽还没有起床,听说刘邦带着大家伙儿来了,他也打了个哈欠,伸了个懒腰,说:"让他们先在外面等着,我先去洗漱一下,一会儿再让他们进来。"

哨兵回去告诉刘邦之后,他们也没办法,只能站在那儿干等着。

眼看着日上三竿了,项羽才传出话来,让刘邦带着张良和樊哙几个人进去,其他人仍然在门外等候。

越往前走,刘邦心里越没底,就这么几个人,万一项羽不高兴,他们就是羊入虎口,咋死的都不知道。再说了,项羽本来就是一个莽夫,把投降他的二十万秦兵全杀了,还会在乎他们几个人的命吗?

张良看到刘邦太紧张了,还特意给他开起了玩笑,说:"你看人家项将军的兄弟，一个个长得膀大腰圆，一看就是练家子，这要是上了战场，吓也把人吓死了！"

刘邦本来就害怕，听到张良的冷笑话，心里更是突突乱跳。走到项将军的营帐前，张良让樊哙他们几个人在外面等候，自己陪同刘邦走了进去。这时候的项羽，本应该迎出去，可他毕竟还是一个二十来岁的年轻人，本身城府就不深，有什么不痛快也不会藏着掖着，所以就懒得出门迎接。

看到张良和刘邦走了进来，项羽连站都没站起来，只是稍微挪动了一下身体，表示看见刘邦了。

虽然项羽表现得非常轻蔑，但是刘邦可不敢大意啊！态度极其诚恳、语气极其友好、姿态极其低下地说道："听说项将军入了关，我本来想带着兄弟们去迎接，可哪承想闹出了误会，我手下的那帮饭桶冲撞了项将军，今天我特意登门道歉，还希望项将军大人不计小人过，千万不要和他们一般见识啊！"

听到刘邦这样说，项羽哼了一声说："你现在知道认错了，早干吗去了？"看到项羽心中仍然有气，刘邦赶紧往前凑了凑："当初怀王有令，让咱们各自带兵征讨秦朝廷。我带领兄弟们侥幸先入了咸阳，可我心里清楚，我是瞎猫碰上了死耗子，就我手下这点人，咋可能称王称霸呀！所以我就把秦朝廷的财产全部登记封存了，我一分钱都没敢动，就等着项将军带领大部队前来接收。

"至于派兵防守函谷关，那都是为了防止盗贼骚扰。可不巧的是，把守函谷关那帮饭桶，压根儿没有见过项将军，所以才闹出了这样的误会。听说项将军已经入了关，我就赶紧带着兄弟们来了，想当面向项将军认个错，还请项将军多包涵啊！"

听到刘邦亲口说出这样的话，项羽也知道错怪他了，于是马上就站了起来，紧紧抓住刘邦的手，说："我就说嘛，大哥咋可能这样对待小弟呢。前天我刚刚入了关，你手下的曹无伤就来告诉我，说你把秦朝廷的财产全部封存了起来，打算据为己有。我一听就来了气，所以才告诉兄弟们，打算让他们去找你问个明白，没想到你今天早上就跑了过来，把事情都说明白了。既然是这样,那以前的事就过去了,你们大老远跑过来,中午就别走了,今天我做东,咱们好好喝一顿!"

本来刘邦还想推辞,可架不住项羽的软磨硬泡,他又不敢扫了项羽的雅兴,所以就乖乖地坐下了。

不一会儿,酒菜全都上来了,大家边吃边聊,气氛好不热烈。

如果在平时,刘邦一定豪饮三千杯,可今天情况不一样,他坐在那里忐忑不安,巴不得赶紧离开这个是非之地,可项将军一个劲地给他劝酒,刘邦也不能不回敬。

在座的,除了刘邦和张良之外,就是项羽和他的谋士范增了。虽然刘邦耍了个心眼,暂时骗了项羽,但范增心里边跟明镜似的,他是一心想杀掉刘邦的。

所以,在宴会进行的过程当中,范增按照之前的约定,多次举起腰间的玉佩,目的就是让项羽发号施令,只要命令一下,埋伏在门外的刀斧手,就会一拥而入砍掉刘邦。

然而,范增没想到的是,虽然项羽也看到了他的暗号,但就像没看到一样,只顾着和刘邦喝酒吃肉,这让范增特别着急,如果错过今天这么好的机会,将来再想铲除刘邦,那简直比登天还难。

想到这儿,范增也不再指望项羽了,他瞅准机会走出了营帐,把项羽的堂弟项庄找了过来,说:"计划有变,你大哥项羽不愿意动手杀死刘邦,眼下只有靠你了。一会儿你假装进去敬酒,然后再舞剑助兴。趁刘邦不注意,你直接就把他砍掉算了。要是今天刘邦不死,以后咱们的日子就不好过了,你小子一定要上点心哪!"

项庄听到范增的嘱托之后,二话没说就来到了宴会厅:"早就听说沛公的大名,小弟一直没见过,今天一见,果然是气度不凡。小弟项庄,是项将军的堂弟,特意来向沛公敬酒。"

说完这句话,项庄直接举起了酒杯一饮而尽,刘邦一看,人家都已经干了,自己也不能驳了面子,于是端起酒杯一饮而尽。

没想到项庄敬完酒还不打算走,居然又闹出了幺蛾子,说:"沛公远道而来，项庄不才，也没有什么好礼物相送，今天就为沛公表演一套剑术，希望沛公不要见笑！"

刘邦还没说话，项庄就已经拔出宝剑，开始唰唰地舞弄了起来。正所谓项庄舞剑，意在沛公，只见他拎起宝剑上下翻飞，很快就来到了刘邦的跟前，只要他稍微抖一下，刘邦可能就人头落地了。

其他人不明白，张良还是能看得出来的，他赶紧向对面的项伯使了个眼色，意思是让他赶紧想办法。项伯很快便心领神会，于是，他也拔出了宝剑，和项庄舞在了一起，一边舞一边说："你一个人舞剑多没意思啊！我来和你一起舞剑，也让大家开开眼！"

这时候，大家伙儿也不再喝酒了，就看着这叔侄俩表演。

项庄的目标很明确，就是要瞅准机会杀掉刘邦；项伯也毫不示弱，目的就是要保护好刘邦，让他毫发无损。

眼看着项庄就要动手了，项伯赶紧出剑挡住，这让项庄敢怒不敢言。看着叔侄俩玩得不亦乐乎，刘邦早就吓得面如土色了。

看到刘邦命悬一线，张良心想，得想个辙啊！不然光靠项伯一个人，恐怕难保沛公的命，早晚都得被项庄砍死。

想到这儿，张良赶紧跑出了营帐，找到了樊哙，说："你个傻小子，还搁这儿瞎晃悠啥呢？还不赶紧进去救沛公？再晚一步，估计沛公的脑袋，就要被项庄砍掉了！"

樊哙一听，就知道项羽这帮人没安好心，来不及细问，他就抄起家伙，朝着宴会厅冲了过来。

看到樊哙左手拿着盾牌，右手拎着剑，二话不说就要往里闯，看大门的哨兵哪能愿意，他们赶紧上前，拦住了樊哙的去路，说："兄弟，知道这是啥地方吗？"

还没等他们说完，樊哙就举起盾牌使劲一推，那几个看大门的都是花架子，别看样子长得好看，都是绣花枕头——中看不中用；瞬间就被樊哙撂倒了。樊哙也不说话，直接就进入了宴会厅。

项庄和项伯叔侄俩正在兴头上，突然发现进来一个莽夫，还以为他也要秀两招,所以就赶紧停了下来。项羽一看,还以为来了刺客,立刻大喊一声:"什么人?胆敢持剑上前!"

还没等樊哙说话,张良就赶紧出来打圆场,说:"是沛公的贴身护卫樊哙,听到里面有动静,还以为沛公有事,就不顾礼数冲了进来,项将军不要见怪!"

项羽听到张良这么说,当时就放心了,说:"真是一条好汉。来人哪,给壮士来一碗酒,外加一个猪蹄子。"

手下人听到之后,赶紧给樊哙端来了一碗酒,并伸手递给了他一个猪蹄子。

因为没有座位,樊哙直接把盾牌放到了地上,然后把猪蹄子放到了盾牌上。樊哙左手拿起碗一饮而尽,右手拿起剑,就把猪蹄子剁碎了,没几分钟的时间,就把猪蹄子吃得一干二净。

吃饱喝足之后,樊哙用手抹了抹嘴,然后大声对着项羽说:"好久没有吃过这样的美味了,感谢项将军的酒肉!"

看到樊哙吃得如此豪放,项羽随口又问了一句:"壮士真是好酒量,再来一碗怎么样?"

听到项羽的问话,樊哙也大声回答他说:"一碗酒有什么好推辞的,不过在喝酒之前,我还要替我家主公说两句。当年楚怀王和各位义军头领约定,谁先带兵攻入咸阳,就立他为王。我家主公费了九牛二虎之力,才第一个打进了咸阳城。可是,他深知自己人微言轻,所以并没有称王称霸,而是把咸阳城的财物封存了,就等着项将军带着将士们前来接管。为了防止其他人趁乱闹事,我家主公还派人守住了函谷关。对于这样的有功之臣,项将军不加封赏,反而要听信小人的挑拨离间,打算置我家主公于死地,真是让我们心寒哪!"

眼看着一顿美酒,就要被樊哙搅和了,项羽也开始当起了和事佬,说:"都是误会,我已经明白怎么回事了,绝对不会让沛公再受委屈了。给壮士搬把凳子,让他坐下来好好吃。"

其他人一看,也赶紧出来打圆场,纷纷向项羽敬酒。张良看到这种形势，特意向刘邦使了一个眼色，刘邦赶紧站起身，假装要去上厕所。樊哙作为他的贴身侍卫，也一起走了出来，来到帐外之后，张良赶紧告诉刘邦："此地不宜久留，沛公您还是赶紧走吧！"

刘邦听到之后，也决定立马就走，可他突然想起来，还没有和项羽告别，所以转回身，就要返回营帐，这时候张良赶紧拦住他，说："沛公为什么还要回去呀，难道是有东西落下了？"

刘邦赶紧说："没有东西落下，我想应该和项将军道个别，不然就这么走了，项将军又该误会了！"

看到刘邦优柔寡断的样子，樊哙早就急不可耐了，说："这都火烧眉毛了，哪还顾得上那么多细枝末节，赶紧跑吧！再不跑，等项羽反悔了，我们想跑就来不及了！"

在这样的危急关头，张良也赶紧劝刘邦，说："樊哙说得对，你们几个人赶紧走，我留下来知会项羽一声，免得他挑咱们的理。不知道沛公来的时候有没有备好礼物，如果有的话交给我，我替你转交给项羽。"

这时候刘邦才想起来，自己来的时候已经准备了礼物，刚才光顾着喝酒，忘记交给项羽和范增了，说："来的时候，确实带了几件礼物，这一对大玉杯是给项羽准备的，这一对白玉璧是给范增准备的，麻烦你回去之后交给他们。"

张良接过礼物，就催促他们赶紧走。看到刘邦和樊哙骑上快马，已经渐行渐远，张良并没有着急返回，反而在营帐外徘徊了几分钟，确定他们已经跑远了，张良才不紧不慢地回到了宴会厅。

看到大家伙儿正在兴头上，张良并没有马上把礼物拿出来，而是坐下来接着吃肉喝酒。项羽本来已经喝得差不多了，也没注意刘邦什么时候跑了，过了好一阵子，他才迷迷糊糊地问张良说："沛公出去撒泡尿，咋这么费劲呢，还不赶紧回来陪我喝酒？"

这时候张良才放下筷子，恭恭敬敬地回答项羽："项将军海量，您已经把沛公灌醉了，刚才他撒泡尿，差点掉在茅坑里，兄弟们担心沛公出丑，就把他扶回军营了。沛公临走的时候，特意给项将军和各位留了一点礼物，这一对大玉杯是专门孝敬项将军的，另外一对白玉璧是给范军师准备的。"

项羽伸手接过大玉杯，看到这件玉器晶莹剔透，就知道是价值不菲的物件，拿着非常小心。范增听说刘邦已经走了，顿时气不打一处来，更没有伸手接张良递过来的玉璧。看到范增愤怒的表情，张良就把玉璧放到了范增面前的桌子上。

没想到张良刚转过身去，范增就拔出宝剑，直接把玉璧砍得粉碎，还撂下了一句狠话："马上就要大难临头了，你们这群傻小子还不知道呢！将来和我们争天下的，一定就是沛公，你们就等着当他的阶下囚吧！"

自从范增来到军营之后，项羽还没见过他如此恼怒过，还以为他对刘邦有偏见。不过此时的项羽，基本上已经烂醉如泥了，他也不和范增一般见识，就站起身慢慢悠悠地回去睡觉了。看到项羽离开了宴会厅，其他人也就三三两两地离开了。张良和项伯是最后离开的，他们两个人边走边聊，气氛显得好不热烈。

我们再回头说说刘邦。他从项羽的大营死里逃生之后，就赶紧回到了自己的营帐，并把卖主求荣的曹无伤给找了过来，大骂道："你这个吃里爬外的东西，我平时对你不薄啊！你为啥还要在项羽的面前诋毁我，差点害我送了命！"

看到事情败露了，曹无伤也无话可说，只好低头认罪。刘邦可不像项羽一样优柔寡断，他直接命人把曹无伤推出去砍了，就是为了不留后患。

4. 残暴堪比秦始皇

在鸿门宴上赚足了面子的项羽，过了几天之后，就带着大军浩浩荡荡地进入了咸阳城。跟刘邦入城的状态完全不同，项羽就像嗜血如命的强盗一样大开杀戒，他不仅把秦朝廷的孝子贤孙们全部杀光了，而且还顺带把咸阳的老百姓杀掉了不少。

至于秦朝廷的财宝和皇宫里的美女，项羽更是一件不留，全部都带走了。看到那些带不走的宫殿，项羽也没有手下留情，而是命人放了一把火，直接烧了个精光，连位于骊山的阿房宫也不例外。

老百姓看到熊熊燃烧的大火，也都感到非常痛心。这些精美绝伦的建筑，已经不单单是秦朝廷的私有物品，而是华夏民族的文化瑰宝，烧掉了岂不可惜！

对秦朝廷恨之入骨的项羽，又派人把秦始皇的坟墓挖开，把里面的财宝全部带走。不过，后来的研究表明，项羽的手下挖开的只是陪葬墓，并不是秦始皇本人的墓穴。看到项羽的所作所为，老百姓也感到非常震惊，这与秦始皇的残暴相比，简直是有过之无不及。

从这一点上，大家也可以清楚地看到，项羽就是一个四肢发达、头脑简单的莽夫，他占领咸阳之后，如果能够借用这里的险要地势，完全可以成就一番霸业。可项羽并没有这样做，他把咸阳城祸害完了之后，就打算带着大部队回老家。

这时候，在项羽的手下，有一个非常有见识的读书人，他的名字叫韩生。他给项羽提了一个建议："关中之地，沃野千里，这里不仅有天然的屏障，而且物产非常丰富，如果我们以此为根据地向外扩张，相信一定能够像秦始皇一样，成就一番宏图伟业。"

可项羽听到这样的建议之后，完全没有当回事："我被叔叔带出来的时候，穷得只剩下一条裤衩，如今混了十多年，才终于获得了荣华富贵。如果这时候不回故乡显摆显摆，就好像是穿上华丽的衣服，在伸手不见五指的夜晚赶路，别人怎么知道我发达了？"

韩生完全没想到，项羽居然还有这样的想法，所以他也就不再相劝了。和朋友饮酒的过程当中，韩生也谈到了这件事，末了还加了一句："我听说楚国人，就像是戴上帽子的猕猴一样，起初我还不相信，如今看到项羽的见识之后，我是真的信了。"

虽然这只是韩生的酒后之言，不过却被别有用心的人听到了，并把它告诉了项羽。项羽本来就是一个二愣子，听到有人背后说他的坏话，他并没有反省自己的过错，反而令人把韩生抓了起来。没有经过审判，项羽直接命人准备了一口大锅，然后烧开了一锅水，把韩生扔了进去。还没过几分钟，韩生就被烫死了。他到死也没想到，自己本来是好意，不想却惹来了杀身之祸。

办完这些事之后，项羽本打算起程回老家，可他又想起了一件事，刘邦这只小黄雀还在霸上住着呢！如果他带着大家伙儿离开了咸阳，刘邦按照之前的约定直接称王，那他岂不是亏大了？

想来想去，项羽也没有想到好办法，于是便写了一封信，让人交给了楚怀王。信中的内容只有一点，就是让楚怀王收回成命，不允许刘邦称王，只允许他一个人称王。

信送到了，可项羽没想到，楚怀王虽然是一个光杆司令，但他还挺有血性，坚决不同意收回成命，而是坚持按照原来的约定办。送信的回来之后，把楚怀王的意思转达给了项羽。项羽一听，顿时暴跳如雷，大骂道："真是不识抬举，当初要不是我叔叔把你扶上王位，你小子还在山坡上放羊呢！如今可倒好，居然敢不听从我的命令，看我过两天不废掉你！"

想到这儿，项羽就把手下的大将召集到了一起，说："咱们靠啥起家的，相信大家伙儿心里都有谱吧？当年天下大乱，各路诸侯为了顺应民意，特意把六国的后代拥立为王，目的就是尽快推翻秦朝廷。我们项家世世代代都是楚国的大将，所以我叔叔才把熊心拥立为楚怀王。也正是从那时候开始，我和叔叔风餐露宿，才有了今天的数十万雄兵。今天咱们已经推翻了秦朝廷，取得了阶段性的胜利，也应该论功行赏，封王拜相了！"

大家一听，这是要给大家加官晋爵啊！哪一个人不兴奋？所以他们七嘴八舌地讨论了起来："老大说得是啊！咱们提着脑袋造反，不就是为了获得个一官半职，光宗耀祖嘛！"听到这样的说法，其他人也随声附和："就是嘛，咱们在外面流血流汗，从死人堆里爬了出来，早就应该升官发财了。"

这时候项羽又接着说："虽然楚怀王没什么功劳，但是我叔叔尊他为王，我也不好造次，就暂且尊他为义帝吧，这样咱们也可以封王拜相。不

第九章　项羽的战略计划　195

知道大家有什么意见没有？"

其他人听到项羽这样说，也都表示同意。这时候项羽又发了愁，面对一屋子的大小头目，怎么才能一碗水端平呢？思来想去，项羽也没有好办法，只好派人把范增找了过来。

虽然在鸿门宴上，项羽没有听范增的建议，让他感到非常郁闷，不过气归气，如今看到项羽派人来请，他还是非常乐意地来到了会议室。

项羽看到范增之后，也赶紧站起身来："亚父您来了，今天我把大家伙儿都找了过来，目的就是想论功行赏，让大家伙儿都能加官晋爵。虽然其他人都好办，可我觉得刘邦不好整，特意请您过来出出主意。"

范增一听，也没好气地哼了一声，说："当初咱们说得好好的，让你看到我的暗号之后，就动手杀了他，可你小子总在关键时刻掉链子，这不是养虎为患吗？你现在觉得不好对付他，我告诉你，将来还有更难的时候，到时候你可别后悔！"

听到范增教训自己，项羽也赶紧赔笑脸："亚父教训得是，可刘邦这小子做得面面俱到，咱们又挑不出他的过错，就这样把他砍死了，容易让天下人寒心哪！前两天，我派人给楚怀王送了信，让他收回之前的成命，可这家伙油盐不进，完全不把我的话当回事，你说这可咋弄？我也很为难啊！"

范增听到项羽的解释之后，心里的气早就消了大半，说："既然是这样，你就给刘邦封个巴蜀王吧！巴蜀历来就是关中之地，也正好和楚怀王的约定相符。除此之外，巴蜀之地道路艰险，消息闭塞，而且特别偏僻落后，免得刘邦以后兴风作浪，再回头和你争天下。"

项羽听到范增的建议之后，顿时眉开眼笑，说："要么人家都说，姜还是老的辣呢，就您能想出这么绝的点子。把刘邦放在那个偏僻的地方，他就是再想兴风作浪，那也不可能啊！"

可范增听到项羽的恭维之后，并没有沾沾自喜，反而陷入了沉思，过了好一阵，才开口说："我觉得这还不够，还要放几条大狼狗看住他才行。章邯、司马欣、董翳这三个家伙，都是秦国投降的将领，正好可以帮咱们看家护院，你把他们分在关中为王。一来可以让他们拦住巴蜀，堵住刘邦的出路。二来也可以让他们感恩戴德，尽力给咱们办事。那时咱们就可以高枕无忧、踏踏实实地返回彭城了。"

这时候的项羽，再也不敢着急了，他认认真真地听完了范增的建议，才说："亚父您想得太周到了，我一定照办！"

听说项羽发泄完了，要论功行赏，刘邦赶紧派了个跑腿的去打听情况。当跑腿的找到项伯之后，项伯也感到十分为难，实话实说吧，怕伤了刘邦的心，可这事也瞒不住，干脆给他写一封信吧。

刘邦拿到项伯的信满心欢喜，本以为有什么好事呢，可他看到项羽封他做了巴蜀王之后，顿时破口大骂，说："这个没良心的东西，把秦老二拉下马，我的功劳最大，不封我做关中王，也不能把我放在那个鸟不拉屎的地方啊！既然不想让我好过，咱们都别想过好日子了。兄弟们抄起家伙，咱们跟他拼了！"

樊哙和夏侯婴一听，当时手就痒痒了，他们拎起家伙就要往外走，这时候萧何说话了："都消停点吧！就咱们这点人，都不够项羽塞牙缝的。人家仨人打咱们一个，还有一个抱衣服看笑话的，咱们能打赢吗？"

刘邦一听这个调调，不耐烦地说道："最烦你说这样的话，长他人志气，灭自己威风，就算是打不过，也比困死在巴蜀之地要好吧！你想想，把咱们十万大军全都拉到巴蜀，那个屁股大点的地方，光是站都站满了，还咋发展啊？"

听到刘邦问自己，萧何接着给他分析，说："小不忍则乱大谋。巴蜀虽然贫瘠，但是咱们到了那里，也就远离了中原是非之地。等他们打来打去，消耗得差不多了，咱们也慢慢发展壮大了，再来和他们一较高下，岂不是坐收渔翁之利？再说了，当年商汤在夏桀手底下受气，周武王受制于商纣王，他们最终不都咸鱼翻身了吗？大丈夫应该能屈能伸，将来才能成大事啊！"

萧何说完之后，张良也接着劝刘邦说："二当家说得对！咱们现在找项羽拼命，那是鸡蛋碰石头，还是应该以退为进，将来才有可能卷土重来。现在咱们要做的，就是拿出硬货贿赂项伯，让他在项羽面前多说好话，争取把关中也分给咱们，这样咱们的地盘大了，将来的筹码也就多了。"

正所谓三个臭皮匠，顶个诸葛亮，更何况张良和萧何都是一等一的高参，刘邦很快就想通了。他马上让人带着重礼拜见项伯，一是感谢项羽封他做巴蜀王；二是表明自己的态度，巴蜀之地太小了，又穷得叮当响，万一兄弟们吃不饱，再闹出点啥动静，队伍可就不好带了。恳求项伯在项羽面前多说几句好话，把关中之地也分给我们吧！

项伯本来就觉得侄子项羽做事不公，把刘邦放在巴蜀不合适，如今又看到刘邦带着重礼来找他，于是就做了个顺水人情。他找到项羽，言明利害关系，很快就让项羽改变了主意，不仅把汉中之地给了刘邦，还改封他为汉王。

5. 封了十几个王

除了刘邦之外，其他有功的人，项羽也都给他们封了王。其中，章邯为雍王；司马欣为塞王；早先投奔他的英布，也是楚军的先锋，封为了九江王。按照功劳大小，项羽一共分封了十几个王，这一下皆大欢喜了。

可是，稍微有点常识的人都知道，自从秦始皇统一六国之后，建立中央集权的封建国家才是民心所向，无论是项羽还是他的谋士范增，都没有意识到这一点，这也为他们的失败埋下了伏笔。

自封为西楚霸王的项羽，虽然独自占有了最富庶的九个郡，可是，他的政治地位并没有比其他王侯高出很多，国家仍然是松散的状态。

不得不说，项霸王就是一个没有任何政治头脑的莽汉。他分封诸侯王的时候，并没有一碗水端平，而是按照自己的喜怒哀乐，随心所欲地分封他们，其中最为典型的就是刘邦。本来刘邦的功劳最大，项羽理应好好对待他，可项羽并没有这样做，这让刘邦和他手下的将士们极为不满。等到他们的翅膀硬了，不和项羽拼命才怪呢！

除了刘邦受到了不公正的对待之外，齐王田市也非常委屈。当年他看到项羽势头正盛，也特意派出了自己的大将田都，带领自己的精兵强将帮助项羽。当项羽得了天下之后，他本应该好好地报答田市才对，可没想到他居然卖弄权威，直接把田都封为齐王，而把田市改封为胶东王，并把他的封地从临淄改到了即墨。

经过项羽的胡整之后，本来已经太平了的天下，又陷入了纷争。此时的楚怀王，已经被项羽尊为了义帝，不过当项羽看到彭城特别富裕之后，又把义帝迁到了岭南，而自己则在此建都了。

一切都安排妥当之后，其他各位王都到自己的封地上任了，只有刘邦驻扎在霸上迟迟不肯动弹。归乡心切的项羽，又派出了三万多兵马，专门护送刘邦去往巴蜀上任。

刘邦本来就心里有气，如今又看到项羽赶自己走，还派人监督他，心里更不舒服了。

这时候张良和萧何又劝他，才让刘邦彻底顺了气，带着队伍出发了。张良作为韩王的手下，此时也不得不离开刘邦，回韩国上任。刘邦拉着张良的手，两人就像一对小情人，真是难舍难分啊！刘邦心想，要不是有张良在，说不定自己的小命都没了。想到这儿，刘邦赶紧让人准备了一箱子金银财宝，给张良留着当盘缠。

可哪承想，张良并不贪财，他直接转送给了项伯，并嘱托他好好对待刘邦，如果有什么风吹草动，一定要第一时间通知刘邦。作为张良的好朋友，项伯立刻就答应了下来，更何况，他和刘邦已经成了儿女亲家，即使没有张良的嘱托，项伯也会照办的。

即将分别的时候，张良又向刘邦献上了一计，让他在去巴蜀上任的途中，一定要烧掉走过的栈道。这样一来，不仅可以表明自己不再回到关中的决心，让西楚霸王项羽放心，同时也能防止其他诸侯王的侵袭。

刘邦聪明过人，他当然明白张良的良苦用心，所以部队撤出的时候，他特意让人把栈道全都烧了。看到熊熊燃烧的大火，手下人不明所以，还以为永远也回不到家乡了，都骂骂咧咧的没完。

刘邦来到了自己的封地之后，就规规矩矩地上任了。他特意任命萧何为丞相，一边抓农业生产，一边稳定军心，各项工作开展得有声有色。

张良回到韩国之后，本以为韩王已经回来了，可他并没有想到，韩王居然被项羽扣押了。项羽之所以这样做，一方面是因为韩王无功；另一方面是因为韩王纵容张良，让他给刘邦出谋划策。韩王本来就是一个普通人，他哪里敢跟项羽讨价还价，没想到项羽回到封地之后，直接找了个借口把韩王咔嚓了。

刚刚稳定了几个月之后，项羽分封的诸侯王就闹成了一锅粥。最先出来挑事的，就是被项羽新分封的燕王臧荼和自封为燕王的韩广，两人为了抢地盘，居然大打出手，最终臧荼把韩广杀掉了，并把他的土地据为己有。项羽听说之后，不仅不予以惩戒，还通令嘉奖了臧荼。其他诸侯王一看，这不是谁的拳头硬谁说了算吗？那还等什么，赶紧抢地盘！

紧接着，齐国的田氏兄弟，也开始窝里斗了。原先被项羽分封的田都，刚刚来到封地，还没站稳脚跟，就被田荣兄弟联手打败了。这时候的田都，赶紧跑到彭城找到项羽，哭哭啼啼地求项羽派兵，让他好好教训教训田荣兄弟。

看到田荣摸了项老虎的屁股，被封为胶东王的田市，直接脚底抹油溜了。气急败坏的田荣，仗着自己人多势众，一边收编了巨野的彭越，一边带领军队在齐国烧杀抢掠，占了很大一块地盘，并自封为齐王。

项羽一看，这还得了，你小子把我的人打跑了，还自己当了老大，连问都不问一声，看我不收拾你！项羽特意派出萧公角，带领五万大军进攻田荣。可他没想到，楚地距离齐地路途遥远，当大部队赶到的时候早已经人困马乏。还没等萧公角安营扎寨，田荣就带着彭越把他打残了。无奈之下，萧公角只能带着残兵败将赶紧跑了。

齐国的事还没摆平，赵国又闹出了幺蛾子。当初和张耳一起辅佐赵王的陈余，看到赵王和张耳被章邯所困，他居然见死不救，最后被张耳骂了一通，陈余一气之下，带着兄弟们回了老家。

当项羽封张耳为常山王的时候，因为陈余已经辞职不干了，所以项羽只封他为侯，并让他管辖三个县。这就让陈余非常郁闷，当初他和张耳一样，都是辅佐赵王的功臣，如今张耳封了王，却给他封了侯，真是太不公平了。

恰在此时，陈余又看到田荣兄弟和项羽对着干，他也来火上浇油了，说："我说田老弟呀！你起兵反抗项羽，真是太痛快了。他想当天下的主宰，可净干些没分寸的事，把好地方都分给了自己的人，完全没把你我放在眼里，应该好好教训他。如果老弟能资助我一些军队，我一定帮助你打下常山王，到时候把赵王迎回来，我们兄弟两人联手，实力不是更强吗？"

听到陈余的建议，田荣高兴还来不及，他赶紧给陈余准备了人马，让他带人攻打常山王张耳。陈余本来就是一员武将，手下也有三个县的军队，如今又带着田荣支持给他的人马，那真是如虎添翼。

带着这帮人，陈余浩浩荡荡地出发了。此时的张耳，还不知道怎么回事，突然就被人端了老窝。来不及抵抗的张耳，带着几名亲信就赶紧跑了。看着附近的几位诸侯王，张耳也拿不定主意，心想："我应该去投靠谁呢？原先和刘邦有点交情，可是现在项羽的实力最强，不如还是抱他的大腿吧！"

听到张耳的决定，手下的门客甘公不同意，说："老大有所不知啊！项羽看上去虽然实力雄厚，但是，他这个人优柔寡断，有时候还好勇斗狠，完全不是当君王的料。现在看上去，虽然沛公的实力不强，但我相信，最终得天下的肯定是沛公。"

听到甘公的意见，张耳又琢磨了半天，最终决定投奔刘邦。

第十章
刘邦的战神来了

1. 萧何跑哪儿去了

刘邦带着兄弟们来到封地之后，整天忙得不亦乐乎，除了带领老百姓抓生产之外，每天还要操心练兵的事。他害怕兄弟们手上功夫生疏了，将来打起仗来吃亏。

起初，大家来到这个蛮荒之地还挺新鲜，跟现代人度假一样，可时间久了，这帮大头兵难免思乡心切，大家伙儿都吵吵着要回老家。正所谓没有规矩不成方圆，刘邦也不可能让他们想来就来，想走就走。没办法，一些胆大的就打起了歪主意，他们乘人不备，直接脚底抹油溜走了。

刘邦的一个手下是旧韩国韩襄王的孙子，名叫韩信，不过此韩信非彼韩信，史书上一般称他为韩王信，大家不要误解了。

眼看着逃跑的人越来越多，韩信实在看不过眼，就找到了刘邦，说："我说老大，咱们来到这里时间也不短了，啥时候带着大家伙儿回老家啊？"

刘邦一听，顿时火冒三丈，说："你以为咱们是来度假的，还回老家？咱们是来打仗的，都给我老老实实地待着，回什么老家？"

看到刘邦如此愤怒，韩信赶紧说："老大有所不知啊！兄弟们来到这儿之后，很多人都有了思乡的情绪，其中几个胆大的都已经逃跑了。如果再这样下去，过不了一年半载，估计人都跑光了，到时候咱们还怎么跟项羽对抗啊？反过来，如果老大把大家伙儿思乡的心情，化成一种强大的动力，何愁大事不成啊！"

刘邦一听，没想到这小子说得还挺有道理，说："你以为我不想成大事吗？谁愿意老死在这个鸟不拉屎的地方？可是，眼下咱们的力量太弱，如果跟项羽硬碰硬，咱们可没有好果子吃！"

正当两人聊得热火朝天的时候，突然一个跑腿的跑进来，说："老大不好了，二当家的萧何不见了，是不是也和其他士兵一样思乡心切，趁着大家伙儿不注意逃跑了？"

这两天到处都是逃跑的消息，刘邦最烦别人说逃跑，说："胡说八道，小心我剁了你！赶紧带着人去找，一定要把萧何给我找回来。"

跑腿的挨了骂，再也不敢胡说八道，赶紧就带着兄弟们去找萧何了。可他们找了两天两夜，也没有找到萧何的下落，只能回去向刘邦复命。刘邦一听，顿时就慌了神，要是没有萧何出谋划策，以后的路可咋走？

正当刘邦愁眉不展的时候，看大门的来报告："老大，二把手萧何回来了，正在门外等候！"

本来刘邦正在郁闷，听说萧何回来了，立刻就来了精神："还愣着干什么，赶紧把他给我叫进来！"

此时的萧何，完全不像那个斯文的书生，而像一个穷困潦倒的叫花子，不仅灰头土脸，而且身上到处乱糟糟的，跟滚了柴火垛一样。刘邦一看，很是吃惊，说："听说你逃跑了，我本来还不信，看你这副模样，真像是逃跑了，可为啥还回来呢？"

萧何一听，就知道刘邦误会了，赶紧向他解释："老大想多了，我怎么会逃跑，我是去追韩信了。"

萧何说完这句话，刘邦更摸不着头脑了："韩信前两天还跟我聊天呢，他咋可能会逃跑？你不会是跟我说笑吧？"

听到刘邦的问话，萧何接着说："沛公啊，咱们这里一共有两个韩信，我追的韩信，和你说的不是一个人，你说的是另外一个韩信。"

刘邦听到萧何的解释，心里更来气了："不管是哪个韩信，都没有你重要，你追他干啥？愿意跑就跑呗。再说了，咱们这儿每天到处都有人逃跑，跑了他一个，对咱们能有啥影响？"

看到刘邦不把韩信当回事，萧何又打开了话匣子，说："沛公这样说就不对了，虽然其他人逃跑无所谓，但是韩信就不同了。他这个人熟读兵法，是百年难得一见的奇才，放眼全天下也找不到第二个。正所谓千军易得，一将难求，沛公放着这么好的人才不用，如果让他离开了，岂不是咱们的损失吗？"

刘邦原先也听说过韩信，认为他并没有多大的才干，这时候听萧何这么抬举他，也不免犯起了嘀咕："韩信真有这么大的能耐？我咋没看出来呢？"

看到刘邦对韩信有了兴趣，萧何接着说："沛公要想一直守在这儿，那韩信对咱们来说，确实没多大用处。如果沛公要想和项羽争天下，那就必须起用韩信这样的人才。他不仅能够领兵打仗，还能运筹帷幄，决胜千里之外。没有他，咱们可能就要困死在这里了！"

听到萧何的介绍，刘邦也感到热血沸腾，说："照你这么说，那就给他两万人，让他当个集团军司令吧！我倒要看看，他到底有多大能耐！"

刘邦说完这句话，转头看了看萧何，没想到萧何直摇头："沛公，你这官给得也太小了，韩信就是委屈上任了，过两天他干得不顺心，还是会走的！"

刘邦一听，驴脾气又上来了："我一共就十万人，夏侯婴和樊哙各领两万，我给韩信两万就不少了，难不成让他统领十万大军，那其他将领怎么看我？这么办事，难以服众啊！"

听到刘邦的问话，萧何接着解释："虽然夏侯婴和樊哙跟着沛公出生入死，也立下了很大的功劳，但是他们两个人只是将才，带兵打仗还行，要论出谋划策、排兵布阵，他们绝对不是韩信的对手。沛公你就听我的，把韩信拜为大元帅，直接统领全部的兵马。"

既然萧何保证，刘邦虽然心有不甘，可也决定冒险一试："既然你这么有把握，那我就任命韩信当这个大元帅，把咱们的家底全都交给他。"

看到刘邦轻描淡写地一说，萧何仍然不满意："咱们还是应该选一个黄道吉日，修建一个拜将高台，然后举办一个隆重的拜将仪式，才能让人心悦诚服。由您亲自出面主持，相信其他将领也会分清轻重，不会让韩信感到难堪。如果咱们悄没声地拜韩信为将，其他士兵还以为闹着玩呢，哪一个人能服从他的号令？"

刘邦觉得萧何说得很有道理，于是便答应了下来："你们这帮穷酸秀才，穷讲究还真多。行了，都听你的，你直接让兄弟们准备吧！等良辰吉日一到，咱们就举行一个隆重的仪式，正式拜韩信为大元帅，这总可以了吧？"

看到自己提的要求，刘邦都满足了，萧何二话不说，马上就去准备了。

虽然大家对韩信都非常了解，但这里还需要普及一下，毕竟还有人不理解，为何萧何如此看重韩信。

韩信出身于名门望族，只不过在他很小的时候，就因为家道中落而沦为贫农。自从韩信记事时开始，父母就把他送到了学堂读书。与其他的孩子不同，韩信并不喜欢经书，但特别喜欢研究兵法，对各种军事理论著作烂熟于心，也为他之后带兵打仗打下了坚实的基础。

然而天有不测风云，在少年时期，韩信的父母就相继离世，让他的家庭生活越来越贫困。尤其是他母亲去世的时候，家里穷得几乎都揭不开锅了。可韩信完全不理会这茬，他仍然想办法找了一处高台，给他的母亲建了一个又高又宽敞的坟地。

之所以要穷讲究，就是因为韩信胸有大志。他认为大丈夫一生，就要干一番轰轰烈烈的事业，将来自己发达了，也要举办隆重的仪式祭祀母亲，而选择一处高台，就是为此做准备的。

安葬了母亲之后，韩信就没有一个亲人了。因为他把所有的精力都放在了研究兵法上，所以长大成人之后，他没有什么谋生的本事，也逐渐沦为贫农。

正所谓四体不勤，五谷不分，韩信逐渐失去了生活来源，整天过着饥一顿饱一顿的生活。用现在的话来形容，靠吃土生活的韩信，下点小雨都能改善改善生活，因为不用吃土了，可以吃泥了。

有时候实在饿得难受，韩信就到熟人家里等着，别人吃饭总不能饿着他吧！可经常白吃白喝，也容易惹人烦，即使放在现代社会，也没人会喜欢这样的小混混。

在韩信认识的熟人当中，有一个是他父亲的故交好友，是当地派出所的所长，家境非常不错。看到韩信每天都来蹭吃蹭喝，所长倒无所谓，可是所长的老婆不乐意了，有事没事就给韩信甩脸子。韩信虽然知道人家不待见自己，但也没办法啊，谁让自己的肚子不争气呢。所以每到饭点的时候，他也就早早地来到所长的家中等候。

这一天，韩信又像往常一样，来到了所长的家中，打算再大吃一顿。可没想到，过了饭点了，这家人还跟没事人一样，躺在院子里晒太阳，压根儿不打算做饭。韩信心里也犯起了嘀咕，我都饿得前胸贴后背了，难道他们不饿吗？

这时候的韩信，脸皮再厚，也不好意思催人家做饭去。眼看着蹭饭无望，韩信只好找了个借口走了，打算去其他人家碰碰运气。

接连好几天，韩信在所长家都没讨到饭吃，他就纳了闷了，难道这家人都是铁打的，天天不用吃饭？为了揭开这个谜底，韩信天不亮就起床了，专门守在人家屋外面，想看看究竟咋回事。

果不其然，韩信刚刚来到所长家，就看到他们家炊烟袅袅，一家人正在做饭。不一会儿，饭做好了，只听到所长的老婆说："饭做好了，都赶紧去吃，别等着要饭的来了，咱们都没的吃了。"

虽然这句话不是当着韩信的面说的，可比在他面前说还要刺激韩信的自尊心。从那天开始，韩信再也没有登过所长家的门。韩信这一点和刘邦还挺像的，要不他能和刘邦混到一起呢，还真是臭味相投啊！

可话又说回来了，韩信就是再有本事，饿肚皮的滋味也不好受啊！把穷亲戚家吃过了一遍之后，韩信只好来到江边钓鱼，希望吃口饱饭。运气好的话，不仅能够钓上几条大鱼，还能卖了换点粮食吃；可是运气不好的时候，别说大鱼，连个小虾米都钓不到，没办法，只能饿肚子了。

韩信在江边钓鱼的时候，总能遇到几个大户人家的用人，她们带着衣服在江边漂洗。有时候衣服洗不完，她们索性在江边吃点干粮，下午接着洗。其中一位善良的老妈妈，看到韩信经常空手而归，就把自己带的大饼分给他吃。

早就饿急眼的韩信，哪还顾得上假客气，他接过大饼，就狼吞虎咽地吃了起来。看到韩信跟饿狼一样，大妈连自己剩下的大饼也舍不得吃，都留给了韩信。韩信本来就是一个七尺男儿，他怎么可能不知道大妈的辛苦？"我吃这些就够了，留下的还是你吃吧。再说了，你干那么重的活，不吃饱了哪行啊？"

看到韩信不愿意接剩下的半块饼，大妈开导他："没关系，我马上就要洗完了，回去吃也不耽误。"盛情难却，韩信索性接过剩余的半块饼，一顿风卷残云，大妈准备的干粮，全都进了韩信的肚子。

更没想到的是，韩信每天去，大妈都给他准备好了大饼，也让韩信感动得泪流满面。接连吃了大妈几个月的干粮之后，有一天，韩信突然对大妈说："自从我娘去世之后，还没有哪一个人，像您这样对我这么好，将来我要是发达了，一定好好地报答您老人家。"

韩信本以为，大妈听到这句话之后，一定会非常高兴，没想到大妈顿时就生了气："我给你饭吃，并不是为了让你报答的，而是看到你一个大男人，整天饿着肚子也怪可怜的，以后你还是要找一个正经的差事，以免再饿肚子了。"

听到大妈的教诲，韩信也感到非常惭愧，没想到他一个七尺男儿，还不如一个大妈看得远。也正是从那时候开始，韩信就下定了决心，将来一定要混出个人样，好好报答这位大妈。

可韩信没有想到的是，苦尽甘来的日子似乎太遥远了，等待他的是无尽的折磨。有一天，当他若无其事地走在大街上，正寻思着去蹭顿饭的时候，迎面却碰到了一个地痞流氓。他看到韩信走了过来，故意挡住了他的去路，韩信本想绕过去，可是那小子偏不依，说："看你整天人模狗样的，腰里还别着一把宝剑，不知道是真有本事，还是假装有本事。要不然你给大家露两手，让大爷开开眼。"

韩信本来就知道，这个地痞流氓整天无事生非，所以不想和他一般见识，于是便想转身离开。没想到那个地痞流氓快跑几步，又挡在了韩信的面前："真是一个胆小鬼，连拔剑的本事都没有，你今天要想从这儿离开，就必须从我的裤裆底下钻过去！"

说完这句话，那个地痞流氓就叉开了双腿，一副旁若无人的样子。看到这个地痞流氓欺负韩信，其他人也不敢上前，只能呆呆地张望。没想到，这时候还来了几个起哄的小混混："韩信，别听他的，拔出你的宝剑，让他尝尝你的厉害。"

听到起哄，那个小混混又嚷嚷了起来："就是，你拿着宝剑，还怕他一个赤手空拳的莽夫，直接砍死他得了。"

一般人听到这样的话语，难免都会热血沸腾，冲动起来什么事都干。可韩信不一样，他就像没有听到别人起哄一样，而是慢慢地趴到了地上，直接从地痞流氓的胯下钻了过去。

其他人一看，韩信这小子也太无能了，所以纷纷嘲笑他，有人骂他是窝囊废，还有人骂他是胆小鬼，反正说什么的都有，骂得也非常难听。可韩信就像没事人一样，爬起来拍拍身上的土，就径直离开了。

正所谓小不忍则乱大谋，作为一个血气方刚的男人，韩信能够忍受奇耻大辱，也从一个侧面说明了，他就是一个做大事的人，完全不在乎这些小节。

当陈胜、吴广举起反秦大旗的时候，各路英雄豪杰群起响应，项梁叔侄俩起兵之后，韩信也来投奔他们了。不过与大将军英布的待遇不同，韩信投奔项梁叔侄二人之后，并没有得到重用，而是一直当大头兵。

后来，项梁战死了，这支部队归项羽指挥，韩信才有了出头之日，不过也只是一个小郎中，比大头兵稍微好了一些。在几场关键战役里，韩信积极帮助项羽出谋划策，然而对兵法一知半解的项羽，完全不理会韩信，这让韩信感到非常委屈。

眼看着没有出头之日，韩信心想良禽择木而栖，男子汉大丈夫岂能在一棵树上吊死？于是他便来到了刘邦的军中，希望能够得到他的重用。然而让韩信没有想到的是，刘邦和项羽一样，也没有发现他的才能，只让他当了一个小官。

郁郁不得志的韩信，有时候也会和兄弟们一块儿喝个小酒，发发牢骚。本来这些都是很正常的事情，然而说者无意，听者有心，有一个人居然把韩信说的话，原原本本地转述给了刘邦。

刚刚当上汉王的刘邦，本来心里就不舒坦，于是他就认为韩信图谋不轨，直接派人把韩信以及和他喝酒的几个人全都绑了起来，打算把他们全都处置了。

负责监斩的夏侯婴，把这几个人拉到刑场之后，只见另外几个人早就吓得尿了裤子，只有韩信一个人大声怒吼："汉王真是有眼无珠，今天你要是把韩信杀了，将来你就别想做天下之主了！"

看到韩信气宇轩昂，死到临头还面不改色，夏侯婴觉得他是个人才，于是命人把他带到了跟前，说："小子，你以为说大话就不用死了吗？我告诉你，一会儿我就让他们第一个砍了你！"

听到夏侯婴威胁自己，韩信一点都不害怕："谁说大话了！我说的都是实话。汉王要想争天下，必须用我这样的壮士，否则他就别想打败项羽！"

"你死到临头了，还这么狂！那你说说你到底有什么才能？"看到韩信的嘴这么硬，夏侯婴也觉得他绝非等闲之辈。

在情势如此危急的情况之下，韩信并没有表现得非常急躁，而是头脑非常冷静，他不仅高谈阔论天下之事，而且还把自己平生所学，都毫无保留地展现了出来，让夏侯婴听得无比佩服。随后夏侯婴对刽子手说："兄弟，给他松绑，我要带他去见汉王！"

夏侯婴带着韩信来到刘邦的营帐，带他见到了刘邦。听说韩信是个人才,刘邦还特意把他叫到了跟前,向他了解了一些带兵打仗的知识。看到韩信侃侃而谈,刘邦也觉得他是个人才,于是便免了韩信的死罪,并任命他为军需长。

正所谓兵马未动,粮草先行,军需长虽然是后勤人员,可在古代,却是一个非常重要的职位,而且还是一个肥差,好多人都想做,可刘邦都没同意。如今却把这样的美差交给了韩信,足见他对韩信的重视。

2. 拜韩信为大将军

可是刘邦没想到,他这样的周密安排,依然没能留住韩信。因为韩信是带兵打仗的天才,仅仅一个军需长的职位,很难让他发挥出才能。

正当韩信觉得郁郁不得志的时候,有一个人已经开始悄悄留意他了,这个人就是萧何。因为夏侯婴在刑场偶然认识了韩信,于是就把韩信的事告诉了萧何。本来,萧何就是一位知人善任的长者,当他听说夏侯婴如此佩服韩信的时候,也特意把韩信叫了过来。

两人促膝长谈之后,萧何更坚定了夏侯婴的判断,认为韩信是一个不可多得的人才,于是便答应他,一有机会就向刘邦推荐他,任命他为大将军。

韩信一听,萧何是堂堂的二把手,他一定不会骗自己。然而韩信没有想到的是,过了个把月之后,还不见刘邦找他,也没听说要拜他为大将军,这时候韩信就觉得,可能萧何压根儿就没想着重用他,只不过当时意气用事,给他画了一张大饼。

看到逃跑的人越来越多,韩信觉得跟着刘邦也没啥前途,还不如另寻出路,于是在一个月黑风高的晚上,一个人悄悄地离开了。第二天早上,萧何刚睡醒就听到手下人说,他看中的韩信逃跑了。萧何来不及吃早饭,穿上衣服提上鞋,就骑上一匹快马追去了。那时候不比现在,从巴蜀之地回汉中,只有一条路可走,所以萧何骑上快马,就一条道跑到了黑。

直到当天晚上，萧何才追上了韩信，此时萧何已经跑了二百多里地，整个人都非常疲倦。看到萧何跑了过来，韩信也是没想到，可无论萧何怎么劝，他始终不愿意跟随萧何回去。

萧何语重心长地对韩信说："没想到，你小子人不大，气性还不小。上次我答应你的事，一直都没来得及办，这次你跟我回去，我立刻就找汉王，让他拜你为大将军。如果这次我没办成，你明天就可以离开，我再也不会阻拦你！"看到萧何已经是五十多岁的人了，为了追他已经丢掉了半条命，韩信就是再冷酷无情，也早被他感化了，于是便跟随萧何回来了。

萧何带着韩信回来之后，直接就找到了刘邦，让他正式任命韩信为大将军。为了追求仪式感，他们还特意建了一座高台，就等着黄道吉日到来。

当一切准备就绪之后，刘邦特意沐浴更衣，并带着大家伙儿来到了拜将台。当天艳阳高照，一看就是一个黄道吉日，当各位首领聚齐之后，拜将仪式就开始了。刘邦看着台下威风凛凛的勇士，心里的自豪感油然而生。

因为事先没有公布大将军的人选，所以樊哙和夏侯婴等大将也都跃跃欲试，似乎他们即将成为那个幸运儿一样。毕竟在刘邦的手下，他们两位能征善战、功勋卓著，在将士们的心目当中，也都有很高的威望。

正当两人揣摩人选的时候，拜将仪式就开始了，首先走上前来的是萧何，他面对全体将士发表了一篇热情洋溢的演说："兄弟们，今天咱们在这里隆重集会，相信大家都知道是为了什么。我们要任命一个大将军，让他带领全军将士奋勇杀敌，奔一个远大的前程。现在，有请我们的大将军上台，由汉王为他授大将军印。"

萧何的话音刚落，韩信从拜将台下缓缓走上台，这时候大家都感到非常震惊，没想到韩信作为一个普通的军需官，居然摇身一变，成了统领三军的大将军，简直不可思议。不过在如此严肃的情况之下，没有人敢窃窃私语，大家只能表情肃穆地盯着韩信。当他在拜将台上站稳之后，刘邦就拿起将军大印，郑重地交到了韩信的手中。韩信面对全体将士举起将军大印，台下的将士们也高高举起手中的武器，大声高呼："好！好！好！"

这时候，刘邦在拜将台上面对全体将士，高高举起双手，示意大家安静下来:"兄弟们,现在我宣布,韩信就是汉国的大将军,大家必须听从他的号令,如有违抗军令者,立斩不赦!"

刘邦的发言非常简短,却振聋发聩,足以穿透每一名士兵的心。这不仅树立起了韩信的权威,而且还向大家表明了,整个汉国的前途和命运,都托付在了韩信的手中。

拜将仪式的最后,新任大将军韩信做了表态发言:"韩信不才,承蒙汉王厚爱,拜我为大将军,我将一往无前,义无反顾,鞠躬尽瘁,死而后已!从今天起,我们就要操练起来,为大汉江山开疆拓土,回报汉王的知遇之恩。"

完成这些既定的仪式之后,萧何宣布拜将仪式结束。在回去的路上,刘邦特意让韩信和自己同乘一辆马车,两人说起了悄悄话。"如今,我把大家伙儿的身家性命都托付给了你,你身上的担子很重,不知道你有什么良策,可以说出来听听吗?"

听到刘邦问自己,韩信也非常谦虚地表示:"既然汉王这么看得起我,我就谈一些不成熟的看法。虽然咱们现在的实力不如项羽,但我们要想向东发展,早晚有一天要和项羽硬碰硬。我曾经在项羽的手下当过几年兵,所以对他还是非常了解的,这个人虽然看上去英武过人,实际上却是一个不折不扣的莽夫,他只会逞匹夫之勇,不可能成为天下的主宰者。"

听到韩信的分析,刘邦也感到非常困惑:"可从目前的形势看,项羽的确是一家独大,没有人能与他抗衡。"

听到刘邦这样说,韩信接着分析:"虽然现在看来,项羽势不可当,但他早已经失去了民心。相信汉王还记得,当初项羽是如何对待秦王朝的降兵的,那可是二十万大军啊,都被项羽砍死了,在这二十万人的背后,是二十万个不幸的家庭。对于这样的暴君,老百姓怎能不痛恨!当初您进入咸阳之后,与老百姓约法三章,让秦地的老百姓欢欣鼓舞,他们都希望拥立您为王。可项羽进入咸阳之后,到处杀人放火,也让秦地的老百姓备受蹂躏。所以与汉王相比,项羽早就失去了民心,他的衰落是迟早的事情。"

听到韩信分析得头头是道,整个人越讲越亢奋,刘邦说出了自己的担忧:"话虽这样说,可项羽手下毕竟兵多将广,尤其是投降他的章邯、司马欣和董翳,更像三条看门狗一样,守在了咱的家门口,咱们现在是连门都出不去啊!"

听到刘邦的担心,韩信微微一笑说:"这一点汉王更不必担心,他们三人本来就是秦朝的将领,结果吃了败仗,带着秦国的子弟投奔了项羽,本来想保住一条小命,可没想到,手下人全被杀了。秦国百姓早就对这三人恨入骨髓,如今项羽却把他们放在了秦地,想扼守我们东出的大门,这怎么可能呢!如果我们率兵入关,老百姓一定会揭竿而起,把他们三个人的皮剥下来欢迎我们。"

话都已经说到这个份上了,刘邦还有什么好担心的,他巴不得早点离开这个鬼地方,向东入主中原呢!"真是听君一席话,胜读十年书啊!依将军看,我们何时东征比较合适呢?"

这时候,韩信接着说:"饭要一口一口地吃,汉王不要着急!虽然项羽失败是早晚的事,可眼下咱们还没有必胜的把握,必须从长计议。如今咱们要做的,就是要扩充军队、操练士兵,只有咱们的战斗力加强了,才能一招制敌,克敌制胜。"

刘邦越来越确信韩信是不可多得的人才,不仅有远大的目标,还能脚踏实地,这样的人才,差点被自己埋没了,想想都后怕。他说:"难怪夏侯婴和萧何都那么看重将军,你真是百年难得一见的奇才!起初把家底交给你,我还挺担心,如今再看,真恨没有早点交给你啊!"

看到刘邦如此重视自己,韩信不无谦虚地表示:"汉王言重了,我一个人决定不了战局,关键还需要士兵们英勇杀敌。如果您能广招人才,重用英武善战者,让有功的人都能得到封赏,大家伙儿哪有不卖命的道理?相反,像项羽那种厚此薄彼的做法,不仅让大家伙儿寒了心,还不利于团结,又怎么可能取胜呢?"

刘邦听得整个人都已经入迷了:"都听你的,你说咋办就咋办!以后你的决定就是我的决定,谁敢不服从,你就告诉我,看我怎么处置他!"

第二天，韩信就走马上任了，他把大家都召集起来，宣布了各项规定。本来大家看到韩信突然当了大将军，心里边就不服气，如今又看他制定了各种条条框框，心里就更加不满了。可他手中拿着尚方宝剑，还有先斩后奏的权力，所以大家也不敢轻易顶撞他，他们都想看看韩信能把军队操练成个什么样。

颁布完这些法令条例之后，韩信就开始练兵了。他先把阵法给手下的将军们讲解一番，然后让他们按照既定的方案配合。经过一段时间的磨合之后，将士们均能做到闻令而动，同时又能做到令行禁止，比之前一窝蜂地往前冲，效果要好了不知多少倍。

韩信上任之后，虽然时间并不长，但取得的效果却非常明显，其他大将再也不敢小看他了。真是喝过墨水的，肚子里有货啊！

韩信操练士兵的同时，刘邦也没有闲着，他和萧何一起，不仅招募了很多新兵，还囤积了大量的粮草，就等着尽快发兵，向东进攻关中。

过了大半年的时间，韩信看到士兵军容整齐，精神面貌焕然一新，于是便向刘邦建议，可以和项羽决战了。听到这个好消息之后，刘邦高兴得一夜没睡，第二天就把手下的首领们全部召集了起来，共同商议东出的大计。因为刘邦带人来蜀地的时候，已经把入关的栈道全都烧掉了，所以这时候再想原路返回，其实已经不可能了。

此时的韩信，向大家提出明修栈道、暗度陈仓的建议，这一计划很快就得到了大家的一致认可。

韩信为什么知道陈仓这条路？很简单，他在项羽那儿不得志以后，就顺着陈仓这条道来投奔了刘邦，所以他对这条路很熟悉。

打定主意之后，刘邦就派了几百名老弱病残，带着锄头和斧头出发了。为了制造声势，这帮人还扛着红旗，打着标语，逢人便说他们要去修复栈道。

这帮人出发不久，刘邦就带着精兵强将，和韩信一起趁着夜色出发，只留下萧何一个人，带着文职人员在后方抓生产。

在秋高气爽的季节里，将士们斗志昂扬，他们巴不得早一天回到家乡去，每个人的脸上都洋溢着笑容，即使昼夜行军也毫无倦意。

再来看看章邯，作为秦国的一员大将，他对汉中的形势非常熟悉，自从刘邦烧毁栈道之后，他就把防守的重点放在了陈仓。如果刘邦想东出，除了修复栈道之外，唯一的一条出路就是陈仓了。

然而过了大半年，刘邦似乎毫无动静，也没有打算入关，章邯也就放松了警惕。又过了一段时间，章邯听说刘邦派了一些人在修栈道，他立刻就警觉了起来，难道刘邦又不老实了？

章邯派人打探了一番，原来刘邦只是派了几百个老弱病残，在那里慢慢悠悠地修栈道。这时候章邯也就不再关心了，毕竟入关的栈道位于崇山峻岭之间，到处都是悬崖峭壁，仅仅依靠这些老弱病残，就是修到猴年马月，栈道也不可能修通。

正当章邯暗暗窃喜的时候，又有人打探消息回来，说刘邦新任命了一个大将军，名字叫韩信。章邯一听，疑惑地想："韩信是谁？原先咋没听说过这个人？他到底有什么本事，能统领十万大军！"

为了做到知己知彼，章邯又派人详细打探了一番，结果却发现韩信只是一个没落的贵族，不仅胆小怕事，而且还曾经被地痞流氓羞辱过，甚至从人的胯下钻过去。听到这些消息之后，章邯更加轻敌了："刘邦是不是脑子坏了？或者是病急乱投医？居然任命一个懦夫做三军的统帅，真是闻所未闻。再说了，他刚刚烧毁了栈道，如今又派了一帮老家伙重修栈道，真不知道他是怎么想的。"

听到这几个有利的消息之后，章邯再也不操心刘邦的事情了，而是放心地享受生活。章邯这个人本来也没什么爱好，平时就喜欢喝点小酒，看看美女给他跳个舞。这一天，章邯又像往常一样，躺在摇摇椅上吃着葡萄，喝着美酒，突然看到一个跑腿的进来，大喊："大王不好了，刘邦已经派部队包围了陈仓，马上就要破城了！"

章邯一听，还以为手下人跟他开玩笑："别瞎扯了，刘邦不是还在修栈道吗？他怎么可能绕到陈仓入关，十万大军人吃马喂的，那得花多少钱！"

虽然章邯不相信，可他还是派出人去打探消息了。没过两天，派去的人就飞马回报，说陈仓已经失守，刘邦正率领大军，向着咸阳的方向而来。章邯听到这样的消息，才意识到问题的严重性，他急忙集合大军，打算迎战刘邦。

在他们赶往陈仓的路途当中，遇到了很多残兵败将，可是让章邯感到奇怪的是，一路上并没有一个逃难的平民百姓。这与之前的战争完全不同。当年陈胜、吴广起义的时候，到处都是流离失所的百姓，项羽攻秦的时候同样如此。

其实章邯并不知道，刘邦攻占陈仓的时候，也下令不允许军队骚扰百姓，所以老百姓安居乐业，并没有受到太大的影响。

对于这样的状况，章邯并没有过多询问，而是带着部队抓紧赶路，想尽快把陈仓夺回来，可他们刚刚走到半路，就遇到了刘邦的大军。正所谓狭路相逢勇者胜，刘邦的大军经过韩信的严格训练之后，不仅战斗力非常强，而且排兵布阵都非常熟练。

与刘邦的大军不同的是，章邯手下的士兵毫无斗志，因为他们早就对章邯恨之入骨，只是迫于他的淫威，不得不拿起武器被动作战。两军刚一交锋，刘邦的大军势如破竹，章邯的手下则四散逃窜。眼看着兵败如山倒，章邯来不及多想，带着剩下的兵马逃到了好畤（zhì）。

虽然首战失利，但章邯毕竟是经过沙场锤炼的将军，他临危不乱，迅速把部队集合了起来，打算趁着刘邦的部队休整之际，打他们个措手不及。可章邯没有想到的是，由韩信指挥的大军，并不是当年项梁指挥的部队，还没等章邯缓过劲来，他们已经来到了好畤的城墙根下，并迅速对他们形成了包围之势。眼看着无处躲闪，章邯决定来个鱼死网破。

当章邯带着部队杀出来的时候，他完全没有想到，汉军早已经做好了准备，他们迅速对章邯完成了分割包围，然后再各个击破。眼看着自己的大军即将被消灭殆尽，章邯带着剩余的人马冲出重围，来到了废丘，留下他的儿子章平留守好畤。

打跑了章邯之后，再转过头来对付他的儿子章平，那还不是跟喝凉水一样容易吗？可让大家没有想到的是，章平据险而守，带领将士们在好畤的城墙上坚守不出，汉军进攻非常困难。

眼看着部队损失惨重，樊哙当时就火了，他拿起盾牌，拎起大刀就爬上了云梯。别看樊哙五大三粗，没想到他爬上云梯之后，动作居然十分敏捷，就像是一只上蹿下跳的猴子。还没有半炷香的工夫，樊哙就带领大家爬上了城墙。眼看着城门失守，章平知道大势已去，他带着贴身侍卫，从北门杀出了一条血路，就赶紧逃往废丘，找他老爹去了。

无论是当兵的还是老百姓，都早就恨透了章氏父子，看到领头的跑了，纷纷放下武器，再也不愿意抵抗了。

在这场战斗当中，身先士卒的樊哙立了首功，韩信特意请示了刘邦，要给他加官晋爵。可此时的樊哙，已经是临武侯了，再往上升，就该和刘邦平起平坐了，所以刘邦奖励了他一些金银财宝，并给予口头嘉奖一次。

看到章邯吃了败仗，附近几个县城的首领们哪敢抵抗，于是都顺势纷纷投降了汉王。当刘邦带着大军包围废丘的时候，章邯始终不肯投降，这时候韩信也来到了废丘城下，并详细察看了地形。见到刘邦之后，韩信拍着胸脯向他保证："汉王放心吧，我能不费一兵一卒，拿下废丘城！"

刘邦一听，居然没有半点怀疑，因为他已经见识了韩信的能耐，说："放心大胆地去干，有啥需要，我全力支持！"

韩信谢过刘邦之后，就带着大家分头准备了。此时的章邯，看到汉军包围了废丘城，却没有像之前进攻好畤一样，奋不顾身地往上冲，感到非常奇怪。不过他们不敢有丝毫的大意，而是日夜紧盯着汉军的动向。

当天晚上，章邯刚刚合上眼，就听到门外大声喊叫，章邯还以为汉军攻城了，急忙拎起武器就往外跑，可他刚刚跑出门口，就发现自己跳到了大河里，到处都是齐腰深的水。看到水位越来越高，章邯还没弄清楚怎么回事，就听他儿子章平大喊："老爹快跑吧，再不跑，我们就要被淹死在城里了！"

眼看着已经没有了回天之力，章邯赶紧命令儿子，带着一家老小和亲兵卫队，赶紧从城北门逃跑了。汉军得到这个消息之后，很快就追了上来，就像痛打落水狗一样，把章邯父子包围了。经过一番苦战，章邯的亲

第十章 刘邦的战神来了 217

兵卫队全部被解决了，章邯只能无奈自杀，他的儿子被活捉。

之所以能够顺利拿下废丘城，其实是因为韩信了解到了废丘城的地理环境，把城西的河水灌入城中，导致废丘城变成了一座养鱼池。

章邯父子失败之后，韩信又命人疏通河道，把城内的大水排出来。带领大军入城之后，刘邦看到老百姓的房屋受损了，也派出士兵帮他们修复房屋，让老百姓很快便恢复了正常的生活。

经过这场战斗之后，项羽分封的雍王章邯彻底玩儿完了，雍地随即平定。当初项羽和范增制定的策略，就是让雍王章邯、翟王董翳和塞王司马欣共同扼守刘邦，如今铁三角已经被韩信掰折了一角，剩下的翟王董翳、塞王司马欣，更是不在话下。

韩信的下一个目标是攻打塞王司马欣，这让司马欣手忙脚乱起来。前些日子，韩信攻打章邯的时候，章邯曾经向司马欣求救，可司马欣害怕引火烧身，故意见死不救。如今看到韩信掉转枪头，开始对他下手了，司马欣吓得屁滚尿流，还没等韩信劝降，就主动投降了。

看到那两位大王死的死，降的降，翟王董翳心想，自己还死扛着干啥！干脆投降得了，这样至少可以保证家人的性命安全。想到这儿，董翳立刻给韩信写了一封信，愿意听从刘邦的号令，希望韩信不要派兵打他了。

本来刘邦以为，家门口这三个看门的很难对付，没想到经过韩信这么一折腾，汉军几乎没费多少力气，就把他们全都驯服了。这也就意味着，项羽梦想靠章邯、司马欣、董翳三人扼守关口，堵住刘邦入关的第一条计划彻底失败。

扫除了进攻的障碍，完全占领了富有的关中，然后据险而守，项羽再想入函谷关，那简直比登天还难。这时候的刘邦，不仅土地扩大了许多，而且要枪有枪，要粮有粮，成了一股不可小觑的力量，即使与楚霸王项羽相抗衡，也完全不在话下。

这时候的项羽，还没有摆平齐国和赵国叛乱的事情，又听说三秦之地易了主，顿时暴跳如雷，大骂道："真是一帮饭桶，三个还打不过一个，赶紧给我集合队伍，看我怎么收拾刘邦这个老流氓！"

手下人一听，赶紧向项羽报告："大王啊，前一段时间，您派萧公角攻打齐王，结果被齐王和彭越打得大败，这会儿大家还没有缓过劲来呢，如果再放弃齐王，去攻打汉王，估计兄弟们分身乏术啊！"

这时候项羽才想起来，齐国的火还没灭呢，真是急火攻心！到底先干谁？项羽一时也没了主意。恰在这时，张良竟然派人给他送来了一封信，意思是说，汉王出兵攻打三秦，并不是要和项王过不去，只是自己的地盘太小了，养不起手下的兵。如今汉王既然达到了目的，也绝对不会再向东发展了。项王现在最应该剿灭的，应该是齐王田荣，因为齐国和楚国接壤，如果项王再不痛下杀手，一旦齐国和赵国联手，估计项王性命堪忧啊！

接到张良的来信，项羽想想也是，汉王虽然强大，可他远离自己的国都，一时半会儿也构不成威胁，可齐王田荣就不同了，前一段他还联合赵国，打跑了常山王张耳，如果任由他发展下去，估计都没有自己的立足之地了。

想到这，项羽对刘邦的怒气已经消了一半，他决定带领大军，先把齐王田荣打了再说。其实项羽并不知道，这只是张良的缓兵之计，目的就是消耗项羽的有生力量，让汉王刘邦得到喘息的机会。可项羽这个二愣子，完全没有识破这一点。

当初张良离开刘邦，来到韩国上任的时候，他还不知道项羽已经把韩王扣押了，直到后来项羽杀掉了韩王，张良才感到痛心不已。既然韩国待不下去了，张良心想还不如回到汉中，跟着刘邦干。

当他走到半路的时候，又听说刘邦已经取了三秦之地，正在筹划东出，于是他赶紧写了一封信，希望能够麻痹项羽。没想到，这封信还真是起了大作用，让项羽暂时放弃了攻打刘邦的计划，转而将矛头对准了齐王田荣。

趁着项羽顾头不顾腚的关键时刻，张良赶紧来到了刘邦的地盘，这回，他算正式入伙了。听张良说，韩国暂时无主，刘邦就把韩襄王的孙子韩信找了过来。为了方便区分，就按照史书叫他韩王信吧。

刘邦对他说："项羽这厮居然把韩王杀掉了，正好韩地无主，不如你带着手下的兄弟们，到韩地去称王吧！"韩王信一听，高兴得眉飞色舞："大王，我早就盼着这一天呢，可我手下这点人，还不够项羽塞牙缝呢，万一打起来，我这小命不保啊！"

听到韩王信的担心，站在一旁的张良想助他一臂之力，可是刘邦却坚决不同意，刘邦对韩王信说："你就放心去吧，项羽现在自顾不暇，哪里还能管得了你？过不了几天，我们大军就出征了，到时候灭了项羽，你还怕啥啊？"听到刘邦给自己壮胆，韩王信再也不磨叨了，带着手下的兄弟们就来到了韩国，并登基称王。

看到事情进展得如此顺利，刘邦又派郦商等人攻取了上郡，同样势如破竹。紧接着，刘邦的手下薛欧和王吸，率军来到了南阳。这时候的南阳，正被王陵控制。王陵和刘邦一样，都是沛县人，当初刘邦起兵的时候，还多次邀请王陵入伙，可是王陵认为刘邦就是一个地痞无赖，所以三番五次地拒绝了他。如今看到刘邦势不可当，已经可以与项羽相抗衡了，王陵也就不再拒绝，而是乖乖地和薛欧、王吸合作，向东攻取了老家沛县。

战斗结束后，王陵就顺带着把老母亲接走了。没想到，这帮人正打算班师回营，向刘邦表功的时候，却遇到了项羽的大军。为了避其锋芒，他们并未恋战就撤退了，可不凑巧，王陵的老母亲在混乱中被项羽的人给抓走了。王陵本来就是一个大孝子，见老母亲被抓，他再也不愿意向西，而是坚决要带人去救回老母亲。

无奈之下，薛欧和王吸就派人去谈判，希望项羽能够放人。可项羽的目的，就是胁迫王陵向自己投降，所以他根本不可能放人。看到谈判陷入了僵局，使者也提出看看老太太，以便回去复命。得到允许之后，使者见到王陵的老母亲，看到老太太衣食无忧，使者决定先回去复命，再从长计议。

看到使者即将离开，王陵的母亲起身相送，项羽的士兵也不好阻拦。哪知道老太太把使者送到门口的时候，居然悄悄对他们说："你们回去之后，就告诉我的儿子王陵，一定要跟着汉王刘邦好好干，绝对不要因为我这一把老骨头，受到项王的胁迫。再说了，我都是黄土埋半截的人了，对生死早就看淡了。"

　　使者听到王陵母亲的讲述之后，也对她的深明大义，表达了由衷的赞叹。可让使者没有想到的是，当他们上车准备离开的时候，却发现王陵的母亲拔出匕首，当场抹了脖子。使者本想上前搭救，可已然来不及，他们又害怕项羽伺机报复，所以赶紧离开了那个是非之地。项羽的士兵看到王陵的母亲自杀之后，也赶紧告诉了项羽，没想到这个二愣子，居然没有好好安葬王陵的母亲，还命人将她的尸体煮了。

　　听到这个消息之后，王陵当时就跪倒在地上，发誓一定要找项羽报仇，在场的将士们无不动容。从中大家也可以看到，项羽就是一个十足的莽夫，他的所作所为，不仅让他树敌无数，而且还平白增加了很多仇恨，最终丢了天下，一点也不奇怪。

　　对于刘邦来说，自从王陵入伙之后，他的实力已经大大加强了。为了与项羽相抗衡，刘邦每到一处，都会招兵买马，并交给大将军韩信进行严格的训练。而且刘邦在行军的过程当中，对将士们严格要求，所以老百姓也非常拥护他们，让刘邦的实力扩充得非常快。

3. 项羽把义帝杀了

　　与刘邦不同，此时的项羽，已经深陷战争的泥潭，他为了消灭齐国的反楚势力，要求九江王英布与他一同出征。让项羽没有想到的是，之前英布像一个小跟班一样，对他唯命是从，可现在不同了，英布不知道出于何种原因，居然借口说生病了，实在是打不了仗。

　　不过英布也知道，项羽就是驴脾气，惹怒了他是没有好下场的，所以他便派出了一名手下，带着几千名士兵去助阵。临行前，英布还特意叮嘱他们："你们去就是凑凑热闹，千万别动不动就往上冲，遇到事了能躲就躲，保存实力要紧！"

　　看到英布没有来，项羽本来就很生气，打仗的时候，又发现英布送来的人偷奸耍滑，完全都不愿意出力，他更加恼火了。想来想去，项羽又单独给英布写了一封信，让英布的手下带着信回去。

英布看到大家都完好无损地回来了，心里还挺高兴，可英布看到项羽给他写的那封信之后，小脸顿时就拉了下来。回去之后，英布就把自己的几个心腹大将都招呼了过来，并把密信的内容通通和他们说了。大家听到之后，也觉得事关重大，如果不按项羽的要求去做，很有可能会惹怒他。迫于无奈，大家决定按照项羽的命令去执行，也好给他一个交代。

打定主意之后，英布就找来了几个心腹爱将，详细向他们交代了一番。接到命令之后，这几个人就化装成了强盗，然后顺着长江一路向西。

过了两三天之后，他们终于见到了几条豪华的游船，看到船上这些人的打扮，他们就知道这些就是要找的人。锁定目标之后，他们就悄悄地跟随了过去，直到夜幕降临，他们才追上游船，拔出快刀，对着船上的人一顿乱砍。

船上的这帮人，本来正喝着花酒，天南海北地胡侃，突然看到一群刺客冲上来，还没来得及拿起武器，就已经成了刀下之鬼。只有几个水性好的跳了江，顺着江水漂了几里地，才捡回了一条命。

英布为何费尽心机，把这帮人砍死？原来这些人，就是楚怀王熊心和他的随从。虽然项羽把熊心尊为义帝，但他实际上无权无势，就是一个傀儡，可没想到即使已经落魄成这样子了，项羽仍然容不下他，非要把他砍死了才痛快。

当初，项羽从咸阳搬回彭城的时候，还专门把义帝迁到了郴地。看到熊心就像鸭子一样，被人赶来赶去，他手下的大臣也都离开另谋高就了，只有几个忠实的仆人跟着他，可他们万万没想到，一行人还没走到郴地，就已经成了刀下之鬼。

作为老楚怀王的后人，熊心也曾经流落民间，甚至以放羊为生，后来被项梁接回去做了几年楚王。熊心是个性格耿直的人，对项羽提出的各种要求，并没有全盘照收，这导致项羽怀恨在心，让他最终丢掉了自己的小命。

英布派出的手下，把熊心和他的仆人砍死之后，发现游船上还有很多财宝，便把它们据为己有了。就在他们满载而归时，却意外遇到了衡山王吴芮和临江王共敖派来的人，他们曾经联手攻打过秦王朝，互相之间颇为熟悉。

大家伙儿坐下来喝了杯酒，聊了聊天，这时候他们才发现，后来的这帮人，也同样是接到了项羽的命令，要沿途追杀熊心。既然英布的手下已经完成了任务，他们也不需要接着搜寻了，所以大家吃饱喝足之后，就各自回家去复命了。

听说兄弟们得手了，英布也赶紧派人报告了项羽。项羽听说熊心被除掉了，心想终于出了一口恶气。可天下没有不透风的墙，项羽派刺客杀掉熊心的事情，很快就被刘邦知道了，刘邦借此大做文章，让项羽的名声越来越臭。

随着刘邦的势力越来越强，他便决定向东发展，与项羽一争高下。此时的项羽，把兵力全部拉到了齐国的战场上，打算把田荣斩草除根。有了齐国的牵制，刘邦行军更加顺利了，他在大将军韩信的配合之下，很快就来到了河南郡。

原先大家都听说，刘邦带来的是文明之师，起初大家还不相信，可他们看到刘邦所到之处，不仅军队的纪律严明，而且还发布了安民告示，帮助很多困难的百姓，也让老百姓彻底放下了戒心。

拿下河南郡之后，刘邦又向东挺进，进入了韩国的境地。这时的韩国，大部分都被韩王信占领了，所以刘邦来到这里，就像回到老家一样。其余没能被韩王信攻占的城池，也都不战而降，刘邦顺势把它们全部放到了韩王信的辖区，让他的实力进一步壮大。

在刘邦进攻越来越顺利的同时，他恢复了秦始皇大一统的建制，按照郡县来划分属地。虽然在很多人看来，这是刘邦借鉴秦王朝的惯例，可大家并不知道，这种大一统的格局，不仅比项羽要高明很多，而且顺应了民意，为刘邦统一天下打下了坚实的基础。

与此同时，刘邦还不忘招兵买马，扩充实力。当隆冬季节到来的时候，刘邦又带领士兵们疏通河道，为发展农业创造了有利的条件。对于没地耕种的老百姓，刘邦还特意关照当地的官吏，让他们分给百姓田地，或者让老百姓自由开垦良田。这些积极的措施，不仅壮大了刘邦的实力，还让他更得民心了。为了加强治安管理，刘邦又让大家推选乡贤，让他们参与到当地的治安管理当中。这些人不仅能够参政议政，还能教化民众，对社会稳定起到了非常积极的作用。仅仅过了大半年的时间，刘邦的势力就像滚雪球一样，呈指数级增长。有了稳定的大后方之后，刘邦再率军出征，就没有了后顾之忧。

他们来到黄河以北，遇到了项羽分封的殷王司马卬。虽然司马卬知道，单凭他的实力，是很难与刘邦相抗衡的，但他又不甘心投降，只能拼死抵抗。看到刘邦的手下樊哙带着大军，把朝歌城围得水泄不通，司马卬也不敢轻易迎战，于是赶紧派人向项羽求救。

此时的项羽，已经逐渐扭转了战局，在齐鲁大地上任意驰骋。齐王虽然打败了项羽的手下，可他完全没有见识过项羽的厉害，所以两军相遇的时候，项羽差点把齐王活捉了。齐王好不容易带着亲兵逃了出来，可他完全没想到，老百姓对他恨之入骨，如今看到他落了难，不仅没有人愿意帮他，居然还自发组织了起来，把齐王围困在了一个小山沟里。

之所以呈现出这样的局面，很大程度上是因为齐王不得人心。他的治理方式和秦始皇的暴政如出一辙，今天让老百姓服兵役，明天又逼着老百姓交税，闹得民不聊生，所以老百姓早就盼着齐王下台。如今看到齐王带着几百名亲信，躲在山沟里不出来，老百姓直接搬起了大石头，把他们全都砸死在了里面。可老百姓并不知道，他们刚刚打死了一匹狼，却又来了一条疯狗。项羽占领齐鲁大地之后，并没有像刘邦一样采取安民的措施，反而放纵士兵到处烧杀抢掠，这让老百姓彻底寒了心。

祸害完了之后，项羽又把田假立为齐王，让他接着实行暴政。老百姓怎么能服气？项羽带着士兵刚刚离开，老百姓就纷纷起来反抗，把田荣的弟弟田横立为齐王。

和哥哥田荣一样，田横也是一个狠角色，他很快便聚起了几万人的势力，不费吹灰之力就把田假赶跑了。项羽刚刚班师回朝，屁股还没坐热乎，就看到田假哭哭啼啼地跑来："大王啊，您要给我做主啊！田荣的弟弟田横又来了，这小子比他哥哥还横，直接把我赶出来了！"

看到田假就是扶不上墙的烂泥，项羽当时就拍着桌子大骂："真是一个窝囊废，我总不能天天给你当保镖吧！你们几个愣着干啥，赶紧把他给我拖出去砍了！"项羽的几个手下，早就看田假不顺眼了，他们直接把田假拎起来，拉出去就抹了脖子。

项羽虽然生气，可齐国又冒出来一个刺儿头，总不能不管，没办法，项羽又带着大军，第二次来到了齐鲁大地，并包围了田横所在的城阳。项羽心想，田横再厉害，难道还能比他的哥哥田荣实力强？再说了，田荣都被我摆平了，还怕你一个田横不成！

可项羽没想到的是，上次他把田荣打跑之后，把齐国的老百姓给害得很惨，所以这次项羽带兵前来，老百姓就横下一条心，一定要支持田横对抗项羽，否则大家都没有好果子吃。

正是在这样的情况之下，项羽在带兵攻打城阳的时候，遭到了老百姓的拼死抵抗，部队伤亡惨重。大军一连围困了几个月，城阳却毫无动静，项羽虽然英勇，可他也不能扛起霸王枪亲自天天往上冲。

正当项羽焦头烂额的时候，他又接到了司马卬的求救信，让他赶紧派兵救援，否则朝歌城马上就要被刘邦攻下了。看到眼下这个局面，项羽思来想去，给司马卬写了一封回信，让他们固守待援，自己带领大部队马上就到。虽然项羽说得非常轻松，但实际上他已经力不从心了，之所以给司马卬画了一张大饼，就是为了虚张声势。司马卬接到项羽的回信之后，果然变得精神抖擞，就像是一个垂死的病人，突然被打了一针强心剂。

为了激发将士们的斗志，司马卬还特意鼓励大家，项羽马上就会派大军前来，只要大家再坚持几天，就可以对刘邦形成内外夹击之势，到时候就可以扭转战局，取得最后的胜利。

听到司马卬的鼓励，士兵们都像打了鸡血一样，一个个群情激昂。恰在这时，司马卬发现围城的汉军逃跑了。这时候司马卬误认为，刘邦同样知道了项羽救援的消息，所以才带领大军逃跑了，于是他向全军将士下达了动员令，说："兄弟们，刘邦听说项羽快到了，就带着人逃跑了，咱们绝不能让他跑得这么轻松，必须痛打落水狗。我们现在就骑上战马，给他们致命一击，兄弟们冲啊！"

听到司马卬的动员，将士们奋不顾身，打开城门就冲了出去，可他们追了一百多里地，也没发现刘邦的军队。正当他们准备回撤的时候，却听到了隆隆的战鼓声，原来他们中了韩信的调虎离山之计。看到四周都是丘陵山地，司马卬哪敢恋战，带着大部队就想逃跑。

可他们刚刚回头，刘邦的大将周勃就带人把他们砍得人仰马翻。大约过了半个时辰，司马卬才带着几名亲信，仓皇逃出了包围圈，剩下的大部分人马，都被刘邦的军队报销了。

司马卬跑到城下的时候，被一员大将拦住了去路，这人正是刘邦的刀斧手樊哙。虽然司马卬知道，自己压根儿就不是屠夫出身的樊哙的对手，可他仍然不愿意下马投降，而是提着吃饭的家伙，就朝樊哙砍了过来。樊哙轻轻一躲，用刀背顺势砍了司马卬一下，就把他推下了马。士兵一拥而上，把司马卬活捉了。

能够顺利捉拿司马卬，其实是因为韩信早就料到，司马卬被围困在城中，他一定会向项羽求救。果不其然，没过几天，司马卬就耐不住性子，派出快马向项羽求救。当信使回来之后，韩信估摸着时间差不多了，就命令大军假装仓皇撤出。司马卬看到汉军突然离开，还以为他们害怕项羽的大军增援，所以就赶紧追了出去，没想到却中了韩信的调虎离山之计，司马卬也轻易便被樊哙活捉。

樊哙把司马卬带到刘邦面前，可刘邦并没有像项羽那样，直接把司马卬杀掉。刘邦深知优待俘虏的好处，他不仅给司马卬准备了酒菜，而且还对他好言相劝，希望他能够认清形势，及时弃暗投明。起初司马卬就听说过刘邦的威名，如今一见果然不凡，所以他很快便答应归降。

第二天，司马卬就亲自来到朝歌城下，带着刘邦一行入城了。正所谓此消彼长，刘邦势力越来越强的同时，项羽又少了一个中原重镇，可他本人还没有意识到，危险正在悄悄逼近。正当刘邦踌躇满志，打算接着进攻项羽的时候，一位长相英俊的美男子前来投靠，这个人不是别人，就是日后西汉初期的政治家陈平。

4. 美男子陈平

说起这个陈平，还有不少的故事。他小的时候，家里非常贫穷，但他却特别喜欢读书。陈平父母早逝，和哥哥陈伯相依为命，为了支持陈平读书，陈伯早早地就回家务农。虽然兄弟俩的生活很差，但陈平长得高大英俊，活脱脱是一个美男子。

看到陈平的模样之后，邻居们也议论纷纷："这家人穷得叮当响，儿子居然长得玉树临风，也不知道整天吃的啥？"

听到大家的议论，陈平的嫂子也没好气地说："像我们这样的穷家，还能吃啥，整天就是吃糠咽菜啊！"

因为陈平整天在家读书不干活，他的嫂子本来就嫌弃陈平，如今看到邻居们议论他，更不给陈平好脸色了。看到妻子越来越过分，陈平的大哥也非常伤心，最终决定休妻。

等到陈平到了谈婚论嫁的年龄，家里人也犯了愁。有钱人家的女子哪看得上他，对于穷人家的女孩子，陈平又看不上人家。高不成低不就，眼看着陈平老大不小了，家里人都非常着急。这时候，同乡有一个富豪张负，他的孙女长得国色天香，是十里八村的大美女。可美中不足的是，张负的孙女许嫁了五回，每次都在要出嫁的时候，突然传出未婚夫去世的消息。

在那个遥远的古代社会，老百姓都非常迷信，所以大家普遍认为，张负的孙女克夫，也就是大家常说的丧门星，这样的人，还有哪一个人敢娶？可陈平听说之后，完全不理会，依然托媒人上门提亲，这一下让张负吃惊不小。

恰在这时，一位乡贤去世了，乡里面有头有脸的人都前来吊唁，陈平因为家里没有钱送礼，所以早早地来到了乡贤的家中，帮助他们打杂。

张负看到陈平相貌不凡，认为将来必成气候，就多看了两眼。陈平早就听说过张负的大名，虽然两人没能搭上话，但陈平为了表现自己，故意多待了一阵，看到宾客们都走了，陈平才默默地回了家。

张负为了多了解一下陈平，特意悄悄地跟着他，看到陈平回到了一个破房子里。这栋房子不仅没有院，甚至连门都没有，就用一张破席子当门。张负细心观察，发现门前有很多车辆的痕迹，这说明，有不少达官显贵来拜访过陈平。

回到家中之后，张负就特意告诉他的儿子："经过我的认真思考，我觉得孙女和陈平是天造地设的一对，咱们就成全他们吧！"

听到老爹这样说，张负的儿子当时就不乐意了，说："老爹，你是不是老糊涂了？你没看到陈平兄弟俩，穷得都揭不开锅了，我把女儿嫁过去，不是让女儿跳到火坑里了吗！"

看到儿子的态度，张负摆了摆手："你们这些人啊，都是鼠目寸光，陈平虽然看上去穷困潦倒，但他绝对是富贵命，我把孙女嫁过去，不是让她跳火坑，而是让她享清福去了。你们就放心吧，将来我孙女一定会大富大贵的。"虽然张负的儿子一百个不乐意，但他也拗不过老爹，只能答应把女儿嫁过去。

可是陈平实在太穷了，他不但拿不出聘礼，连酒席也摆不起。了解到这些情况之后，张负直接把所有的积蓄借给陈平，让他风风光光把孙女娶了过去。

为了防止节外生枝，张负送孙女过门之前，还特意叮嘱她："你不要看陈平穷得叮当响，这都是暂时的，你嫁给他之后，一定要好好地对待他的家人，绝不能瞧不起他们。"

张负的孙女听到爷爷的嘱托之后，非常认真地点了点头。新婚之夜，陈平揭开妻子的盖头，发现她不仅貌美如花，还非常娇羞，一看就是典型的小家碧玉。陈平的妻子看到他英俊潇洒，是世间难得一见的美男子，也顿时乐开了花。正所谓郎才女貌，新婚之夜，陈平和妻子在房间里好不快活。

为了让陈平早日出人头地，张负不断地资助他钱财，让陈平广结天下豪杰，名声也越来越大了。

有一年，乡里举办祭祀活动，大家伙儿推选乡贤的时候，也特意把陈平选了出来，由他主持活动。作为一位青年才俊，陈平主持仪式面面俱到，分配祭品的时候也非常公平，让父老乡亲都很满意。大家夸奖陈平的时候，他不无谦虚地说："这些都是小事，如果让我治理天下，也会像分配祭品一样公平，大家就等着瞧好吧！"

陈胜、吴广起义的时候，天下豪杰纷纷响应，这时候的陈平，也感到建功立业的时候到了，所以他告别了家人，来到了魏国。此时魏国的实际当家人是周市，魏王只是一个傀儡，虽然他也想重用陈平，但每次都被周市阻拦了，他只好让陈平做了一个后勤部长。

过了大半年之后，陈平感到自己在魏王的手下难以发挥才能，所以决定另投明主。恰在这时，项羽的势力越来越大，陈平便来到了项羽的帐下。司马卬反叛项羽的时候，项羽为了检验陈平的能力，也特意让他带兵去平叛。

让项羽没有想到的是，陈平来到司马卬的属地，并没有和他真刀真枪地对着干，而是采取了先礼后兵的方式。当陈平给司马卬讲明利害关系之后，司马卬也逐渐认识到了项羽的实力，如果这时候不去抱大腿，将来估计连骨头都啃不着。

考虑了几天之后，司马卬决定归顺项羽，并邀请陈平入城，陈平也爽快地答应了。在朝歌城里，司马卬不仅好酒好肉招待了陈平，还送给他很多金银财宝，让陈平回去之后，一定要在项羽的面前美言几句，好让他顺利抱上项羽的大腿。

吃饱喝足之后，陈平就带着金银珠宝回去复命了。项羽看到陈平如此能干，于是把他封为信武君，同样赏赐给他很多金银财宝。可没想到，这件事情过去大半年之后，刘邦又打败了司马印，并把他招至麾下。

看到司马印就是一棵墙头草，项羽也非常愤怒，并把司马印投降刘邦的过错算在了陈平的头上。

这就让大家想不通了，陈平招降司马印有功，他哪能预测到司马印会再次反叛？可项羽压根儿不管，他决定把陈平和他手下的官员全部杀掉，以解心头之恨！陈平得到消息之后，知道项羽就是一个二杆子，和他讲道理，简直就是对牛弹琴，索性还是逃跑算了。

当天晚上，陈平就把项羽赏赐给他的黄金白银，全都封存了起来，然后带着一把宝剑逃了出来。

对天下大事了如指掌的陈平，知道项羽并非贤主，只有刘邦才是未来的真命天子，所以他决定去投靠汉王刘邦。但在他向北渡过黄河的时候，意外引起了船老大的注意，因为陈平衣着华丽，手中又持有一把宝剑，所以船老大就怀疑，他身上一定带有金银财宝。

看到船老大目不转睛地盯着自己，陈平当下就明白了怎么回事，虽然他手持宝剑，但其实并非练家子。为了能够保护自己的安全，打消船老大的疑虑，陈平故意嫌天气热，一件一件地脱掉了衣服，最后竟然赤裸着上身帮助船老大摇橹。船老大看到陈平身上并没有值钱的玩意儿，也就打消了图财害命的念头。

陈平顺利地来到了汉营以后，并没有直接找汉王刘邦，而是先找到了刘邦的手下魏无知，因为他和魏无知是老乡，两人已经认识好多年。

看到陈平来了，魏无知感到非常纳闷："你在项羽那干得好好的，咋突然跑到这儿来了？难不成是给项羽当说客来了？"

听到魏无知问自己，陈平垂头丧气地说："当什么说客？我已经离开项羽了，他也太不是东西了，要不是我跑得快，估计这会儿连命都没了。"

项羽喜怒无常天下皆知，可魏无知没想到，陈平平时做事非常稳妥，居然也有这样的下场。魏无知感慨地说道："真是应了那句话，伴君如伴虎！不过你来到了汉王的地盘，就不用担心这些了，汉王心胸宽阔，为人厚道，他是不会轻易对人动怒的，所以远近的豪杰都来投靠汉王。凭借你的聪明才智，一定能够有一番作为，将来你得到汉王的重用，千万不要忘记我呀！"

陈平听到魏无知的话语，也不免兴奋了起来，说："如今我就像丧家之犬一样，老兄就不要打趣了，如果真像你说的那样，我能在汉王这里施展抱负，将来一定会和你共进退。"

为了给老朋友接风洗尘，魏无知还特意命手下准备了酒菜，两人一边喝酒聊天，一边纵论天下大事，偶尔还会讲一些黄色笑话，很快就喝到了半夜。

第二天天刚亮，魏无知就把陈平叫起来，带他洗漱完毕，吃了一顿可口的饭菜。一切准备就绪，魏无知就带着陈平来到了刘邦的营帐，听说陈平是个人才，求贤若渴的刘邦赶紧把他招呼了进来。

两人见面之后，陈平还特意行了大礼，正当他打算向刘邦建言献策的时候，刘邦的手下却开始排着队向他汇报工作，陈平只好站在一边等候。眼看着都到了吃午饭的时间，刘邦也没有空闲，陈平只好跟他们一起留在那里吃午饭。

但陈平没想到，刘邦嗜酒如命，他和几名手下推杯换盏，很快便喝多了。看到刘邦烂醉如泥的样子，陈平也没有办法向他进言，于是就先回去了。

过了两三个时辰之后，陈平觉得刘邦该醒酒了，于是便告诉刘邦的贴身侍卫说："赶紧给我通报一声，我有重要的事情要禀告汉王，如果再拖延下去，很可能会贻误战机！"

看到陈平说得如此严重，刘邦的侍卫也不敢怠慢，于是赶紧告诉刘邦。这时候刘邦才想起来，上午魏无知带了一个人过来，但是自己太忙了，还没来得及和他深谈，于是吩咐手下："赶紧把他带过来，千万别误了大事！"

陈平来到刘邦面前的时候，发现刘邦已经洗漱完毕，就等着他献计献策了。陈平一句铺垫的话都没有，开门见山地说："我听说汉王要讨伐楚国，不知道有没有这回事？"

刘邦听到陈平问自己，非常兴奋地回答他："先生真是问到我的心坎里了，我做梦都想讨伐楚国，为百姓谋一条生路。可项羽的手下，也都不是好惹的，我怕把他们惹毛了，咱们吃不了兜着走啊！"

看到刘邦前怕狼后怕虎的模样，陈平大胆进言说："虽然楚国就像一块铜墙铁壁，可并不是没有破绽，尤其是最近几个月，项羽调集大军进攻齐国，楚国国内兵力空虚。如果我们抓住这个时机，直接进攻他的老巢彭城，给他来一个釜底抽薪，相信一定会让项羽自乱阵脚，到时候我们也可以坐收渔翁之利！"

听到陈平的建议，刘邦如获至宝，说："先生真是大才呀！您不仅对天下大势了如指掌，而且还非常善于抓住时机，有先生这样的大才相助，何愁大事不成呢！"

紧接着，陈平又向刘邦介绍了更详细的进攻方案，让刘邦听得更加佩服，说："像先生这样的大才，在楚国担任什么样的职务？"听到刘邦问自己，陈平如实回答："我只是一个小小的都尉，并没有太大的权力。"刘邦一听，顿时明白了陈平为何抛弃项羽投奔自己："项羽放着先生您这样的大才不用，真是有眼无珠。当然了，也幸亏他有眼无珠，才能让我如获至宝！我想让先生您担任我军中的监察官，以后有功劳了再升迁，不知道先生意下如何？"

看到刘邦如此重视自己，陈平赶紧谦虚地说："陈平不才，一定会给汉王献计献策，让汉王早日取得天下！"

献完计策之后，陈平就打算告辞离开，这时候刘邦又拦住了他："先生别急，我这就带你一起乘坐马车，到军中宣布任命书，这样你也可以名正言顺地开展工作了。"没想到，陈平第一天上任，就可以和汉王同乘一辆马车，这真是莫大的荣耀。这件事情在军中传开之后，很快便引起了大家的热议。没想到从楚国来的一个叛逃的小官，居然被汉王捧在了手掌心，听说还是一个美男子，只是不知道他有什么本事。

正所谓外来的和尚好念经，陈平为了施展自己的才能，也开始新官上任三把火了。他首先制定了严格的规章制度，要求每一位将军认真遵守，如果发现有人三心二意、阳奉阴违，陈平都会按规矩办事。陈平作为一个外来户，一上来就去监督那些屡立战功的老人，其实是难以服众的。这帮人之所以没有炸锅，实际是看在刘邦的面子上，毕竟陈平是刘邦任命的官员，他们也不好说什么。

有时候，这帮老人为了让陈平网开一面，故意给他送礼，尝试着来腐蚀一下陈平。没想到，陈平虽然看上去油盐不进，但实际上却是来者不拒，无论别人送多少，陈平都是照单全收。看到陈平的作风之后，其他人也不无感慨地表示，钱真是好东西呀！用它来砸陈平这颗有缝的蛋，简直是屡试不爽！

没过多少日子，整个汉军军营都被陈平搞得乌烟瘴气，到处都是行贿之风。看到这样的势头之后，樊哙和周勃也向刘邦进言，说："陈平就是一个绣花枕头，中看不中用。他才来几天，就把军中搞得乌烟瘴气，大家都不再认真操练了，整天想着投机取巧。听说他在魏国的时候，就因为得不到重用才逃到楚国。在楚国同样如此，最后混不下去了，才来到了咱们这里，汉王还是不要被他的外表欺骗了，以免误了大事！而且我们还听说，陈平在老家的时候，就曾经和他的嫂子通奸，对于这样的人，还是赶紧让他滚蛋吧！"

俗话说，三人成虎，刘邦本来对陈平的才能是深信不疑的，可是，诋毁他的人越来越多，刘邦也不得不琢磨琢磨了。有一天，刘邦喝完花酒之后，特意把魏无知找了过来，说："前段时间，你把陈平推荐给了我，我听到他说得头头是道，还以为他是一个人才，没想到没来几天，就有那么多人告他的状，有的说他贪赃枉法，有的说他品行恶劣，居然跟嫂子通奸。这么多人戳他的脊梁骨，你怎么解释？"

听到刘邦问自己，魏无知显得非常淡定，说："如今正逢乱世，汉王需要的是人才，绝对不是那些中看不中用的绣花枕头。我听说古代有一个人，他的名字叫尾生，有一天，他和相好的约会，两人说好了在桥底下见面。可眼看着天就要下大雨了，他相好的没出来，尾生就在桥下面死等。没过半天，河水就慢慢地涨了起来，可他完全不在意，仍然在那里不走。

结果可想而知，尾生被淹死了。这样的人虽然讲诚信，可是汉王您会重用他吗？"

听到魏无知讲故事，刘邦很快就入了迷，不过当魏无知问他的时候，刘邦马上就反应了过来，说："我问的是陈平，你给我东拉西扯，到底想说啥？"

看到刘邦不耐烦了，魏无知接着说："陈平这个人是大才，平时不注意生活细节，甚至做出了违背人伦的事情，这些都不是汉王需要担心的。只要汉王重用他，让他发挥自己的才能，你就一定能够在楚汉相争当中，成为最后的赢家！"

虽然魏无知唾沫星子横飞，但刘邦始终将信将疑，他把魏无知打发走了之后，又把陈平找了过来，说："这几天，估计你也听到了，关于你的谣言四起，说什么的都有。虽然这些都是陈芝麻烂谷子的破事，但人言可畏，先生还是给我个说法吧！"

陈平知道，刘邦早晚会找他，所以早就想好了说辞，说："相信汉王也看到了，我从项羽那里一路跑来，身上连一个子儿都没带，如果不接受别人馈赠，就没法正常开展工作。不过汉王请放心，我接受的每一分钱，都已经登记造册了，而且用在了老百姓的身上。如果汉王不信，可以派人去调查。"

听到陈平这样说，刘邦立马感觉到是自己考虑不周，没有给外来户陈平提供一分钱安家费，让他一来就上岗工作了，这么干确实有些欠妥，于是刘邦放下了汉王的高贵身份，赶紧向陈平道歉。为了能留住这个人才，刘邦又给了陈平很多赏赐，希望他能安心工作。

看到刘邦对陈平如此重视，下面的这帮将领再也不敢嚼舌根了。事实也证明，陈平并不是一个贪得无厌的人，即使后来他做了西汉的丞相，也没有做出贪赃枉法的事情。至于和嫂子通奸的传闻，更是无稽之谈，因为前面已经讲过了，陈平的嫂子看不上他，还被他的哥哥休了。后来陈平长大成人，娶了一位年轻貌美的老婆，更不可能干那些苟且之事。

5. 刘邦与项羽的初次交锋

当楚汉战争持续到第二年的时候，刘邦的人马已经迅速扩张到了五十多万，此时已经有足够的实力，可以和项羽硬碰硬了。当刘邦带领部队来到洛阳的时候，遇到了一位八十二岁的耄耋老人，这个人就是洛阳非常有名的三老之一董公。

看到老人跪倒在自己的马前，刘邦赶紧下马，把老人搀扶了起来，说："老人家年岁已高，不要再行这样的大礼了。"董老先生看到刘邦如此平易近人，便放心大胆地掏心窝子说："汉王兴师动众，带着几十万人一路向南，不知道要跟谁干仗啊？"

刘邦听到老人问自己，回答说："当然是项羽了，这小子到处残害百姓，我要替天行道，把他的脑袋拧下来！"听到刘邦的话，董老先生又接着说道："正所谓师出有名，汉王出征一定要有一个由头，向天下人表明你讨伐的是乱臣贼子，才能得道多助啊！项羽和汉王曾经共同立了义帝，可项羽却做出了伤天害理的事情，在长江上，把义帝乱刀砍死了，然后又把他的尸体抛入了江中喂鱼，这真是大逆不道！如果汉王能够穿上丧服，打着为义帝报仇的旗号去讨伐项羽，不仅能够让天下人信服，还能让更多的百姓支持你，打败项羽的可能性也会更大啊！"

刘邦听到董老先生的教诲之后，谦虚地说道："老先生说得太有道理了，我一定按您说的办，不知道老先生能否随我一同前往讨伐项羽，这样也可以让我随时向您请教问题。"

此时的董老先生，已经是八十多岁的高龄了，他怎么可能经得起折腾，说："汉王贤明，身边已经聚集起了无数的人才，只要汉王知人善任，就一定能够取得天下。老朽已经是风烛残年之躯，不足以辅佐汉王君临天下了。"

听到董老先生这样说，刘邦赶紧派人把他送回了家，然后按照董老先生的建议，决定给义帝发丧。他穿上孝服，打着白幡，哭喊着说："项羽这个臭小子，居然把义帝杀害了，真是大逆不道！"

完成了这些戏码之后,刘邦又发布了一篇战斗檄文,号召全天下的有志之士,共同举起反抗项羽的大旗,檄文中还特意强调:当初大家伙儿共同立了义帝,各诸侯王都愿意向他称臣,可没想到,项羽这小子翅膀硬了之后,看义帝越来越碍事,先是让义帝搬到郴地,结果还没到地方,这个天杀的项羽竟然又派了三拨杀手对手无寸铁的义帝下毒手,搞得义帝在长江上死无葬身之地。面对这么一个乱臣贼子,我刘邦是看不下去的,现在我已经带领关中的全部兵马,打算讨伐这个项羽,天下的诸侯,如果愿意来搭把手的,就赶紧行动起来!

为了制造声势,刘邦把檄文传到了各诸侯国,让他们出兵协助攻打项羽。此时,很多诸侯王对项羽厚此薄彼的做法早就不满,他们接到刘邦的檄文之后,也纷纷群起响应,尤其是魏王魏豹表现得更加热心,他不仅给刘邦送来了一封信,表示愿意助他一臂之力,而且还派出了大军,亲自跟随刘邦作战。

与其他诸侯王的反应不同,赵王对刘邦攻打项羽的事情,给予冷处理。刘邦派人打听了一番,才知道赵国的当家人是将军陈余,他听说张耳投奔刘邦之后,心里非常不痛快,要求刘邦杀掉张耳,否则赵国绝不出兵。

听到陈余提出的条件之后,刘邦也感到非常为难,如果无缘无故杀掉张耳,以后谁还会来投奔他呢?思来想去,刘邦想了一个妙招,他找了一个长相酷似张耳的士兵,把他的脑袋砍下来,冒充张耳送给了陈余。使者快马加鞭,把人头送到陈余手上的时候,也是两三天之后的事情了。看着血肉模糊的人头,还散发着一股恶臭,陈余赶紧让人拿了喂狗,然后就带兵出征了。

搞定了陈余之后,刘邦的人马已经扩大到了六十多万,他们一路浩浩荡荡,很快就来到了项羽的老巢彭城。

此时的项羽,还深陷对齐国的战斗当中,彭城只有几千人马防守。他们哪里是刘邦的对手?看着城下黑压压的人群,领头的还没等刘邦攻城,就已经带着老婆孩子逃跑了。

刘邦几乎兵不血刃,就攻入了项羽的老巢彭城。见进展得如此顺利,刘邦也是被胜利冲昏了头脑，他直接来到了项羽的王宫，看着数不尽的金银财宝，还有那些失魂落魄的美女，刘邦顿时心花怒放。

上梁不正下梁歪，看到刘邦深陷温柔乡当中，其他将士也是有样学样，他们纷纷闯入其他的豪门大户当中，开始胡作非为。本来吧，那些普通的士兵还能约束自己，如今看到当官的胡搞，他们也开始搜刮民脂民膏。这一下，导致原本富饶的彭城，瞬间变成了人间地狱，老百姓人人自危，很多都跑得无影无踪。

当项羽听说老家彭城失守的时候，再也顾不得攻齐了，赶紧带着人马往回跑，因为他的老婆孩子，还在彭城没跑出来呢！可是，要想在短时间内把几十万人马拉回彭城，也并不是一件容易的事情，所以项羽带着三万精兵强将，组成了先锋部队，他们骑上快马，打算以最快的速度返回彭城。

这帮人早就尝到了项羽的厉害，如今，他们的家人也在彭城，所以恨不得插上翅膀飞回去。仅仅过了两天的时间，他们就来到了萧县，这里是彭城的桥头堡，当然了，刘邦也派了很多汉军在这儿防守着。可是，这帮大头兵和刘邦一样，松懈大意，完全没想到项羽会突然杀回来。

趁着月黑风高，项羽指挥大军突袭萧县大营。这帮汉军还没反应过来，就大多成了刀下之鬼，剩余几个虾兵蟹将，死里逃生以后，赶紧去找刘邦汇报了。可是，他们哪有项羽跑得快，还没等他们见到刘邦，项羽的大军已经杀到了彭城。

此时的刘邦，正搂着美女睡大觉，其他的将军也不例外，他们每天喝着美酒，享受着无尽的乐趣，哪还有人准备迎战项羽？正当刘邦在床上乐不思蜀的时候，突然听到外面大喊，项羽已经杀到了城下，刘邦顿时吓得魂不附体，赶紧穿上衣服就跑了出来。

看到樊哙和周勃几员大将已经等候在了门口，刘邦赶紧把他们召集了过来，说："项羽这小子不是在齐国吗，怎么可能跑得这么快，难道他是飞回来的不成？"

见刘邦这样问，樊哙赶紧回答说："项羽带的人不多，估计也就几万人，快马加鞭跑回来，也并不是没有可能。咱们还是抓紧指挥部队，想办法把项羽打败了,这才是最要紧的事情。"

刘邦听樊哙这样说,心里顿时有了底,如今手下有几十万人,对付项羽区区几万人完全不在话下。于是,他就带着大家赶紧出城迎战。可刘邦完全没想到,项羽虽然远道而来,但他手下都是精兵强将,如今又为了夺回家人,更是一个顶仨。

看到刘邦已经排好了阵形,项羽当时就抡起了大刀怒吼道:"兄弟们,刘邦趁着咱们不在家,居然抄了咱们的老窝,看我不剁碎了他,赶紧给我冲啊!"

眼见项羽的士兵,就像是下山的猛虎,刘邦手下这帮人,顿时就被吓得魂飞魄散。尤其是那些加盟的诸侯王,每个人心里都有算计,他们在彭城抢了很多财物,口袋里都已经装不下了,这时候要是丢了性命,岂不是有命抢没命花呀!

所以他们看到项羽冲了过来,早早地就躲在了汉军的身后。这帮胆小鬼的想法很简单,如果刘邦把项羽打败了,他们就上前捞点战利品;如果项羽把刘邦打败了,他们正好掉头就跑。在这样一种心态下,这帮诸侯王是典型的出工不出力。

虽然汉军经过了韩信的整顿,战斗力已经大大提升,但是这次战斗韩信并没有参与,此时,韩信被刘邦安排在了洛阳。战斗在开始之前,士兵们的畏惧情绪就已经弥漫开来。两军刚刚交上手,项羽的大刀片子就把他们抡得人仰马翻,打得汉军四散逃窜。

看到项羽如此厉害,其他人谁还敢上前,眼看着就要杀到刘邦的面前,樊哙不得不仓促应战。没想到项羽看到樊哙之后,也不免骂骂咧咧了起来,说:"你个恩将仇报的,当初吃了我的猪蹄子,居然不念我的好,还到我的地盘上撒野,看我今天不砍了你!"

樊哙虽然勇猛,可他哪是项羽的对手,还没打斗几个回合,就败下阵来,不得不慌忙逃窜了,也幸亏有亲兵卫队保护着,否则性命不保。

看到项羽凶神恶煞的模样,刘邦早就吓得没了魂,赶紧掉转马头就跑。刘邦和樊哙都逃跑了,那其他人咋还会拼命,尤其是扛大旗的,赶紧扔下大旗就跑，再不跑，项羽的大刀就要砍过来了！别说保不住大旗，连小命都保不住。

在冷兵器时代，军队的大旗就是士兵的精神支柱，一旦大旗被砍倒了，全军将士的士气就会大落，即使拥有百万雄兵也很难组织强有力的进攻。此时的汉军不仅没有了指挥官，连精气神都没有了，哪还有不败的道理！

项羽虽然只有三万兵马，却像赶羊群一样，把汉军赶得四散逃窜。经过大半天的战斗，汉军除了被砍死的，就是逃跑的，还有被踩死的。当他们来到淮水河边的时候，还有一部分士兵，被赶入了河水当中，直接淹死了。

经此一战，刘邦的汉军损失过半，而他本人也带着几百名亲兵卫队，被楚军包围在了一处山谷当中。刘邦心想，今天恐怕是凶多吉少了，哪承想突然刮来一阵大风，直吹得天昏地暗。这件事情经过文人的编排，很多人都认为刘邦就是真命天子，每当他遇到险境的时候，要么有贵人相助，要么有异常天气发生。这次也不例外，狂风裹挟着飞沙走石，直接砸向了楚军，他们哪还顾得上围困刘邦，自己都快被砸死了。

看到楚军顾头不顾腚，刘邦带着几十人趁机溜了，可是，他们还没跑出几里地，就迎头遇到了楚军的围堵。领头的一员大将名叫丁公，这人和刘邦有过一面之缘，没想到今天在这里遇到了。刘邦大言不惭地说："我还以为是谁呢，原来是丁英雄啊！以前我还请你喝过酒呢，既然今天遇到了，丁英雄就行个方便，将来咱们山高水长，有缘再见如何？"

还没等丁公表态，刘邦骑上快马就绕了过去，留下楚国的士兵在那里发呆。追吧，丁公没下命令；不追吧，眼看着刘邦就要跑远了。丁公本来想拦住刘邦，可又想着刘邦宽厚仁慈，所以就放了他一条生路。

第十一章
背水一战，韩信给你打个样

1. 刘邦的桃花运又来了

刘邦侥幸逃脱之后，本想着赶紧逃回汉中，可是跑着跑着又想起一件事。这里距离他的老家不远，如果就这么走了，项羽还不得祸害他的家人吗？一想到这儿，刘邦就带着兄弟们赶紧去老家，想把老婆孩子接出来。

当刘邦一行人跑到沛县老家的时候，发现自家的大门紧闭，家中空无一人。刘邦赶紧向左邻右舍打探情况，大家都说已经很久没看到你的家人了，谁也不知道去了哪儿。

没办法，刘邦只能先逃命了。刘邦越跑越后悔，心想前两天自己攻下彭城的时候，光顾着享受，没有及时把他们接出来，如今自己兵败如山倒，万一项羽报复起来，再把他们几个抓起来，那就麻烦了！

果不其然，刘邦带着人刚刚离开，项羽的人就跑来了，他们看到刘邦家中空无一人，当时就恼了火，在刘邦的家中放了一把火，看着刘邦的家化为灰烬，他们才心满意足地走了。

其实他们并不知道，吕雉听说刘邦被项羽打败之后，已经带着一家人躲了起来，哪还等着他们来找呢！

刘邦离开家之后，害怕被项羽的追兵抓住，小半天的工夫，就已经跑出了几十里。眼看着太阳就要落山了，刘邦不免感到人困马乏，于是便来到了一个小村庄，打算在这里留宿一晚。刘邦一行人刚刚走到村子里，恰好遇到一位老人走出来，刘邦赶紧上前打招呼，说："老人家能否行行好，让我们几个人吃顿便饭，顺便留宿一晚？"

看到刘邦这帮人虽然衣着华丽，但是灰头土脸，手里还都拿着武器，老人家也不敢说个"不"字，而是赶紧把他们带到了家中。老人家谨慎地问道："不知道几位官爷从何而来，又要到哪里去呀？"

听到老人家问自己，刘邦非常实在地说："我是汉王刘邦，带着兄弟们讨伐项羽，可是没想到这小子太狡猾了，今天我们吃了败仗，所以才逃难至此。"

老人一听，顿时激动得站了起来，说："我早就听说过汉王的大名，今天一见，果然气度不凡。怪不得今天早上起床之后，就听到喜鹊喳喳叫，原来是有贵客要登门哪！"

听老人这么夸奖，刘邦赶紧谦虚了一番，说："老人家言重了，如今我们是落难之人，能保住一条命，就已经很不错了，不知道老人家，您家里还有几口人呢？"老人回答说："本来我们一家三口，可这年头兵荒马乱，我们从外地逃来的时候，老伴儿不幸走丢了，如今只有我和女儿相依为命。"刘邦没想到，老人家还是一个苦命人，所以赶紧说了几句宽慰的话，这让老人感动得热泪盈眶。

可是光顾着说话了，老人并没有想起给刘邦准备饭菜，而此时的刘邦，早已经饿得前胸贴后背，所以他也不得不张口要吃的，说："人是铁，饭是钢，一顿不吃饿得慌。我们几个为了逃命，一整天都没吃饭了，老人家能否给我们准备点吃的？"

这时候老人家才想起来，忘记了问刘邦是否吃过饭，赶紧说："我这就去准备，我们这穷乡僻壤的，也没啥好吃的，希望您不要嫌弃啊！"

听到有吃的，刘邦不免咽了一口口水，说："老人家您千万别这么说，能有一口吃的给我们，就已经感激不尽了！"

没过一会儿，就见一个十七八岁的美女，端着饭菜走了进来。这时候刘邦才发现，在这穷乡僻壤的地方，居然还有一位大美女。这个女孩不仅皮肤白皙，而且身材窈窕多姿，走起路来更如蜻蜓点水一般，让人心神荡漾。

虽然刘邦见过大世面，曾经拥有过不计其数的美女，有雍容华贵的秦廷美女，也有风情万种的楚国小妹，但看到这个乡野的女孩别有一番风味，刘邦就又意乱情迷了起来。

看到刘邦对女儿有意思，老人赶紧让女儿见过刘邦，并向他行了礼。这时候刘邦也赶紧站了起来，并趁机把女孩扶了起来。等到女孩离开之后，老人也特意向刘邦介绍，说："这是我的小女戚懿，今年正好十八岁，尚未婚配。前几天有一个路过的算命先生，特意给小女卜了一卦，说小女天生一副富贵相，将来一定会嫁给富贵人。本来我还想着，一定是算命先生看错了，今天看到汉王到来，我才明白了一个道理，有缘千里来相会。如果汉王不嫌弃，我愿把小女许配给你，不知道汉王意下如何？"

本来刘邦的眼睛就已经长到了戚懿的身上，如今又听到老人这样说，心里早就乐开了花，不过他还不忘假客气一番，说："如今我已经是逃难之人，老人家不仅给我提供了饭菜，还答应让我们留宿，我怎么好意思再委屈令爱呢？"

听到刘邦这样说，老人还以为他不乐意，急得差点跪下来，说："汉王要是不答应，那就是看不上小女了！她能够伺候汉王，也是她的福气呀！"

看到老人态度如此诚恳，刘邦也就不再推辞了，说："既然老人家已经打定了主意，那我就恭敬不如从命，将来如果取得天下，我一定会善待戚懿。"说完这句话之后，刘邦就将身上的玉佩解了下来，随手递给了老人，当作定亲礼物。

虽然此时的刘邦，就像斗败的公鸡一般，可是他随身所带的器物，那都是价值连城的宝物。老人接过玉佩之后，赶紧返回内室，向女儿交代了一番。过了一炷香的工夫，刘邦也差不多吃完了饭，老人带着女儿走了出来，他让刘邦和女儿行了夫妻之礼，然后两人又喝了一杯交杯酒，就算正式结为夫妻了。

一切准备就绪之后，刘邦就和戚懿入了洞房。作为一个普通百姓家的女孩，戚懿完全没想到，自己突然就有了男人，而且还是汉王刘邦。与刘邦一夜欢愉之后，戚懿居然就怀了孕。第二天早上醒来的时候，刘邦搂着怀里的戚懿，又与她卿卿我我了一番。刚刚尝到鱼水之欢的戚懿，哪里舍得刘邦离开，可刘邦却说："我们刚刚吃了败仗，我的部下都不知道跑到哪里去了，如果我一直留在这里享受男女之爱，将来怎么死的都不知道。你放心，我回去之后，就把大家伙儿召集起来，等我打败了项羽，再来接你们父女二人，绝对不会一走了之的！"

虽然戚懿一百个不愿意，但她也知道孰轻孰重，所以赶紧爬起来准备早饭，刘邦他们几个人吃饱喝足之后，就赶紧上马离开了。看着刘邦一行人渐行渐远，戚懿一边哭一边追，刘邦看到之后，也想掉转马头返回来，可兄弟们并不乐意，他们抓起刘邦的马缰绳，就一溜烟地跑远了。

也不知道跑了多长时间，刘邦他们就发现马路上尘土飞扬，似乎有大军过来了。几个人一看，还以为是项羽的追兵赶来了，所以赶紧跑到了附近的草丛里，躲在那里暗中观察。

等那群人跑到跟前的时候，刘邦才发现是自己的人马，领头的正是他的心腹爱将夏侯婴。在前一天的大战中，夏侯婴一直负责保护汉王刘邦，当他们侥幸逃脱的时候，刘邦嫌弃马车跑得太慢，所以就独自骑了一匹快马逃跑了。

夏侯婴带着刘邦的空车断后，所以跑得慢了一些，他们一晚上没休息才赶上了刘邦。看到夏侯婴跑到了跟前，刘邦他们几个才爬了出来，讲述了这一天的经过。因为暂时没有脱离危险，所以夏侯婴让刘邦坐上马车，赶紧向北逃窜。

刘邦越往前走，遇到的难民越多，他也感到于心不忍，不过此时的他，就像是泥菩萨过河一样自身难保，哪还能顾及这些难民呢？就在这时候，夏侯婴注意到难民当中，居然有一个小男孩和一个小女孩，长相酷似刘邦的一双儿女。

夏侯婴赶紧对刘邦说："大王，刚才你不是说，回家接家人的时候，

第十一章 背水一战，韩信给你打个样 243

发现家中空无一人吗？您看看这两个孩子，我咋越看越像您的儿女呀！"听到夏侯婴这样说，刘邦赶紧探出头向外张望，果然发现那两个孩子，就是他的女儿鲁元公主和儿子刘盈。

夏侯婴赶紧下马，把他们两个抱到了车上，两个孩子看到老爹之后顿时痛哭了起来。这时候，刘邦问他们："你们的爷爷和妈妈去哪儿了？咋没有和你们一块儿？"

两个孩子回答道："听说你带着兵打仗，娘亲怕有人来害我们，所以就带着我们外出逃难，可昨天到处都是乱兵，我们两个也被冲散了，如今也不知道爷爷和娘亲跑哪儿去了。"

听到两个孩子的讲述，刘邦也流下了两行热泪，没想到昨天晚上自己在当新郎官，家人们却在四处逃难，想想真是难受啊！刘邦正在和儿女们聊天，夏侯婴又来报告："大王不好了，楚兵又追来了，领头的就是项羽的大将军季布，怎么办？"

刘邦一听，顿时来了气，说："就我们这点人还能咋办？赶紧跑，再不跑，都得被他们活捉了！"

听到刘邦的训话，夏侯婴赶紧打马快跑，那声音别提有多响亮了。可是，即使这样，马车也跑不过快马，眼看着就要被追兵追上，刘邦干脆把一双儿女推下了车。幸亏当时都是土路，要是放在现在，估计这两人早被摔死了！

看到两个孩子突然从车上掉了下来，夏侯婴还以为是他们两个没扶好，被马车颠簸了下来，赶紧停车，想把两个孩子再次抱上车，没想到刘邦对着他怒吼，说："你个傻小子，我们马上都快没命了，还带两个孩子干什么？赶紧把他们两个扔了，抓紧逃命要紧！"

虽然刘邦不顾及两个孩子的安危，但夏侯婴绝不愿意放弃他们，他还是坚持把两个孩子放到了马车上。夏侯婴心想，你总不能把亲生孩子踢下马车吧！可两个孩子刚刚坐上马车，就又被刘邦踢了下来。

夏侯婴一看，都说虎毒不食子，刘邦真是太自私了，为了个人的安危，居然不顾亲生孩子的死活，哪有这样的！

他又一次跳下车，把两个孩子捡了起来，搞得刘邦想一刀砍死夏侯婴。好在，最后的理智战胜了冲动，否则，夏侯婴的老命都不保。

都说虎毒不食子，但是刘邦在生死存亡之际，只顾自己逃命，根本不顾儿女的死活。关键时刻，多亏"老司机"一再坚持，带上刘邦的子女拼尽全力突围。哪怕只有百分之一生还的可能，也要尽百分之百的努力。再说这夏侯婴，为什么为了那百分之一生还的可能而竭尽全力呢？人家亲爹都不要这两个孩子了，他却搞得比亲爹还称职。估计一是看孩子被亲爹抛弃，实在是太可怜了，心生恻隐之心；二是自信，自信自己的驾车技术；三是对当地的地形应该十分熟悉，这当然得益于他多年当司机的积累，开车时间长了，都成活地图了。最后，夏侯婴凭借坚定的信念、娴熟的驾车技术，外加熟悉地形，还真的带着刘邦一家人，顺利地摆脱了季布的追兵。

停车后，刘邦发现这里距离下邑县很近，于是便决定带着他们进入下邑县城。因为这里是他的大舅哥吕泽的驻扎地，所以刘邦也非常放心。看到刘邦的车驾来到了城外，吕泽赶紧打开了城门，把他们迎了进来。

死里逃生的刘邦，慢慢缓了过来，他把四散逃窜的将士们又全部聚拢到了一起。此时，刘邦又了解到一个让人心塞的消息，塞王司马欣和翟王董翳重新回到了项羽的怀抱。不过与他们两位不同，殷王司马卬这次比较有种，他宁可战死也不再投降项羽。

赵王和齐王这两棵墙头草，看到刘邦无法与项羽相抗衡，也开始与楚国讲和。得到这些消息之后，刘邦并没有像项羽一样震怒，而是非常淡定。毕竟，在那个乱世里，诸侯王已经习惯了有奶便是娘，所以他们愿意归服谁就归服谁吧，等过两年自己强大了，他们还是得重新回到自己的旗下。

眼下刘邦最担心的，就是自己的老婆和老爹，所以他派出了多路人马，四处去寻找两人的下落。没过两三天，派出去的人就回来报告说，他们两人已经被项羽抓住了，不过暂时没有性命之忧，项羽把他们两个人当筹码，还好吃好喝好招待，并没有动他们一根手指。

其实刘邦并不知道，当他被项羽打败的时候，吕雉就带着家人逃跑了，除了刘邦的老爹和孩子们之外，刘邦的两个哥哥和他们的子女，也都假装成了难民，跟着逃难的乡亲们东躲西藏。

在刘邦逃跑的当天晚上，项羽的大军到处抓人，吕雉带着一家人被冲散，除了她和老公公两个人之外，其他人都不知道被冲到哪儿去了。又因为刘邦曾经向项羽借过兵，所以项羽的很多手下都曾经见过刘老太公。他们虽然乔装打扮，但最终还是被项羽的手下认了出来，随后就把刘老太公和吕雉抓了起来。刘邦的同乡，此时负责照顾刘邦家属的审食其也在其中。

虽然家人暂时无虞，但刘邦听说他们当了俘虏，顿时失声痛哭。毕竟刘老太公已经七十多岁了，怎么能经得起折腾？看到刘邦哭得如此伤心，大家上来劝他："光在这儿哭也不顶用啊，咱们还是应该把队伍组织起来，这样才能把老太公和夫人救回来。"

在大家的劝解之后，刘邦停止了哭泣，并向各地发出了信息，让那些跑散的将士都赶紧向自己靠拢。过了几天之后，刘邦看到队伍聚拢得差不多了，又专门召开了一次军事会议，希望大家能够振奋精神，全力迎战项羽。

可是大家刚吃了败仗，也都尝到了项羽的厉害，谁也不愿意做这个出头鸟。眼看着大家都不发言，刘邦心想，重赏之下必有勇夫，于是，就像当年楚怀王激励他们一样，也开始给大家画大饼了，说："如果谁能带头打败项羽，我可以把关东所有的土地，全部分封给他！"

刘邦刚说完这句话，张良就接茬说道："如今汉王的手下，只有韩信一人能独当一面，但是，只一个人未免显得孤掌难鸣。如果能够把九江王英布招至麾下，再配合齐王的手下彭越，相信打败项羽也并非难事。虽然九江王英布是项羽手下的一员猛将，但是他和项羽之间已经产生了裂痕，是很容易为我所用的。齐王的手下彭越就更不用说了，他们之前还和项羽打得难分难解，如果我们让他配合行动，相信他也没有话说。汉王只需要答应一个条件，假如这三人联手砍死项羽，就让他们平分关东之地，我相信一定会马到成功的。"

听到张良的分析，刘邦点头称是，并决定立刻派人前往游说九江王英布。

这时候刘邦又犯了愁，说："我听说九江王英布和项羽是铁哥们儿，两人曾经并肩作战，好得差不多穿一条裤子，如今让他背叛项羽，还是应该派一个得力的干将前往，否则很难成事啊！"

正当刘邦发愁的时候，突然看到人群中站起了一个人，这就是通信官随何。随何说："小人不才，愿意带着汉王的书信，前去招降九江王英布，请汉王相信我，我一定会让九江王英布弃暗投明！"

听到随何拍着胸脯做了保证，刘邦非常兴奋，说："我现在就派二十个随从给你，需要多少黄金白银你只管说话，只要完成招降的任务，其他一切都不是事儿！"随何接到刘邦的命令之后，当下就带着人出发了。

除此之外，刘邦又派出了另外两拨信使，其中一拨给齐王送信，邀请他派彭越共同对付项羽；另一拨给大将军韩信报信，让他赶紧带着人马来到荥阳布防。一切布置停当之后，刘邦也带着手下的人来到了荥阳。没想到刘邦刚刚驻扎下来，就有一个身穿重孝的人求见，对方看到刘邦之后，就直接跪倒在了他的面前，放声大哭。

刘邦定睛一看，原来正是自己的老乡王陵，王陵一边哭一边喊："汉王啊，项羽那个挨千刀的不是人哪，他不仅把我的老母亲给逼死了，还把她的尸首放在了大锅当中，用开水煮了半天。请汉王借给我一些部队，我一定要带着大家伙儿报仇雪恨，把项羽这个混世魔王碎尸万段！"

听到王陵的请求，刘邦赶紧把他扶了起来，说："你我就像亲兄弟一样，如今项羽杀了你的母亲，又把我的老父亲和妻子绑了去，此仇不报，誓不为人！可是，眼下老弟刚吃了败仗，短时间内很难恢复元气，如果这时候进攻项羽，无疑是以卵击石，我们很难讨到便宜！还希望老哥再忍耐几天，等咱们的人马都到了，我们再找项羽算账！"

王陵虽然正在气头上，但他也明白冲动是魔鬼的道理，如果此时和项羽硬碰硬，不仅报不了仇，还有可能搭上小命。看着泪流不止的王陵，刘邦好生安慰了他一番，让他安顿了下来。

第十一章　背水一战，韩信给你打个样

几天之后，韩信就带着大军前来增援了，更让刘邦没有想到的是，萧何听说刘邦战败的消息，还特意从关中征集了好几万大头兵，并带着他们一起来到了荥阳。这时候的刘邦，手下再次集合了十几万人，他的胆子又变肥了。

恰在这时，项羽带大军前来进攻，可他哪里知道，韩信的兵法比刘邦厉害太多，在发动了几次进攻之后，项羽不但没捞到便宜，还损兵折将。这时候的项羽，再也不敢轻敌，只好在荥阳城外先驻扎了下来，等待最佳战机，再和韩信决一死战。

看到两军已经进入了相持阶段，刘邦也带着两个孩子来到了栎阳，并立五岁的刘盈为太子。祭祀完祖宗之后，刘邦命令萧何继续留守关中，随时给大军筹备粮草，交代完这些工作，刘邦赶紧带着将士们来到了荥阳城的前线，帮助韩信共同对抗项羽。

为了防止项羽偷袭运粮的通道，韩信还特意命人修起了一个甬道，就像当年的长城一样。有了这道屏障之后，汉军的运粮通道畅通无阻，不仅保障了后方的安全，还让将士们更加安心。毕竟，家有余粮心中不慌。

刘邦能够取得天下，除了他本人的运气之外，关键还是遇到了张良、韩信和萧何三个人，正是他们的密切配合，才让刘邦数次逢凶化吉。也不知道刘邦祖上积了什么德，能够把他们几个人拢到一起，真是想不成功都不可能！

2. 跟韩将军比，他们都是小学生

刘邦回到荥阳之后，发现大将军韩信也没闲着，他天天训练军队，把原本一盘散沙的部队又打造成了攻无不克、战无不胜的铁军。看到战士们的精神面貌焕然一新，又恢复了昔日的元气，刘邦询问韩信，是否可以一雪前耻，把项羽给一锅端了。

韩信也没藏着掖着，直言不讳地说，此时进攻项羽，一定能够克敌制胜。正当将士们踌躇满志，打算找项羽拼命的时候，魏王魏豹却找到了刘邦，声称他的母亲病危了，想带着部队回去看看，以免见不到母亲最后一面。

看到魏豹眼含热泪、可怜巴巴的模样，刘邦也感到于心不忍，因为他本人也是一个大孝子。于是刘邦对他说："百善孝为先，魏王跟随我南征北战，立下了不小的功勋，既然你的老母亲病重了，那就赶紧回去看看吧！攻打项羽的事情，咱们暂且可以放一放，等魏王处理完家中之事，咱们再来共商大计也不晚！"

得到刘邦的准许之后，魏王就带着自己的部队返回了。本来刘邦也没有往心里去，不过当魏王过了黄河之后，就立刻封锁了河津渡口，并在那里派重兵把守，不允许汉王的军队过河。这时候刘邦才发现，原来魏王这老小子背叛了自己。

魏王之所以做出这样的选择，其实是因为他错估了形势，他发现刘邦在彭城被项羽打得惨败，他认为刘邦能力不行，不是真正的明主。于是，他就见风使舵，要离开刘邦去投奔项羽，也好给自己讨一个大好的前程。

看到魏王已经迫不及待地去抱项羽的大腿了，刘邦还是想着再挽回一下，于是便想派出能言善辩的郦食其前往劝降。刘邦对郦食其说："如今咱们集中全力对付项羽，能少一个敌人，多一个帮手，咱们的胜算就多一分。如果先生能够找到魏王，劝他离开项羽，回到咱们的阵营，我一定会让他的地盘扩大一倍，同时也会封先生为万户侯！"

郦食其听到刘邦的承诺之后，赶紧带着手下北上，很快渡过了黄河，见到了魏王魏豹。面对郦食其，魏王冷冷地说道："先生一直都在汉王的身边高就，今天怎么想起来找我了，难道有什么重要的事情？"

听到魏豹的明知故问以后，郦食其当即就说道："魏王这是揣着明白装糊涂啊！我来干啥，难道你心里还不清楚吗？再说了，汉王对魏王不薄，你为何突然要背叛汉王，转过身来投奔项羽呢？虽然现在看来，项羽的实力比汉王略胜一筹，但是天下人都知道，项羽残暴不仁，他注定是会失败的啊！果真到了那一天，魏王还愿意跟着项羽一条道走到黑吗？识时务者为俊杰，我希望魏王能够认清形势，赶紧回到汉王的帐下吧！汉王已经承诺你了，只要你能弃暗投明，将来打跑项羽之后，会把你的地盘扩大一倍。"

虽然郦食其说得清清楚楚、明明白白，可是魏豹并不领情，说："请先生回去转告汉王，我这一辈子都在听别人吆喝，如今已经是黄土埋半截的人了，我也想过几天舒坦的日子。让汉王放心吧，我既不会背叛他，也不会去抱项羽的大腿。先生远道而来，就在我这里多住些日子，我一定会好生款待，希望先生一定不要客气。"

看到魏王不领情，也不打算回到汉王的旗下，郦食其只好住了下来，希望找机会再向魏王进言，能够让他回心转意。可是，让郦食其没有想到的是，他一连住了半个月，魏豹都借口忙于政务，始终不愿意再见他。没办法，郦食其只能带着手下返回了。

听说郦食其无功而返，刘邦赶紧把韩信叫了过来，问他如何应对这种形势。在郦食其介绍完情况后，韩信也发表了自己的见解，说："如果我们现在不把魏王消灭，将来等项羽缓过劲来，他们两人南北夹击，咱们的日子就不好过了。所以我建议，现在咱们就分兵北上，彻底把魏王拿下，将来也可以全身心地对付项羽。"

本来刘邦还没有下定决心对付魏豹，如今，听到韩信这样讲，他立刻就下达了作战命令，让韩信带着曹参和灌婴两位将军，率领五万人立刻北上，去攻打魏国。

等韩信带着大军出发之后，刘邦又特意把郦食其喊了过来，说："原先魏王一直唯命是从，为啥突然翅膀变硬了，居然敢不听从我的号令了，难道他新招收了一批小弟不成？"

听到刘邦问自己，郦食其详细地向他介绍了魏豹的军事部署，说："魏王回去之后，新任命了一位大将军，名字叫柏直，又任命了一位骑兵主将，名字叫冯敬。除了这两人之外，目前他们的步兵主将是项它，这几个人虽然身经百战，但是，这几块料和韩信将军相比，都只算是小学生！"

听到郦食其如此夸奖韩信，刘邦也得意地说："就他们这几个人，还想与韩信、曹参和灌婴作对，简直是不自量力。尤其是他们的主将柏直，听说还是一个乳臭未干的毛头小子，魏王任用这样的人做主将，岂不是自讨苦吃？咱们就等着瞧好吧，过不了半个月，韩信就会给咱们送来好消息！"

再来说说魏王魏豹，当他听说郦食其知趣地走了，就赶紧进行军事部署，目的就是防止刘邦的进攻。尤其是在重要关卡临晋关，魏豹不仅派了重兵把守，而且还构筑了坚固的防御工事，就等着阻挡汉军。

果不其然，魏王的防御工事刚刚构筑完毕，韩信就带着大军来到了临晋关。他看到河对岸的魏兵，已经做好了充分的战斗准备，心里立刻就明白了，如果这时候渡河作战，不仅会遭受重大损失，而且还很难取胜。

了解到这些情况之后，韩信就让将士们安营扎寨，又命令大家建造船只，让魏兵误认为他们随时都有可能渡河作战。看到韩信的营帐全都驻扎在对岸，魏军也赶紧收拾兵马，并全部驻扎在对岸，以便随时做好战斗准备。

在将士们搜集船只的时候，韩信也没有闲着，他让曹参带了几个能干的手下，沿着河流勘测地形，希望能够找到魏军的破绽，并制定破敌之策。仅仅过了大半天的工夫，曹参就带着兄弟们回来了，虽然魏军在上游设置了很多哨卡，但在夏阳一带魏军的防守相对薄弱，几乎连一个哨兵都没有。听到曹参的汇报之后，韩信又打开了军事地图，仔细观摩了一番，夏阳距离临晋关不过三十里地，即使大军出动，半天之内也是可以到达的。

研究完地形，韩信很快就有了破敌之策，他立刻命令曹参带着大家，悄没声地进山伐木，无论大小，全都砍来。除此之外，韩信还告诉曹参，一是动作要快，二是要注意保密，千万不要让对面的魏军发现了。

曹参接到命令之后，就赶紧带人走了。紧接着，韩信又把灌婴找了过来，要求他到附近的集镇上去，把个头大的瓦罐和木桶全买过来，然后再买一些绳索。如果附近的集镇买不到，也可以到稍远一些的集镇上去买，如果凑不齐一万只，有个三、五千只也足够了。

灌婴听到韩信这样说，顿时就迷糊起来："难不成将军要做长期打

第十一章　背水一战，韩信给你打个样

算，给战士们腌一些咸菜，或者酿一些美酒吗？"听到灌婴的疑问，韩信并没有正面回答，说："你只管去准备就行了，具体干什么用，我会慢慢告诉你。你买到这些东西之后，就把它们放到密林里面，千万不要被对面的魏军发现了。"虽然灌婴感到莫名其妙，但他也知道，韩信当上大将军之后，从来没有下过不靠谱的命令，所以灌婴赶紧听话照做。

除了两位将军之外，战士们听说韩信只是让他们砍树、买瓦罐，别提多高兴了。这比上阵杀敌要简单得多，所以大家都干得非常卖力。仅仅过了几天的时间，他们就完成了全部的任务，并把这些东西堆放在了密林当中，一般人很难发现。

听说东西已经准备妥当，韩信又把曹参和灌婴招呼了过来，给他们绘制了简单的草图，让他们用木头夹住木桶和瓦罐，再用绳索把它们紧紧地捆绑在一起。把这些瓦罐和木桶放在一起，就可以架起一座浮桥。现代人也做过这样的浮桥，但大多是用废旧轮胎制成的，与韩信的浮桥还是不同。

看到韩信如此大费周折，就为了架设一座浮桥，灌婴当时就不乐意了："我说大将军，咱们早就准备好了渡河的船，干吗还要费这么大的力气，再建造一座浮桥呢，这不是瞎子点灯白费蜡吗？"

灌婴还没说完，曹参就抢着说："你小子哪那么多事？大将军让你咋干，你就咋干好了！再说了，大将军啥时候让你吃过亏？"听到曹参这样说，灌婴也不再说什么，他们两人赶紧给士兵们布置了任务，让他们抓紧时间制作浮桥。为了防止引起魏军的怀疑，大家伙儿白天休息，晚上就在密林当中制作浮桥，没过两天就完成了。

听到两位将军的报告，韩信赶紧过来检查，看到大家伙儿制作得都符合要求，他特意让几名战士当场进行了实验，没想到效果出奇地好。

经过几天昼伏夜出的劳作，大家伙儿已经调整了节奏，他们白天睡得足足的，待到黄昏时分，韩信又让大家伙儿吃得饱饱的，等大家的生物钟调好以后，韩信给大家下达了作战命令。灌婴率领几千名士兵留在临晋关渡口，目的只有两个，一个是虚张声势，另一个是守护好船只。

待到午夜时分，灌婴就命令士兵们摇旗呐喊，假装要渡河作战，以便迷惑魏军。除了灌婴之外，韩信和曹参借着夜色，带着大军把制作好的浮桥，全部运到了夏阳方向。等他们到达目的地之后，就用绳索把这些浮桥固定在了一起，将士们下马通过浮桥，很快便到达了对岸。

正值子夜时分，灌婴按照约定的计划，不仅要求战士们擂鼓助威，而且还不断地呐喊。听到对岸的响动之后，魏军还以为汉军要渡河，他们马上就做好了一级战备，每个人都像夜猫子一样紧张，不敢有丝毫怠慢。可是，魏豹哪里知道，这就是韩信的声东击西之策，他们已经从夏阳方向悄悄地过了河。当韩信带着大军到达东张的时候，才遇到了一支魏军部队，不过他们压根儿没有想到，韩信会从这里攻打他们。

当两军相遇的时候，汉军个个都像小老虎一样，向着魏军猛追猛砍，很快便把魏兵砍瓜切菜一般，几乎都报销了，只有几个贪生怕死之徒，趁着夜色疯狂逃窜。

拿下东张之后，韩信并没有带兵攻打临晋关渡口，而是带着大部队向着魏国的都城平阳奔来。他们路过安邑的时候，魏国大将王襄还以为是汉王的小股部队，所以便带着将士们冲出城门，没想到却被曹参打得大败，王襄自己也被活捉了。

基本上没费吹灰之力，韩信就拿下了安邑城，将士们不敢久留，直奔下一个目标，魏国的首都平阳而来。

魏王魏豹听说韩信已经接连攻破了东张和安邑，正带着大军向着平阳而来，顿时惊慌失措，赶紧派人向大将军柏直求救，让他带着部队从临晋关渡口撤回来。为了对汉军形成内外夹击之势，魏豹还亲率防卫部队出城迎战。可是他哪里能想到，柏直回城救援的速度，远远赶不上韩信大军进攻的速度，很快他们便在曲阳遭遇了。

此时汉军的每一名士兵都认识到了，他们是孤军奋战，如果不能置之死地而后生，恐怕就回不了老家了。

所以在战斗的过程当中，汉军每一位战士均奋勇杀敌，尤其是在韩信的正确指挥下，将士们更是拼尽全力，目的就是尽快打败魏军。与韩信不同，魏豹就是一个酒囊饭袋，他既没有指挥过大兵团作战，也没有卓越的军事才能，仅仅凭借自己的一腔热血，就想和汉军硬碰硬，结果可想而知。还没过一炷香的工夫，魏军就只有招架之功而无还手之力，眼看着性命不保，魏王赶紧带着手下人向北逃窜。

作为一位神机妙算的将军，韩信早就认识到了这一点，魏王刚刚跑出二十多里地，就陷入了汉军的包围圈当中，要再想跑出来，那比登天还难。

韩信不但用兵如神，而且还特别了解魏王的弱点，他知道魏王是一个贪生怕死之徒，所以就命令士兵们向他喊话，让魏王赶紧放下武器束手就擒，否则就把他乱箭射死。还没等魏王下马投降，他的亲兵卫队早就等得不耐烦了，因为魏王平时就喜欢摆臭架子，完全不把大家伙儿当人看，所以大家早就看他不顺眼了，此时又听到汉军的喊话，他们就赶紧下马投降。

眼看着兵败如山倒，魏王也不再做无谓的抵抗，乖乖地下马就擒。此时，曹参早就给魏豹准备好了囚车，并让他穿上了白色的囚服。一行人押着魏豹来到了平阳城下，士兵们一边走一边喊："都来看，都来瞧，魏王已经被我们活捉了，大家赶紧放下武器出来投降，大将军一定会保障大家的生命安全。如果你们胆敢负隅顽抗，等我们杀入城中，那时候大家脸上就都不好看了啊！"

墙头上的将士们听到汉军的喊话之后，赶紧探出头来向下看，发现魏王坐在敞篷囚车上，几乎三百六十度无死角地展示，这让他们顿时目瞪口呆。既然大王都被人抓住了，大家伙儿还有什么可说的，赶紧放下武器投降！还没等汉军绕着城墙走完一圈，魏军就已经打开了城门，纷纷放下武器投降了。

韩信和曹参带着大家伙儿进城之后，也三令五申地强调，绝对不能伤害平民百姓。等到平阳城稳定之后，魏国大将军柏直率领的援军，恰好赶回城下。他看到汉军已经占领了平阳城，魏王也已经投降了，柏直顿时手足无措，不知道怎么办才好。

恰在这时，韩信派人送来了一封信，并给柏直指了一条光明大道，让他尽快归顺汉王,只有这样,才能保住兄弟们的身家性命。

此时的柏直已经走投无路,只好接受了韩信的建议,带着大军乖乖地投降了。射人先射马,擒贼先擒王,既然魏王已经投降了,魏国的其他县城也就不攻自破,他们纷纷放下武器,主动接受了韩信的招降。在短短的一个月时间当中,韩信取得了魏王的五十二座城池,并且把魏国全部平定了。

刘邦得到这个好消息之后,特意通令嘉奖了韩信,同时让韩信派人把魏豹全家押送到荥阳。这时候的韩信,并没有打算班师回朝,他想扩大战果,带兵前去平定赵国,为此韩信还特意向刘邦请求,再给他增加三万兵马。拿下赵国之后,就可以顺势攻打燕国和齐国,把这几个国家打下来,整个东北的局势就稳定了,然后再进攻实力强大的楚国,就没有后顾之忧了。

听到韩信的远大计划之后,刘邦并没有丝毫的怀疑,而是果断调集了三万精锐部队,让张耳带领他们渡河北上,与韩信会合之后攻打赵国。安排完这些事,还没有来得及喘息,魏豹全家已经被韩信派人押送到了荥阳。此时的魏豹,早已经没有了当初的精气神,不仅显得非常狼狈,还吓得跟个兔子一样,腿都站不稳了,看到刘邦之后直接就跪了下来。

刘邦看到魏豹这个样子,还不忘对他调侃一番,说:"哎哟!这是谁呀?这不是回家看望老娘的大孝子吗?咋变成了这副模样了啊?"听到刘邦取笑自己,魏王赶紧向他认错:"都是小人鬼迷心窍,汉王您大人不计小人过,千万要饶我一条小命啊!"

看见魏王求饶,刘邦更是气不打一处来,说:"魏王真是说笑了,我怎么能管得了你的命呢,你还是去问问阎王爷吧,看他能不能饶你一条小命。"魏王听到刘邦这样说,就知道他要杀自己,所以赶紧咚咚咚地磕头,说:"汉王千万别杀我呀!我宁愿当牛做马伺候汉王,汉王一定要留我一条小命!"

刘邦本来就没打算杀他,如今看到魏王磕头就像捣蒜一样,顿时就心软了,说:"像你这种反复无常的小人,早就应该送你上西天。不过今天我

第十一章 背水一战,韩信给你打个样

的心情好，暂时留你一条狗命，如果你再出尔反尔，下次就别怪我不客气了！"听到刘邦不杀自己，魏王更加感激了："多谢汉王！我一定给您当牛做马，好好地报答您！"

3. 汉文帝的身世

虽然刘邦饶了魏王一家，但还是把他们贬为平民，通通发配到边疆做农活。对于那些年轻貌美的女子，刘邦就将她们充实到了后宫。尤其是魏王的小老婆薄姬，不仅年轻漂亮，还特别勾人魂魄，刘邦发现之后，很快就将她揽入怀中。

相信很多人都不知道薄姬的来历。她的妈妈魏媪本来是魏国宗室的女儿，当年魏国被秦国灭亡的时候，他们一家人也来到了吴县。也正是在这里，魏媪与当地的一名男子通奸，随后生下了薄姬。薄姬从小就聪明伶俐，而且越来越漂亮，当她长到十六七岁的时候，恰好遇到魏豹自立为王，魏媪就把女儿薄姬献给了魏豹，让她做了魏豹的小老婆。

魏豹这个人特别迷信，有一天，他特意请来了一名算命先生，让他给家人们看看相。算命先生装神弄鬼了一番，最后把目光落到了薄姬的身上，说："虽然大王家中每一个人都是富贵相，但是，像这位夫人这样的富贵相，小人还是第一次看到，将来她还会生下一位天子，大王一定要好生对待她呀！"

听到算命先生这样说，魏豹又惊又喜："真是没想到啊，我将来还能当皇帝。那你赶紧给我看看面相！"听到魏豹问自己，算命先生微微一笑："大王本来就是千金之躯，还有必要让小人多嘴吗？"

魏豹心里清楚，他这辈子也就是个王的命，很难再有大的作为了，不过儿子能当皇帝，老爹哪有不高兴的道理，所以魏豹赶紧谢过了算命先生，并希望他一定要保守秘密。也正是从那时候开始，魏豹更加宠幸薄姬。

可是没想到，过了两年之后，薄姬的肚皮始终没有动静。魏豹着急了，难不成算命先生看错了？不过想来想去，魏豹还是决定先给没出生的孩子创下一份家业，不然孩子出生之后，还没当上皇帝，就有可能被他人灭掉了，那怎么得了？

想到这里，魏豹决定另起炉灶，不再跟随刘邦瞎混。可没想到，正是这个错误的决定，不仅让他断送了大好的前程，还让他成了一名彻彻底底的阶下囚。

和魏王一样伤心的，还有他的小老婆薄姬。自从算命先生说她命好，薄姬也天天想着能够生下一儿半女，自己也能母凭子贵。可万万没想到，还没等她怀孕，就遇到了国破家亡的悲剧，自己也沦为刘邦后宫中的奴婢。薄姬被刘邦霸占，一番云雨之后，当天夜里，薄姬就做了一个梦，梦见有一条龙钻进了她的肚子里，吓得她惊出一身冷汗。第二天天刚亮，薄姬就把自己的梦告诉了刘邦，刘邦一听，还以为薄姬想讨赏，于是就把她升为贵妃。

过了几个月，眼看着薄姬的肚子越来越大，刘邦想起来薄姬当时说过的话，这才赶紧派御医围着她，好生伺候着。

十月怀胎，一朝分娩，薄姬还真的给刘邦生下了一个大胖小子，取名为刘恒，他就是历史上赫赫有名的汉文帝，也是文景之治的开创者。不过这些都是后话了，咱们以后再说。

接下来，先说说张耳带兵援助韩信的事，当他们兵合一处的时候，韩信就把进攻目标对准了赵国。

相信大家还记得，半年前刘邦进攻项羽的时候，曾经邀请赵国共同出兵，当时赵国的当家人陈余提出了一个条件，就是要求刘邦杀掉张耳。刘邦迫于无奈，只好找了一名和张耳长相相似的士兵当替死鬼，把他的人头献给了陈余。

看到张耳的人头之后，陈余就带领着赵国的军队，和刘邦一起去攻打项羽。可是他们万万没有想到，虽然他们集合了几十万兵马，却被项羽的三万精兵给打散了。在逃跑的过程当中，一些赵国的士兵发现，张耳仍然在刘邦的军营里面，并没有死。

听到这样的消息，陈余顿时暴跳如雷，大骂道："刘邦这个背信弃义的小人，简直是欺人太甚，居然敢骗我，看我不收拾你！"

紧接着，陈余就和刘邦绝了交，转头就投奔了项羽，打算联合项羽共同进攻刘邦。为了防止夜长梦多，韩信决定先发制人，当他打败魏国之后，就带着部队开赴赵国。

他们刚刚进入代地，就遇到了陈余的部下夏说，这个人和项羽一样，也是一个出名的莽汉。听说刘邦的大将军韩信来了，夏说完全没有把韩信当回事，拎着大刀片子就冲出了城。

看到敌军来战，曹参第一个打马冲了过去，两人斗得难分难解，正战至高潮，曹参突然拍马就跑，夏说一看，到嘴的鸭子还能飞了？于是拍着马就追了上去。看到老大如此勇猛，夏说的手下也跟着他冲了上去。可他们并不知道，这就是韩信的调虎离山之计，他们追出二十多里地，恰好跳进了韩信的包围圈。

只听到一阵喊杀声，他们左右两边的草丛中、树林里，冲出许多汉军，领头的正是张耳和灌婴。还没等夏说反应过来，他们就已经被汉军分割包围了，当夏说拼死抵抗、杀出重围的时候，他手下已经不足千人。这帮人仓皇逃脱，发现曹参在屁股后面紧追不舍，眼看就要跑回城了，曹参举起大刀，砍中了夏说的马屁股，马受伤惊起，直接把他掀倒在地上。后面赶上来的汉军一拥而上，就把夏说给摁住了。

虽然脑子不好使，但夏说还是一个性情倔强的人。当曹参劝降的时候，夏说不仅不屈服，还大骂刘邦不讲诚信。见到夏说骂得越来越难听，曹参直接拎起大刀，一下就把夏说的脑袋给砍了。

韩信也没有想到，攻打代地居然如此顺利，那接下来就可以直接进攻赵国了。但就在大家吃饱喝足准备向赵国进军的时候，韩信却接到了刘邦的来信，要求他赶紧调遣三万名精锐将士回去。虽然韩信手上的人也不富余，但胳膊拧不过大腿，还是让曹参带领大军回去吧！

曹参在回去的路上，意外受到了赵国戚将军的阻拦，虽然对方张牙舞爪，但曹参也不是吃素的。两人摆开阵势硬碰硬，曹参很快便占据了上风,最终砍死了戚将军,带领大部队顺利返回。

这时候的韩信感受到了前所未有的压力,因为他的手下,就属曹参最能打硬仗,如今却被刘邦征用。为了提高军队的战斗力,韩信又在魏地招募了一万多新兵。虽然他们与曹参的士兵相比一个天一个地,但好在韩信用兵如神,管理有方。

他首先对这些生瓜蛋子进行了训练,让他们学会服从命令听指挥。紧接着,韩信又带领他们操练阵法,经过一段时间的强化训练,也算取得了不错的效果。除了整军备战之外,韩信还派出了好几拨侦察员,让他们去了解赵军的武力部署情况。

陈余听说代地失守了,赶紧说服赵王赵歇,要举全国之力堵住井陉口,因为这里地形险要,易守难攻,可以有效阻挡韩信的进攻。为了确保万无一失,陈余的高级参谋李左车也向他进言说:"韩信孤军作战,如今已经拿下了魏国,并打下了我国的代地,势头越来越强盛。如果我们这时候与他硬碰硬,很难讨到便宜。不过,兵法上也说,像韩信这种长途跋涉的将军,他们的运粮通道就长达几百里。如果我们在这方面做点手脚,成功打掉汉军的运粮车,不仅能够切断汉军的后勤供应,还能做到不战而屈人之兵。"

虽然李左车分析得头头是道,但是陈余并没有放在心上,说:"我们不仅拥有井陉口这样的天险,还有十倍于敌人的兵力,所以对付韩信绰绰有余,干吗还要费那个劲,去打劫汉军的运粮车?"

从陈余的话语当中,大家就可以看到,他不过是徒有虚名,既不懂得如何用兵,也不善于听从建议,只是仗着兵强马壮,整天在赵国耀武扬威。如果按照李左车的建议,劫走汉军的运粮车,不仅会让汉军人心不稳,还会让他们因断粮而自顾不暇,哪还有心情攻打赵国。

陈余坚持认为,赵国军队在本土作战不仅可以以逸待劳,而且兵多将广,完全可以主动出击,打敌人一个措手不及。

眼看着自己的妙计没有被采纳,李左车非常郁闷,所以特意邀请了几个朋友喝闷酒。几个人吹了一通牛皮之后,李左车又谈了谈工作,顺便把自己不开心的事都说了出来。

正所谓隔墙有耳，躲在李左车包间后面的，恰好就是韩信派来的侦察员，当他听到李左车的计谋之后，也赶紧回去告知了韩信。

真是英雄所见略同，韩信这几天也正在为运粮车的事情发愁，因为分身乏术，韩信已经派不出更多的兵力保护运粮车的安全了。如果这时候再被赵国人来个釜底抽薪，那就坏了。

韩信听说陈余没有采纳李左车的建议，心里也十分高兴，不过他还是不敢大意，在带领部队前进的过程当中，韩信始终忐忑不安，直到顺利到达距离井陉口大约只有三十里的地方，韩信才彻底放下了戒心，随后命令部队安营扎寨。

当将士们吃饱喝足之后，韩信特意把几位心腹大将招呼了过来，给他们详细布置了作战任务。这几位大将已经跟随韩信两三年，对韩信的排兵布阵能力深信不疑，韩信给他们布置完作战任务之后，这几位将领就分头准备去了。

4. 教科书般的战役：背水一战

天刚蒙蒙亮，韩信就带着大军出发，很快就来到了井陉口。韩信看到赵军已经做好了充分的准备，于是便对张耳说道："如果我们硬拼，估计很难取胜，得想办法把他们引出来，这样我们才能发挥出优势。"

紧接着，韩信就向张耳交代了一番，让他带着一万多兵马，渡过泜水河，先安营扎寨，然后等待赵军自投罗网。这就让很多士兵想不通了，如果这时候赵军进攻，他们这点人都不够塞牙缝的，而且他们的后面，就是滔滔不绝的河水，完全没有一点退路。

看到张耳带着汉军在泜水河北岸安营扎寨，赵军将领也感到可笑至极，忍不住放肆地说："都说韩信用兵如神，其实也不过如此，如果咱们此时攻打汉军，相信一定会把他们打得落花流水。"不过另一名将领却说：

"还是不要轻敌，韩信向来不按常理出牌，你哪能知道他没有留后手呢？万一咱们刚刚杀出去，就被他们包了饺子，岂不是折了本儿？"

正当赵军将领议论纷纷的时候，韩信已经带着大部队冲了过来，他们的目的很明显，就是想用武力夺取井陉口。看到汉军势不可当，陈余并没有被吓倒，因为他已经调查过了，汉军只有区区五万人，而他的手下，已经达到了二十万之众，完全可以和韩信硬碰硬。

仗着兵力优势，陈余直接打开大门，让大家伙儿冲了出去。两军刚刚交上手，赵军的优势非常明显，为了防止兄弟们吃亏，韩信故意假装败逃，让大家伙儿丢掉了战鼓和大旗，退到了河边的军营。

此时，张耳率领的一万多精兵，早已经做好了战斗准备，他们让韩信撤回来的人马进入大营之后，就冲出去迎战来势汹汹的赵军。看到韩信带领的汉军如此不堪一击，迅速往河边跑，赵军几乎倾巢出动，好多士兵都感觉到，这不是白捡的功劳吗？过了这个村可就没那个店了，就连赵王也按捺不住激动的心情，带着他的亲兵卫队追杀了过来。

眼看着赵军越来越近，韩信把退到河边的大军重新整顿了起来，并按照事先的阵法排兵布阵。这时候韩信高喊："兄弟们，咱们的前面是如狼似虎的赵军，后面是滔滔的河水，如果咱们不能打败赵军，他们就会把咱们赶到河水里喂鱼，我们已经没有退路，只有拼死一搏，才能换来一线生机。凡是畏缩不前的，我这把剑可不是吃素的；凡是拼死杀敌的，我一定会论功行赏，冲呀！"

在这场发生在公元前204年的楚赵战争中，诞生了一个流传至今的著名成语：背水一战。

眼看着赵军已经快冲到面前，汉军士兵哪还敢犹豫，他们抢起武器，就像下山的猛虎一样冲了出去。在这样的情况之下，每一名汉军战士，都被激发出了最原始的求生本能，他们以一当十，争先恐后地杀入赵军当中。

战斗进行到难分难解、胶着状态的时候，陈余担心自己的士兵们饿肚子，于是便鸣锣收兵，准备让大家伙儿饱餐一顿，再来和汉军决一死战。不过，当他们返回军营的时候，却发现自己的营帐里到处插满了汉军的军旗。

正当赵军士兵惊慌失措的时候,突然发现左右两翼杀出了两支部队,这帮人杀声震天,士气非常高,一看就是以逸待劳。陈余和他的部下,本来就已经饿得肚子咕咕叫,这时候又听到汉军的喊杀声,顿时慌不择路散了开来。

面对悍敌,陈余决定避重就轻,避开这两股强大的汉军,转而向着泜水河边的汉军营帐奔去,希望能够从中捞点好处。不过,这时候赵军士兵不乐意了,他们刚刚从河边的战场上退下来,又让他们重新返回到战场上去,这下大家都怨声载道的。

眼看着队伍越来越不好带,陈余当即就杀红了眼,他命令自己的心腹爱将,把那几个刺儿头抓了起来,当众砍下了他们的脑袋。陈余本来想着能杀鸡儆猴,可没想到适得其反,赵军的军心更加涣散了,很多人都趁乱逃跑。

正当陈余叫嚣的时候,他的死对头张耳带着兵马围了过来。还没等陈余反应过来咋回事,他自己就被乱军给砍死了。赵军失去了总指挥,剩下的这帮人哪敢恋战,他们有的逃跑了,有的直接放下武器投降。

不一会儿,赵王也被汉军活捉,押送到了韩信的面前。但赵王不识抬举,居然对韩信吹胡子瞪眼,韩信气上心头,直接命人把他的人头砍了下来。拥有七十多座城池的赵国,在短短的半个月时间当中,就被韩信轻松拿下了。

这次进攻赵国,虽然冒了不少风险,但是总体来说,还是顺利的,而韩信一些违背常理的布阵,更是引起了不少人的关注。有一些将军甚至直接问韩信:"兵法有云,最忌讳在江河湖泊的旁边安营扎寨,而大将军却反其道而行之,故意在河边安营扎寨,难道就不怕被赵军斩断退路吗?"

听到将士们的问题,韩信得意地笑了笑,并向他们讲述了自己的用兵之道:"我们能够取得胜利,很大程度上是因为陈余的轻敌。他们占据着有利地形,人数也比我们多很多,如果要一对一硬拼,我们不可能获胜。为了引蛇出洞,我们必须做一些违背兵法的举动,才能把陈余引出来。虽然大家都知道,不能在江河附近安营扎寨,但大家并不知道,还有一个置之死地而后生的道理。"听到韩信这样说，其他将士无不佩服得五体投地，这个大将军真是把兵法给读透了。

还没等大家发言，韩信又接着解释："曹参将军在的时候，我还有必胜的把握，可是汉王把他调走了，咱们只有一些新兵补充进来，他们当中的很多人都没有上过战场，和普通的老百姓并没有什么差别。如果和赵军对抗之前，我给他们留了退路，大家是不会奋勇杀敌的。只有置之死地而后生，才能激发出他们的生命潜能，潜能一旦被激发，即使面对二十多万赵国大军，我们也能轻松获胜。"

各位将军听完韩信的阐述之后，都表现得非常佩服："大将军真是神机妙算，陈余根本不是您的对手，别说他领着二十多万兵马，就是再给他二十多万兵马，他也别想从咱们这儿讨到便宜。真是听君一席话，胜读十年书，今后大将军一定要多给我们上上课，也好让我们长点见识。让我们在今后的战斗当中，能立下不朽的功勋哪！"

听到大家伙儿夸奖自己，韩信也谦虚地表示："咱们能够轻松打下赵国，在座的每个人都有功，如果不是你们奋勇杀敌，咱们怎么可能取得胜利？现在，虽然赵王和陈余都已经被杀了，但李左车却不知去向，如果有哪位将士看到他，一定要留下他的性命，我定会有重谢！"

既然是大将军要找的人，大家都卖力去找。没过两天，就有一位将军带着李左车来到了韩信的营帐。看到他们把李左车五花大绑，韩信当即就站了起来，并亲手给他松绑。除此之外，韩信还以学生对老师的礼节，把李左车安排到了上座，而自己却屈居下座。等两人坐好之后，韩信非常恭敬地向李左车讨教："都是韩信考虑不周，让先生受惊了，还希望先生千万不要在意！虽然我们打败了赵国，但要想打败燕国和齐国，我心里一点底都没有，还希望先生能够赐教一二。"

看到韩信对自己如此恭敬，李左车皱了皱眉头："我只不过是您的手下败将，哪还有资格在您的面前谈论军国大事？大将军还是另请高明吧！既然已经亡国了，我也不愿意苟活在人世间，希望大将军给我来个痛快。"

听到李左车这样说，韩信更加敬佩他了："先生千万不要这样说，赵国的灭亡，其实和你的关系并不大，是因为陈余无能，才造成了如今这样的结果。当年我听说，百里奚在韩国的时候，并没能阻挡住韩国的灭亡，可是等他来到秦国的时候，却能帮助秦穆公成就一番霸业。所以从这一方面来说，能否发挥百里奚的才能，与统治者有莫大的关系。如果陈余听了先生您的建议，恐怕我也很难取胜，所以还希望先生不吝赐教，韩某一定会虚心接受的。"

这时候，李左车才觉得韩信是真心实意向他请教，所以也就打开了话匣子："智者千虑，必有一失，陈余虽然算不上智者，但他带兵打仗也有一股子猛劲，一般人是很难战胜他的。不过，陈余这次不走运，他遇到了能征善战的大将军，所以失败也是早晚的事情。大将军此次出征，仅仅用了五万多兵马，就打掉了陈余的二十万大军，真是一战封神，名扬海内外。"

听到李左车说的都是场面话，韩信虽然有耐心听，但这会儿也不得不催促他了："先生真是过奖了，韩信有几斤几两，心里还是清楚的，眼下韩信遇到的问题，就是如何打败燕国和齐国，还希望先生赶紧支个招！"

听到韩信这么着急，李左车终于话锋一转，说："虽然大将军连续打掉了魏国和赵国，但要想继续进攻燕国和齐国，恐怕是很难的。因为你们一路奔波，离家也好几个月了，将士们都非常辛苦。如果还疲于奔命，遇到陈余这样的莽夫，将军还有可能速战速决，但是，如果遇到坚壁清野的将军，恐怕你们很难快速取胜。一旦僵持的时间太长，你们的粮草供应就是很大的问题。此时的汉王，和项羽的战斗正处在胶着的状态，他正眼巴巴地等着你帮把手呢！粮草一旦有问题，到那个时候，大将军可能就要为难了！"

听到李左车分析得头头是道，韩信赶紧点了点头，这时候李左车接着说："既然不能快速攻下燕国和齐国，大将军不如留在赵国休养生息，慰问那些在战争中失去亲人的家庭。这样不仅能够让百姓臣服，还能让将军的队伍越来越壮大。目前将军可以派兵驻扎在燕国边境，对他们形成强大的压力。等到合适的时机，大将军再派出使臣，对燕王讲明利害关系，相信他一定会放下武器投降的。到那个时候，再来对付孤立的齐国，还需要大将军亲自举起屠刀吗？"等到李左车讲完这些，韩信手下的将士们早已经心悦诚服，他们完全没有想到，大将军真是捡了一个宝贝。

韩信听完李左车的分析，更是对他大加赞赏："先生真是一位博学之士，不知道先生是否愿意留在我的帐下，给我做一名高级参谋呢？"虽然李左车是赵国的臣民，但是他在赵国的时候没有受到重用，现如今，看到韩信如此礼贤下士，他早就有了归顺的愿望，于是便爽快地答应了韩信。

韩信带领将士们在赵国休养了一段时间，就派了一个使者带着自己的亲笔信，到燕国游说燕王去了。燕王看到魏国和赵国都已经被韩信攻下，早就吓破了胆，于是赶紧表示愿意接受汉王的调遣。

等韩信把这个好消息告诉刘邦之后，刘邦完全没有想到事情办得如此顺利，韩信竟然还可以不战而屈人之兵。除此之外，刘邦还按照韩信的请求，特意封张耳为赵王，让他负责稳定后方，并给韩信提供后勤保障。

5. 英布也被策反了

韩信这边的战事暂时没有后顾之忧，再来说说刘邦派随何去游说九江王英布的事情。当初，派随何去招降英布其实是抱着试试看的态度，他也知道要想啃下英布这块骨头，恐怕是要费一些周章，事实上，随何刚刚来到九江的时候，事情进展得就很不顺利，他甚至没有机会拜见英布，因为英布直接派他的贴身侍卫，把随何安排在了驿馆，一连几天都不接见他。

看到事情陷入了僵局，随何把英布的贴身侍卫招呼过来说："麻烦您告诉九江王一下，我这次来的目的，就是给他指一条明路。虽然表面看上去，项羽比汉王的实力要强，但实际上汉王才是未来的天下之主。如果九江王能听我一句劝，我一定会让他永享富贵。如果九江王认为我说的话不对，我和我带来的这帮人，全听你们发落！"

当英布的贴身侍卫把这些话带给英布之后，英布想了想，决定见一见随何。两人见面之后,还没唠几句家常,随何就直接切入了正题:"我奉汉王的命令,特意来问九江王一句话:你为什么和项羽走得这么近?"

听到随何问自己,英布客气地回答他说:"当初我起兵的时候,是西楚霸王项羽收留了我们,所以我才愿意臣服楚国,这难道有什么不对吗?"听到英布的解释,随何只是微微一笑,然后又不紧不慢地说道:"大王您和楚王都是诸侯王,你们两人的地位相当,政治地位一样,怎么能用'臣服'二字来形容呢!再说了,我看大王也并不是心甘情愿做项羽的臣子,前一段时间,楚国攻打齐国的时候,您只是派了几千人应付了事。后来汉王进攻彭城的时候,您本来距离彭城很近,可并没有派出一兵一卒前去参战,这难道是做臣子的本分吗?虽然你经常糊弄项羽,但他也没有讨伐你,大王知道是为什么吗?"

看到随何抛出了一连串的问题,英布居然无言以对,额头上也渗出了不少汗水。这时候,随何又接着说:"其实道理很简单,此时楚汉战争打得如火如荼,项羽一时腾不出手而已,他这人的性格异常凶残,相信九江王也曾经领略过他的戾气。一旦项羽腾出手来,估计就没有您的好果子吃了。汉王就不一样了,他是一位宽厚的仁者,虽然上次在彭城的时候失利了,但是,这会儿他已经快速地恢复了元气,他,才是将来的天下之主。"

听到随何如此抬举刘邦,英布疑惑地说:"恐怕并非如此吧,如今的项羽兵强马壮,汉王集合了各路诸侯,也完全不是项羽的对手,怎么能说刘邦是未来的天下之主呢?"

看到英布仍然执迷不悟,随何又接着给他分析:"楚王表面上看起来兵强马壮,但实际上他早就失去了民心,当年进攻咸阳的时候,项羽不仅火烧了阿房宫,而且还残杀了二十多万秦朝廷的降兵,弄得老百姓怨声载道。当他残害义帝之后,汉王高举义旗讨伐逆贼,各路诸侯无不响应,这就足以说明汉王是天下归心。退一万步讲,即使楚王能够打败汉王,其他诸侯王害怕项羽报复他们,也会群起而攻之。所以从这一方面来说,九江王依附即将灭亡的楚国,其实是非常不明智的。"

英布听到随何分析得很有道理,也不免点了点头说:"我愿意听从先生的教诲，可是现如今项羽的耳目众多，这件事情还需要从长计议，等时机成熟了，我再和先生商量具体的细节，现在就请先生跟侍卫回到驿馆暂住几天。"

看到英布有些动摇，随何非常高兴地回去了，本想着过几天之后，英布一定会邀请他再详谈，可是没想到过了十多天之后，英布一直不见动静。这时候，随何的心里就犯起了嘀咕，难道事情有变吗？于是，他派手下人去打探情况，原来项羽也派人过来见英布，正和英布商量着，怎么派兵攻打汉王的事。

了解到这些情况之后，随何决定采用强硬的手段，逼迫九江王英布脱离项羽的控制。当他们听说英布正在接待楚国大使的时候，就直接闯了进去，义正词严地大声说道："你们几个就是楚国的使臣吧？死到临头了还不快跑，九江王已经答应联合汉王进攻楚王，你们几个还打算在这里等死吗？"

听到随何这样说，那几个楚国的使臣顿时就吓破了胆，慌不择路地就往外跑，这时候，随何又告诉英布："既然大王主意已定，就千万不要让楚国的使臣跑了，那样会引来杀身之祸的！"既然都到这个份上了，英布还有什么可说的，他直接领着卫兵冲出去，抓住楚国的使者，把他们全都咔嚓了。

项羽听说英布已经和汉王合伙了，气得咬牙切齿，派出了两员大将向九江杀来。本来，英布还没想着和项羽撕破脸，可是眼看着对方来势汹汹，如果再不出兵抵抗，那岂不被人掀了老窝？既然你不仁，那就别怪我不义了，想到这儿，英布决定带兵迎战。

强将手下无弱兵，英布身先士卒、英勇善战，他手下的士兵也生龙活虎，很快就和项羽的部将打得难分难解。眼看着一时不能取胜，项羽又派来了更多的援军，这一下，让英布感到了巨大的压力。

为了保存实力，英布决定带着残余的部下，跟着随何一起去投奔刘邦。英布带着兵，专门走小路，一行人昼夜行军，很快就来到了荥阳，见到了刘邦。

此时的刘邦，不知道什么时候又喝多了，正躺在摇摇椅上泡脚，英布看到几个年轻貌美的女孩子，正在给刘邦按摩脚丫子，他就气不打一处来，刘邦你他姥姥的也太不把我当回事了吧，真是脱毛的凤凰不如鸡呀！

也不知道为什么，刘邦对泡脚情有独钟，当年，他接见大将军韩信的时候，就曾经因为泡脚，差点把韩信给气跑了，幸亏丞相萧何及时出面，才把韩信挽留了下来。如今会见九江王英布，刘邦又故技重演，这怎么能不让人心生厌烦呢！

虽然英布一肚子的怨气，但是想来想去，谁让自己实力不如人，于是便忍住怒火向刘邦打招呼，没想到刘邦看到英布走了进来，只是微微动了动身体，就算和他打招呼了。

这更让英布后悔了，早知道就不和项羽决裂了，免得来受这种窝囊气。和刘邦东拉西扯了几句之后，英布越来越发现，刘邦压根儿没打算重用他，所以也就知趣地走了。

看到英布的脸色越来越难看，随何也赶紧跟着他走了出来，这时候英布向他抱怨说："你小子把我骗了过来，没想到刘邦这样对我，也太不把我当回事了！我放着好好的日子不过，却被你鼓动和项羽作对，如今落得这样的下场，你还让我怎么见人呢？"英布越说越激动，最后索性拔出宝剑，打算抹脖子。

看到英布就是一个二愣子，随何赶紧伸手拦住了他："大王别着急，汉王就这德行，当初他会见大将军韩信的时候，也是优哉游哉地泡脚，后来大将军不照样飞黄腾达了？你等汉王酒醒了，他一定会好好对待您的！"

两人正在那里说话，这时候就看到刘邦的贴身侍卫走了过来，他特意把英布送到了最高级的驿站。当他们进入了相当于现代社会的总统套房时，英布顿时被这里的奢华情景给震撼了，没想到自己这一只斗败的公鸡，还能被人如此看重，真是错怪刘邦了。

不过这还不算完，当贴身侍卫向英布介绍完情况之后，刘邦的左膀右臂张良和陈平，也都来到了英布的房间。他们不仅对英布嘘寒问暖，还给他准备了高规格的宴会。嘴里吃着美味佳肴，手里捧着百年陈酿，耳边还听着奉承的话，英布顿时别提多惬意了，之前的怨气烟消云散。酒足饭饱之后，又来了一群窈窕淑女，美女们踩着轻柔的音乐，演唱着动听的民歌，让英布听得如痴如醉。

这一段时间，英布天天疲于奔命，好久没有享受到男欢女爱了，如今看到这些美若天仙的女孩，早就忍不住咽口水了。看到英布的神情，张良和陈平心领神会，他们等到酒宴结束之后，就把那几个女孩送到了英布的房间。这时候的英布，如同来到了人间仙境，哪还有背叛汉王的道理？

第二天早上醒来，英布如约拜见了刘邦，看到刘邦对他真诚相待，英布发誓，誓死效忠汉王。看到英布已经被治理得服服帖帖，刘邦也给他下达了命令，让英布先把散兵游勇集合起来，共同对抗西楚霸王项羽。

对刘邦的命令，英布言听计从，他很快便带兵来到了九江，把那些被打残的散兵游勇全都拢到了一起，没多少时间，就又聚合起了上万的人马。不过当英布回到家乡的时候，发现他的家人竟然全被项羽给杀掉了。这让英布痛不欲生。痛定思痛以后，英布赶紧带着自己的部队来见刘邦。见面后，英布哭得死去活来，大骂项羽说："项羽这个挨千刀的，把我们全家都祸害了，没有留下一个，我一定要找他报仇，请汉王拨给我一支人马，我现在就去跟他一决高下！"

看到英布痛哭流涕的样子，刘邦虽然表面上非常同情他，但暗地里却一阵窃喜，这下英布应该再也不会三心二意了吧，不过他嘴上还是安慰了几句说："项羽也太不是人了，你的仇就是我的仇，我一定会替你报了这个仇，可是眼下咱们的力量还比较弱，如果跟项羽硬碰硬，不但报不了你的仇，还有可能把你我的身家性命搭上。不如，你先带兵驻守在成皋，等大将军韩信平定了北方之后，咱们再找项羽报仇不迟。"

听到刘邦劝自己，英布心想，君子报仇，十年不晚，既然刘邦已经把话说到这个份上了，他也只能带兵去守城，至于报仇的事情，以后再说。

6. 萧何的安家计

打发走了英布之后，刘邦的贴身侍卫又来报告说，后勤部长萧何已经派人送来了大批的粮草，不过与以往的情况不同，这次萧何还把家族中的青壮年全部送了过来，这帮人也要跟着汉王建功立业。刘邦听到报告之后，赶紧把萧何的家人招呼了过来，看到他们一个个精神抖擞，刘邦感到非常欣慰，说："没想到萧丞相如此识大体、顾大局，他既然把大家伙儿送了过来，我就一定要好好地给大家安排个差事。顺便问一下，最近丞相的身体怎么样？"

听到刘邦问他们，其中一位彪形大汉顺便接过了话："托汉王的福，我大伯的身体可好了，只是他时常念叨您，说您带着部队南征北战，一定要注意保重身体。他本人没法替您分忧，特意把我们派了过来，代替他上阵杀敌。临行前，大伯交代了，一定要把我们派到最艰苦、最困难的地方，绝对不允许我们搞特殊！"

刘邦一听，顿时感动得热泪盈眶，感慨地说道："丞相日理万机，要不是他稳定后方，咱们怎么可能吃得饱、穿得暖，今天又把家里的小伙子们都送来了，这真是公而忘私的楷模啊！"随后，让贴身侍卫把这些年轻人带去见曹参，并嘱咐让曹参一定给他们安排个好差事。

曹参虽然是一名武将，但在江湖上混久了，也都成了人精，他把萧何的族人、子孙们，全都安排在了安全舒适的地方，用现代话来讲，就是钱多事少离家近，安排妥当以后，曹参又特意给萧何写了一封信，把自己的安排，详详细细地汇报了一番。收到信后，虽然萧何指责曹参偏袒自己的子弟，但是言语间，还是透露着感激之情，这让曹参非常受用。

其实，无论是在战争年代，还是在和平年代，大树底下好乘凉，这都是不争的事实。尤其是那些官宦人家的子弟，不仅占据着要害部门，而且还特别容易做出成绩，这些其实都是官官相护的结果。

不过也有很多人想不通，刘邦是能把萧何的子弟安排到舒适的岗位上，但是这毕竟是战争年代，连刘邦的脑袋都别在了裤腰带上，在大后方的萧何，为什么还非要把子孙们送到前线去？

　　萧何之所以做出这样的选择，其实是有更深层次的原因的。虽然他对刘邦忠心耿耿，也出色地完成了后勤任务，但王侯将相的疑心都很重，尤其是在外打拼的刘邦，他也害怕萧何在后方叛乱。如果发生这样的事情，不仅他的儿子性命不保，而且他辛苦努力的帝王之业，也都会毁于一旦。所以刘邦也会经常派人入关，一方面检查萧何的后勤保障工作，另一方面也对萧何慰问一番。

　　虽然萧何对刘邦的这种做法并不反感，心里边也没有当回事，但是他的一位门客却看出了门道，并瞅准时机向萧何进言说："汉王整天忙着打仗，却还时不时地想着您，我看是黄鼠狼给鸡拜年，没安好心哪！他表面上是对您的鼓励，可是内心当中并不信任您，害怕您没事搞点小动作，那样的话，他可就要遭殃了。

　　如果萧丞相把家族当中的成年男子，全部送到前线去，相信汉王一定会放下戒心，只有这样咱们才能高枕无忧啊！"

　　听到门客的进言，萧何仔细琢磨了一下，似乎还真是那么回事，于是他便把孩子们都送给了刘邦，让刘邦带着自己的孩子们上阵杀敌。刘邦看到萧何这么识趣，也就没了疑虑，既然后顾无忧，那自然就可以一心一意、勤勤恳恳地来对付死敌项羽了。

　　对于萧何来说，要想把粮食从关中运到荥阳，其实也不是一件容易的事情。运粮大军不仅要经过崎岖的山路，还要防备项羽的骚扰，幸亏大将军韩信早有预料，特意在敖仓建造了甬道，用来帮助萧何运粮。

　　为了确保万无一失，刘邦还特意把曹参和周勃调过来协助运粮，这一下，就加强了运粮队伍的实力。

第十二章
项羽的人才快要走光了

1. 不能再搞分封

项羽和刘邦在荥阳附近鏖战了数天,没有讨到什么便宜,如今,又发现九江王英布投奔了刘邦,更是气不打一处来,决定调集全部的兵力踏平荥阳,把刘邦和英布砍了,以解心头之恨。

看到项羽整天使蛮力,整个荥阳城却始终纹丝不动,他的军师范增也向他建议说:"大王您都打了这么多天了,可刘邦依然吃得好,喝得好,你应该动动脑子了。你难道没有发现,刘邦的粮草都是从敖仓运过来的吗?如果我们派兵破坏了他的粮道,荥阳的数十万兵马就得天天喝西北风了。到时候不用咱们动手,饿也把他们饿死了。"

项羽听到范增的建议,立刻派出了心腹爱将钟离眛,让他带领两万精兵,专门去破坏从敖仓到荥阳的粮道。虽然刘邦的防守非常严密,但是要想做到几百里的粮道万无一失,其实也并非易事。钟离眛抓住了几处防守薄弱的点,很快就把粮道破坏了。

听到这个消息之后,刘邦赶紧派兵增援,可是远水解不了近渴,眼看着荥阳城中的粮食越来越少,这让将士们内心产生了畏惧。同样得到消息的还有项羽,他发现有机可乘,立刻就带领主力部队围困荥阳,这就加剧了城内士兵的慌乱。

看着队伍越来越不好带，刘邦每天都在担心士兵发生哗变，这让他整天寝食难安。这一天，老同志郦食其来找刘邦汇报工作，病急乱投医的刘邦忍不住问他："有什么破敌高招不？"

见刘邦问自己，郦食其开始了他的表演，说："看着城外项羽凶神恶煞的模样，咱们的兄弟们早就吓破了胆，这时候如果和他硬碰硬，我们无疑是以卵击石。如果汉王能够分封诸侯，扶立六国的后代称王，他们不仅会对您感恩戴德，同样也会全力以赴对付项羽，那时候您就会一呼百应，还怕一个小小的项羽不成？"

听到郦食其这样说，刘邦好像垂死之人得到了长生不老药一样，兴奋地说："先生您说得太对了，我怎么就没想到？这件事就交给你去办，你先把六国国王的大印刻好，然后我再让人草拟一份任命文书，到时候你就到六国去跑一趟吧！"郦食其一听，刘邦居然这样好糊弄，立马就去准备了。

眼下的刘邦，估计是脑子里进开水了，刚刚把赵国、魏国等诸侯国给灭了，现在又要封诸侯，而就在半年前，他还带着各路心怀鬼胎的诸侯王去彭城攻打项羽，结果五十多万人被人家三万多人打得鸡飞狗跳，现在郦食其又如法炮制，再去分封一堆诸侯王，这不是开历史的倒车吗？真是记吃不记打。

再说了，郦食其出的这个馊主意，只会让国家再次回归到四分五裂的状态，这与老百姓的意愿是相悖的，所以不可能帮助刘邦取得天下。

过了两天之后，张良从汉中回来了，他来拜见刘邦的时候，发现刘邦正在啃着猪蹄子，喝着小酒，张良心里边就纳了闷，外面都火烧眉毛了，刘邦咋还有闲情喝酒呢？看到张良欲言又止，刘邦也扬扬得意地招呼他："最近哪，郦食其给我出了一个良策，让我重建六国的建制，来削弱楚国的实力，我一听还挺有道理，决定让他扶立六国的后代称王为我所用！"

张良听到刘邦这样说，顿时大惊失色："郦食其这个酸秀才，就会出这样的馊主意，如果汉王按照他的主张，分封六国的后代为王，估计咱们很快就会成为项羽的阶下囚，到时候可就为时已晚了！"

听到张良说得如此严重，刘邦赶紧放下了酒杯："先生开玩笑的吧？咋可能这么严重，打不过项羽，大不了咱们回关中嘛！"

看到刘邦如此轻描淡写，张良激动得大声说道："大王，兄弟们跟着您出生入死，无非就是为了取得天下之后，汉王能够论功行赏，给他们一些封地，能够让他们光宗耀祖、衣食无忧。现如今，如果大王把六国的后代封为王，那么这些出生入死的将士跟着您南征北战，到末了什么也拿不到，那谁还愿意替你卖命？退一步讲，即使大王把六国的后代封为王，他们迫于楚国的淫威，到时候臣服于项羽，掉转矛头对准你，咱们别说退守关中，估计连葬身之地都没有。以项羽的残暴，把您的家族挫骨扬灰都是轻的。"

刘邦对张良向来非常信任，如今听他分析得头头是道，顿时大惊失色，情急之下，竟然把啃了一半的猪蹄子直接摔到了地上，大骂郦食其："郦食其这个该死的书呆子，差点坏了我的大事，要是真的分封了六国，到时候肠子都要悔得断成好几截！"

刘邦直接把郦食其找了过来，劈头盖脸把他臭骂了一顿。郦食其本来还在做美梦，这次去分封六国，哪一位诸侯王不对自己感恩戴德呢？到时候黄金白银、美食美女还不是随便拿？可是，没想到这样的好事居然被张良搅和了，因此郦食其怀恨在心。可是，思来想去，郦食其又觉得张良说得有道理，如果刘邦兵败，自己也没什么好下场，想着想着他也就想通了。

刘邦看到项羽的势头越来越盛，为了防止不必要的损失，他决定收缩战线，把外围的部队全部撤到荥阳城，没有命令绝对不允许出战。这时候的刘邦，真是被项羽打怕了，一旦有风吹草动，都会惊出一身冷汗。

这一天，陈平找刘邦汇报工作，看到刘邦颓废的模样之后，陈平也不免打趣道："汉王这两天是怎么了？怎么无精打采的，难不成是被项羽吓坏了？"听到陈平取笑自己，刘邦也不免感叹说："项羽这个瘟神，就像狗皮膏药一样，啥时候才能把他打跑，让我清净两天呢？"

面对愁容满面的刘邦，陈平倒是一脸淡定，说："汉王请放心吧，困难都是暂时的，以我对项羽的了解，这个人对手下的功臣，搞一些小恩小惠还是比较内行的，但是对于那些真正有大功的人，他却不舍得大加封赏。

可是汉王您就不同了，您虽然平时吊儿郎当，可是对于那些有功之臣，你还是愿意舍弃千金，给他们加封田地。所以，从这一方面来说，天下迟早姓刘，如今在项羽的身边，只有范增和钟离眛等几个人为他卖命，而项羽这个人又容易听信谗言。如果汉王能够拿出黄金白银，让项羽身边的人散布谣言，很可能就会把他们分化瓦解掉。一旦项羽的阵营里军心动摇，接下来就有好戏看了！"

陈平平时一副正人君子的模样，没想到耍起阴谋诡计来同样毫不逊色。刘邦听到他的计策，不免竖起了大拇指，豪迈地说道："钱财乃身外之物，生不带来，死不带去，如果能把它们用在刀刃上，那还有什么好说的？我这就让人给你准备，你拿着这些黄金白银，只要能够分化瓦解项羽的阵营，那就是大功一件。"

陈平拿到这些硬通货之后，特意找来了耍嘴皮子的，给他们准备了一些说辞，让他们想办法混入楚军大营。等到时机成熟之后，他们就开始散布流言蜚语，让越来越多的人感觉到，范增和钟离眛功勋卓著，却没有得到应有的封赏，所以他们心怀不满，打算放弃楚王，投奔汉王。

当这样的谣言甚嚣尘上的时候，陈平派去的人又开始拿钱贿赂大小贪官，让他们在项羽的面前，有意无意地把这些谣言讲出来。有钱能使鬼推磨，这些人拿到黄金白银之后，哪还有不办事的道理？流言蜚语一旦在楚军内部流传开了，就像病毒一样四处弥漫。况且，这些传播流言的人，充其量算是流言的搬运工，自己又不需要负什么责任，所以，他们在项羽的面前更是添油加醋。

项羽本来就是一个疑心重的人，当他听说将士们议论纷纷，逐渐对钟离眛失去了信任。不过，老同志范增作为黄土埋半截的人，对美女美食、金银财宝没那么多刚需，所以项羽并没有对他产生过多的怀疑。

范增看到荥阳城因为粮食的问题已经军心不稳，为了速战速决，避免夜长梦多，二流政治家范增决定给刘邦的伤口上撒盐。老同志鼓动年轻人项羽亲自带着大军，昼夜不停地攻城，不把荥阳城打得四处漏风誓不罢休。

刘邦看到陈平的计策效果并不明显，也害怕有一天，荥阳城被项羽攻破，所以他赶紧派出了使臣向项羽讲和，希望能够以荥阳城为界，将天下一分为二。东边给你项羽，西边给我刘邦。咱们井水不犯河水，睦邻友好。

2. 项羽又中计了

虽然刘邦的算盘打得震天响，但是，项羽并不答应，因为他的势头正盛，很有可能会吞并刘邦，如果这时候半途而废，岂不是又重蹈了鸿门宴的覆辙？看到刘邦派来的使臣，项羽突然又自作聪明了一下，他也派出了使臣，向刘邦表明了自己的态度，同时也想探听一下荥阳城的虚实。

项羽的这一招，怎么可能逃得过陈平的法眼，他很快便明白了项羽的用意，于是采取了将计就计的策略。他找到汉王刘邦，让他接见楚使的时候，一定要显得漫不经心，最好能够喝上二两白酒，这样才能麻痹对方。

一切准备就绪之后，陈平就告诉手下人，打开城门让楚国使者入城。没想到，这小子还挺听项羽的话，他刚刚进城，就瞪圆了贼溜溜的眼睛，恨不得给荥阳城来个航拍。不过，当他见到刘邦的时候，却发现刘邦已经喝多了，烂醉如泥，谁都不服就扶墙。

简单交谈了几句之后，刘邦就倒在一边呼呼大睡，弄得楚国使者走也不是，留也不是，过了好半天的工夫，陈平慢慢地走了进来，非常热情地招呼他们来到城内最高端的驿馆吃大餐。

一行人刚刚坐下，服务员就端上了一壶上好的香茶，陈平陪着大家喝了会儿茶，聊了会儿天，就去厨房安排饭菜了。过了一炷香的工夫，服务员们鱼贯而入，各种山珍海味，满满当当地摆了一大桌子。

除了这些美味佳肴之外，服务员又当着楚国使者的面，打开了一坛美酒，酒坛一开，房间里顿时酒香四溢。这时候，楚国使者也是纳了闷，刘邦今天是怎么了，居然用如此高的规格招待我们，难不成想让我们回去之后，在项王面前美言几句？

正当楚国使者丈二和尚摸不着头脑的时候，陈平不慌不忙地走了进来，招呼大家赶紧入座。看到陈平如此客气，楚国使者也是显得非常不好意思，当然了，嘴还是要客气客气。

看到大家伙儿都落座了，陈平突然问了起来："最近亚父范增的身体可好？上次我拜托他办的事情怎么样了，可曾把书信带过来？"听到陈平这样问，楚国使者团个个都是一脸的蒙圈，其中一名使者老老实实地回答说："先生您是不是搞错了，我们是奉项王的命令，来和汉王商量议和的事情，并不是亚父派来的，而且亚父也没有让我们捎信啊！"

看到使者团整齐划一地陷入了迷惑状态，陈平故作惊讶地说："哦，原来是这样啊！搞了半天，原来你们是项王派来的，我还以为你们是亚父派来的，怪不得汉王对你们如此冷淡！"说完这句话，陈平头也不回地走了，紧接着，就从外面进来了一堆服务员，面带怨气地把刚才的山珍海味全都撤下去了，连一口茶水都没给他们留。

刚刚拿起碗筷的使者团，还来不及享受一口美味，就发现美味已经被那些眼疾手快的服务员给运走了，搞得这帮人只能干瞪眼咽口水。过了好半天，也不见有人来招呼他们，楚国使者团坐得不耐烦了，于是便招呼服务员，让他们找个管事的来。

服务员这才告诉他们说，陈平离开的时候已经交代了，新的饭菜马上就做好。楚国使者一听，还以为重新给他们做了好吃的呢，顿时又阴转多云了，可是当服务员端上新的饭菜的时候，楚国使者几乎惊掉了下巴。因为端上来的只有两样小菜，还有一小盆糙米饭。

这会儿大家又急又气又饿，也顾不得那么多，你一碗，我一碗，很快就把米饭给盛到自己的碗里，生怕抢晚了没的吃。等他们刚刚把米饭送到嘴里的时候，就听到嘎嘣一声，原来米饭里不仅有沙子，还有一些小石子儿。再看看那两碗小咸菜，也不知道放了多少天，都有一股子馊味了，是可忍孰不可忍，使者们爆发了，好歹我也是外交官，陈平你就这么狗眼看人低，这是人吃的饭吗？还没我们家的猪吃得好，简直没把我们当人看！兄弟们撤吧，赶紧回去汇报情况，以免误了大事！

几个人连午饭也没吃，扔下筷子就跑了出去。当他们出城的时候，门卫也没有强加阻拦，只是简单问了几句，就把他们放了出来。这帮傻小子，自以为找到了范增勾结刘邦的证据，其实他们并不知道，这正是陈平使的离间计，故意挑拨范增和项羽的关系。他们回去之后，就赶紧面见项羽，并把他们在荥阳城受到的待遇详详细细地复述了一遍。尤其是他们表明身份之后，所受到的截然不同的待遇，更是添油加醋地给项羽描绘了出来。最后，他们一致认为，范增已经和刘邦勾搭在了一起，如果不早点提防范增，很有可能会吃哑巴亏。

听到使者的汇报之后，脑子缺根弦的项羽，顿时就对范增破口大骂："这个老不死的，前些天就有人向我报告，说他私下结交汉王，起初我还不信，今天听你们几个这样一说，我才知道是真的。你们几个现在就把他给我找来，看我不一脚踹碎他那一把老骨头！"

这时候，有几个心思敏捷的谋士劝阻项羽说："大王千万别着急，范增自从入伙以来，对大王一直忠心耿耿，从来没有听说他有过二心，大王还是要三思而后行。如果没有真凭实据，就贸然惩罚忠臣，很有可能中了敌人的挑拨离间之计呀！"听到大家的劝阻，原本头脑发热的项羽，这时候也慢慢冷静了下来："要想人不知，除非己莫为，等我掌握了足够的证据，看他还怎么抵赖！"

虽然项羽对范增已经心存戒心，但是范增本人还不知道，他一直想着，在自己的有生之年，一定要帮助项羽打败刘邦，把他扶上帝位。可是，他忽然发现，原本进攻势头正猛的项羽，突然计划要和刘邦讲和，于是他便火急火燎地对项羽说："这两天是怎么了，为啥突然偃旗息鼓？听说你还派人找刘邦议和了，有没有这回事？"听到范增问自己，项羽就像没事人一样，跷着二郎腿，一句话也不说。

这时候范增更着急了："我说的话，你到底听到了没有啊？上次在鸿门宴上，我就多次给你发信号，让你杀掉刘邦，可你就是不听，结果怎么样，还不是养虎为患吗？仅仅过了大半年的时间，刘邦就已经对咱们下毒手了，你看把咱们的彭城给祸害成什么样了？幸亏老天有眼，这次咱们好不容易把他困在了荥阳，如果我们不能一鼓作气，把刘邦弄死在这里，万一他再缓过劲来，咱们再想弄死他，可就难上加难了！"

听到范增就像一只绿头苍蝇一样，在自己的耳边嗡嗡直响，项羽也不耐烦了，说："攻城是大事，砍刘邦的脑袋也是大事，但有些人也不得不防啊！万一我在战场上冲锋陷阵，有人却在背后捅刀子，我咋死的都不知道呢！"见项羽这么说，范增顿时就纳了闷，说："有我给你看着后院，谁还敢给你背后捅刀子？你今天是咋了，怎么阴阳怪气的，说话跟吃了枪药一样！"

项羽还以为范增揣着明白装糊涂，所以也没好气地回答他："也不知道是谁，那么着急抱刘邦的大腿，暗中和陈平勾结，别以为我不知道，等我抓住了他的小辫子，看我不剁了他！"范增就是老糊涂了，也能听出项羽话中有话，他又联想到这几天项羽的举动，心里不免暗暗吃惊。看来这个傻小子，已经听信了他人的谗言，对自己不再信任了，说："我这个人老了，没事就爱唠叨两句，项王愿意听就听，不愿意听就当是耳边风吧！现在天下大势已定，项王也已经到了而立之年，不需要我这个老家伙多嘴多舌了。我这就收拾行囊，回老家种我的二亩地，以后就不再打扰项王了！"

见范增要辞职告老还乡，项羽的心里没有起一丝的波澜，心想，愿意走就走呗！少你一粒烂芝麻，我还能榨不出香油了？这个地球离开谁不照样转！

本来范增还想着，项羽肯定会挽留他，起码表面上也得意思意思吧！可没想到，项羽始终眯缝着眼睛，对此无动于衷。看到这种情形，范增一咬牙一跺脚，一扭头，走人了。回到驻地之后，范增气得晚饭也没吃，就开始打点行囊，准备连夜回家。几个贴心的侍卫也不敢多问，只能默默地帮他准备行李，当时天已经很黑了，可是，范增依然让大家把马牵了过来，然后跨上马，准备立刻回家。

其他人一看，范增都已经是七十多岁的人了，就这么大半夜地往回跑，还不得被狼叼走了？于是他们赶紧拎起武器，骑上马就追了过去，他们要用武力护航，送老同志最后一程。作为项羽的顶级智囊，范增就这样退出了历史的舞台，正是他的离开加速了项羽的灭亡。

作为一个二百五、愣头青，项羽手下的智囊团，要么归顺了刘邦，要么被他气跑了，如此一来，项羽怎能有不败之理呢？

范增一路气哼哼地往回走，想到这几年为项羽呕心沥血，希望他能成就一番霸业，也能让自己封王拜相，让子孙后代享受荣华富贵。可是，万万没想到，项羽就是一摊扶不上墙的烂泥，他不仅武断蛮横，而且还耳根子软，真是后悔当初看错了人，要是辅佐刘邦，也不至于落得如今这样的下场！

范增越想越生气，整天茶不思饭不想。晚上睡觉的时候，一闭上眼睛都在想这些窝火的事，怎么可能睡得着？范增毕竟是年过古稀的老人了，路上又难免奔波劳累，经过几天这样的折腾，他就感到浑身不舒服，后背也开始疼痛难忍。

在那样的战争年代里，要想找一个像样的郎中，是非常困难的事情，没办法，范增只能坚持着，希望到了彭城之后再找一个好的郎中瞧瞧病。没过几天，保护范增的卫士，就发现范增的背上长了一个大脓疮，这要是不赶紧处理，可会危及生命的。

他们几个人一商量，就到附近的山上采草药，可是他们几个人，都没读过医书，甚至连大字都不识几个，所以采来的草药，基本上也就是几片烂草叶儿，完全不顶事。他们把烂草叶儿捣碎了，敷在范增的后背上，结果，范增的病情不但没有好转，反而越来越严重。

一行人继续往彭城走，还没有到地方，范增就已经进入了昏迷的状态，偶尔苏醒过来，也是痛得龇牙咧嘴，坐都坐不住，更不要说吃饭了。这一天晚上，范增实在疼痛难忍，大喊大叫了起来，结果用力过猛，导致脓疮破裂了，还流出了很多黑血。尽管侍卫们手忙脚乱，一会儿帮范增止血，一会儿给范增喂水，可是，始终无济于事。仅仅过了半个时辰，范增就永远闭上了双眼，再也没有醒来，享年七十一岁，这一年是公元前204年。

中国人讲究入土为安，讲究魂归故里，侍卫们凑了点钱，给范增买了一口上好的棺材，把他葬在了一个山坡上。

范增去世的消息，很快就传到了项羽的耳朵里，他也感到非常伤心，怪自己当初没能挽留他。自从跟随叔叔项梁起兵以来，范增为他们叔侄二人操碎了心，每当自己遇到问题的时候，都是范增帮自己成功化解。在鸿门宴上，如果能够听范增的建议，一刀把刘邦咔嚓了，哪还有现在的天下大乱，真是悔不当初！

这次把刘邦围困在了荥阳城内，马上就要大功告成了，突然又听说范增和刘邦勾搭在了一起，虽然手下的这帮人说得有鼻子有眼，可是，自己并没有过硬的证据，说不定又是刘邦搞的鬼。

想到这儿，项羽又把一腔怨气，全部撒到刘邦的身上，他立刻派人把钟离昧找了过来，说："上次怀疑你和亚父有二心，那都是刘邦搞的鬼，现在你带着兄弟们给我往上冲，一定要砍死刘邦这个小人。告诉兄弟们，第一个冲上城墙的，我封他为万户侯。谁要能砍死刘邦，我就给他封王！"

重赏之下必有勇夫，钟离昧把项羽的话告诉大家伙儿之后，这帮人就像打了鸡血一样，奋不顾身地再次往荥阳城上爬。

3. 刘邦的替身

刘邦完全没想到，他们使用离间计逼死范增之后，项羽不仅没有撤兵，进攻反而更加猛烈了，这真是适得其反！因为项羽派兵破坏了粮道，此时在荥阳城内，剩余的粮草已经不多，将士们经过数月的鏖战，不仅精疲力竭，而且思想上也有了很大的动摇，害怕哪一天断粮了，他们不被楚军砍死，也会被饿死在荥阳城内。

眼看着朝不保夕，荥阳城马上就要被项羽攻破，刘邦再次把张良和陈平召集了过来，让他们想办法解围。虽然在平时，两人的鬼点子特别多，但是，遇到如此紧急的情况，他们两个也束手无策，只能让刘邦站在墙头上，给兄弟们加油打气，在精神上先保证不垮掉。

这个时候，有一位名叫纪信的将军，与刘邦相貌相似，见形势已经危如累卵，于是赶紧找到了刘邦，说："现在项羽围城已经好几个月了，咱们的粮食越来越少，士兵死伤过半，如果再这样死扛下去，估计都得玩儿完。趁着现在还没有破城，我愿意假装汉王向项羽投降，然后汉王趁乱逃跑吧！"

刘邦听到纪信的建议，也表达了自己的担心："项羽也不是傻瓜，万一被他识破了，咱们岂不是自投罗网！再说了，我带着大家伙儿逃跑了，你们怎么脱身呢？"

听到刘邦的担心，纪信又接着说："汉王不必担心，咱们选一个月黑风高的晚上，我坐着您的车驾出东门，楚军的士兵一定会过来围观，到时候您再趁乱，带着大家伙儿从西门逃出去，楚军是很难发现的。至于我们几个人的性命，如果能换来大王的安全，那是我们的荣幸！希望汉王不要犹豫，否则城破之后，咱们都得被项羽砍死！"

虽然纪信说得斩钉截铁，但是刘邦始终犹豫不决，在屋子里面踱来踱去，拿不定主意。这时候纪信直接拔出了宝剑，说："如果大王再不答应，我就死在你的面前！"

眼看着纪信就要做傻事，刘邦赶紧上前拦住了他："纪将军愿意以身家性命来救刘邦，真是让刘邦感激涕零。如果我能逃出去，一定会照顾好你的家人。还希望将军能够随机应变，最好能够想办法脱身，到时候，咱们再共享荣华！"

为了把计划制订得更详细，刘邦又把陈平招呼了过来，把纪信假投降的事情，原原本本地告诉了陈平。陈平听到之后，也不无感慨地表示："纪将军真是忠勇之士，能够在这样一个危急关头，替汉王赴死，真是吾辈的楷模。不过要想迷惑住项羽，我们还需要想出更万全的计策，才能确保万无一失！"

听到陈平这样说，刘邦就知道他心里已经有了主意，说："先生有什么妙招，就赶紧说说吧，我们也好尽快脱身，远离这个是非之地。"这时候，陈平才向刘邦和纪信跟前凑了凑，并压低声音向他们介绍了一番。

一切准备就绪之后，陈平就亲自拟写了一份投降书，然后派出一名信使,来到了楚军大营,把信交给了项羽。项羽听说刘邦要向他投降,一把就把信件夺了过来,并认认真真地读了一遍,然后对信使说:"你回去告诉刘邦,今天晚上,我就等着他出城投降,他要是敢给我耍花招儿,看我不活剥了他!"

信使看到项羽凶神恶煞的模样之后,也不敢多说啥,转身就跑得无影无踪。项羽做梦也没想到,刘邦不仅敢骗他,而且还敢连续骗他,要知道在刘邦的价值观里,欺骗是可以升级的。

信使刚刚出去,项羽就赶紧把心腹爱将找了过来,说:"刚才刘邦派人送信了,今天晚上他们就要出城投降,大家伙儿一定要做好准备,如果看到刘邦出来了,直接把他绑起来送到我的面前。这个家伙把我们骗得太苦了,我一定要把他千刀万剐,给兄弟们报仇,给亚父雪恨!"

听到项羽这样说,他手下的这帮酒囊饭袋也乐开了花,完全没有想到这是刘邦的计谋,说:"大王说得太对了,兄弟们出来了好几个月,终于要迎来胜利了。只要把刘邦弄死,咱们都能过上安稳的生活了。我们这就回去把刀磨快了,到时候一定把刘邦砍得稀碎。"看到兄弟们都非常兴奋,项羽就让他们分头准备去。

大家伙儿吃完晚饭,就等着刘邦打开城门投降。可是,他们左等右等,等得口干舌燥、心烦意乱,也没发现刘邦出来。正当他们打算再次攻城的时候,却发现城东门打开了,从里面慢慢悠悠地出来了很多人。

当天晚上伸手不见五指,项羽只能看到有人出来,但看不清到底哪个是刘邦。这帮人都穿着盔甲拿着武器,项羽警觉了起来,让大家伙儿都拿好大刀做好战斗准备,以免汉军假投降,给大家来个措手不及。

当楚军拎起盾牌,拿着大刀片子上前的时候,却发现带头的居然是一些妇女,她们带着哭腔高喊:"千万别动手,我们都是妇女,手里也没有武器,因为城里实在没粮了,我们都饿得走不动道,所以才不得不逃出来找一条活路。大家千万别动手,我们这就把双手举起来。"

楚军士兵赶紧拿来火把,对着这帮人看了看,她们不仅高举双手,而且还都是妇女,这就让楚军想不通了,于是便上前问道:"你们既然是从城里面逃出来的,可为什么还穿着盔甲呢?"

听到楚军士兵问她们,刚才那名妇女回答道:"我们都是穷苦的百姓,原来就吃了上顿没下顿,如今你们又打了几个月的仗,我们早就穷得揭不开锅了。现在天越来越冷了,我们看到大街上到处都是丢弃的盔甲,所以就捡来穿上了,只要能够御寒保暖,哪还管得了那么多呀!"

听到她们的解释,楚军士兵感到很有道理。再看看这帮妇女,虽然并不是花容月貌,但是这帮老爷们儿早就急不可耐,所以他们瞪着色眯眯的大眼睛,在这帮妇女的身上上下打量,还有一些胆大的士兵,直接就开始对她们拉拉扯扯了。

看到这帮大头兵不规矩,妇女们早就吓得魂飞魄散,只能四散逃窜,但是她们哪能跑得过训练有素的士兵呢?眼看着这帮大头兵的胆子越来越大,现场的秩序也越来越混乱。

看到东门越来越热闹,没过多少时间,其他几个门的守兵们,也全都跑到了东门。在城楼上看见楚军已经乱成了一锅粥,无暇顾及其他,刘邦带着张良和陈平等高级参谋,在樊哙和夏侯婴的保护之下,赶紧从西门悄悄地溜走了。为了掩人耳目,他们几个还特意换上了平民的衣服,出城的时候,倒是有几个楚军士兵看到了,但是以为他们也是逃难的百姓,也就没为难他们。

过了两三个时辰,天色已经蒙蒙亮,这时候才有一队人马慢慢悠悠地走了出来,他们守护着一辆豪华的马车,看样子就是刘邦的车驾。因为四周都用黄绸遮盖,所以楚军士兵也看不清里面的人。不过从阵容上看,里面坐着的,应该就是刘邦了。这时候,项羽的心腹爱将派人把车给拦了下来,并把他们带到了项羽的面前。

项羽等到天都快亮了,才听说刘邦终于出了城,于是赶紧跑到了车跟前,而此时的刘邦还稳坐车里一动不动。见刘邦架子还挺大,项羽怒吼道:"哎呀刘邦,死到临头了还摆这么大的谱!你们几个还等着干啥,赶紧把他给我拖下来,看我不好好收拾他!"

听到项羽的训话,手下的几个贴身侍卫赶紧上前,一把就扯掉了车上的黄绸子，打算把刘邦拽下来，可他们拿着火把仔细一看，车上的人好像不是刘邦啊，虽然他穿着汉王的衣服。

看到这样的情况之后，项羽赶紧往前凑了凑，发现果然不是刘邦，鼻子都快气歪了，大骂道："你小子是谁？居然敢冒充刘邦骗我。"听到项羽问自己，纪信哈哈大笑："你爷爷就是汉国将军纪信，你小子真是有眼无珠，连你爷爷都不认得了！"

项羽知道又被刘邦耍了，简直暴跳如雷："刘邦你个狗东西，居然找了一个替死鬼，看我不把你们剁碎了，不管你跑到哪儿，我一定会把你抓回来，到时候一定会把你碎尸万段！"

看到项羽气急败坏的样子，纪信也忍不住大笑："想让汉王向你投降，你也不想想，这怎么可能？他早已经逃出了荥阳城，过不了半个月，汉王就会带着大部队前来，到时候你们想跑就来不及了。如果你要识趣点，好酒好肉招待我，到时候我在汉王面前替你美言几句，估计还能留你一条命。你要是敢对我不敬，到时候汉王一定不放过你！"

项羽早就被激怒了，如今听到纪信这样说，更是火冒三丈，随即让人把纪信连人带车一起给烧了。没想到，纪信坐在车上纹丝不动，任凭大火熊熊燃烧。烈火中的纪信大骂道："项羽你到处滥杀无辜，我到了阴曹地府也不会放过你。你们这帮大头兵，跟着项羽能有什么好下场？他就是一个杀人的机器，说不定哪一天，把你们的脑袋都砍了。趁现在项羽还没败，你们赶紧逃命去吧，要是跟着他一条路走到黑，只有死路一条！"

眼看着火势越来越大，纪信骂得越来越凶，然而火势凶猛，不过小半个时辰，纪信就被大火烧成了一把灰烬。

项羽出了一口恶气，然后就指挥部队马上攻城，可是，他哪里知道，城门早已经关上了。刘邦临逃难之前，留下了周苛和枞公两个人守城，这哥儿俩早已经抱定了必死的决心，所以打起仗来非常勇猛。当楚军展开攻势的时候，城墙上的士兵们也扛起大石块往下砸，搞得楚军士兵根本就无法靠近。

这时候的项羽，亲自做起了监斩官，他拎着大刀在兄弟们的背后高喊:"都给我往上冲,谁要是敢后退一步,可别怪我手下不留情!"在项羽的高压政策之下,楚军士兵一拨又一拨地往上冲,可是,他们大多数人都成了刀下之鬼。很快,城墙下留下了一地的尸体。

战斗从早上持续到傍晚,楚军和汉军都没有吃上一口饭,双方都铆足了劲儿,非要置对方于死地。眼看着楚军的进攻越来越强,周苛对枞公说:"将士们都已经抱定了必死的决心,楚军要想攻上来也并非易事,不过我还是有点担心魏豹这个人。这小子本来就是项羽的人,万一他再和项羽勾结在一起,给我们来一个内外夹击,咱们可就凶多吉少了。为了以防万一,我们不如直接把他杀掉,将来汉王追究起来,咱们就直接说他谋反,相信汉王也不会为难我们的。"听周苛这样说,枞公也表示同意,说:"既然你已经想好了,那我也没啥意见,咱们还是应该快速出手,以免魏豹这家伙有所察觉,到时候要想除掉他就难了。"

两人打定主意之后,就派人去请魏豹,让他参加军事会议,共同商讨对付项羽的策略。接到通报之后,魏豹就火急火燎地赶了过来,他完全没有想到,这是着急送命去了。他刚刚来到周苛的面前,还没问清楚咋回事,枞公直接拔出宝剑,把魏豹的脑袋给砍了下来。

周苛和枞公也没想到,对付魏豹居然如此简单,他们把魏豹的人头捡起来,特意在城墙上绕了一圈,说魏豹胆小怕死,居然和楚军勾结,已经被主帅就地正法了,谁要再敢心存二心,不卖力杀敌,魏豹就是他的下场。看到魏豹惨死的模样之后,全城的士兵们也都抱定了必死的决心,和楚军展开了更为猛烈的攻守战。

这一战,又是数日。数日里,虽然楚军发动了数轮进攻,甚至把墙垛子都给砍掉了,但是始终没能登上城墙。面对这个僵局,项羽气得脸色铁青,可是光气也没用啊,只能干着急。

这一天,正当项羽摩拳擦掌,打算亲自带着士兵往城墙上冲锋的时候,突然接到下面人的报告,说刘邦已经从关中征调了十万大军,正在从武关南下。听到这个消息之后,项羽顿时目瞪口呆:"刘邦这个狗东西,不会又去偷袭咱们的老家彭城了吧?上次咱们在齐国战斗的时候,就被这小子钻了空子,这次咱们可不能再吃这个亏了,赶紧把队伍拢起来,今天晚上就回彭城,千万不能再让刘邦把老家祸害了。"

4. 围魏救赵

将士们听到项羽下的命令之后,赶紧收拾东西拔营起寨。不过他们并不知道,这次他们又中了刘邦的围魏救赵之计。原来刘邦从荥阳逃出之后,就赶紧跑回了关中,并在萧何的手中接过了军马和粮草,打算返回荥阳替纪信报仇。

听到刘邦的决定之后,他的一名参谋辕生提出了不同的意见,说:"我们和项羽在荥阳城已经战斗了数月,双方一直僵持不下,如果我们再带着兵马去支援荥阳,就会再次陷入战争的泥潭。如果我们采取围魏救赵的策略,从武关出发,那效果就不同了。项羽肯定会认为,咱们会再次袭击他的老窝彭城。那时候,他就会放弃攻打荥阳,主动带兵回去驻守彭城,那样荥阳就安全了。"

听到辕生的建议,刘邦也觉得是那么个理,所以就决定从武关出兵。这时候辕生又说:"项羽发现咱们没有进攻彭城,他一定会寻找咱们的主力部队,这时候咱们可以驻守在宛城和叶县附近,然后采取深挖沟、广屯粮的策略,使用蘑菇战术拖死他们。等韩信将军统一北方之后,咱们就可以内外夹击,彻底把项羽打残!"

刘邦完全没有想到,辕生居然是一位军事奇才,他的计策一环扣一环,别说项羽这个莽汉看不透,就是陈平和张良这样的大才也没有想到啊!

刘邦从武关刚刚出兵,项羽就得到了消息,赶紧班师回了彭城。可是,他们在家等了一个多月也没发现汉军来偷袭,着急的项羽赶紧派人外出打探,没多久,探子回来说,刘邦已经驻守在了宛城。项羽气哼哼地想,刘邦打算躲在宛城想再次当缩头乌龟吗?看我不掀掉你的龟壳!很快,项羽带着大军来到了宛城,打算找刘邦决一死战。

可是，等项羽赶到宛城城下的时候，却发现这里已经挖出了十几米深的壕沟，别说战马跳不过去，就算是人跳下去，要想爬上来也并非易事。这时候的项羽，虽然兵强马壮，但也是狗咬刺猬，没处下嘴！

项羽本来想着，能够像进攻荥阳城一样，在宛城大干一场，没想到却碰到了一颗软钉子，气得他整天在军营里骂骂咧咧，一会儿骂刘邦是个无赖，一会儿又骂手下人都是废物。

看到项羽怒不可遏的样子，下面的人谁也不敢惹他，项羽只能一个人待在军营里生闷气。正当项羽气不顺的时候，突然又接到前线来报，说魏国的彭越渡过睢（suī）水，不仅占领了楚国的下邳，还把楚国大将薛公给砍死了。

项羽听到这个消息的时候，肺都快气炸了，大骂道："都以为我好欺负，今天我就让你们看看，到底是你彭越的头硬，还是我的大刀硬！"

发布完命令之后，项羽就带着大军出发了，留下宛城的汉军在那里目瞪口呆，大伙儿心想："项羽这个莽夫，天天忙得脚打后脑勺，今天打这个，明天打那个，看这阵仗不知道又给哪个丧门星拜年去了，这样也好，正好解了咱们的围。"

其实他们都不知道，就在项羽和刘邦在荥阳打得难解难分的时候，彭越顺势在项羽的后方开辟了根据地，每天和项羽的小股部队打游击。他们不仅把楚军弄得焦头烂额，而且还切断了楚军的粮草补给线，项羽早就头疼得不得了了。

本来，项羽最近一直忙着对付刘邦，对彭越是能忍就忍，没想到这小子蹬鼻子上脸，居然把楚国的大将军薛公杀掉了。项羽想，如果再放任不管，彭越还不得和刘邦一样，把我的老窝彭城掀了。项羽带领大军星夜兼程，很快就和彭越短兵相接。

彭越虽然善于打游击，但是这次却被项羽逮个正着，眼看着项羽把自己的兄弟按在地上摩擦，彭越赶紧带着人逃跑了，打算继续在黄河两岸打游击，和项羽玩猫捉老鼠的游戏。

项羽虽然有使不完的劲，可是彭越就像一条滑溜溜的泥鳅一样，根本抓不住。既然一时半会儿解决不了彭越，项羽又决定，转过头来继续对付刘邦。

经过一番打探，项羽听说刘邦和英布竟然趁自己攻打彭越的当口，又联手把楚国的成皋城给攻了下来。项羽心里头那叫一个气，于是他又带着人打算去收复成皋。

可是，成皋城的前边是"精品骨头"荥阳，不搞定荥阳，都摸不着成皋城的门。此时的荥阳城，仍然是周苛和枞公两个人在防守。当初，他们看到楚军撤走之后，认为项羽短期内不会再来。为了让老百姓休养生息，他们并没有及时加固城防，可是没想到，仅仅过了半个月不到，项羽就又带着部队杀来了。

这一次，项羽的战斗力明显比之前更强，枞公和周苛虽然发动了城中的老百姓，和将士们共同防守荥阳城。但最终还是寡不敌众，荥阳城被项羽攻破，而周苛和枞公两人也被项羽给活捉了。

项羽来到周苛面前，心情大好地对周苛说："周将军率领这些老弱病残，居然能够坚守那么多天，说明你是一个人才，不过却跟错了主。如果你能弃暗投明，跟着我项羽干，我一定封你为楚国上将，接着防守这荥阳城，不知道将军是否同意？"

本来项羽心想，周苛都已经成了阶下囚，哪有不从的道理，可他万万没有想到，周苛居然破口大骂，说："想让我向你这个屠夫投降，和你一起杀害老百姓，做你的春秋大梦吧！我就是死，也不会和你这样的刽子手为伍！"

项羽一听，真是好心当成了驴肝肺："你这个不识好歹的东西，你既然愿意给刘邦殉葬，我就先让你洗个开水澡，等我抓住了刘邦，再让他跟你一块儿见阎王，你们黄泉路上也好有个伴！"随后，项羽的部下就烧了一锅滚开的水，另外几个人抬起周苛，直接把他扔到了大锅里。

听到周苛痛得哇哇乱叫，项羽开心地哈哈大笑，接着让人把枞公带了过来："你是打算和他一起上路呢，还是打算弃暗投明，替我守护这荥阳城呢？"听到项羽阴阳怪气的，枞公也感到一阵恶心："少废话，既然周将军被你们杀掉了，我也不想独活，要杀要剐随你们！"

项羽没想到，虽然刘邦这个人不咋样，但是他的手下都是硬骨头。他本打算把周苛捞出来，再把枞公扔进去，可想了想，还是给他一个痛快，于是便命令刀斧手，直接把枞公给砍了。

荥阳城已经失陷，成皋失去了天然的屏障，变成了一座孤城。刘邦带人守在这里，心里是有点忐忑不安的，要是像上次一样，被项羽围困得铁桶一样，再想逃出去，可就困难了。趁着月黑风高，刘邦带着夏侯婴悄悄地溜走了。

5. 还得向韩信借点兵

吃完早饭之后，英布打算找刘邦商量守城的事情，却发现他早就跑得无影无踪了。英布心想，既然老大都逃跑了，留下我们这帮人，还怎么可能守住成皋城？于是英布也带着大家伙儿，把成皋城里的老百姓抢劫一空，然后带着金银财宝逃跑了。

当项羽来到成皋城的时候，发现这里基本上变成了一座空城，几乎没费多大的力气，就成功拿下了成皋城。紧接着，项羽派出侦察兵四处打探，也没找到刘邦的下落。项羽心想，刘邦这小子就是个滑头，既然找不到他，还不如让部队在成皋城里面好好休息一番，等以后有消息了再做打算。

刘邦从成皋逃出来之后，听说韩信和张耳带兵驻扎在赵国的修武县，所以就带着夏侯婴星夜兼程，打算来修武县检查工作。两人来到修武县，却没有直奔韩信的大营，而是找了个小旅馆住了一晚。

第二天吃完早饭之后，两人穿了一身老百姓的衣服，直接来到了汉军大营。因为这里很多都是韩信在赵国招募的新兵，所以他们都不认识刘邦，看到他们两个人走了进来，哨兵立刻拦住他们盘问。没想到刘邦并没有表明身份，只说是汉王派来的使者，有重要的事情要报告大将军，说完以后就要直接往里闯。

虽然刘邦说得牛气哄哄,但是并没能糊弄住韩信的哨兵,他们坚持让刘邦在门外等候,一定要通报完韩信之后,才能决定是否让他们进入。这时候刘邦就不乐意了:"你一个小毛孩子知道什么,我们星夜兼程才跑到这里,如果耽误了军情,你负得了责任吗?"还没等哨兵回过神,刘邦和夏侯婴已经大踏步地走了进来,直接闯入了韩信的内帐。

这时候,已经有韩信的卫兵认出了刘邦,不过,刘邦向他们摆摆手,示意他们不要出声。刘邦进入韩信的卧室之后,看到韩信正蒙着被子睡大觉。他并没有打扰韩信,而是环顾了一下整个屋子,发现将军大印和兵符都放在案几上,刘邦二话没说,抓起来就走。

不得不说,真是智者千虑必有一失,韩信是楚汉战争时期少有的军事奇才,但是这也太不注意生活小节了。睡觉的时候,居然把大印和兵符随意摆放,这要是被别有用心的人拿走了,岂不是坏了大事?

刘邦拿到兵符之后,直接命令全军将士集合,自己要检阅军队。听到集合的号角声,大家纷纷跑了出来,结果发现竟然是汉王亲自检阅部队,将士们无一不感到奇怪,没听说汉王要来呀!这时候,已经有人把韩信给叫醒了,并且告诉他,汉王刚刚拿走了大印和兵符。

听到这个消息之后,韩信大吃一惊,赶紧穿戴整齐找刘邦请罪,说:"不知道大王大驾光临,我韩信真是罪该万死,还请大王降罪!"听到韩信这样说,刘邦冷笑了一声:"你也太大意了,将军大印和兵符都能任意地摆放,这要是被别有用心的人拿到了,咱们的士兵还不都得被人带走了?再说了,这都日上三竿了,你还在被窝里面睡大觉,还不赶紧训练士兵,等打起仗来,能上得了战场吗?"

听到刘邦教训自己,韩信更加羞愧了,说:"大王教训得是,今后我一定改正。大王不正在和项羽鏖战吗?怎么突然跑到赵地来了?"刘邦也没好气地说:"你还好意思问我,我不是命令你赶快拿下齐国吗?你为什么躲在赵地,既不进攻齐国,也不分兵帮我攻打楚国,你到底是什么意思?"

韩信终于明白了,原来刘邦是来兴师问罪的,于是他赶紧解释:"自从我带兵攻打魏国和赵国以来,兵力损失太严重了。前一段您又把曹参派去保护粮道,我这儿又少了三万多精兵强将。为了弥补这些亏空,我从赵地又新招了一万多新兵。不过,这些士兵完全没有对敌经验,一旦拉到战场上去,我怕他们会尿裤子,所以正在加紧整训。一旦时机成熟,我一定会一鼓作气,拿下齐国的七十多座城池,然后再带兵和大王会合。到时候咱们进攻楚国,就不用费太多的拳脚了!"

刘邦听完韩信的解释,终于露出了笑容:"我就知道大将军另有打算,既然你们已经胸有成竹,那我也就不再废话。不过,有一点我要给你们提前说清,我和楚国的战斗并不顺利,你这里的兵马我要带走绝大部分,只能给你留下五千人马。如果你进攻齐国有困难,可以让张耳配合你从赵国和魏国征兵!"

虽然韩信心里面一百个不乐意,但是,他嘴上是不敢说一个"不"字的,于是干笑着说:"大王您来得真是太巧了,这帮新兵经过我的整训之后,战斗力已经大大提高。如果把他们派到战场上,冲锋陷阵是没有问题的。"

就这样,刘邦带着韩信手下的十万兵马再次出发。听说刘邦来到了修武,从成皋败逃的士兵们,又纷纷向这里靠拢,也让刘邦的势力越来越强大了。这时候刘邦又听说,项羽占领成皋之后,居然派兵向西进攻了。

听到这个消息,刘邦心想不妙,项羽居然学聪明了,打算到关中去抄自己的老窝。刘邦赶紧带着大军来到了巩县,试图堵住楚军西进的道路。

军队刚刚驻扎下来,刘邦就召开了战前会议:"项羽这小子来势汹汹,看来是要和咱们拼命啊!如果让他攻占了汉中之地,我们可就伤筋动骨了。为了防止项羽祸害我们的老窝,我决定把成皋以东的地盘全部放弃,全力防守洛阳和巩县,彻底掐断楚军进攻关中的道路。"

听到刘邦这样说,老秀才郦食其第一个站起来反对,说:"如今天下大乱,老百姓人心惶惶,只希望国家早日回归安定。从这一方面来说,楚汉两雄不可能长期并存,就像一山不容二虎一样,我们要想不被项羽打败,就必须把他打败了。

如今,项羽拿下了成皋,却没有继续攻打敖仓,这对我们来说,也是一个大好的消息。因为敖仓是天下闻名的粮仓,谁能占有它,就能获得充足的粮草,夺取天下也是早晚的事情。既然项羽向西进攻,我们就应该趁机收复荥阳,并再次占领成皋,把荥阳、成皋和敖仓连成一线。这样,不仅能够控制太行山的通道,而且还会对楚军形成压迫之势,因为他们没有了运粮通道,就不敢轻易打关中的主意了。"

刘邦一听,觉得郦食其说得非常有道理,心想这个老酸秀才,虽然很多时候会出馊主意,但有时候也能歪打正着。随后刘邦决定放弃原来的计划,向敖仓增兵。

在行军的路途当中,刘邦又听说,被项羽打败的彭越,趁项羽西进的时候,再次收复了被他攻占的城池。为了配合彭越打游击,刘邦又派出了自己的发小卢绾,让他带领两万兵马深入楚国境内,采取游击战的战术,没完没了地袭扰楚军。

卢绾接到命令之后,随后就带人来到了楚国的大后方,这帮人打一枪换一个地方,有时候打劫楚军的运粮通道,有时候焚烧楚国的军营,闹得楚军是焦头烂额。

公元前204年农历九月的一天夜里,卢绾听说彭越偷袭楚军的国家粮仓,他也带着兄弟们来帮了把手。这帮人在楚军的粮仓里放了一把烈火,很快整个粮仓就火光冲天。楚军士兵一看,赶紧拿着锅碗瓢盆来灭火,当他们救火救得正起劲的时候,卢绾和彭越带着大军冲杀了过来,把楚军士兵砍得哇哇乱叫,接着便逃得无影无踪。

没有了粮草供应,项羽再想冲锋陷阵也已经不可能了,刚刚夺取的魏国城池又再次回到了彭越的手中,气得项羽暴跳如雷:"彭越实在太可恶了,真后悔上次让他跑掉了。"

想来想去,项羽决定再次出兵攻打彭越,这次一定要把他打死,否则绝不班师回朝。临行前,项羽特意把守护成皋的曹咎找了过来,说:"彭越这个家伙太猖獗了,居然在咱们的大后方肆意妄为,如果不把他除掉,咱们连饭都吃不上。今天我就带兵出征,你带领大家伙儿留守成皋城,无论汉军怎么挑衅,你都不要应战,只要守住城池不丢,我就给你记一大功！"

听到项羽的嘱托之后，曹咎也拍了胸脯保证："大王放心吧，只要有我曹咎在，我保证刘邦手下的那帮厌货，一个都别想打进来。"虽然曹咎信誓旦旦，可是项羽仍然不放心，因为他知道，曹咎也是易发怒的火暴脾气，所以他临行前特意把老将司马欣留了下来，让他协助曹咎共同守护成皋。

安排好这些之后，项羽才放心地带兵出征。别看彭越平时闹得欢，当他听说项羽打算亲自带兵来取他的小命的时候，他早就吓破了胆，这真是卤水点豆腐——一物降一物。

还没等项羽带兵前来，彭越已经带兵躲到了外黄。他本来想着外黄城是一座小城，项羽不会看在眼里。可是他完全没有想到，项羽从成皋出来之后，第一个要攻打的就是外黄城，这真应了那句话，不是冤家不聚头啊！

看到外黄城防守如此严密，城墙上还有士兵巡逻，项羽就气不打一处来，他立刻命令士兵们猛攻外黄城。楚军士兵本来就训练有素，如今又看到项羽咬牙切齿，个个拼命往上冲。

眼看着城墙就要被攻破，彭越感到非常害怕，这要是被项羽抓住了，还不得让自己洗个开水澡？一想到项羽的残暴，彭越也顾不得那些了，趁着一个夜深人静的晚上，带着一帮心腹爱将从北门杀了出来，准备远离这个是非之地。楚军士兵白天攻了一天，早就进入了甜美的梦乡，等他们反应过来，准备上马追赶的时候，彭越早已经跑得没影了。

项羽听说之后，又开始吹胡子瞪眼了："睡！睡！睡！天天就知道睡觉，都给我起来，我看谁还敢再睡觉！"听到项羽的命令之后，手下的这帮人赶紧爬了起来，带着大砍刀就往上冲。与楚军一样，彭越的手下白天战斗了一天，此时已是人困马乏，又听说彭越带人逃跑了，谁都没有了力气。天刚蒙蒙亮，项羽就看到城门打开了，原来城中士兵放下武器主动投降了。

第十三章
刘邦的脸皮

1. 一个小男孩救下了数万人

项羽带着士兵一进入外黄城，就立刻让部下清查户口，并把十五岁以上的男子集中在了一起。

听到这样的消息之后，老百姓顿时紧张了起来，因为项羽的凶残程度天下皆知，大家都害怕项羽大开杀戒，这帮男子就有去无回了。尤其是那些刚刚成亲的小媳妇，眼巴巴地看着丈夫离开，她们更是整天痛哭流涕。

正当外黄城的老百姓陷入绝望的时候，一个十二三岁的小男孩站了出来，他劝大家都不要哭，自己会想办法救人的。听到这个小男孩的话语之后，大家都感到不可思议："大人都搞不定的事情，你一个小娃娃能有什么用？"听到大家的疑问之后，没想到这个小男孩还不服气地表示："别看我的年龄不大，可是我的主意多得很呢！你们就等着瞧好吧！"

虽然小男孩信誓旦旦，但是大家并没有把他的话当回事，毕竟他还是一个乳臭未干的小屁孩，怎么可能保住全城百姓的性命？然而，让大家没有想到的是，这个小孩子居然一个人来到了楚军大营，点名要拜见楚王项羽。

看大门的听说小男孩要见楚王，一把就把他推开了，说："你个小毛孩，也想见楚王？楚王岂是谁想见都能见的？赶紧哪儿凉快哪儿待着去！"

虽然看大门的非常无礼，但小男孩并没有当回事，还是整理了一下衣服，重新站到了看大门的面前："我是外黄县县长的儿子，有重要的事情要禀报楚王，麻烦您通报一下，如果误了楚王的大事，您可就有性命之忧了！"看大门的发现这个小男孩少年老成，说话还有理有据，所以也不敢把他不当回事，赶紧跑进去报告给项羽。

项羽刚刚拿下外黄城，心情大好，听说有一个小屁孩求见，觉得有趣，于是命人把他叫了进来。

虽然老百姓传言，项羽是一个杀人不眨眼的恶魔，但小男孩看到项羽之后，并没有表现得战战兢兢，反而落落大方。他首先对着项羽深施一礼，然后不慌不忙地站了起来。

看到小男孩如此淡定，项羽也不免好奇了起来，说："我看你年龄不大，居然一个人跑来见我，难道你不害怕吗？"听到项羽问自己，小男孩才不紧不慢地说了起来："楚王是天下人的父母，我就是您的一个儿子，孩子拜见自己的父母，还能有啥好怕的？"项羽从来没有听说过这样的比喻，如今，又发现这句话是从一个小男孩的口中说出来的，感到非常惊奇，便高兴地问他："你找我有什么事吗？"

这时候小男孩接着说："自从彭越来到外黄之后，城里的老百姓受尽了苦难，大家就像盼星星盼月亮一样，等待着大王前来。没想到大王就像神兵天降一样，这么快就来到了外黄城，把彭越那个大坏蛋给吓跑了。老百姓都想着，这下可好了，大家再也不用受苦了。可是最近有传言说，大王要把十五岁以上的男子全部处死。我虽然是一个乳臭未干的孩子，但也知道这是不可能的，大王德高望重，怎么可能亲手杀害自己的孩子呢？这一定是彭越临走时故意散布的谣言，目的就是激起民愤，破坏大王的好名声，让大家抵抗大王的进攻。还希望大王颁布安民的告示，来驳斥这些谣言，安定城中百姓的心。"

听到小男孩的言论，项羽立刻就明白了，不过他并没有打算放弃屠城，说："老百姓痛恨彭越，这一点我也是知道的，但我们攻打外黄的时候，老百姓也帮助彭越杀了很多楚军的士兵，我总得为他们报仇吧？"

小孩看到项羽依然不依不饶，他又接着解释："老百姓手无寸铁，他们只是负责在城墙上巡逻，并没有真正对楚军动手，就连巡逻，大家也都是敷衍了事。他们看到彭越逃跑之后，就赶紧打开了城门，迎接大王入城。从这一点上，大王也能看出来，老百姓并不是真心实意帮助彭越的。如果老百姓和彭越一条心，相信大王攻城也不会如此顺利，彭越也不会轻易弃城逃跑。如果大王连这样的百姓都要杀，那岂不是让天下人寒心哪！外黄以东的十几座城池，目前仍然是彭越把守着，如果老百姓听说投降大王是死，那谁还会放下武器？他们一定会与大王对抗到底，到时候大王再想攻城略地，岂不是难上加难！"

项羽虽然喜欢屠城，但是他听完小孩的话以后，也不得不思索了一番，即使自己一天攻下一座城池，要想彻底把彭越打跑，也需要花费半个月的时间。如果刘邦乘虚而入，再把他的成皋城给抢去，那可就亏大了。

项羽把小孩搂到了怀里，然后对他说："别看你年龄小，可是，你每一句话都说到了我的心坎上。既然外黄的百姓是真心实意地归顺我，我怎么可能对他们痛下杀手呢？你回去就告诉大家，让他们都把心放到肚子里，我把十五岁以上的男子集中起来，就是想看看在这些人当中，是不是还有彭越的士兵，以免这些漏网之鱼再兴风作浪。等我核实完毕，一定会放他们回家的。"听到项羽的话，小男孩高高兴兴地回家了，并把这个好消息告诉了大家伙儿。

紧接着，项羽还发布了安民告示，要求部队不准骚扰老百姓，不要打扰老百姓的日常生活。大家完全没有想到，昨天项羽还打算屠城呢，今天就变成了活菩萨，这转变也太大了吧！

很快有消息传出来了，原来是县长的儿子冒着生命危险拜见了项羽，让他改变了自己的决定，这才让全城的百姓都捡了一条命。听到这样的消息之后，无论是生活贫困的百姓，还是家财万贯的土豪，都来到了县长的家中，向他表示感谢。能够临危不乱，在项羽的屠刀下救下数万名群众的生命，小男孩也真是创造了历史。

第十三章 刘邦的脸皮　297

不过让大家感到遗憾的是，无论是太史公司马迁，还是其他的正史当中，都没有记载小男孩的姓名，大家也并不知道，小男孩之后的命运如何。如果项羽早一点见到这个孩子，或许他就不会滥杀无辜，那些生活在咸阳的百姓，那些投降的秦兵，或许就能免遭一死。如果真是那样的话，楚汉相争的过程当中，谁才是最后的赢家，估计还很难说呀！然而，历史是不能假设的。

项羽平定了外黄城之后，就开始向东进军。此时的彭越，听说项羽又带着人打来了，哪里敢应战？基本上项羽每到一处，彭越就早早地撤了军。

老百姓听说，项羽和之前的作风不太一样，对投降的百姓格外恩宠，所以他们也都打开城门，把项羽恭恭敬敬地迎了进去。仅仅过了不到一个月的时间，彭越旗下的十七座城池，又全部回到了项羽的手中。这也让项羽没想到，当初自己拎起大砍刀都没有这么顺利过，难道真是小男孩的功劳？幸亏当初听了他的建议，没有在外黄城屠城，要不然可真是亏大了！

项羽拿下最后一座城池睢阳之后，时间已经来到了公元前203年的正月，大正月的也不好再折腾，于是，项羽决定在这里住几天，让将士们好好地休整休整。

2. 成皋丢了

来到睢阳城之后，大家伙儿都敞开了肚皮，天天好酒好肉，项羽也经常和将士们举杯畅饮，当然少不了有很多人在酒桌上拍项羽的马屁说："大王英勇善战，别说小小的彭越不是大王的对手，就连刘邦见到大王之后，都要吓得屁滚尿流。等过了正月，咱们就把刘邦那伙人宰了，以后就天天过年，夜夜笙歌！"

这人的话音刚落，另一个人又开始瞎掰了："按照这样的进攻速度，天下迟早是大王的，只要咱们跟着大王，就能天天喝酒吃肉。大王，我敬你一杯！"正当项羽和手下人喝得高兴，突然有一个传令兵跑了进来："报告大王，曹咎被汉军逼死了，成皋城已经失守了！"

本来项羽还很高兴，听到这样的消息之后，不免大惊失色，说："曹咎带着大军驻守成皋城，怎么那么容易就让汉军得手了？"听到项羽的问话，传令兵赶紧回答："汉军围困成皋城数天，曹咎耐不住性子，违背了大王的命令出城迎战，结果中了汉军的埋伏，看到无法脱身，曹咎便拔刀抹了脖子。"

既然曹咎已经战死了，项羽也不便追究，于是转而问传令兵："曹咎出城迎战，城里还有司马欣呢，他没有组织抵抗吗？"传令兵接着回答："司马欣率领大军奋力抵抗，等城破之后，司马欣也战死了！"

项羽完全没想到，自己刚离开成皋半个月，就发生了这么大的事情，于是他赶紧命令结束酒宴，拔营起程，向着成皋冲了过来。

当初项羽反复交代曹咎，一定不要出城迎战，曹咎也答应得好好的，并决定守护好成皋，在领导面前好好表现表现。

刘邦带着大军来到成皋的时候，发现这里城防坚固，曹咎又占据着有利的地形，如果他不出城迎战，兄弟们要想拿下成皋，非得硌掉两颗牙不行。看到这样的难题，刘邦就把张良招呼了过来，让他帮忙出出主意。

张良听说曹咎是火暴脾气，于是眉头一皱，计上心来，说："既然这小子和项羽一样，肚子里存不下四两油，咱们就让兄弟们天天骂他。如果他耐不住性子出城迎战，咱们就在汜水旁边埋伏，到时候打他个措手不及。"听到张良的建议，刘邦顿时就乐开了花："还是你的鬼点子多，对付曹咎这样的莽夫，就应该用这招，如果一天不行，咱们就骂他个十天八天；如果人身攻击不行，咱们就把他的祖宗十八代，全部都问候一遍。我就不信这个莽夫不上当！"

打定主意之后，刘邦就把樊哙找了过来，并把张良的计策讲给他听。樊哙听说之后，拍着胸脯表示："汉王把这个活交给我，那真是找对人了，你也不想想，咱从前是干啥的？咱是卖肉的，啥样的吆喝式没用过？"说完这句话，樊哙就领命前往，他把伏兵安排好了之后，就带着兄弟们来到了成皋城下，张着大嘴就骂了起来。

刚开始,守城的士兵并不以为意,毕竟在冷兵器时代,骂战是经常发生的,也并不是张良的独创。可是,他们没想到,汉军骂得越来越难听,把曹咎的七大姑八大姨全都骂了一遍。有些楚军将士受不住这个气,同时也为了向曹咎表忠心,所以主动向他请战。

虽然曹咎早就耐不住性子了,但是他想到项羽的嘱托,也不敢轻易迎战。对于那些主动请战的,曹咎还特别关照他们:"愿意骂就让他骂去吧,反正咱们也不会丢二两肉,等大王回来之后,咱们再好好收拾这帮混蛋!"

骂了几天之后,樊哙发现并没有什么效果,于是便把大家伙儿召集起来:"咱们喉咙都快喊哑了,可是曹咎这个厌货,就像缩头乌龟一样不出战,这可咋办呢?"看到樊哙愁眉不展的样子之后,大家也开始七嘴八舌地议论了起来:"将军,咱们光骂不行,还应该想点其他办法,才能把曹咎引出来!"

樊哙听到他们这样说,来了兴致:"还能想啥办法?快说来听听!"这个时候,刚才发言的兄弟接着说:"我在学堂读书的时候,没事就喜欢看一些小漫画,上面有很多春宫图,咱们把这些图画出来,明天拿到城墙下,就说上面是曹咎一家,我就不信他不动怒。"

听到这个兄弟的建议,樊哙也觉得可以一试,于是当天晚上就准备了白布,让大家伙儿画了出来。第二天,这帮人就扛着漫画,来到了城墙底下,他们骂了一顿之后,就开始对着漫画讲故事,当然主人公都是曹咎的七大姑八大姨,还有他的祖宗十八代。

恰在这时,曹咎来到墙头上巡视,看到下面污秽不堪的画面,顿时怒火中烧,不顾手下人的劝阻,打算把这帮骂阵的人剁了。眼看劝不住曹咎,有人就把司马欣给搬了过来,让他赶紧拦住曹咎,司马欣对曹咎严肃地说道:"项王走的时候咋说的,难道将军一点都不记得了?汉军故意用恶毒的语言辱骂您,就是想让你出城迎战,我们千万不要中了他们的圈套。等项王回来之后,咱们来个内外夹击,到时候再给你出这口恶气!"

说完这句话,司马欣就令人把曹咎带了下去,给他准备了一些茶水,两人又坐下来聊了一会儿天。远离城下的汉军，眼不见心不烦，曹咎看不到那些污秽的画面，自然也就不多想了。就这样，又过了两天，汉军发现这一招不好使，于是又换了一招，他们派出了几百人，站在城墙下齐声高骂，这时候曹咎也不能装听不到了。当他听到汉军几乎将他的祖宗十八代全都问候了一遍，曹咎再也忍不住了，他抓起弓箭，爬到城楼上，对着城下的汉军就射了过去。

可惜他们离得太远了，曹咎的箭射过去，完全没有一点威力，汉军毫发未损，他们骂得更起劲了。汉军骂到兴头上，不仅解掉了盔甲，还直接躺到了地上，一副旁若无人的样子。曹咎心想，我骑着快马冲出去，三下两下就把他们砍死了，怎么可能会中埋伏呢？

曹咎扔掉弓箭，拎起大刀，直接跑下了城楼，骑上快马就冲出了城门。其他人一看，赶紧尾随着曹咎出来。刚才还在骂阵的汉军，看到城门打开了，就知道他们的目的达到了，顾不得捡地上的衣服，撒丫子就跑了起来。

曹咎既然出了城，就不会轻易放过这帮人，他带领手下一路追赶，很快就追到了汜水旁边。看到这帮汉兵跳进了汜水河里，曹咎骑着马就冲了过去，大骂道："你们这帮狗东西，现在知道害怕了，想跑，门儿都没有！"

除了曹咎之外，他手下的兄弟们也有很多会游泳的，全都跟着曹咎下了水。然而，他们并不知道樊哙早就埋伏好了兵马，等曹咎他们游到河中央，刘邦亲自率领着一支人马，从对面杀了出来。他们看到曹咎的部队，在汜水河里像饺子一样扑通扑通乱跳，直接就拉满弓，对着他们射出了利箭。

眼看着兄弟们都成了活靶子，曹咎赶紧指挥大家伙儿往回游，可他们刚刚游到岸边，就发现樊哙已经带着大军拦住了去路。他们在马背上抡起大刀一顿猛砍，眼下曹咎的士兵，就像案板上的肉一样任人宰割。

司马欣接到消息之后，赶紧带领大军前来救援，可是，他哪里是樊哙的对手，还没等他跑到河边，就已经被樊哙打得大败，司马欣只好带着残兵败将，仓皇地退到了城内。

眼看着兄弟们越来越少，自己已经很难冲出重围了，曹咎只好拎起大刀，对着自己的脖子抹了一下。

刘邦看到樊哙将军已经得手，立刻让士兵们渡过了汜水河，共同围困住成皋城。司马欣原来就背叛过刘邦，所以当他看到刘邦带兵攻城的时候，早就吓得心惊肉跳。而城中的将士们，听说曹咎已经被汉军逼死了，顿时就毫无斗志，成皋城就这样，很快被汉军攻破了。城破之时，司马欣也在军前用刀抹了脖子。

刘邦带着大军进城之后，仍然和之前一样，贴出了很多安民告示，这些老百姓也很识时务地拿出了酒肉来犒劳汉军，搞得刘邦还很感动。看到老百姓恢复了生产生活，刘邦也开始犒赏三军，不仅对有功的将士大加封赏，还拿出了很多金银财宝，全部分给了大家。

眼看着就要过年了，刘邦还特意吩咐后勤部门，一定要多买一些酒肉，改善大家的生活。这几天里，汉军和楚军一样，每天都是好酒好肉好招待，大家伙儿都吃得肚皮溜圆。闲来无事的时候，大家还围在一起闲聊天，畅谈美好的未来。等到大家都恢复了体力，刘邦又开始带着大家伙儿转运军粮，这帮人从敖仓搬运了大量的粮食，囤积到了成皋。

解决了吃饭的问题之后，刘邦又听到探马来报说，项羽已经得到了成皋丢失的消息，正带着大军狂奔而来。听到这个消息之后，刘邦赶紧调兵遣将，派兵驻扎在了广武，希望凭借这里的险要地理条件，阻挡项羽的进军。

为了以防万一，刘邦还特意派出了联络员，让他飞马通知韩信，一旦平定了齐国，赶紧派兵来支援广武，共同对抗项羽。不得不说，刘邦这个人实在太自私了，半年前他刚刚把韩信训练好的十万大军带走，只给韩信留下了五千兵马。如今听说项羽来了，刘邦又希望韩信赶紧亲自带兵来增援，这天下哪有这样的好事啊！

然而大家都知道，韩信可不是一般的将军，他是楚汉争霸中，唯一能够决定谁胜谁负的大将军。虽然手下的精兵强将全被调走了，但是，韩信在短短的半年时间当中，就从魏地和赵地又招募了十万新兵，并对他们严加训练。经过训练后的这部分新兵，其战斗力已经非比寻常，冲锋陷阵时就像下山的猛虎一样。

正当韩信准备就绪，打算对齐国发起致命一击的时候，郦食其却横插一杠子，他想凭借自己的三寸不烂之舌，再加上汉王的威名，迫使齐国投降，于是他便找到了刘邦说："韩将军带领大军，先后攻破了魏国、赵国和燕国，如今只剩下一个齐国还没有拿下来。现在项羽又步步紧逼，咱们双线作战，未免有些吃力，如果能不战而屈人之兵，让齐国甘愿臣服，岂不是更好！"

刘邦一听，说："先生您说得挺轻巧，可是齐国拥有七十多座城池、二十多万大军，齐国人怎么可能轻易投降呢？如今大将军的兵力日渐增强，相信他一定会攻下齐国的。"说来说去，刘邦还是相信韩信的武力值，这就让郦食其更加不服气了，说："别人去劝降，齐王可能不愿意投降，但是如果我出马，对齐王讲明利害关系，我相信他一定会答应归顺汉王的。"

郦食其说得斩钉截铁，刘邦也不免瞪大了眼睛盯着他，这个酸秀才又犯了驴脾气，既然他愿意一试，那就让他去吧。刘邦说："如果先生能不战而屈人之兵，那真是太好了！先生需要多少人马尽管说，等你成功劝说了齐王，我一定封你为万户侯！"

得到刘邦的应允之后，郦食其又上路了，然而他并没有想到，他这一去竟再也没有回来，而且还死得惨不忍睹。

田荣被项羽砍死之后，他的儿子田广在田横的辅佐之下，登基成为齐王。可是项羽并不罢休，仍然对齐国猛追猛打，幸亏刘邦抄了项羽的老窝彭城，才让他放弃了攻打齐国的念头。在之后的一年半时间当中，齐国得到了苟延残喘的机会，不仅实力大大增强，而且还迅速开疆拓土，拥有了七十多座城池。

韩信带兵一路北上，先后攻占了魏国、赵国和燕国之后，齐王田广和他的叔叔田横，也逐渐认识到了危险。他们不仅迁了都城，还派出了田解和部将华无伤，带领二十万大军驻扎在历下，就是为了防备汉军突然来攻打齐国。

正当齐王做好了战斗准备，打算武力拒敌的时候，听说汉王的使臣郦食其来了，齐王田广对郦食其没什么好感，所以很不愿意见他，但是，他的叔叔田横却说："既然人家大老远来了，咱们还是见一见吧！看看这老家伙葫芦里到底卖的什么药，咱们也可以见招拆招，做好下一步的打算。"听到叔叔这样说，田广勉强答应了。看到郦食其慢慢悠悠地走了进来，齐王田广坐在王位上动也不动，就等着郦食其向他行礼。

郦食其看到这种情况，并没有感到有什么不妥，而是对着年轻的齐王深施一礼说："听说齐王是一位青年才俊，今日一见，果然不同凡响。我奉汉王之命，不远千里来到齐国，特向大王请教一个问题。如今楚汉相争，打得难解难分，齐王您认为，楚王和汉王谁会是未来的天下之主呢？"

齐王田广听到郦食其问自己，就知道他心里早已经有了答案，不过仍然装疯卖傻地表示："楚王和汉王旗鼓相当，谁都有可能成为天下之主，我怎么敢妄下论断呢？"

听到齐王这样说，郦食其也不再卖关子了，说："依我看，未来的天下之主一定是汉王，楚王迟早会成为汉王的阶下囚。齐王越早投奔汉王，对您越有利，将来也能保障您的家族长盛不衰呀！"

这时候齐王才明白，郦食其绕了一个大圈子，原来就是来劝降的，说："老先生此言差矣。前一段儿，汉王还被楚王包围在荥阳城内，差点连小命都没了。要不是手下人替他假投降，估计这会儿，汉王的坟头都已经长满野草了。再往前说，汉王带着五十多万大军，居然会被项王的三万大军打败，先生怎么能说汉王一定会打败楚王呢？"

听到齐王这样说，郦食其只是微微一笑，说："大王看到的都是表面现象，并没有看到问题的实质。当年汉王和楚王共同进军秦军，楚怀王曾经承诺，先入咸阳者封为王。当时的楚军虽然力量强大，却被汉王捷足先登了，这恰好说明连老天爷都在帮助汉王。不过，项羽却背信弃义，他竟然要把楚怀王，哦不对，是义帝迁到郴地，结果，还没到地方，就派人在半路上把他杀掉了，这简直是大逆不道啊！"

说完这些话，郦食其恨得是咬牙切齿，喝了口水，才慢慢接着说道："汉王出函谷关之后，很快就平定了三秦之地，又扶立了诸侯的后代为王，天下豪杰无不归顺。进攻项羽的过程当中，汉王也对将士们大加封赏，让天下百姓共享利益。与汉王不同的是，楚王任人唯亲，而且背信弃义，将士们有功而得不到封赏，久而久之，很多贤能的人才纷纷离他而去，并投奔了汉王。正所谓此消彼长，当项羽的实力越来越弱的时候，汉王的实力却越来越强，项羽怎能不败？所以，齐王还是应该早做打算，以免误了大事啊！"

听到郦食其说得还蛮有道理，齐王田广不免有些动摇，说："自从汉王派韩信向北进攻以来，魏国、赵国和燕国相继被攻破，我们齐国也很难独善其身，等我跟叔叔商量完了之后，再决定是否归顺汉王。不过，我们还有一点不确定，如果我们归顺了汉王，韩信就一定不会派兵攻打我们吗？"

听到齐王的疑问，郦食其肯定地表示："这一点齐王大可放心，我受汉王的命令，来拜见齐王的目的，就是让双方化干戈为玉帛。只要齐王您愿意归顺汉王，韩信一定不会进攻齐国的！"虽然郦食其说得斩钉截铁，但是，作为齐国丞相的田横，还是有一些不放心，说："话虽然这样说，但是我们没有和韩信打过交道，也不知道这个人的秉性如何，还希望先生能够写一封信，让韩信保证不再进攻齐国，有了保证，我们就愿意归顺汉王！"

既然写一封信，就可以让齐王放弃抵抗，把七十多座城池拱手让给汉王，那这还有什么好犹豫的，郦食其当即就表示同意。这时候，早有人准备好了笔墨纸砚，郦食其坐下之后，稍微思索了一番，就提笔写了起来。一会儿，郦食其就把信件写好了，并让人递给了齐王。

齐王从头到尾读了一遍，觉得没什么问题，就派人骑快马将信交给了韩信。韩信本来已经做好了进攻的准备，如今听说齐王派人送来了书信，于是赶紧命人递了上来，简单看完了书信之后，韩信立刻就明白了，原来郦食其已经说服了齐王田广，只要他们放弃进攻齐国，齐王就答应归顺汉王。

第十三章 刘邦的脸皮

了解到这些情况之后，韩信立刻就给齐王回信：我这就率兵南下，与汉王联手进攻项羽，齐王您可以放心地归顺汉王了！

　　齐王接到信之后，把信递给了田横和郦食其，两人看到信件之后，露出了久违的笑容。郦食其做梦也没想到，劝降齐王田广的事情进展得如此顺利，所以他也就接受了齐王的挽留，每天吃着山珍海味，喝着琼浆玉液，生活过得好不惬意。不过郦食其并不知道，他的好日子马上就要到头了！

　　郦食其本来就嗜酒如命，如今看到这么好的酒局，他怎能轻易放弃？就这样，郦食其今天拖明天，明天拖后天，一连拖了十几天，仍然不打算回去给汉王复命。正所谓夜长梦多，郦食其天天馋酒，结果却误了大事。

　　当韩信打算派兵南下，与汉王兵合一处的时候，他的参谋蒯（kuǎi）彻提出了不同的意见，说："兄弟们跟着大将军风餐露宿，在这里苦熬苦等了几个月，马上就要瓜熟蒂落了，结果却被郦食其摘跑了果实，兄弟们怎能服气？郦食其就是一个耍嘴皮子的说客，竟然凭借三寸不烂之舌，建立了这么大的功勋，大将军难道不感到羞愧吗？如今，齐王已经放松了警惕，咱们不如趁此时机长驱直入，踏平齐国，也可扳回一局啊！"

　　听到蒯彻的建议，韩信沉思了半天，然后不无感慨地表示："兄弟们立功心切，这一点我可以理解，但是郦食其奉汉王之命，前来游说齐国，如果我们贸然进攻，岂不是害了郦食其的命？"

　　蒯彻听到韩信的担心之后，激动地说道："当初汉王命令我们进攻齐国，压根儿也没提劝降的事，如果不是郦食其贪功，怎么会出现这样的状况？既然他不给大将军面子，大将军又何必顾及他的性命？"

　　韩信想想有道理，于是便放弃了南下，率领大军迅速渡过了黄河，很快就来到了历下城。此时齐国军队早已经撤防，完全没有想到韩信会突然杀到，所以韩信几乎不费吹灰之力，就顺利地攻入了城。看到齐国士兵仓皇逃窜的样子，汉军士兵感慨地说："早知道齐国士兵这么不扛揍，咱们早就应该打进来了，干吗还在野地里风餐露宿？"

　　拿下历下之后，韩信就带兵继续进攻，很快就来到了齐国的都城临淄。听到前方的战报之后，齐王田广顿时吓得屁滚尿流，他赶紧派人把郦食其找了过来，大骂道："你个老匹夫，居然和韩信勾结，一个来劝降，一个却来进攻，把我齐国百姓都拖入了战乱当中，真是把我害得好苦呀！看我今天不剐了你，否则难消我心头之恨！"看到齐王咬牙切齿的模样之后，郦食其也大声喊叫了起来："大王误会了，一定是韩信背信弃义，他为了和我抢功，居然敢违背盟约，向齐国进兵，我这就出城，给大王讨个公道！"

见郦食其这样说，齐王田广冷笑一声说："你已经骗了我一次，我还会再相信你吗？如果我放你出城，你还会回来吗？今天你就别想着逃跑了，我一定会让你去见阎王！"眼看着说服不了齐王，郦食其又想了另外一个计策说："如果我和韩信勾结，还怎么会留在这里等死？既然大王不相信我，那我就留在这里和大王共进退。现在我就给韩信写一封信，让他尽快退兵，也向大王证明，我没有和他勾结。"

这时候，田横站了起来说："不管你们二人是否勾结，只要你能让韩信尽快退兵，我们就保证你的安全，放你回到汉王那里。如果韩信没有退兵，那你就难逃一死了！"

郦食其也不再说话了，他直接坐了下来，给韩信写了一封信，派人送了过去。韩信接过信一看，原来是郦食其的求救信，希望他以大局为重，千万不要因为贪功而害了自己。

韩信看完信，坐在那里愣了半天，恰好蒯彻走了进来，他拿起信读了一遍，又开始劝说韩信了："大将军面对百万敌兵，也没有像今天这样犹豫过，难道就为了一个酸秀才的命？攻下齐国，可是千古流芳的大功劳，大将军千万不要犹豫！"

韩信看着蒯彻，说出了自己的担心："我也知道郦食其的命不算什么，可是违抗汉王的命令，咱们以后就没好日子过了！"听到韩信的担心，蒯彻又接着给他分析："汉王命令咱们攻打齐国，他也从来没有让我们停止进攻啊，如果咱们拿下了齐国，那就是大功一件，汉王从来不会谴责有功之臣，这一点相信大将军比我更明白。如果我们此时退兵，功劳还是郦食其的，他如果反咬一口，咱们还能保住命吗？"

这时候的韩信，也已经被彻底说动了，再加上他本来就目空一切，所以就咚的一声站了起来，说："你说得太对了，齐王就是一棵墙头草，今天看咱们的拳头硬，他就打算投降咱；过两天项羽来了，他还是会投降项羽。既然如此，咱们还不如来个痛快的，直接把齐国踩平了，也免得他以后反复无常！"

紧接着，韩信就下达了进攻的命令。眼看着临淄城就要被攻破，齐王田广特意让人准备了一口大锅，在里面倒满了油，让人把锅烧得滚烫，然后又把郦食其招呼了过来，说："信你也写了，结果你也看到了，韩信进攻更加猛烈了，你还有什么要说的？"

郦食其知道自己必死无疑，所以他也大义凛然地对齐王说道："既然齐王想要我的命，那我也就没什么可说的了，你别看韩信现在猖狂，将来他的下场比我还要惨，可惜我是等不到那一天了！但是，你一定要记住，我并没有和韩信勾结，是他贪功心切，才造成了今天这样的结果！"说完这句话，郦食其就直接跳进了滚烫的油锅，不一会儿就丢了老命。

既然没有了退路，齐王和他的叔叔田横也就开始最后一搏，带领军民登上城楼作战。不过他们哪是韩信的对手，没过几天，城门就被汉军攻破了。齐王田广看到大势已去，于是在叔叔田横的掩护之下，奋力杀出重围，带着心腹搬救兵去了，只留下田横带着齐军的最精锐部队，与韩信进行殊死的搏斗，结果因为寡不敌众，惨败的田横也只能带着残兵败将，逃跑了事。

韩信带领大军攻入临淄城之后，按照刘邦的惯例，发布了一篇安民告示，让老百姓恢复了稳定的生活。紧接着，韩信决定斩草除根，把齐王的势力彻底铲除。派人打探之后，听说齐王田广逃往了高密，韩信立刻派兵追了过来，准备痛打落水狗。

看到韩信就像狗皮膏药一样甩也甩不掉，齐王田广被逼无奈，只好派人向西楚霸王项羽求救，这还真应了那句话，没有永远的朋友，也没有永远的敌人，只有永远的利益。当初项羽封田广的父亲为齐王，齐王却第一个站出来反对项羽，最终被项羽砍了头。虽然背负着国仇家恨，但在生死攸关之际，新齐王田广却向项羽求救，这也让人感到颇为有趣。

3. 煮成了人肉汤，给我一碗尝尝

再来说说西楚霸王项羽，他把彭越打跑之后，本打算好好过个年，却又听说成皋城被刘邦攻破了，项羽赶紧带兵西进，打算从刘邦的手中夺回成皋。作为项羽的先锋官，钟离眜率领大军来到了荥阳附近，恰好与刘邦的几万大军相遇。

仇人相见分外眼红，双方刚一见面，就立马对砍了起来。汉军仗着人多势众，很快就把钟离眜包围了起来，打算全歼他的部队。正当战斗持续恶化的时候，楚霸王项羽率军赶来了，只听他一声怒吼，直接把汉军大将吓得跌下了马。楚军士兵都像下山的猛虎一样，很快就把汉军给冲散了，眼看着实在是打不过楚军，汉军将士只能纷纷后撤，钟离眜顺势占领了广武县，这里不仅地势险要，而且还有一条深深的壕沟，恰好与刘邦的汉军隔沟相望。

楚军士兵虽然英勇善战，但是他们也有一个致命的弱点，那就是后勤供给不足，粮草跟不上。与楚军不同，汉军早就囤了足够的粮食，而且还有一个靠谱的后勤部长萧何，所以汉军是完全不愁吃喝的，打持久战是完全没有问题的。

看着兄弟们的口粮都成了问题，项羽的心里非常着急，恰在这时，项羽又接到了齐王田广的求救信，想让项羽派兵救他。这真是哪壶不开提哪壶，项羽这会儿自身难保，又来人添乱。可是想来想去，如果不救齐王，万一他被韩信灭了，刘邦再把韩信的大军招过来，问题就更严重了。

想到这儿，项羽便派出了得力干将龙且（jū）和周兰，让他们率领二十万兵马，迅速出兵援助齐王。为了解决对面这个大麻烦，项羽每天派兵叫阵，可是刘邦知道自己几斤几两，和项羽硬碰硬只能死路一条，所以他始终坚守不出，搞得项羽是越来越生气。

项羽心想，既然你小子不仁，那就别怪我不义，项羽决定把最后的筹码拿出来。这一天，项羽不再让人骂阵了，而是让人支起了一口大锅，在锅里面添满了水，然后命令人烧了起来。不一会儿，大锅里的水就咕嘟咕嘟冒了泡，汉军士兵还在纳闷，心想楚军士兵这是咋了，难道要在阵前熬羊汤？

正当汉军士兵疑惑的时候，却发现项羽押着刘邦的老爹来到了阵前，然后命人在大锅旁摆上了几案。这时候，数名楚军异口同声、整齐划一地对着汉军大营喊道："刘邦你个小人，赶紧出来投降，否则我们就把你的老爹扔进大锅里，煮一锅肉汤尝尝鲜！"

刘邦听到喊声之后，立刻就来到了阵前，果然看到老爹被两个楚兵押着，刘邦心想，项羽这小子太卑鄙了，居然给我来这一手，这可怎么办呢？看到刘邦着急的样子，张良赶紧劝他，说："大王不要着急，项羽之所以出此下策，就是想和咱们速战速决，大王千万不要上当，也坚决不要应战啊！"

刘邦听到张良的建议后，仍然是一脸愁容地说道："项羽居然把我老爹都绑了，万一我要是不答应，他把我老爹煮了怎么办？那时候老百姓还怎么看我，我还咋在这个世道上混呢？"

看到刘邦气急败坏的样子，张良反而显得非常淡定："大王放心，项羽就是再混蛋，他也不敢做这样大逆不道的事情，况且在楚军阵营里，咱们还有一张王牌！您和项伯已经结成了儿女亲家，他怎么可能会见死不救呢？有项伯这个叔叔在，项羽是不会乱来的！"

刘邦听到张良这样说，心里顿时有了底，他稳了稳心神，向对面的项羽大声喊道："当初，咱们在义帝手下做事的时候，还曾经结为异姓兄弟，这一点老弟不会忘了吧？既然我们都是兄弟，我的老父亲，也就是你的老父亲，如果你把咱们的父亲煮成了人肉汤，你一定要让兄弟们给我送一碗来尝尝！"

项羽知道刘邦是一个无赖，但是他完全没有想到，刘邦居然会这么无赖！于是他骂骂咧咧地喊道："刘邦，你居然连老爹都不要了，你别以为我不敢，你们几个赶紧把这老家伙剁了扔到大锅里，等煮熟了连人带锅一块儿给刘邦送过去！"

手下人一听，立刻就把刘老太公给拎了起来，直接甩在了案板上，痛得刘老太公龇牙咧嘴。躺在案板上，刘老太公身体抖个不停，早就吓得没魂了。

正当刘老太公瑟瑟发抖的时候，刀斧手已经做好了准备，只要他手起刀落，刘老太公今天就算交待了。正在这千钧一发之际，项伯突然大喊一声："项王，刀下留人！刘邦就是一个没心没肺的家伙，前一段他逃命的时候，连儿子女儿都不要了，还会在乎一个老爹吗？对于这样的无赖，你就是杀了他全家，也改变不了什么，还会让天下人耻笑，甚至怨恨你不仁不义。依我看还是把老爷子押回去，咱们和刘邦决一雌雄，才是正确的选择。"

听到叔叔的劝解，项羽想想也是，用下三滥的手段，去对付一个正人君子或许有用，对付刘邦这样的无赖，其实是不会有什么结果的。想到这儿，项羽命人把刘老太爷押走了，然后接着向刘邦喊话："刘邦，你听好了，自从你老小子带兵反叛以来，把老百姓搅得鸡犬不宁！如今好几年过去了，咱俩一直也没分出个胜负，今天既然在这儿遇上了，咱们就一对一单挑，你要是能赢了我，我立马卷铺盖卷就走，以后绝不和你争。如果我要赢了你，你也赶紧退出江湖吧！"

听到项羽这样说，刘邦心想，这都啥年代了，谁会和你拼蛮力？你小子真是一个白痴。不过他嘴上可没这样说："项羽，既然你这么看得起我，我怎能不应战？但君子动口不动手，咱们怎么能像泼妇打架一样，今天咱们两个就来比比智力。"

项羽知道，如果和刘邦斗心眼，他完全不是对手，但既然被逼到这个份上了，他也不能不应战："好啊！就按你说的办，现在咱们就单人单马，面对面地来一场较量，看到底鹿死谁手！"

喊完这句话，项羽就从军中找了几个弓箭手，让他们躲在暗处，一旦发现刘邦出来，就把他射成刺猬。项羽想到的，刘邦也想到了，恰好他的军中还有一位神箭手，名字叫楼烦，刘邦告诉他，如果看到项羽出来，直接把他给我射死，免得这小子再兴风作浪。

楼烦虽然是一位神箭手，但他并没有见过项羽本人，所以当他看到对

第十三章 刘邦的脸皮 311

面出现了一个身穿盔甲的人,就直接射了出去。只一箭,对面那小子直接就被放倒了,他的同伴一看,吓得赶紧往回跑,可他刚一露头,也同样被楼烦给射中了,不得不说,楼烦真是一位箭无虚发的神箭手!

不过楼烦并不知道,他射中的并不是项羽,只是项羽的两个小跟班。项羽一看,自己还没用上这招,刘邦就先动手了,于是他面对着山谷怒吼一声,拎起大刀就冲了上来。楼烦一看正主来了,不但没有搭弓射箭,反而被吓得直接跑了回去,再也不敢露面。

虽然弓箭手吓破了胆,但是刘邦也不能不露面,不然在兄弟们面前还咋混?穿好盔甲、做好防护之后,刘邦强打精神来到了阵前,和项羽面对面站在了一起。

项羽看到刘邦出来了,顿时气不打一处来:"你个缩头乌龟,终于敢露面了,敢不敢和我大战三百回合?看我不刀劈了你!"

看到项羽气急败坏的样子,刘邦反而更镇定了,说道:"别看你整天耀武扬威,其实就是个跳梁小丑,还敢在这里口出狂言!今天我就让天下人知道,你小子犯了十宗罪。

第一宗,违抗怀王的命令,把我发配到了穷山恶水的地方。

第二宗,杀害义军头领宋义,自己夺了军权。

第三宗,挟天子以令诸侯,把楚怀王玩弄于股掌之中。

第四宗,烧杀抢掠,无恶不作,居然还挖了秦始皇的坟。

第五宗,杀害投降的秦王子婴。

第六宗,活埋二十万秦国降兵。

第七宗,任人唯亲,把好地都分给了你的七大姑八大姨。

第八宗,强迫他人迁都,趁机扩大自己的地盘。

第九宗,驱赶义帝,把他杀害在了长江之上。

第十宗,屠杀百姓,闹得民不聊生。

项羽你就是一个披着人皮的禽兽,还有什么资格活在世间,还有什么资格向我挑战?赶紧抹了脖子,省得脏了我的手!"

面对刘邦的指责,项羽气得一句话也说不出来,他挥舞着大枪,直接甩向了刘邦，而那些埋伏好的弓箭手，也一齐向刘邦射了过来。刘邦没想到，不仅他会耍无赖，原来项羽也有准备，还没等他回过神来，胸口就已经中了一箭。

幸好离得远，刘邦并没有大碍，不过他仍然痛得龇牙咧嘴。为了不让兄弟们看到，影响大家的士气，刘邦强打起精神，故意喊了一声："项羽你个伪君子，居然暗箭伤人，不过你手下这帮酒囊饭袋，技术也太差了，居然只射到了我的脚趾！"还没等刘邦喊完，他的亲兵卫队就把刘邦给带走，并交给了随军的医官，让他们赶紧给刘邦敷了一些草药，处理伤口。

刘邦中箭的时候，项羽看得清清楚楚，箭没有射到他脚上，而是射到了他的胸口，所以项羽误认为刘邦这次一定会死。不过两军隔着一条长长的深谷，要想追上去把刘邦的大军砍了也并非易事，所以项羽决定收兵回营，派人继续打听汉军的动静。

当天晚上，张良安顿好了大家之后，就赶紧来到了刘邦的营帐，查看他的伤势。询问了医官之后，张良发现刘邦躺在床上痛得龇牙咧嘴，于是便告诉刘邦："大王您还是忍一忍吧！大家伙儿听说你受伤了，士气有些低落，我看你不如出去走一走，好让大家伙儿放心！"

刘邦虽然一百个不情愿，但是听到张良的劝说，也不得不离开温暖的小床，强撑着来到各个军营巡视。为了显得若无其事，掩盖自己的伤势，刘邦还特意和将士们聊了几句。本来，大家还担心刘邦的伤势，此刻看到刘邦谈笑风生的样子，也都放心了，大家都纷纷表示，要努力杀敌，替汉王报一箭之仇。

刘邦绕了一圈，就让张良他们回去了，自己带着一行人回到了成皋，决定先把伤养好了再说。刘邦巡视军营的事情，很快就传到了项羽的耳中，他大惊失色地说道："什么？你们确实没看错，刘邦没死？只受了一点皮外伤？"

得到肯定的答复之后，项羽不免一阵惋惜，这小子命真大，都伤成那样了还没死，这下可麻烦了！现在大军都驻扎在这里，人吃马喂，就快要坚持不下去了，再这样下去，兄弟们就得喝西北风，那队伍还怎么带？

4. 韩信的水淹之计

正当项羽发愁的时候，齐地又传来了紧急战报，增援齐王的部队被韩信打残了，大将军龙且战败身死，副将周兰被活捉。项羽听到这个消息之后，吓得魂飞魄散："韩信这小子这么厉害，居然把我的楚国第一勇士都打败了。要是他和刘邦兵合一处，我的日子就更不好过了。真是悔不当初，当年这小子在我的手下，我咋没发现他是个人才呢？当时要是重用了韩信，哪还会有这么多麻烦事？"听到项羽喃喃自语，手下人也不敢接茬，因为大家都知道，除了韩信之外，被项羽逼走的还有陈平。他们在项羽的手下也是没有得到重用，而到了刘邦那里，就成了呼风唤雨的人物，这上哪儿说理去！

项羽眼中的楚国第一勇士龙且，其实和他一样是个莽夫，虽然龙且武艺高强，但他的性格和项羽一样暴躁，浑身都散发着傲气。当他带着二十万大军，浩浩荡荡地增援齐国时，就像不受约束的狼崽子一样，把谁都不放在眼里。他命令部队快马加鞭，好早点建功立业，先把韩信砍了，再回头对付刘邦。

龙且刚火急火燎地来到齐国境内，就赶紧命令人报告齐王田广，让他带人和自己会合，共同对付韩信。齐王接到消息之后，顿时就来了精神，龙且带着二十多万兵马，对付韩信的区区十万人，那完全是不在话下的。

齐王把散兵游勇全部拢到了一起，带着他们来到了潍水东岸，与龙且会合。看到龙且之后，齐王田广就一把鼻涕一把泪地向他控诉："大将军你一定要替我报仇啊！韩信这小子太不是人了，把齐国的百姓祸害惨了，还把我赶出了都城，真是欺人太甚！"

听到齐王的控诉，龙且赶紧向他保证："大王请放心，我手下有二十多万兵马，加上你带来的十万大军，我们已经有三十多万人，对付韩信十多万人，简直易如反掌！等把韩信打跑了，我会还你一个完整的齐国！"

紧接着，齐王田广向龙且汇报了一下敌情，两军就在潍水东岸扎营了。听说龙且来势汹汹，韩信也不敢轻敌，因为他在项羽手下的时候，就曾经听说过龙且的厉害。

"他不仅是一个武艺高强的人,而且带兵有方,深得将士们信任,如果靠我手下的这点人,估计很难和龙且相抗衡。"想到这儿,韩信赶紧派人给刘邦送了一封信,让他派曹参和灌婴带人前来支援。刘邦看到项羽派了二十多万兵马帮助齐王,知道韩信的压力变大,所以,他赶紧派曹参和灌婴前往齐国增援,帮助韩信打败龙且。

当曹参和灌婴带兵找到韩信的时候,韩信才刚刚把营扎在了潍水西岸,与对面的楚军大营隔河相望。此时,双方的兵力达到了五十多万,为了知己知彼,韩信还特意带着曹参和灌婴来到了潍水河畔,观看楚军士兵操练。

看到楚军士兵军容整齐,士气高涨,韩信感慨地说道:"龙且被誉为楚国的第一勇将,实力果然不同凡响,你们看他手下的士兵,一个个都是彪形大汉,咱们和他硬碰硬,完全不是对手。不过我已经想好了退敌之策,还希望两位将军一定要配合我,咱们早点把龙且打败了,也好回去向汉王复命啊!"

听到韩信的话之后,两位将军同时表示:"大将军放心吧,我们跟着您打败了魏国,早就知道您的厉害了,您指挥我们怎么打,我们就怎么打,绝对不会拖您的后腿!"

听到两位将军的保证,韩信满意地点了点头,并命令全体士兵后退三里,找到了一个险要的地形重新安营扎寨。做好这些事之后,韩信命令大家加强防守,任何人不准出战,否则严惩不贷。

龙且本来还满心欢喜,打算和韩信大干一场,却没想到韩信突然后退三里,他感到非常纳闷,难道韩信怕了不成?还没打就想跑,那哪行?龙且决定立刻渡过潍水,向韩信发起总攻。

听到这样的消息之后,龙且的一位参谋找到了他,提出了不同的意见,说:"我们远道而来,战士们的战斗力还没有恢复,韩信带领的大军养精蓄锐,已经展露锋芒,如果这时候和他硬碰硬,我们很难讨得便宜。相反,如果我们修筑坚固的防御工事,等待汉军来攻,那样我们就能占据主动。韩信率领大军远离本土作战,粮草本来就不足,如果让齐王派出心腹大臣，说服投降的城池守将重新反叛归齐，韩信的困境就会雪上加霜，那时候我们不用进攻，就可以打败韩信了。"

虽然参谋的建议非常正确，但是性格高傲的龙且，并没有采纳他的建议，说："韩信这小子，我太了解他了，当初他还在我的手底下当过兵呢！听说这小子年轻的时候，整天东游西逛不干正事，是一个小混混。被人拦住去路的时候，这小子还钻过别人的裤裆，是一个典型的孬货。吃不上饭时，还接受过老妈子的救济。像这样的人，能有多大出息？我们集合了三十多万兵马，如果还等着他们吃完粮食再投降，岂不让人耻笑！"

不得不说，龙且这个人实在太傲慢了，他不会用发展的眼光看问题，而是一味地关注别人穷困潦倒的一面。看不到别人的一路成长，就一意孤行，那失败是早晚的事情。

看到龙且如此轻敌，作为他的副手，周兰也提醒他："老大，虽然韩信这个人的成长历史不那么精彩，但是，刘邦能够起用他做大将军，相信他还是有一定的过人之处。尤其是韩信带兵北上以来，不仅相继打败了魏国和赵国，还让燕国不战而降，所以老大不能不防啊！远的不说，当初齐王拥有二十多万军队，不照样被韩信打得满地找牙？所以我们还是应该慎之又慎，避免中了韩信的圈套！"

听到周兰这样说，龙且轻蔑地笑了一声："周将军说得是，韩信被拜为大将军以来，似乎从未吃过败仗，但是，周将军不知道的是，是韩信运气好，他遇到的都是一帮酒囊饭袋，如果韩信早一天遇到我，我早就让他脑袋搬家了！"

眼看着劝不动龙且，大家也就不再说话了。龙且当即就下了一封战书，让人骑快马送给了韩信。韩信接到战书之后，也当即写下了四个大字：明日决战。

龙且接到回信之后，立刻命令部下都把刀磨快，晚上饱餐一顿，再睡个好觉，明天早上就把汉军打回去。与龙且下的命令不同，韩信命令将士们每人准备一个布口袋。当大家听到这个奇怪的命令之后，纷纷感到莫名其妙，虽然有疑惑，但也都不敢怠慢，赶紧去准备布口袋了。部队行军打仗，每人都会发一个布口袋，目的是装干粮。既然韩将军要用，大家就把干粮倒腾出来，然后把布口袋交了上去。

　　看到大家伙儿准备得差不多，韩信把傅宽找了过来，说："吃过晚饭之后，你就带着手下的兄弟们，把大家伙儿准备好的布口袋带上，然后顺着潍水河往上走，找一处河面比较窄的地方，把泥沙填满布口袋，把这些布口袋堆积起来堵住河水。等明天上午，我和楚军摆开阵势大干一场的时候，你就能听到我的击鼓声，这时候我还会派人站在高处举起红旗。如果你看到红旗倒下了，就让士兵们捞起布口袋，这时候河水就会一泻千里，把楚军冲得七零八落。千万要记住，你的任务非常关键，一定要看准我的信号，否则我们就要死无葬身之地！"

　　听到韩信的嘱托，傅宽也拍着胸脯表示："大将军放心吧，我一定保质保量完成任务，让楚军葬身鱼腹！"

　　安排好了傅宽之后，韩信又把其他将领找了过来，给他们布置了作战任务："明天，我们将有一场硬仗，今天晚上大家一定要吃饱喝足，让战士们养足精神，明天好上阵杀敌！除了各自为战之外，明天大家一定要看队伍前面的红旗，红旗扛到哪儿，大家就要打到哪儿，如果红旗后退了，大家一定要跟着后退，绝不能恋战！能不能打败龙且，就看兄弟们的了，大家有没有信心？"

　　听到韩信问他们，各位将军齐声喊道："有！有！有！"

　　布置完任务之后，大家伙儿就分头去准备，可是韩信还不放心，害怕龙且会派人偷袭，所以他命令加派人手，增加岗哨，巡逻兵也要加倍。到了晚上的时候，韩信始终不踏实，他亲自带人外出检查了一番，这才放心回去眯了一会儿。

　　第二天清早，炊事班早就做好了饭菜，让战士们饱餐一顿，随后大军就集合出发。韩信命令曹参和灌婴留在西岸，埋伏在左右两侧，他自己带领大军渡河迎战龙且。因为傅宽在上游堵住了河水，所以韩信渡河的时候，水位是非常浅的，水流速度也不快，将士们没费多大力气，就全部来到了潍水对岸。

韩信的部队刚刚摆好阵形,龙且就带兵来到了阵前,大声喊道:"韩信!你本来是我们楚军的无名小卒,如今却叛楚归汉,真是大逆不道!如果识趣的话,就赶紧下马投降,也免得我动手了!"

听到龙且的喊叫,韩信立马回了一句:"良禽择木而栖,项羽不讲信誉,居然暗中杀害义帝,天下人人得而诛之,我劝你还是赶紧离开这个败类吧!如果你还执迷不悟,心甘情愿做他的走狗,今天就是你的死期!"

龙且一听,多说无益,还是打吧!只见他抓起大砍刀,甩起马缰绳,就朝韩信奔了过来。要是一对一单挑,韩信肯定不是龙且的对手,不过,早有几名将士冲了出来,挡在了韩信的面前。

龙且不愧是楚国的第一猛将,即使汉军的三位大将共同迎战,也很难讨到便宜。双方大战一百多个回合,仍然没有分出胜负,不过架不住人多,随着时间的推移,龙且逐渐显得有些体力不支。

看到龙且即将败下阵来,他的副手周兰也冲了过来,打算帮助龙且对抗汉军。可是,双方刚刚交上手,韩信就鸣锣收兵了,带着大军仓皇逃到了潍水西岸。都说韩信英勇善战,没想到如此不堪一击,龙且看到韩信抱头鼠窜的样子,也不免哈哈大笑了起来:"看你那个尿样,还是汉军的大将军呢,真不害臊。今天我就让大家伙儿看看,韩信是怎么死到我手里的!兄弟们跟我冲,谁能砍下韩信的人头,我让他官升三级,谁要是能活捉韩信,我更会在大王面前为他请功!"

周兰本想劝说龙且,让他小心韩信的埋伏,可是,龙且已经身先士卒冲了出去,兄弟们看到龙且冲得很起劲,也都想立头功,所以,这帮人都乌泱乌泱地跟着龙且冲了出去。

既然汉军能过河,楚军也不是㾕子,他们也顺利蹚过了河。可楚军三十多万人,短时间内很难全部过河,看着几十万楚军在齐腰深的河水里瞎扑腾的时候,韩信觉得时机差不多成熟了,立刻命人使劲擂鼓,把红旗放了下来。

上游的傅宽得到消息之后,立即命令将士们捞起了布口袋。正所谓水火无情,潍水河被拦了一夜,水位已经涨了一两米,汉军扒开口子的时候,河水就瞬间倾泻而下,就像钱塘江的大潮一样壮观。此时楚军正在渡河,当他们看到汹涌的河水迎面扑来,顿时就吓得大惊失色,还没等他们反应过来,就已经被冲散了。

在如此凶猛的河水当中,即使是水性极佳的士兵,也会被冲得晕头转向,很多楚军都殒命在了潍水河中,被淹死的人不计其数。被冲到岸边及还没来得及渡河的楚军士兵,也站在那里束手无策,只能暗自庆幸捡回了一条命。

周兰本来想阻止龙且过河,但是他看到龙且立功心切,早已经带着士兵冲到了对岸,他也只能跟着跑了过来。可是,他们登上对岸的士兵,仅仅只有两三万人,怎么可能与韩信的十万大军相抗衡?当他们庆幸没有被河水卷走的时候,突然看到左右两翼杀出了数万汉军,带头的正是曹参和灌婴。

此时的龙且和周兰,明知道不敌汉军,也只能硬拼。原先假装败逃的汉军主力,也在韩信的带领之下,重新杀了回来。陷入三面包围的龙且和周兰,面对着背后的滔滔河水,也只能放手一搏,否则只能跳入河水当中喂鱼!

仅仅过了大半天的时间,过河的楚军士兵,大部分就都被汉军消灭了,龙且也被乱军砍死。剩下的一部分士兵,看到无力逃出重围,都纷纷放下武器投降。这时候韩信忽然发现,周兰已经脱下了特制的铠甲,换上了普通士兵的服装,打算蒙混过关,不过这一招不好使,被眼尖的汉军士兵给发现了,随后把他绑了起来,送到了韩信的面前。

站在东岸的楚军士兵,被翻滚的河水拦住了去路,他们只能望河兴叹。看到楚军士兵越来越少,汉军的厮杀声越来越大,很多人都吓破了胆。当他们目睹龙且被杀的时候,大家再也不愿意停留,纷纷作鸟兽散。

齐王田广看到大势已去,就像惊弓之鸟一样,带着亲兵卫队赶紧逃跑了。但他们刚刚跑回高密,就发现汉军的大队人马已经追了过来,还来不及收拾东西,齐王只好带着大家再次逃跑。不过这一次,他没有那么幸运,和他的几个贴身侍卫刚刚跑到城阳,就陷入了汉军的包围当中。眼看着不敌对方,齐王田广很识时务地带着大家伙儿投降了。

韩信看齐王还是一个二十来岁的年轻人,大骂道:"你也太不是东西

第十三章 刘邦的脸皮 319

了，居然逼郦食其跳了油锅，今天我也让你尝尝被油炸的滋味！"本来，韩信也想把齐王扔到油锅里，但是战士们行军打仗，跑到哪儿算哪儿，也没有随身携带大号的锅，所以只好作罢。齐王最终被韩信砍了头，去给郦食其陪葬了。

听说侄儿被韩信砍了，田横就在博阳自立为王，韩信得到消息之后，立刻就派灌婴杀了过去。灌婴和曹参一样，都是汉军不可多得的猛将，田横哪是他的对手，灌婴破城之后，田横就带着几十名骑兵赶紧逃到了梁地，去投奔了彭越。

紧接着，灌婴乘胜追击，他带领大军来到了千乘，杀掉了田横的弟弟田欣。当灌婴带兵与韩信会合的时候，恰好遇到了班师回朝的曹参，他在胶东地区刚刚杀死了田忌。

这时候，韩信才知道，齐国的七十多座城池，已经全部姓刘了。为了鼓励将士们奋勇杀敌，韩信把大家伙儿的功劳逐一登记在册，然后对他们论功行赏。从齐国国库缴获的金银财宝，韩信也没有私吞，而是按照功劳大小，全部给大家分了下去。大家伙儿不仅加官晋爵，而且还领到了不少的金银财宝，每个人的脸上都洋溢着笑容。

5. 就封他个齐王

可是大家并不知道，韩信虽然是一位军事奇才，但他并没有敏锐的政治眼光，所以不知道如何赢得汉王的信任。他连续打下了魏国和赵国，如今又拿下了燕国和齐国，很显然已经功高震主。然而韩信并没有藏着掖着，而是直接给刘邦写了一封信，请求他封自己为齐王。在信中，韩信还给出了自己的理由，齐国人狡诈善变，又和西楚霸王隔河相望，如果不能立一个代理王镇守，很难保证齐国地区的稳定。

此时的刘邦，在成皋养了好几个月的病，箭伤差不多已经痊愈了，眼下正和项羽对峙着。当他接到韩信的捷报之后，一时喜出望外，不过当他读完信之后，顿时脸就拉了下来，心想："我困守在这里，命都差点丢了，你小子占领了齐国，不想着协助我攻打项羽，居然还想让我封你为齐王，真是白日做梦！"

听到刘邦大喊大叫，站在他旁边的张良，赶紧用脚踩了他一下，因为韩信的信使还在呢，所以张良想提醒刘邦悠着点。这时候，刘邦才缓过神来，自己和项羽两军对峙，目前仍然不占上风，如果韩信拉着队伍单干，自封为齐王，谁又能怎么着他？与其逼反韩信，还不如顺水推舟，直接封韩信为齐王，让他镇守齐国。想到这儿，刘邦赶紧改口说道："大将军自从北上以来，不仅帮我平定了魏国、赵国和燕国，如今又把齐国打了下来，真是功勋卓著，即使大将军不请示我，我也会封他为齐王的。你这就回去告诉大将军，让他先做好准备，等过些时日，我会亲自派人册封他为齐王。"

打发走韩信的信使之后，张良和陈平也都劝说刘邦，为了渡过眼前的难关，还是应该赶紧册封韩信为齐王，以免夜长梦多引起兵变啊！既然已经到了这份上，刘邦也无可奈何，只能派张良带上齐王的大印，赶到临淄，册封韩信为齐王。韩信完全没想到，刘邦答应得居然如此痛快，而且办事效率还这么高，当天他就设宴款待了张良，两人定下了良辰吉日。

在饮酒作乐的过程当中，张良也把刘邦的意思详细转告了韩信，并催促他尽快出兵攻楚，早日打败项羽，帮助刘邦登上帝位。既然刘邦都给自己封王了，那韩信还有什么好说的，他非常痛快地答应了张良，等自己登上齐王大位之后，就尽快出兵。

两人选定的黄道吉日很快就到来了，韩信在张良的主持之下，顺利登上了齐王之位。送走了张良之后，韩信就加紧练兵，打算尽快出兵帮助刘邦攻打项羽。正当韩信一切准备就绪，打算和刘邦兵合一处，共同对抗项羽的时候，忽然听到侍卫来报告，说项羽派使者武涉来了。

听到报告之后，韩信也感到非常纳闷："项羽为什么这时候派人来见我，该不会是来投降的吧？"后来想想又不太可能，项羽投降应该找汉王刘邦啊！琢磨来琢磨去也想不明白，不过韩信心想，既然人家来了，总不能拒人于千里之外吧，于是赶紧命令人，把项羽的使者带进来。

第十四章
霸王别姬

1. 要不要三分天下

　　武涉这个人，就是一个典型的说客，他不仅能把死人说活了，还能把黑的说成白的。他自从跟随项羽以来，干了不少挑拨离间的事情，这次来拜见韩信，目的也只有一个，就是奉项羽的命令打算分化瓦解韩信，让他脱离刘邦的阵营，回到项羽的怀抱。

　　这就让很多人想不明白了，韩信刚刚杀掉了楚国的第一勇士龙且，项羽不仅不找他报仇，反而要把他招至麾下，这实在是太奇怪了吧。不过这也恰好说明了，在那个战乱纷争的年代里，项羽对韩信还是非常畏惧的，害怕他和刘邦联手，那样的话，自己将死无葬身之地，为了防止这种情况出现，项羽赶紧派武涉前来游说韩信。

　　武涉看到韩信之后，就赶紧和他套近乎："齐王真是不可多得的青年才俊，楚王总念叨你，怪自己当年有眼不识泰山，今日一见，真是不同凡响啊！"

　　听到武涉说的都是漂亮话，韩信心里面非常舒服，他微笑着对武涉说道："先生远道而来，除了恭维我之外，难道就没有其他事情吗？我的事可不少啊，没空陪你闲聊！"

武涉听到韩信这样说，就知道他不待见自己，但是仍然厚着脸皮说道："齐王是一个痛快人，那我也就不再藏着掖着了，咱们明人面前不说暗话，我这次来的目的，就是奉楚王的命令，给齐王分析一下天下大势，如果有说得不对的地方，还请齐王批评指正！"

韩信一听，就接茬说道："我倒要听听，先生到底有什么高见。"武涉不紧不慢地坐了下来，然后就打开了话匣子说："自从秦始皇统一六国以来，老百姓的日子并没有好转，反而是越来越苦了。除了应对永无止境的徭役之外，还有各种各样的苛捐杂税，逼得老百姓都要造反。在这个时候，陈胜、吴广振臂一呼，楚王叔侄二人揭竿而起，他们很快便成了各路义军的首领。等到推翻秦王朝之后，楚王又论功行赏，分封了各个诸侯王，让老百姓都过上了好日子。可是没想到，汉王刘邦不知足，他不仅抢了其他诸侯王的封地，还一路向东攻打楚国，眼看着就要吞并整个天下了，楚王怎能坐视不管！"

听到武涉在背后指责刘邦，韩信有点不耐烦了，直接打断了武涉，说："先生此言差矣，并不是汉王不知足，而是楚王分配不均，这才让汉王和他的兄弟们心有不甘，最终造成了今天这样的结果！"

既然人家不愿意听，武涉决定换个说法："齐王说得有道理，您是一个聪明人，不过千万不要被刘邦的假象迷惑了，当年他参加鸿门宴的时候，还装得可怜兮兮，不仅对楚王俯首称臣，还说尽了好话。楚王看他忠心耿耿，就发了恻隐之心，不仅把他封为汉王，还把关中富庶之地交给了他。可没想到，汉王翻脸不认人，没过几个月就举兵来犯，这不就是典型的小人行为吗？"

看到韩信若有所思的样子，武涉决定再加一把火："齐王您跟着汉王呕心沥血，不仅平定了北方四国，还把汉王的队伍发展得越来越壮大，但是我听说，刘邦封你为齐王的时候，并不是心甘情愿的。如果不是因为楚王还在，刘邦还需要你带兵征讨，可能就不会封你为齐王了，既然人家心不甘情不愿，齐王就要小心了，万一哪一天刘邦打跑了楚王，齐王就可能遭遇兔死狗烹的结局。"

听到武涉的分析，韩信也不免陷入了沉思。武涉接着说："从目前的形势来看，楚王和汉王谁能最终取得天下，完全取决于齐王您的决定，如果齐王继续帮助汉王攻打楚王，汉王夺取天下指日可待。相反，如果齐王弃暗投明投奔楚王，楚王也能轻松打败刘邦，稳坐天下第一把交椅。楚王与汉王不同，他从来不会诛杀有功之臣，这一点齐王应该有所耳闻吧！即使齐王不愿意帮助楚王，那么，也不应该帮助汉王攻打楚王，如果楚王被汉王打死了，那么汉王的下一个目标，肯定就是您了。退一步讲，您还可以谁都不帮，这样齐王您就可以与楚王和汉王平起平坐，三分天下，那样的话起码能保全自己不是！"

看到武涉终于说完了，韩信也摆出了自己的态度："让我背叛汉王投奔楚王，那怎么可能呢？当初我在楚王帐下听令，楚王却只让我当了一个不起眼的小官，对我提的建议不闻不问，简直没把我当人看。后来我来到了汉王的帐下，汉王不仅封我为大将军，有好吃的先可着我，有好衣服先让我穿，我怎么可能会背叛汉王？你回去告诉项羽，让他把脖子洗白了，等着汉王去取他的命吧！"看到韩信好赖话不听，武涉也没有办法，只能先回到驿馆休息，等过两天韩信心情好了，再来跟他掰扯掰扯。

可是武涉完全没有想到，等他再次拜见韩信的时候，居然吃了一个闭门羹，直接被挡在了门外。看到韩信的态度如此坚决，武涉也只好回去复命，不过他临走的时候，还是特意给韩信留了一封信，托人捎给了他。

韩信接到信一看，大概意思和前两天说的差不多，不过信的最后，武涉愤愤不平地表示，齐王是一个聪明人，如果不能抓住眼前的大好时机，跟着汉王一条道走到黑，相信项羽的末日，也是齐王的末日！

看完这封信之后，韩信的心情无比复杂，他也明白兔死狗烹的道理，然而何去何从，一时之间也难下决断。这时候，韩信的部将蒯彻看出了门道，向他进言说："齐王啊，我投奔您之前，曾经是一个算卦先生，看面相特别准，不知道齐王有没有兴趣，让我来给您看看面相。"韩信正在郁闷当中，听到蒯彻的建议，也饶有兴趣地表示："既然先生如此有雅兴，那就给我看一看吧！"

蒯彻接着说："性格决定命运，人有什么样的性格，就决定了他有什么样的命运。除此之外，一个人的贵贱，也能从他的面相当中看出来，不过小人还有一个不情之请，能否让大家伙儿都离开，让我静下心来好好给您看一看。"听到蒯彻这样说，韩信直接挥了挥手，其他人也就非常知趣地走了："现在就剩咱们两个人了，有什么话你就直说吧！"

看到韩信如此有诚意，蒯彻也打开了话匣子："从齐王的面相上来看，您真是贵不可言，但眉宇间似乎透着一股不祥之气，将来恐怕有牢狱之灾呀！"韩信一听，就知道是算卦的常用伎俩，于是便顺着说："既然有牢狱之灾，那要如何破解呢？"

蒯彻知道韩信会这样问，所以他又接着说："说来话长，咱们就从各地起义反秦开始说吧。当年，各地起义军风起云涌，顷刻间成燎原之势，然而大浪淘沙，最后只剩下楚王和汉王两大义军，他们共同联手，推翻了秦王朝的统治。随着时间的不断推移，楚王和汉王之间的矛盾不断加剧，两人为了争夺天下打得不可开交。在多年的争斗当中，受苦的还是老百姓，他们当中的很多人妻离子散，父子抛尸荒野的现象，屡见不鲜。"

听到这儿，韩信有些不耐烦了："你不是给我看面相吗，怎么扯到天下大势去了？你这东拉西扯，到底想说什么？"

看到韩信的心情不太好，蒯彻赶紧切入了正题，说："如今楚汉相争，两家打得难分难解，楚霸王项羽虽然兵强马壮，但是他却被困在京县、索城附近，整整三年时间过去了，还没有什么大作为。与西楚霸王项羽一样，刘邦带领几十万大军，占据了洛阳和巩县一带，凭借地理优势阻挡楚军，本身也没有占据太大的地盘。当两人都筋疲力尽的时候，能决定他们命运的，其实只有齐王，如果齐王帮助刘邦打项羽，刘邦早晚会取胜；如果齐王帮助项羽打刘邦，刘邦也很快会灰飞烟灭。不过，以我之拙见，齐王还是应该三分天下，不要去帮任何一方，这样才能三足鼎立，把楚王和汉王的命，牢牢抓在你的手中。"

说来说去，蒯彻所说的，还是武涉的那一堆陈词滥调，韩信听上去已经不新鲜了，说："上次武涉来的时候，你没有在场，不过你们两个人的观点，却是出奇地一致，你是不是和他串通好了，都想让我背叛汉王？"

听到韩信这样说，蒯彻就知道他误会了："我从来都不认识武涉，也没有和他打过交道，怎么和他串通呢？我说的这一切，都是为了齐王好。如今，咱们占据着齐国这个富庶之地，又拥有全天下最强的武装部队，如果齐王能够阻止楚汉相争，不仅顺应了百姓的愿望，而且还能解除民间的疾苦，天下百姓都会对齐王感恩戴德。这时候，咱们再安抚赵国和燕国，把楚王和汉王鞭长莫及的地方，全部收拢在咱们的帐下，谁还敢不把齐王您当回事？他们都会像众星捧月一样拥护您，齐王想想，是不是这个理？"

前一段时间，武涉劝自己叛汉归楚，今天蒯彻又劝自己另立门户，韩信不免陷入了沉思，过了半天才说："虽然你说得很有道理，但是你也知道，我韩信从前什么都不是，正是有了汉王的提携，才让我有了今天的一切。常言说得好，拿人手短，吃人嘴软，我怎么能背叛汉王呢？那岂不是让天下人耻笑，骂我背信弃义吗？"

听到韩信如此忠于刘邦，蒯彻又接着劝解："虽然汉王对齐王有知遇之恩，但是在利益面前，这些都是浮云。难道齐王忘了，常山王张耳和成安君陈余，两人不仅是结拜兄弟，还曾经患难与共过，当初他们两个好得不能再好了，同穿一条裤子都嫌肥。可是后来怎么样？当年张耳和赵王被围困的时候，陈余照样不是见死不救，两人还因此反目成仇，都想置对方于死地而后快。最后张耳还不是借助您的势力，在泜水的南面杀了陈余。如今陈余的坟头草都已经半尺高了，张耳照样活得挺潇洒，也没见他有一点悲伤之情！齐王和汉王之间的感情，估计很难与当初的张耳和陈余相媲美吧？"

看到韩信不说话，蒯彻接着劝他说："如果齐王对汉王还抱有幻想，那我就再给您举个例子。春秋战国时期的文种和范蠡，他们帮助越王勾践实现了复国的梦想，紧接着又打败了吴王夫差，让勾践成了春秋五霸之一，功劳不可谓不大。然而结果怎么样？他们一个被杀头了，另一个吓得赶紧跑了，从这一点上来说，齐王过分相信汉王，其实一点都不可取，一旦汉王对您起了杀心，到时候再后悔就来不及了。"

虽然蒯彻劝韩信劝得口干舌燥，但是韩信始终没有表态，这让蒯彻越来越着急，没办法，只能做最后的努力，说："从古至今，功高震主的例子数不胜数，他们没有一个有好下场，齐王一定比我要清楚得多。您投奔刘邦之后，在汉王的帐下，没有人比您的功劳更大了。自从您明修栈道、暗度陈仓以来，不仅帮助汉王平定了三秦之地，而且还先后打赢了魏国和赵国，逼燕国不战而降。如今您打败了楚国的第一勇士龙且，拿下了齐国七十多座城池，还有谁能与您相提并论呢？拥有这么大的功劳，汉王也会感到震惊和恐惧，早晚会对您下手的！"

就国家命运而言，蒯彻建议韩信促成三足鼎立的局面，其实是不利于社会发展的。但是，从韩信个人的利益出发，他还是应该接受这样的建议，毕竟刘邦就是一个无赖，韩信帮他打下天下之后不仅没有受到重用，反而被迫害致死，也足以说明这一点。

然而历史并不能假设，韩信最终被吕雉处死的时候，相信在他内心也是非常后悔，悔恨当初没有听信蒯彻的话，最后落得个身败名裂的下场，这不免让人感到唏嘘不已。

在当时的情况之下，韩信听到蒯彻鞭辟入里的分析后，并不是一点没动心。只见他思考良久，才缓缓地站起身，对着蒯彻郑重其事地说道："你说得不无道理，可是一时半会儿我还很难接受。这样吧，你先回去，让我仔细考虑几天，到时候再答复你！"听到韩信这样说，蒯彻似乎觉得有希望，或许韩信吃饱喝足之后，就会忘记刘邦对他的好。

然而，让蒯彻没有想到的是，韩信始终没有找他，反而做足了准备，打算出兵进攻楚国。这时候，蒯彻再也忍不住了，他又一次找到了韩信，希望他给出明确的答复。韩信被蒯彻逼得无奈，只好向他坦白了自己的想法："我从一个一文不值的穷光蛋，被汉王拜为大将军，才有了今天的一切。这些都是因为汉王看得起我，让我发挥了才能，成了名震天下的大将军，成了齐王。如果自己稍微占了一些地盘，有了立足之地，就选择自立门户，岂不寒了汉王的心？所以我决定了，宁可汉王负我，我绝不负汉王！即使汉王把我所有的一切都拿去，让我重新变成一个穷光蛋，我也认了！"

看到韩信如此认死理，蒯彻的内心简直是气急败坏，但是他隐忍着不发，耐着性子劝韩信："齐王不是一个鼠目寸光的人，怎么就不能居安思危呢？等到汉王向你动刀子的时候，你就是想变成穷光蛋也不可能了！齐王拥有舜和大禹一样的大智慧，应该抓住眼下的大好机会，也好给子孙后代留下一个美好的前程啊！如果齐王不善于听从他人的意见，不能做到当机立断，将来会吃大亏的。老虎很凶猛，但是为什么它却经常被人们所擒获？齐王还是认真思考一下吧！"

可是无论蒯彻怎么劝，韩信就是一根筋，绝对不愿意背叛汉王另立门户。眼看着说不动韩信，蒯彻又害怕时间长了招来横祸，所以他开始装疯卖傻，并趁着大家不注意，在一天晚上逃之夭夭了。

听说蒯彻不辞而别，韩信并没有派人去找他，不过从那时候开始，韩信心里总是七上八下的，害怕有一天真像蒯彻所说的那样，自己会成为汉王的刀下之鬼。

2. 先把老爹和媳妇救回来

对于韩信的思想变化，远在广武的刘邦并不知情，他命令张良加封韩信为齐王之后，就天天盼着他早一点率领大军前来助阵。可是过了几十天，也不见韩信的踪影，刘邦也就纳闷了，这小子就是爬也爬来了，在路上磨蹭什么呢？

为了壮大自己的实力，刘邦又扶持英布为淮南王，让他回到九江招募军队，共同对抗西楚霸王项羽。除此之外，刘邦还给彭越送去了一封信，让他坚持游击战，彻底切断项羽的粮道，让楚军士兵都喝西北风。等这些安排妥当之后，刘邦又陷入了深深的担心当中，毕竟兔子急了还咬人呢，要是把项羽这个愣头青惹怒了，他再把老爹和吕雉拉出来，到时候局面就没法收拾了。想到这儿，刘邦就又把张良和陈平叫了过来，把自己的担心说了一遍。

看到刘邦愁眉苦脸的样子，张良率先发言："老太公和夫人在项羽的手上，这终究不是个事，还是应该尽快把他们救回来，不然项羽总拿他们两个人说事，到时候咱们同意不是，不同意也不是，确实不好办啊！"

听到张良的发言之后，陈平也急不可耐地说："谁说不是呢！现在项羽缺衣少粮，咱们正好可以利用这个机会，一方面向他讲和，另一方面也能向他讲条件，趁机救出老太公和夫人。"

看到两位军师都发言了，刘邦又接着说："虽然咱们救人心切，但是项羽这个二愣子还是个暴脾气，万一惹怒了他，怕会弄巧成拙。我觉得还是应该派一个能言善辩的人去谈判，到时候也能随机应变，把他们俩救回来！"

听到刘邦这样说，陈平沉思了片刻，接着说道："咱们的随军参谋陆贾不仅博学多才，而且反应灵敏，派他去再合适不过了，相信他一定会不辱使命，把老太爷和夫人带回来的。"刘邦一听，立刻同意了陈平的建议，并把陆贾找了过来："辛苦先生跑一趟了，如果能把他们俩带回来，我给你记大功。"

陆贾听说刘邦召见他，还以为要商量军国大事，没想到是让他去当说客。虽然陆贾的心里是一百个不乐意，但是，面对领导，他也只能装作高兴的样子接受了任务。可是谁知道，陆贾是个只会写不会说的主，文字能力极强，语言表达能力极弱。当他来到项羽面前的时候，也不知道说了什么，直接把项羽这个二杆子给惹怒了，还差点丢了小命。

看到陆贾灰溜溜地跑了回来，陈平再也不敢推荐人选，这时候张良又站了出来："既然陆贾不行，咱们就让侯生去吧，他这个人能言善辩，别的本事没有，忽悠忽悠项羽还是没问题的！"

有了上次的教训，刘邦显得更加谨慎，他让人把侯生带了过来，说："先生在我的帐下，时间也不短了，一直也没见您立过功，这次打算派你去和项羽议和，不知道先生有没有把握呀？"

听到刘邦问自己，侯生大言不惭地表示："汉王就瞧好吧，虽然我一

第十四章 霸王别姬

直不显山不露水，但并不代表我没有才能，今天让我出使楚国，我一定会不辱使命，把老太公和夫人带回来的。"虽然侯生说得斩钉截铁，但是刘邦仍然将信将疑，又让张良好好安排了一番，才放心让侯生去找项羽。

恰在这时，项羽派出的武涉，刚刚从韩信的大营里跑回来，听说韩信油盐不进，坚决不愿意帮助自己，项羽更是气得火冒三丈。还没等项羽发完火，又有人向他报告，粮食马上就要吃完，再不想办法，兄弟们就该喝西北风了。

虽然在战场上，项羽是一员虎将，但是操心柴米油盐的事情，绝非项羽的强项。眼看着进不能进、退不能退，项羽整天愁眉不展，这时候有人报告汉王的使臣侯生来了。

项羽心想：前天刚打跑了一个，今天咋又来了一个，刘邦到底想干什么？管他呢，先见一见再说。于是项羽便命人把侯生叫了过来。

看到项羽怒目圆睁的样子，侯生反而显得非常淡定，完全没有一丝畏惧的表情。项羽看到侯生之后，直接就憋不住气，大骂道："刘邦既不跟我真刀真枪地干，也不退回老家去，整天在那儿死耗着，今天又把你派来了，到底想干什么？"

听到项羽这样说，侯生并没有正面回答他，反而问起了项羽："不知道楚王是想战呢，还是想退呢？"

项羽一听，火暴脾气又上来了："你这不是废话吗！我带了几十万人在这里耗了好几年，难道是来游山玩水的吗？赶紧让刘邦出来，我要和他决一死战！"

看到项羽如此焦躁，侯生反而显得非常淡定："楚汉相争已经持续了好几年，都想置对方于死地，可结果怎么样？楚军和汉军连年征战，老百姓的日子苦不堪言，楚王和汉王的日子也不好过。如果接着打下去，还有可能陷入新的危机，而我这次来，就是要避免这样的危机。"

还没等侯生把话说完，项羽就急得跳了起来："照你这么说，我和刘邦只能议和了？"听到项羽这么说，侯生假装非常兴奋："汉王的实力和您相比，简直不可相提并论，如果楚王从保境安民的立场出发，与汉王划江而治，汉王岂敢不听？"

项羽想了想，粮食马上就要吃完了，与其硬挺着，还不如赶紧回家，以免被刘邦耗死了。项羽的脸色缓和了很多，说："既然是议和，刘邦提出什么条件，说出来让我听听！"听项羽这么说，侯生就知道有戏，于是把刘邦的条件摆了摆："汉王在你的面前，哪敢提什么条件？只不过有两个不情之请，还希望楚王能够满足汉王。其中第一个请求，就是双方划定界限，楚王再不要兴兵来犯。第二个请求，就是汉王的老爹和夫人，在楚王这里打扰了数月，也该回去了，还希望楚王能够高抬贵手，让他们一家团聚。"

项羽越听越觉得不对劲，这哪是来议和的，明明就是让自己放了刘邦的老爹和老婆："刘邦这算盘打得震天响，说是来议和，其实还不就是想骗我，让我把手上的人质放回去，我怎么可能上他的当！"

侯生一看，马上就要成功的事情，怎么能让它半途而废呢，于是赶紧劝说道："楚王误会了，当初您把汉王赶到巴蜀之地，他心里本来就不舒服，又加上老婆孩子都在沛县，所以才向东和你一争高下。本来汉王打算把一家人接回汉中，消了心头之气，就不再与楚王为敌了，可是没想到楚王居然把汉王的家人给扣下了。汉王是一个顾家的人，所以才和你打了几年的仗，闹得民不聊生。"

听到侯生这样说，项羽顿时气不打一处来："这么说，都怪我了？他刘邦贪心不足，难道就没有一点错？"

侯生知道犯忌了，赶紧换了个说法："当然了，汉王也有不对的地方。今天咱们既然要议和，那楚王也应该拿出点诚意吧！如果您把汉王的老爹和夫人放了，他不仅会对您感恩戴德，而且还会撤兵回关中，既然家庭美满，生活幸福，汉王还怎么可能会出来找不自在呢？天下诸侯听说您放了汉王的老爹和夫人，也会对您佩服得五体投地。你有的是机会杀害汉王的老爹，但是您却始终没有举起屠刀，因此，其实是您成就了汉王的孝心，这就说明您的德行无人能及，怎么能不让天下人臣服呢？相反，如果汉王和您缔结盟约之后，他又撕毁盟约，那就是天理不容。到时候您再兴兵讨伐，天下诸侯群起响应，汉王怎么可能是您的对手啊！"

项羽作为一个知名度极高的愣头青，和普通愣头青一样，也是特别喜欢听奉承的话，如今看到侯生净说好听的，项羽的内心别提多高兴了。他马上就把叔叔项伯找了过来，让他和侯生共同商议议和的事情。

两人研究了半天之后，最终决定以荥阳东南二十里处的鸿沟为界，鸿沟以西的部分属于汉王的地盘，鸿沟以东的部分全部归楚王管辖。楚汉平分天下，互不侵犯。

两人商量好了之后，就分别回去报告汉王和楚王，两位大王均没有什么意见，于是便缔结了盟约。既然两人都签订了条约，项羽也把刘邦的老爹和夫人给放了回去。当然，他们的贴身用人审食其也就跟着一起回来了。

刘邦完全没有想到，侯生办事居然如此靠谱，陆贾找项羽碰了一鼻子灰，而侯生却快刀斩乱麻，仅仅十来天就完成了这项看上去不可能完成的任务，这实在是大功一件。于是刘邦通令嘉奖："侯生是天下少有的辩士，不仅能把项羽忽悠瘸了，还把我的老爹和夫人给救了回来，功不可没，现在我就封你为平国君。"

听到刘邦的嘉奖，侯生也谦虚地表示："都是汉王威名远播，项羽已经黔驴技穷了，他还怎么可能扣押您的家人不放呢？"

其他人听说刘邦的老爹和夫人回来了，也都赶过来向他祝贺，刘邦和吕雉也有一年多没见面了，一时间两人真是百感交集。他们完全没有想到，被项羽那个屠夫抓住之后，居然还有命回来。

缔结完盟约之后，项羽很快便带兵回到了彭城，刘邦看到项羽已经跑了，也让大家伙儿赶紧收拾东西，打算回汉中过年去。张良和陈平看到之后，都坚决反对返回汉中，说："项羽之所以跑得快，是因为他断粮了。可是咱们的情况不同啊，咱们不仅兵强马壮，而且粮草充足，正是灭亡项羽的大好时机，汉王怎么能放弃？如果不趁机攻破楚国杀掉项羽，将来可是养虎为患！"

刘邦没想到，自己这个无赖，与张良和陈平相比，简直没有可比性，这边刚刚和人签订了停战协定，那边就想着抄别人的老家，真是脸皮比城墙拐弯处还要厚。可是，眼看着就要过年了，天气还异常寒冷，所以刘邦决定让大家好好休整一番，等过完春节之后，再兴兵伐楚。大家伙儿听说之后，也都高兴得不得了，终于不用打仗，可以安安稳稳地过个节了。

刘邦还特意命军需官好好准备，一定多买一些酒肉，让兄弟们天天吃好喝好，过一个好年。在汉军大营里，到处都是杀猪宰羊的场景，将士们忙着备年货，准备了很多好吃的。大家伙儿没有了作战任务，每天从早上喝到晚上，睡醒一觉之后接着喝，真是好不快意。刘邦和吕雉陪着刘老太公也过了一个愉快祥和的春节，他们每天喝点小酒，听个小曲，尽享天伦之乐。刘老太公看着一大家子，心想着刘邦自从起事以来，大家都跟着担惊受怕，如今终于苦尽甘来，也该好好享受一番了。

这时候，刘邦手下的一帮人，纷纷赶来向他们拜年，刘老太公更是显得异常欣慰，没想到儿子当初不争气，如今却成就了一番伟业。不过他们并不知道，在新的一年里，刘邦还会有更大的作为，他即将成为彪炳史册的汉高祖。

3. 项羽的最后一场胜利

在欢声笑语当中，新年很快就过去了，刘邦把张良和陈平招呼了过来，让他们琢磨一下，接下来这新一年的工作，是不是该订个计划了。几个人研究了半天之后，决定先派人联络齐王韩信和魏国相国彭越，让他们共同出兵攻打项羽，这样不仅能够壮大自己的实力，还能分化瓦解项羽，让他只有招架之功而无还手之力。

为了解除后顾之忧，避免老婆孩子再被项羽抓住，刘邦特意把老爹和吕雉送到了大后方，交给了萧何照料。安排好了这些之后，刘邦终于放下心来，打算找项羽厮杀一番。

一切准备就绪，刘邦就带着大家伙儿出发了，他们很快就到达了固陵，再往前走就是楚军的地界了。

然而，战斗的号角即将吹响，而计划拉来的两个帮手韩信和彭越，居然没有一个人来助阵。没办法，刘邦只好派出去一拨信使，让他们催促韩信和彭越跑快点，免得误了大事。

让刘邦没想到的是，接连派出好几拨信使，最后都是杳无音信，正在刘邦纳闷的时候，他的老对手项羽已经摆好了阵形，打算彻底收拾了刘邦。原来项羽回到彭城之后，本以为天下太平，自己终于可以过上好日子了，没想到刚过完年，刘邦这个无赖又撕毁了合约，带着兵来讨伐他了。项羽大骂道："这个刘邦真不让我省心，这次一定要弄死他，再也不能上当了。"打定主意之后，项羽就率领大军，直接驻扎到了刘邦的对面，等兄弟们都缓过劲来，再找刘邦拼命。

眼看着帮手还不来，刘邦着急了，要是项羽的屁股坐稳了，还不得拎起他的大枪狠劲揍自己呀！想到这儿，刘邦决定主动出击，趁项羽立足未稳之际，打他一个措手不及。

当刘邦摆好阵形，打算向项羽冲锋的时候，却发现楚军早已开始摇旗呐喊。项羽在阵营里看到刘邦骑着高头大马，在那里耀武扬威，更是没忍住气，骑着马就奔了过来，打算在混战当中干掉刘邦。

刘邦看到势头不对，吓得掉头就跑，其他的将士看到之后，赶紧冲了过来挡住项羽。可是，他们这几块料，哪是项羽的对手，还没支巴两下，全都被项羽砍掉了脑袋。等项羽回过头，打算再找刘邦的时候，发现他早就像泥鳅一样溜了。

汉军将士看到项羽如此勇猛，谁也不敢和他硬碰硬，纷纷掉转马头逃离了现场。项羽在后面猛追猛砍，狠狠地出了一口恶气，眼看着汉军士兵全都跑回了营，项羽才命令鸣锣收兵。

不过项羽并不知道，这是他和刘邦争夺天下以来，所取得的最后一场胜利，以后，可就都是刘邦的天下了。

死里逃生的刘邦，回去之后，立马让人统计伤亡数字。不一会儿，就有人来报告，阵亡将士多达三千多人，不过，对汉军而言，这点死伤，倒也不算伤筋动骨。刘邦心想，项羽这个二杆子太厉害了，要不是自己跑得快，早成了他的枪下之鬼，得赶紧想个辙，不然手下的这些人，迟早被项羽杀光！

正当刘邦垂头丧气的时候，张良进来了，刘邦赶紧问道："韩信和彭越这两个家伙，咋比蜗牛还慢呢？我都派人请了好几回了，到现在还没跑过来，光靠咱们手上的这点人，恐怕不是项羽的对手啊！"

听到刘邦问自己，张良赶紧向他解释："今天这一仗，虽然咱们损失了三千多个弟兄，但是并无大碍，汉王不必过于担心。如今，韩信和彭越始终不露面，这才是大王应该担心的事情。我估计他们俩没捞到好处，所以才坐山观虎斗，自己不愿意出力。"

刘邦一听，顿时气不打一处来："我怎么没给他们好处，不是刚刚让你封韩信为齐王吗？再说彭越这个魏国相国，不也是咱们任命的吗？怎么能说他们没有捞到好处呢？"

这时候，张良又接着说："虽然大王封韩信为齐王，但是大王并非真心实意的，而是在韩信的要求下才封的，这一点韩信心知肚明，他也害怕大王有一天会找他算账，所以不肯出兵，这也算是情理之中的事情。彭越就更不用说了，他帮您平定了梁地，又多次打劫项羽的运粮车，立下了赫赫战功，您却没有封他为魏王，他显然是不肯出力的。如果大王能够把睢阳到谷城一带，全部封给彭越，并让他登基称魏王，相信他一定会感恩戴德，尽快出兵。与此同时，大王再把东海的辽阔地带，全部封给韩信，我相信他也会为了自己的利益而战，出兵那也就是早晚的事情。"

不得不说，张良对人性的分析实在太准了，刘邦想想也是这个道理，所以赶紧派人带着自己的书信，找到了韩信和彭越。两人看到刘邦出手如此阔绰，也就不再扭扭捏捏，当天他们就整装出发，打算与刘邦会合，共同对抗项羽。

此时，刘邦派出的淮南王英布，不仅在九江扩大了自己的地盘，而且成功劝降了楚国的大将周殷。项羽做梦也没想到，自己刚刚扶持起来的大将军，居然经不起糖衣炮弹的诱惑，轻松就被英布拉下了马。

周殷投靠刘邦之后，还想着带份大礼拜见刘邦，所以他就带着起义军攻打六县，不仅成功拿下了这座城，而且还像项羽一样屠了城，让老百姓恨得是咬牙切齿。

刘邦听说之后，心里十分高兴，没想到自己不费一兵一卒，不仅拿下了好几座城池，还扩充了实力。正所谓此消彼长，刘邦势力扩张的同时，项羽的实力也在不断地削弱。

当韩信、彭越和英布带着部队，与刘邦兵合一处的时候，他们已经会聚了五十多万人马，这时候的刘邦又开始忘乎所以了。他每天哼着小曲，带着各位头领到处巡逻，小日子过得别提多得意了。

4. 垓下之战

与刘邦的心情不同，曾经威风八面的项羽，现在已是孤家寡人。当初项羽坐拥四十多万军队，哪个诸侯王不得看他的脸色行事，如今几乎每天都有反水的将军，真是树倒猢狲散。

屋漏偏逢连阴雨，这一天又有侦察员向项羽报告，刘邦已经集合了五十多万兵马，正向他们狂奔而来。这时候的项羽，再也没有了当初拼命三郎的心境，因为他知道此时的刘邦，已经不再是那个酒囊饭袋，他的手下有一位大将军韩信，如果自己不躲着点，恐怕早晚要被他们收拾了。更要命的是，自己的粮草不多了，如果这会儿不赶紧回到彭城补给，估计很快就要喝西北风了。考虑到这些不利因素之后，项羽就赶紧命令大家伙儿后撤。为了防止汉军偷袭，项羽采用了稳扎稳打的方式，一点一点地往回退。

当他们来到垓下的时候，却听到到处都是战鼓声，项羽错误地认为，他们已经落入了汉军的包围圈，所以他赶紧命令大军安营扎寨。等大家收拾利索之后，项羽带人来到了一处小山坡上，发现山脚下到处都是汉军的身影，他们像潮水一样涌来，黑压压的一大片，这让项羽感到非常震惊：

"没想到刘邦这小子势头这么猛，这才几年时间，就已经远远地把我甩在了身后，真后悔当初没有听亚父的话，在鸿门宴上杀了他！"

可是，天下哪有卖后悔药的，项羽落得今天的下场，也是他咎由自取。不过，项羽并没有认识到自己的错误，他反而认为是刘邦太无耻，当初在鸿门宴上骗了他。前段时间，两人还签订了互不侵犯条约，没想到刘邦翻脸比翻书还快，刚过完年就来找不自在，大有吞并天下之势。

项羽想来想去，反正手下还有十多万名将士，刘邦就是再有本事，短期内也不能把自己怎么着！想到这儿，项羽心里又踏实了好多，决定回去喝口酒，压压惊。为了防止汉军偷袭，项羽还特意嘱咐传令兵，一定要加派岗哨，随时做好战斗准备。

刘邦带着大部队一路追赶，很快就追到了垓下，他看到项羽安营扎寨，也把各位头领召集了过来，准备开个会，研究一下如何对付项羽。等大家伙儿都到齐了，刘邦首先发言："这次咱们集合了五十多万兵马，绝不能把项羽这小子放跑了。为了避免重蹈彭城的覆辙，我决定由齐王韩信指挥全部兵马，大家一定要密切配合，绝对不能拖齐王的后腿！"

既然刘邦都这样说了，其他人也不敢有不同意见，大家纷纷表示同意。韩信接过帅旗，正式走马上任。这一年，是公元前202年。

他首先把大军分成了十队，然后任命了带队首领，让他们听从自己的统一号令，任何人都不能贸然进攻，也不能无故后退。紧接着，韩信又下达了作战任务，打算采用车轮战术，对项羽展开一轮又一轮的攻击。听到韩信的计策之后，樊哙和曹参等将军都主动请战，要求担任攻击主力。韩信看到他们热情高涨，给他们都分配了任务。为了稳定军心，韩信又请刘邦坐镇中军大营，随时调度指挥军队，而他本人亲率三万大军前来挑战项羽。

项羽虽然从小就研习兵法，但他一直都是浅尝辄止，并没有进行认真的思考，所以对很多战法都是一知半解。每逢打仗的时候，项羽也是靠着一股子蛮劲往上冲，根本都不讲究智谋。对于这样的一支部队，如果与敌人硬碰硬，完全没有问题，但如果遇到敌人使诈，就很容易落入敌人的圈套。

当下面的人向项羽报告，汉军已经步步紧逼，领头的正是齐王韩信时，项羽顿时来了精神，拎起霸王枪跨上马，就带着大家伙儿冲了出来。看到项羽破釜沉舟的英雄气概，兄弟们也大喊着往上冲，可是他们并不知道，他们这次遇到的是军事奇才韩信。当项羽马上就要杀到韩信跟前的时候，韩信并没有主动迎敌，而是掉转马头逃跑了。韩信的这个举动，彻底惹怒了项羽，他奋不顾身地追了过来。

韩信一看，这正是他想要的结果，于是他边战边退，慢慢地把楚军引入了包围圈。项羽虽然知道韩信智勇过人，但此时的他，已经被愤怒冲昏了头脑，完全顾不得这些。看到前面越来越凶险，早有将领劝说项羽："汉军诡计多端，千万不要上当啊！"哪承想，已经杀红眼的项羽，完全不把别人的劝告当回事，他一路猛追猛刺，发狠一定要刺死韩信！此刻的项羽并不知道，自己就像一头猛兽，已经落入了韩信的陷阱，就等着被人收网。

看到时机成熟，韩信示意发令兵发信号，刹那间战鼓雷动，红旗招展，四面的伏兵杀声震天。领头的正是夏侯婴和樊哙，两人从左右两翼包抄了过来，对着楚军一阵猛砍。不过此时的楚军余威尚存，双方激战了个把时辰，死伤非常严重。

汉军边打边退，把楚军引向了另一个战场，这时候第二轮战鼓声响起，夏侯婴和樊哙早就不知去向，但是，另外两位汉军将领又带兵杀了过来。愤怒的项羽完全陷入了蒙圈状态，这汉军士兵，怎么越打越多？不过他也顾不得这些了，只能一个劲地往前冲。

又一场恶战过后，汉军士兵有序退去，项羽又带着兄弟们，来到了另外一个战场，迎接他的同样是汉军的两位将军，还有数不尽的汉军士兵。如此反复五六次的车轮战以后，楚军士兵已经损失过半，项羽本人也感到精疲力竭，心有余而力不足。

正当项羽打算回头，整理部队往回撤的时候，韩信抓住时机，向楚军发动了猛攻。随着一阵鼓声，汉军就像蚂蚁一样，从四面八方跑了过来。此时的项羽，已经奋战了一天，他哪里还敢恋战，只想着杀出一条血路，赶紧退回到垓下大营。

不过汉军士兵太多了，项羽就是有三头六臂，也难以招架。这时候的项羽，才真正领教了韩信的厉害，真后悔当初轻敌了。看到项羽陷入了重重包围，他手下的两位大将钟离昧、季布也赶紧过来解围。他们好不容易冲到了项羽的面前，立刻要求项羽带着人先撤退，他们两人为其断后。

项羽自从跟着叔叔起兵以来，还从未遇到过如此大的挫折，陷入韩信的十面埋伏之中，自己的十万大军，只一天的工夫就损失了七八万，而剩下两三万残兵败将，只能仓皇地逃回到垓下大营。此时的项羽，才感到末日即将降临，他不仅百感交集，而且还有些心灰意懒。

5. 霸王别姬

对了，此次跟着项羽出征的，还有他的爱妃虞姬。当初项羽起兵造反的时候，在吴中遇到了虞姬，虞姬不仅身材苗条、风情万种，还知书达理、能歌善舞，是一位典型的大家闺秀。阅美女无数的项羽，顿时被虞姬摄取了魂魄。

为了把虞姬的心搞到手，项羽费了九牛二虎之力，花的心思比打一场硬仗还多。好在功夫不负有心人，与项羽拜堂成亲之后，虞姬也被项羽的英雄气概所折服，两人都有种相见恨晚的感觉。项羽外出打仗的时候，也总喜欢带着虞姬，让她见证自己的威风和荣耀。

虽然项羽到处烧杀抢掠，但是虞姬却是一个心地善良的女孩，她没有做过一件伤天害理的事情，为此深受项羽部下的尊敬。当项羽在垓下安营扎寨的时候，虞姬也像以前一样，盼望着项羽凯旋，两人共同品尝美酒。可是，到了傍晚时分，项羽才带着残兵败将逃了回来，虞姬看到他鲜血染红了战袍，神情仓皇失措，知道大事不好了。不过虞姬还是给项羽拿来了干净的衣服，端来了一盆温水，让他清洗了一番。

这时候，项羽坐在几案边喃喃自语："完了，我的十万大军全完了，韩信太歹毒了，中了他的诡计！"听到项羽这样说，虞姬赶紧过来安慰他说："胜败乃兵家常事，将军千万不要放在心上，只要我们重整旗鼓，一定会卷土重来的！"不过项羽依然萎靡不振，他接着说道："你没有上战场，哪知道这场恶战有多惨烈，看来老天爷要亡我楚国了！"既然无法劝说项羽，虞姬只好让人准备了一桌酒菜，想让项羽喝杯酒，压压惊。不一会儿，就有人把酒肉端了上来，虞姬赶紧把酒杯满上，亲手端到了项羽的手上。

可是，此时的项羽，已经没有了当初的豪情，他端着酒杯若有所思，看到虞姬站在身边，项羽也只能强装欢笑，让她坐了下来。其实项羽很清楚，他们的好日子已经不多了，如果此时不能享受这段美好的时光，估计以后就没机会了。

两人刚刚举起酒杯，就有一名士兵跑来报告："大王不好了，我们已经被汉军包围了，如果再不跑，估计我们就没命了！"要是搁以前，项羽听到这样的话，早就拎着武器冲出去，可是今天不一样，他只是冷冷地说道："我知道了，你告诉兄弟们加强防守，不要被汉军钻了空子，明天咱们再和他们一决雌雄！"

传令兵退出去之后，项羽和虞姬就开始喝了起来，不过让虞姬没想到的是，平时千杯不醉的项羽，这次仅仅喝了几杯酒，就已经迷迷糊糊地睡着了，真是应了那句话，人逢喜事精神爽，愁上心头瞌睡多呀！

虞姬赶紧拿来了项羽的斗篷，披在了他的身上。虞姬知道项羽太累，所以她一直守在项羽的身边，心里是七上八下的。大约过了两个时辰，外面的战马声已经停了下来，紧接着又传来了熟悉的歌声。虞姬仔细倾听，发现这是楚地人的日常小调，曲调悠扬婉转，如泣如诉。这类曲子，主要是表达家乡的父老正在思念远方的亲人。

听到这样的歌声，不要说是虞姬，就是普通的士兵都忍不住泪流满面。她低头看着鼾声如雷的项羽，也不免一阵酸楚，项羽这些年东征西讨，他实在太累了。为了让项羽多睡一会儿，虞姬也期盼黎明晚一点到来。

不过他们并不知道，外面的阵阵楚歌声，正是张良的攻心计，他希望用这些楚歌唤起楚兵思念家乡的情绪，瓦解他们的意志。刚刚经历十面埋伏的楚国士兵，如今又陷入了四面楚歌的境地，他们当中的很多人，听着听着就泪流满面，有不少人，纷纷放下武器逃跑了。著名成语"四面楚歌"，就是出自这里。

除了普通士兵之外，项羽的叔叔项伯也在当晚来到汉营投奔了张良。项羽的心腹爱将钟离昧、季布也趁着夜色远走他乡，再也不愿意为项羽卖命了。

眼看着逃跑的士兵越来越多，项羽的一名亲兵赶紧跑过来，向项羽报告情况。这时候的项羽刚刚睡醒了一觉，他看着面前的虞姬，听着外面的楚歌，非常惊讶。项羽赶紧跑出军营，才发现歌声是从汉营传出来的："难道大家真跑光了，不然汉军怎么会唱楚歌呢？"

项羽刚说完这句话，前来报信的士兵答道："将士们确实跑得差不多了，现在只剩下八百名亲兵卫队，项王还是赶紧跑吧，不然连这点人都没了，咱们还怎么突围呀！"

项羽赶紧跑回营帐，想带着人突围，却发现此刻的虞姬，已经哭成了一个泪人，看着这个泪美人，项羽一把把她揽入怀中，而自己也情不自禁地泪流满面。正所谓"男儿有泪不轻弹，只是未到伤心处"，营外的乌骓马听到项羽的哭声之后，也忍不住仰天长啸。

项羽忍不住对虞姬说："力拔山兮气盖世，可如今英雄气短，只有你和乌骓马不愿意离开我。面对这样的局势，咱们又能怎么办呢？"虞姬听到项羽这么问，心里也没有什么好办法，她只能安慰项羽说："不管局势如何险恶，你一定要振作精神突出重围，只有成功返回彭城，才能重整旗鼓，东山再起。"

可是，此时的项羽明白，他已经众叛亲离，即使返回到彭城也不可能东山再起，世界之大估计很难有他的容身之地了。想到这里，项羽早已经泪如泉涌，就连身边服侍他的人，也都难受得抬不起头来。

眼看着天就要亮了，项羽知道，如果不能趁黑突出重围，等天亮了，就一切都来不及了。于是他告诉虞姬："赶紧收拾东西，我带着你突出重围，等跳出了汉军的包围圈，你要走得远远的，到时候找一个好人家嫁了，我就是死了，在九泉之下也瞑目！"

听到项羽这样说，虞姬更加伤心了："大王千万不要这样说，能够嫁给您就是我此生的荣幸，我生是你的人，死是你的鬼，如果还能有来生，我还愿意与你共赴红尘。今天我就先走一步，大王千万要保重！"虞姬说完这句话，突然从腰间拔出了匕首，扎向了自己。项羽完全没有想到，虞姬居然如此刚烈，她宁可自杀，也不愿意成为自己的拖累。

看到虞姬已经咽了气，项羽只能趴在她的尸体上痛哭一场，眼看着时间不多，项羽让手下人挖了个坑，把虞姬草草掩埋。处理完虞姬的后事之后，项羽强忍着悲痛，拎起自己的霸王枪跨上马，带着他的八百名亲兵卫士，冲了出去。当他们路过汉军大营的时候，很快就引起了哨兵的警觉，他们赶紧报告给韩信。

第十五章
皇帝轮流做，今年到我家

1. 项羽的结局

韩信听说项羽逃跑了，内心也是无比震惊，要是他卷土重来，问题可就严重了。韩信赶紧把灌婴找了过来，命令他带着一万铁骑紧追："即使追到他的老窝，也要把项羽给我带回来，活要见人，死要见尸，否则就提头来见！"灌婴领到死命令之后，就赶紧点兵追了出去。

项羽带着仅有的八百多人疯狂逃跑，可就是这可怜的八百多人，还有不少人趁着夜色脱离了逃难大军。当他们来到淮水河边的时候，项羽八百多人跑得只剩一百多人了。他们好不容易找到了几条船，又费了半天劲，才终于过了河。

来到阴陵的时候，天已经大亮，不过面前却出现了岔路口，项羽不知道走哪条路才能返回彭城。恰在此时，项羽看到一个农夫正在地里干农活，他赶紧走上前询问。这个农夫一看项羽模样，就知道他们是战败的楚军，联想到项羽的残忍，他们巴不得楚军都死光，于是便故意骗他说："要是去彭城，走左边的路最近，可以省去大半天的时间。"项羽早已经慌不择路，听到老农的建议，他来不及说感谢，跨上马就跑。可是，他们越跑越觉得不对劲，前面不仅沼泽丛生，而且到处都是烂泥潭，再往前走，几乎就没路了。此时的项羽才知道上当受骗，于是赶紧从原路返回，不过他并不知道，正是这一点点宝贵的时间，改写了中国的历史。

当他们返回岔路口的时候，恰好遇到了灌婴的骑兵，双方一阵交锋之后，项羽的手下只剩下二十八名骑兵，项羽就带着这二十八个兄弟，继续疯狂逃跑。然而，在他们的屁股后面，可是有上万名汉军士兵，这帮人死死地咬住项羽，紧追不舍。

眼看着喊杀声越来越近，无处脱身，项羽带着大家爬上了一处山坡，并围成一个圆形，说："我跟叔叔起兵以来，经历了大小七十多次战役，几乎没人能挡得住我的去路，今天我们被困在这里，真是天要亡我。不过临死也要拉几个垫背的，今天我就带着大家伙儿三进三出，一定要挣够本！"

这时候，汉军已经来到了跟前，其中有一名汉将立功心切，他看到项羽之后，大声喊叫："看到项羽没有，谁要是抓住他，以后就有享不尽的荣华富贵，哪怕是随便砍掉他一条胳膊，也能封王拜相！"说完这句话，他就带着手下人冲了上来，看到汉军士兵像饿狼一样扑上来，项羽也挥舞着霸王枪冲了下去："兄弟们冲啊！砍死这拨汉军，咱们在山下会合！"

项羽骑着快马从山坡上冲下来，占尽了地理优势，汉军将士哪是他的对手，很快就被项羽杀出了一条血路。看到项羽势不可当，原本打算立功的汉军士兵，吓得纷纷抱头鼠窜，可是，当项羽和仅有的几个兄弟刚刚会合到一起，就又陷入了汉军的包围圈。如此反复几次，项羽累计杀掉了一百多名汉军士兵，而他的骑兵，仅仅损失了两个人。

当项羽带着人跑到乌江边的时候，恰好遇到了负责管理乌江的一个亭长，他早已经把船准备在了岸边，并请项羽尽快过江，说："江东地区沃野千里，拥有几十万民众，项王如果渡过乌江，将来就能卷土重来！"

听到亭长的劝告，项羽反而不急着过江了，说："当初我和叔叔，带着江东八千子弟西征，可八年时间过去了，他们没有一个人活着回来，就剩我一个人独自东归，江东父老不知如何看我，我又有何脸面去面对江东父老啊！即使他们拥立我为王，我心中的愧疚又能放下吗？"

看到项羽心灰意懒，亭长接着劝他："胜败乃兵家常事，当年刘邦也曾经被项王您打得满地找牙，现在不照样活得好好的？项王还是赶紧渡江吧，等汉军包围上来，您再想走就来不及了！"

可是，无论大家如何劝说，项羽始终不肯过江，只想着快点解脱。正当大家伙儿推推搡搡的时候，就看到远处尘土飞扬，还有阵阵的嘶鸣声，汉军马上就要追过来了，这时候项羽对亭长说："没想到我已经众叛亲离了，你还这样帮我。如今我也不想苟活在人世间了，只有这匹乌骓马，跟随我南征北战，我实在不忍心杀它，就留给亭长做个纪念吧！"

说完这句话，项羽就把这匹乌骓马亲手交到了亭长的手上，让他牵着马赶紧离开。随后，项羽带着剩下的士兵，打算和汉军做最后的搏杀。

不一会儿，汉军大队人马就来到了跟前，项羽带着手下人也不甘示弱，又是一阵猛追猛砍，再次杀死了汉兵几百人。杀敌一千，自损八百，经过这次的短兵相接以后，项羽身边仅有的二十来个兄弟，也都全部战死了。这时候的项羽也已经满身伤痕，他凭着视死如归的勇气，打算与汉军做最后的拼杀。

恰在这时，几名汉军首领跑到了跟前，其中一位正是项羽的老朋友吕马童，项羽指着他说："真是虎落平阳被犬欺，难道你也要砍掉我的脑袋去领赏吗？"

看到项羽认出了自己，吕马童不好意思地往后躲了躲，并指着项羽对其他将士喊道："他就是项羽，谁能取了他的脑袋，汉王不仅悬赏千金，而且还封万户侯，兄弟们冲啊！"没想到，这时候项羽反而不恨了，他对着吕马童喊道："既然我们都是老熟人了，今天就让你占个便宜，等我死后你可以拿着我的脑袋去找刘邦领赏！"说完这句话，项羽就放弃了抵抗，直接拔剑抹了脖子。

作为一代英雄，项羽为推翻大秦王朝的统治，做出了不可磨灭的贡献，然而他穷兵黩武的性格，不仅害了别人，也害了他自己。项羽自杀的地方，后人还专门建了一个亭子，命名为"乌江亭"，至今仍然被很多文人墨客提及。

看到项羽咽了气，汉军士兵一拥而上，目的就是抢夺他的尸体，然后向汉王刘邦请功。因为上去的人太多了，大家伙儿谁也不服谁，结果造成了自相残杀的局面，其惨烈程度一点也不亚于楚汉战争，当场就砍死了好几十个人。最后，五个拳头比较硬的人，吕马童、王翳、杨喜、杨武、吕胜直接把项羽的尸体给抢走了，肢解后每人拿一份去找刘邦邀功。

刘邦看到项羽的尸体七零八落，顿时就不乐意，不过经过七拼八凑，发现还真是项羽的，于是便按照原来的约定，把这五位都封了侯。

既然项羽已经战死，楚国的其他将领也没人坚持抵抗，他们要么弃城逃跑，要么投降了刘邦。至于楚国的老百姓，早就厌倦了无休止的战争，他们巴不得早点结束，所以当刘邦派兵接管城池的时候，老百姓纷纷走上街头，点起鞭炮庆祝。

然而，在众多的城池当中，居然有一个鲁城坚持不投降，刘邦听说之后，立刻就带着大军前来围剿，可是当他们刚刚来到城下，就发现了非常奇特的一幕。因为在城墙之上，并没有多少士兵防守，反而听到了城中阵阵优雅的乐曲声。

刘邦心想，鲁国是孔老夫子的家乡，又是儒家文化的发祥地，项羽在楚怀王时期还曾经被封为鲁公，鲁国百姓为其尽忠守节也是情有可原的。因此，在这个情况之下，如果强攻，虽然不会遭到太强烈的抵抗，但对老百姓来说，还是会造成生灵涂炭的，与其这样，还不如采取招降的方式更能打动老百姓的心。

打定主意之后，刘邦就让人把项羽的脑袋挑在了木杆上，然后骑着马绕城一周，告诉鲁城的老百姓，鲁公已经战死了，如果大家能够放下武器，打开城门，汉王一定会保证大家安然无恙。听到刘邦的招降政策之后，鲁城的老百姓很快便打开了城门，迎接汉王入城了。

这就是刘邦与项羽的不同之处，无论自己多么强大，刘邦始终先礼后兵，不仅让他得了利，还获得了一个好名声。从这件事里，大家也可以看到在楚汉战争当中，刘邦获胜是必然的，项羽失败也不是偶然的。

既然和平解放了鲁地，项羽又曾经被封为鲁公，刘邦决定用鲁公的规格和礼仪把项羽埋葬了。为了让项羽的尸体好看一些，刘邦还特意让人用丝线把它们缝合起来,清洗了一番,整了整容,并安放到了一副好的棺材里面。

发丧当天,刘邦让人起草了一篇祭文,由他亲自主持,向大家宣读了这篇祭文。在这篇祭文当中,刘邦追忆了和项羽共同起兵的点点滴滴,两人不仅共同侍奉楚怀王,还曾经结为异姓兄弟,为推翻秦王朝做出了不可磨灭的贡献。只是后来政见不合,两人才兵戎相见。项羽虽然扣押了刘老太公和刘夫人,但是没有让他们吃一点苦,后来还把他们完整无缺地送了回来。

读到这里的时候,二流演员刘邦居然号啕大哭了起来,搞得观者很动容。不过刘邦的手下知道,这是他故意作秀给人看的,实际上他的心里早就乐开了花。不得不让人佩服,刘邦就是一名典型的政客,明明恨项羽恨得牙根直痒痒,却还要假惺惺地来哭丧,真让人哭笑不得呀!

结束表演之后,刘邦又特意下令,赦免项氏家族的所有人,并让他们改姓刘。赐姓,在古代社会当中,算是一个很大的恩典。

此时的项伯,已经在张良的手下做事,刘邦特意把他召了过来,并封他为射阳侯。项羽的其他叔伯兄弟,也都被刘邦招安了,并分别封为桃侯、平皋侯和玄武侯。在鸿门宴之前,刘邦曾经亲口答应与项伯结为儿女亲家,可是这会儿,他完全不提那个茬,毕竟刘邦已经取得了天下,他怎么还能看上项伯呢?所以,赖掉这门亲事不过是早晚的事。

既然天下大势已定,不需要打打杀杀了,那么下一步,就该对擅长打打杀杀的将军们下毒手了,起码刘邦是这么想的。所以,他刚刚回到定陶,就决定对齐王韩信动手。为了稳妥起见,刘邦还特意把张良和陈平招呼了过来,和他们好好商量了一番,哥儿仨最终决定先夺了齐王的兵权再说。

打定主意之后,刘邦就若无其事地来到了韩信的军营,韩信也不敢怠慢,让人准备了好酒好菜,打算和刘邦好好喝两杯。刘邦虽然嗜酒如命,但是他也知道自己这回是来干什么的,刚喝了两杯酒之后,刘邦就眯缝着眼对韩信说:"齐王长年带兵打仗,不仅消灭了强大的项羽,而且还为国家屡立战功,这些我都心知肚明。现在战争已经结束了,老百姓也要好好休养生息，齐王再也不用风餐露宿、整天东奔西跑了。既然不需要打仗，齐王就先把帅印和虎符交还吧！"这时候韩信才知道，刘邦是无事不登三宝殿哪！

既然人家伸手要了，自己也没有不给的理由，所以韩信也乖乖地交出了帅印和虎符。见韩信这么识趣，刘邦感到很是意外，随后两个人闲聊了一会儿，刘邦就拍拍屁股走人了。

完成了第一步之后，刘邦紧接着发布命令，既然项羽已经死了，楚怀王也没有后人，你齐王韩信还是到楚国当老大吧！韩信接到这个命令之后，心里也难免有些别扭，不过后来想想，自己本来就是楚地人，如今能够荣归故里，也不免是一件美事。所以他交出了齐王大印，然后领了楚王大印，带着自己的亲兵卫队走马上任。除了韩信之外，刘邦还特意加封彭越为梁王，目的是让韩信心里平衡一些。

2. 韩信回楚

韩信来到楚地之后，先是把早些年帮助过自己的人找了回来。最先得到信的，就是韩信经常去蹭饭的亭长。这个亭长的老婆当年为了不让韩信天天来蹭饭，还曾经放过苦肉计的大招，宁可自己饿着也不做饭。现如今，韩信看到他们两口子都来了，于是命人给他们拿了一些钱，态度不冷不热地说道："你们虽然管过我几顿饭，但是未免小肚鸡肠了些，你们拿着这些钱，回去好好过日子吧！"

亭长两口子做梦也没有想到，当年那个饿肚皮的、没事来家里蹭饭的穷小子，如今居然贵为楚王。要是早知如此，当初就应该好好待他，干吗还要像防贼一样防着他呢！

同样没想到的，还有在江边替人洗衣服的老妈妈，韩信为了找到她，也颇费了一些周折。她刚刚来到韩信的官邸，韩信就赶紧走上前来，拉着她的手问寒问暖。虽然老太太当年说过，不需要韩信报答，但是韩信仍然拿出了黄金千两，送给了老太太和她的家人。除此之外，韩信还特意摆了酒席，感谢老人家当年的慷慨施舍，让他度过了那段难熬的岁月。

送走了老人家之后，手下人又向韩信报告，当年逼他钻裤裆的小流氓也被抓来了。韩信听说之后，赶紧让人把他带了上来，没想到，过了十多年之后，这小子居然子承父业，也干起了屠夫的营生。听说当年被他欺负的韩信，如今已经贵为楚王，这小子早吓得找不到北了，这会儿又被带到了韩信的面前，整个人抖得跟筛糠一样。

韩信看到他之后，直接拔出了宝剑，那小子吓得直接跪了下来："大王饶命啊！大王饶命啊！小人有眼不识泰山，当初不该冲撞您！大王千万别杀我！"没想到，韩信只是绕到了他的背后，把他的绳索砍断了："起来吧！我是小肚鸡肠的人吗？怎么会和你一般见识呢！再说了，你也是堂堂七尺男儿，别动不动总下跪。今天让你来，不是为了找你算账，所以你不用害怕。听说你们那一片儿，正好缺少一位捉拿盗贼的亭长，我觉得你挺合适，明天你就走马上任吧！"听到韩信这样说，小流氓还以为跟他开玩笑："您大人不计小人过，饶了我一条命，我已经感恩戴德了，咋还能指望您提拔我呢，大王不是给我开玩笑的吧？"

看到他不相信，韩信又接着说："军中无戏言，我怎么会跟你开玩笑？明天你就去上任，不过一定要给我好好干，别让我丢脸！"这时候他才相信，韩信并不是跟他开玩笑，于是赶紧跪下谢恩，然后屁颠屁颠地回了家。

看到人走远了，韩信才对身边的人说："这小子也是一个壮士，他当年的做法，不仅锻炼了我的意志，还让我明白了一个道理，不要为小事自寻烦恼，大丈夫应顶天立地。试想，当初我杀了他，又能得到什么呢？所以犯不着为这点小事乱了我的心智。"听到韩信这样说，他手下的兄弟们对他更是佩服得五体投地。

在现实生活当中，像韩信这样的人太少了，很多人对仇恨耿耿于怀，以致每天都生活在痛苦当中。不能把有限的精力用在谋事创业上，怎么可能做出成绩？等做出成绩以后，再回头看看那些经常磨炼你的人，不正是你应该感谢的人吗？

韩信被立为楚王之后，就联合了梁王彭越和淮南王英布，以及其他几位大王，特意给刘邦写了一封信，要尊称他为皇帝。在这封联名信当中，他们情真意切地写道：秦王朝暴虐无道，眼看着老百姓都没有活路了，大王您带领大家伙儿一块儿攻进了咸阳，不仅推翻了秦王朝的统治，还让老百姓过上了幸福安康的生活。在众多的英雄豪杰当中，大王您的功劳最大，为了让后世子孙牢记您的功德，还是请您尽早登上皇位，以便匡扶社稷，让老百姓更加安宁！

刘邦接到这封联名信之后，内心早就急不可待，但是当着大家的面，也不得不装模作样地推辞一番，说："我虽然读书不多，但也从圣人的口中得知，只有品德高尚的人才能成为皇帝，像我这样的人哪配呀！以后大家再也不要提这事了！"

其实地球人都知道，刘邦做梦都想登上皇位，如今却装出假惺惺的样子，无非就是做给别人看的，所以下面人也开始劝他："大王的出身虽然并不高贵，但是您在秦王朝的暴虐统治之下，顶着压力振臂一呼，最后各地起义军纷纷拜倒在了您的旗下，共同向着同一个目标进发，这不恰好说明了您的号召力特别强吗？再说了，如今天下已定，您也对诸侯王进行了封赏，如果您不顺势登上皇位，大家伙儿都不敢相信自己的封地和王号是真的，所以大王还是尽快称帝吧，这也是顺应民意呀！"

经过推举、拒绝，再推举再拒绝，如此反复若干次以后，刘邦终于奋力掩盖着内心的狂喜，勉为其难地答应了。至此，普天同庆，皆大欢喜。既然刘邦已经点头同意，张良随后就把登基的具体事宜，交给了才高八斗的叔孙通，还有刘邦的发小卢绾，让这哥儿俩具体操持。

3. 刘邦登基

公元前202年农历二月，哥儿几个选定好了一个黄道吉日，共同来到了汜水的北岸，见证刘邦的荣耀时刻。在这里，早就建好了一座雄伟的高台,此时高台上不仅彩旗招展,而且三步一岗、五步一哨。高台下宽阔的广场上,更是站满了身穿盔甲的士兵,他们威风凛凛,士气高涨。

老百姓从来没见过如此庄严的场景,纷纷想凑上来看看热闹,但是对不起,只能远远地观望,凡夫俗子怎么能轻易看到皇帝大人呢!

当刘邦的功臣与诸侯王依次入座之后,登基大典也就开始了。在刘邦的身边,大多是他贫困时期的穷兄弟,这帮人还没见过这么大的阵仗,内心难免忐忑不安。不过看到如此庄严的气氛,他们也不免屏气凝神,生怕破坏了这个庄严的氛围。不过细心的人也发现,刘邦的这帮穷兄弟真是良莠不齐,大有一人得道,鸡犬升天的感觉,这也为之后的将相不和,埋下了仇恨的种子。

看到吉时已到,刘邦就在萧何和张良的陪同之下,步履缓缓地登上了高台。坐在诸侯王席位上的韩信,发现刘邦的背后居然还有卢绾和周昌,他们两位都是跟随刘邦从沛县出来的将士。尤其是后起之秀卢绾,不仅被刘邦封为长安侯,还被任命为太尉。然而,卢绾与樊哙和曹参相比,他并没有取得什么可圈可点的成绩,如今却轻松地位列三公,这让韩信心生意外,愤愤不平。

韩信郁闷的时候,忽然发现步兵方阵当中的首领樊哙,也对卢绾的突然升迁感到不满。论战功,卢绾不仅没法与樊哙相媲美,即使与曹参相比,那也有着天壤之别,卢绾只是曾经协助过彭越,打劫过项羽的粮草而已。就这点功劳,还好意思跟着刘邦一起,人模狗样地登台,怎能不让人生气?

除了卢绾之外,周昌也被刘邦封为御史大夫,这更让樊哙气不打一处来。周昌年纪轻轻,就承袭了他老爹的官位,让这些战功赫赫的将军更是眼红。虽然樊哙非常郁闷,但是在这样一个庄严肃穆的场合,他也不敢轻易放肆,生怕惹来杀身之祸。而在樊哙的内心,此刻正在进行着激烈的斗争,刘邦啊刘邦,我们既是友又是亲,胳膊肘为什么总往外拐,难道我就不配当这个御史大夫吗?越想越气,只见他怒目圆睁,一副要跟人拼命的样子。

当樊哙转过头,看到少言寡语的周勃之后,更为他感到不值。周勃跟随刘邦很多年了，他不仅立下了卓越的战功，而且还多次救过刘邦的命，但如今与卢绾的地位，差得不是一星半点，这让樊哙感到不公。看到周勃呆呆地站在那里，樊哙就将马缰绳抖得稀里哗啦的，惹得大家伙儿都朝他这边看，这时候樊哙才觉得，似乎有点过分了，得控制情绪，要不然大家脸上都不好看。

刘邦带着大家伙儿登上了高台，这时候鼓乐齐鸣，卢绾走上前来，向大家宣读了诸侯王的策文，其实也就是奉劝刘邦登上皇位的文书，大体意思就是说：刘邦带着大家伙儿攻入关中，推翻了秦王朝的统治，他不仅稳定了民心，而且还加封了诸侯王。如今老百姓都已经安居乐业了，诸侯王也希望刘邦登上皇位，尽快让天下安定下来。

读完了诸侯王的策文之后，卢绾又接着宣读了刘邦的制文，其实也就是刘邦的那些客套话，大概意思就是说：我听说能够当皇帝的人，都是品德高贵、极为贤能的人，我刘邦何德何能，怎么能当皇帝呢？可是，各位诸侯王非要推举我，想让我安定民心，让老百姓都过上好日子。为了不让诸侯王失望，我也只能登基称帝了！

读完这些之后，卢绾已经大汗淋漓，可是他顾不得停歇，就接着进行下一道流程："请陛下接受传国玉玺！"

刘邦听到这句话，也神情肃穆地走上前，这时候，卢绾从太仆寺丞的手中拿过传国玉玺，庄重地递到了刘邦的手上。刘邦双手捧着传国玉玺，心里面也不免升起了一种威严和肃穆：当年他带着囚徒，从沛县到咸阳服徭役，中途却把他们全都给放走了。自己被迫无奈落草为寇，后来又成了起义军的首领，跟项羽拼得你死我活，最终才成了九五之尊。一桩桩、一件件，让刘邦心潮澎湃。当年攻入沛县，被萧何等人推为起义军首领的时候，他完全没有想到，自己居然能有飞黄腾达的今天。

除了想到这些，刘邦打心底里感谢他的老丈人吕老太公，正是他的相面术给自己带来了希望和信心，让他坚信自己一定能成事。还有那位给家人算命的老先生，他们都认为自己有一副富贵相，才让他一直坚守到今天。还有关于赤帝子斩白蛇的传说，更让刘邦坚信他就是天的儿子，能够登上皇位,也是顺理成章的事情。

刘邦端着传国玉玺,停留了好长时间,才转身交给了萧何。萧何拿到传国玉玺之后,高举头顶向众人展示了一番,然后交给了符节令丞,让人好好地看管了起来。

紧接着,又听到卢绾高声喊道:"请陛下登上龙位!"刘邦转过身,在引导员的带领之下,步履缓缓地来到了皇帝宝座上落座。

这时候刘邦的内心非常激动,为了能够登上宝座,他忍受了太多的痛苦,如今终于功成名就,着实让人感到欣慰。当刘邦坐稳之后,卢绾又接着喊道:"请丞相宣读诏书!"平时萧何都是一身休闲装,不过在这个庄严肃穆的场合,他特意穿了一身华服,表情庄重地向前走了两步。他接连宣读了三道诏书,其中第一道诏书,就是刘邦册封吕雉为皇后的诏书,这时候大家将目光投向了高台的右侧。

只见吕雉身着凤冠霞帔,在两位宫女的搀扶之下,一步一步来到了高台中央,向着刘邦行了大礼。其实大家并不知道,自从吕雉被项羽放回来之后,她就知道自己的好日子就要到来了。虽然刘邦并没有给她太多的温存,但吕雉仍然心情大好,脸色也变得丰润了起来,远远看上去,更加显得年轻,完全不像生过两个孩子的母亲。

当吕雉站定之后,萧何就高声喊道:"皇帝说了,册封吕雉为皇后,掌管后宫的一切事项!"吕雉听到这句话之后,也对着刘邦高声喊道:"谢陛下隆恩!"然后对着刘邦行了跪拜大礼。紧接着,夏侯婴走上前来,向吕雉颁授了皇后之玺。完成这一套流程之后,吕雉才来到刘邦的身边就座。

紧接着,萧何又宣读了第二道诏书,册封刘盈为皇太子。这些年,刘盈一直跟随萧何留在大后方,既没有见过自己的父亲刘邦,也没有见过自己的母亲吕雉,直到去年的时候,爷爷和母亲被父亲送回了大后方,刘盈这才感受到了家庭的爱。他跟随母亲来到定陶的时候,就吵着闹着要去见父亲,可吕雉却骂了他一顿:"你爹正忙着登基大典的事情,这会儿哪有空理你?再说了,你马上就要做皇太子了,也要学着独立。"虽然刘盈似懂非懂,但他也不敢多说话,害怕惹怒了母亲。此刻,刘盈也在中官的陪同之下上台受封,他时不时地打量着坐在龙椅上的父亲,看到父亲比原先苍老了很多,这让他感到了陌生,甚至还有一丝的畏惧,脚步越来越慢了。看到儿子那个样子,坐在刘邦身旁的吕雉,脸色越来越难看,恨不得立刻站起来抽他两巴掌。

注意到吕雉的神色,萧何赶紧小声劝解道:"太子还是一个孩子,经历如此大的场合,心里面紧张也是人之常情,皇后不要担忧!"听到萧何的劝解之后,吕雉的心情才稍微好了一些。

可是,刘盈的心情越来越慌乱,当他走到刘邦面前的时候,居然忘了该干什么了,直到中官小声提醒他,刘盈才慢慢地跪下来,对着刘邦和吕雉战战兢兢地说道:"儿臣拜见父皇和母后!"刘邦没想到,好几年没见了,儿子居然长成了这个尿样,于是他也没好气地答道:"起来吧!"

这时候,又听到夏侯婴高声喊道:"请太子接受印信!"早就有人准备好了这些,恭恭敬敬地递到了刘盈的面前,刘盈接过来之后,看了看就把它交给了身边的中官。完成这些之后,刘盈就在礼仪人员的带领之下,坐在了吕雉的旁边。

这些流程虽然神圣且充满了荣耀,但是在刘盈的内心当中是非常抗拒的,早知道就不来这里了,完全没有之前的自由从容。正在刘盈心烦意乱的时候,萧何又颁布了第三道诏书。这道诏书是颁布给诸侯王的,这不仅让他们的封地得到了确认,而且还让各位诸侯王有了法律依据,可以名正言顺地享受权力。

完成了登基大典,刘邦就带着大家到宗庙祭祀,这不仅宣告了大汉朝的成立,还代表结束了动乱的局面,老百姓可以安居乐业了。

熟悉中国历史的人都知道,大汉王朝在中国历史上起着非常重要的作用,在刘邦之后的四百多年时间当中,一直都是刘氏子孙统治中国,虽然中间出现了王莽篡汉,不过也只是短短十几年的时间,后来还是被光武帝刘秀重新夺回了政权。

4. 项羽为什么失败

无论是从品行上，还是从能力上，刘邦都不能算是一个完人，甚至可以用无赖来形容他，但是刘邦却在楚汉相争当中，打败了实力雄厚的西楚霸王项羽，这不能不让人感到震惊。之所以出现这样的结果，有着多方面的原因，下面就给大家介绍一下。

很多历史学家都把秦朝灭亡的公元前206年，直接当成了刘邦建立汉朝的开始，这显然是不正确的。因为当时项羽的实力非常大，刘邦完全没有成气候，就连他头上的汉王大帽，也是项羽封赏的。所以从这一点上来说，这一年应该称为项羽元年才对，只不过后来刘邦打败了项羽，史学家们才厚此薄彼，把这一年直接算成了刘邦元年。其实回过头来看，在四年的楚汉战争当中，刘邦一直都处于防守的位置，项羽才是真正的主角。项羽虽然失败了，但他仍然是一个大英雄，是中国历史上少有的卓越军事将领之一。

在各种历史记载当中，关于项羽的评说和论述有很多，尤其是在司马迁的《史记·项羽本纪》当中，关于项羽的记载更为详细。和古代贤能的君主舜一样，项羽也是典型的双瞳孔眼仁。当年，秦王朝失去民心，老百姓揭竿而起，陈胜、吴广率先在大泽乡起义，各路英雄豪杰群起响应，被秦始皇灭掉的六国，也都借助这股势力复国了。项羽的祖上虽然是楚国的大功臣，但到了项羽这一代，一家人都是普通的百姓，而他的父母又英年早逝，项羽只好跟着叔叔相依为命。正是这样一个普通的百姓，在短短的三年时间当中，就率领着五个诸侯国的军队，浩浩荡荡地杀入了咸阳。他不仅震惊了天下，而且还做出了很多常人难以想象的事情，首先分封诸侯王，然后分割土地，又自封为西楚霸王。

然而好景不长，在楚汉争霸当中，项羽很快便跌落神坛，这又是为什么呢？当初，项羽仗着自己人多势众，违背了"谁先入关中，谁就称关中王"的盟约，从这件事情之后，他就慢慢地失去了人心。刘邦攻入咸阳之后，对老百姓秋毫无犯；项羽攻入咸阳之后，则纵容士兵烧杀抢掠，还一把火烧掉了阿房宫，让关中百姓痛恨不已。当他下令杀掉秦国二十万降兵的时候，算是彻底寒了关中百姓的心。

逼走刘邦之后，项羽并没有留在咸阳，利用关中的地理优势，壮大自己的实力，反而怀念故土，决定定都彭城，这就让他失去了地理优势。与今天的情况不同，当时的关中地大物博，人力资源也非常丰富，还拥有函谷关这一天险；而彭城就不同了，这里地势开阔，很容易被人攻破。正是项羽的错误决定，加速了他的灭亡。

项羽回到彭城之后，不仅逼走了义帝，还因为义帝不愿意收回先入关中者称王的约定，派刺客在长江上杀掉了他，这更激起了天下人的反对。失去了天时、地利、人和的项羽，怎么可能在楚汉相争当中取得胜利？所以他快速成功的同时，也为他的失败埋下了很多隐患。在短短的五年时间当中，项羽就彻底被刘邦斩落马下，直到临死时，他还认为是"天要亡我"，没有认识到自己的错误，真是滑天下之大稽！

司马光编撰的《资治通鉴》，同样对于刘邦的胜利和项羽的失败，做出了对比说明：刘邦善于发挥众人的力量，让大家伙儿都给他贡献计策，所以才能登上高位；相反，项羽并没有认识到这一点，他喜欢单打独斗，凭借个人的力量和智慧，来对抗刘邦的智囊团，焉有不败之理？再说项羽本来就是一个莽夫，不要说对抗刘邦的智囊团，就是让他和刘邦一对一比拼智力，项羽都不是对手。虽然司马迁和司马光对项羽的评价都非常正确，但也都有局限性，他们分析得并不全面。

在现代社会当中，关于这段历史的评述，也有很多史学家给出了自己的看法，归纳起来有以下几点。

第一点就是项羽违背了社会发展的规律。因为秦始皇已经统一了六国，老百姓迫切希望建立一个大一统的国家，以结束连年战乱的局面。可是，项羽并没有认识到这一点，当他推翻大秦王朝的统治之后，还企图恢复春秋战国时代的军阀割据局面。他首先分封了十八个诸侯王，他本人也是诸侯王之一，这不仅让局面更加混乱，而且还让中华民族再一次陷入了四分五裂的状态。正是这种缺乏顶层架构的组织模式，使诸侯王之间互相争夺利益，让国家再一次陷入了血雨腥风当中。从这里大家也可以看到，项羽缺乏政治家的头脑，也不具有战略眼光，他只配做一名骁勇善战的将军，而不可能成为一代帝王。

第二点就是项羽异常残暴的个性。项羽自跟随叔父起兵以来，就曾多次屠城，尤其是遇到抵抗强烈的城池，无论是普通士兵还是手无寸铁的老百姓，项羽几乎一个不留，把他们通通杀掉了。这不仅是泯灭人性的行为，而且还让无数的百姓失去了父子兄弟，在他们的心目当中埋下了仇恨的种子。

把咸阳城抢劫一空后，项羽还烧掉了秦皇宫，这不仅是秦王朝的损失，也是中华文明的损失。这里蕴藏了无数能工巧匠的心血，结果却被项羽一把火变成了废墟，怎能不让关中的百姓愤慨呢？所以当项羽在军事上获胜之后，老百姓并不支持他，害怕项羽得手之后像秦始皇一样残暴，因此项羽被刘邦拉下马也是早晚的事情。

第三点就是项羽不懂得知人善任。当初，像韩信和陈平这样的大才，其实是跟随项羽打天下的，他们进入了项羽的营帐当中，就像趴在窗户上的苍蝇一般，前途是光明的，道路是没有的。眼看着不受重用，韩信和陈平相继离开了项羽，投奔了刘邦，也让项羽的实力不断削弱，刘邦的实力不断增强。在项羽的帐下，大多数都是项家人，比如他的叔叔项伯、堂弟项庄和项声，都得到了项羽的重用。但是这些人对项羽来说，很多都没有实质性的作用，有的还会拖他的后腿，尤其是他的叔叔项伯，更改写了项羽的历史。除了这些人之外，项羽最信任的就是范增了，可在关键时刻还被项羽气跑了，落得个客死他乡的下场。

剩下项羽一个人，即使浑身是铁，又能打几个钉呢？虽然他的个人能力很突出，但是缺少团队配合，他也就只能逞匹夫之勇。不得不说，项羽是一个把一把好牌打得稀烂的人，当初他进关中的时候人才济济，可是，没过两年就树倒猢狲散，这也是他咎由自取，怨不得旁人。

第四点就是项羽缺乏稳定的后方。这一点也是项羽和刘邦最明显的区别，当项羽将山河之险拱手让人的时候，也就注定了他的失败。刘邦占据了沃野千里的汉中，并以此作为稳固的根据地，带着大军不断地骚扰项羽,让他顾头不顾尾。

刘邦让萧何留守汉中,不仅为他提供了源源不断的粮草,还给他提供了大量的兵源,这些都是项羽无法比拟的。项羽带兵回到了彭城,在战略上就已经处于被动地位,这里一马平川,无险可守,很容易被攻破。当项羽深陷对齐国战争的旋涡时,刘邦就带着大军长驱直入,很快就突破了彭城的防线,不仅让项羽尝到了老家被毁的滋味,还让他几年的心血毁于一旦。

第五点是项羽不懂得笼络人心。他虽然待人谦和有礼,甚至会把好吃好喝的拿给别人,但是真正到了论功行赏的时候,项羽又舍不得了。在这一点上,韩信看得非常透彻,当他被刘邦拜为大将军的时候,还特意对刘邦说,项羽把刻好的印章拿在手中把玩,几乎把印章的棱角都磨平了,还不舍得封赏给有功之臣,怎能让人为他卖命?

不要说在那个封建王朝里,就是放在今天,想让马儿快跑,又不让马儿吃草,也是行不通的。在这一点上,刘邦要比项羽强上百倍,他不仅敢于提拔任用韩信,即使对陈平这样的外来户,也同样能够一掷千金,足见他对人才的重视,也非常善于笼络人心。为了尽早打败项羽,刘邦还听从张良的意见把韩信和彭越封为王,让他们上了战场之后更加卖力。

第六点是关键时刻掉链子。楚汉相争的过程当中,项羽在几个关键节点上犯了错,白白葬送了好机会,这一点也是毋庸置疑的。鸿门宴是杀掉刘邦的最好机会,可是项羽在关键时刻却有了妇人之仁,不仅放虎归山,还顺口把曹无伤给出卖了。这不仅让刘邦拔除了一颗钉子,也让项羽少了一个眼线,以后再难了解刘邦的动向。把刘邦封为汉王之后,项羽虽然派出了三个人看大门,但他所托非人,明知道秦地百姓恨透了章邯、司马欣、董翳,还让他们驻守关中,结果被韩信明修栈道,暗度陈仓,把他们仨全收拾了。听到这样的消息之后,项羽并没有立刻醒悟,没有趁刘邦羽翼尚未丰满之际,把他扼杀在摇篮当中,反而深陷对齐国的战争旋涡,结果被刘邦抓住机会抄了老窝。

除了这两次失误之外,项羽在楚汉相争的后期还和刘邦签订了互不侵犯条约,结果放走了手中的两个筹码。当刘邦看到老爹和老婆都回来了,他就变得更加肆无忌惮，过完年就带着大军杀入了楚地。这一次，项羽再也没有机会杀掉刘邦了，而刘邦对他则是毫不手软，坚决除之而后快。

第七点，项羽还有着与生俱来的弱点——刚愎自用。虽然他从少年时期，就有着远大的理想，却不愿意脚踏实地，研究兵书更是一知半解，所以在和韩信斗争的过程当中，他完全不是对手。除此之外，项羽自认为可以取代秦始皇，但是他爱慕虚荣，总喜欢听一些顺耳的话，对于那些忠诚的意见，项羽是不善于倾听的，最终，让很多贤能的人离开了他。

项羽不仅拥有着伟岸的身躯，而且勇武过人，这些都是刘邦无法比拟的。但是与刘邦相比，项羽的缺点还有很多，正是项羽的这些缺点成就了刘邦，让他花了五年时间最终战胜了项羽，登上了九五之尊的宝座。

尺有所短，寸有所长，虽然项羽的缺点很多，但他的优点也很多。其中第一点，就是置之死地而后生。项羽奉楚怀王之命，带领楚军援救赵国，这是他第一次展示卓越的军事才能。当时的章邯势不可当，把陈胜、吴广起义军砍得七零八落，还沉重打击了农民起义军的士气。当大家看到章邯围困赵王的时候，很多人都束手无策，只能眼看着章邯在赵国驰骋。

眼看着赵国都城邯郸就要被章邯攻破了，项羽率领八千江东子弟兵一马当先，他要求大家破釜沉舟，斩断退路，最终缔造了战争神话。这一仗不仅把章邯打得落花流水，而且还向各个诸侯王展示了自己智勇双全的本领，迫使诸侯王臣服于他。

正是从这次战役开始，项羽打得秦军闻风丧胆，当他势如破竹、所向披靡的时候，作为秦王朝的最后一根擎天柱，章邯也被迫投降项羽。由于项羽在前方牵制了大量的秦军，才让刘邦进军非常顺利，并轻而易举地攻占了函谷关，最终入了咸阳，擒获了秦王。

第二点就是杰出的军事才能。项羽自从跟叔叔项梁起兵以来，在八年多的时间当中，经历了大小七十多次战役。在每次战斗当中，项羽均一马当先，这在历史上是不多见的，尤其是碰到硬骨头的时候，项羽更是身先士卒，这给将士们增添了无穷的勇气。

第三点就是杰出的人格魅力。无论是司马迁的《史记》当中，还是司马光的《资治通鉴》里面，对项羽的记载都非常详细，他刚刚起兵的时候，不仅谦虚有礼、说话温和，还能做到平等待人，种种迹象表明，项羽就是一位出身将门的杰出青年。稍显遗憾的是，等项羽走上权力巅峰的时候，没有保持这一良好的人格魅力。也正是基于这样的原因，当项羽刚刚起兵的时候，许多有识之士都投靠了他，只是项羽没有把握住机会，才让刘邦钻了空子。

与项羽相比，刘邦简直没有道德底线，他不仅玩弄女性，还吃喝嫖赌，五毒俱全。尤其是他当亭长的时候，非常傲慢无礼，对待他人更是张口就骂。在私生活方面，刘邦更在乡间留下了恶名，直到三十三岁了，刘邦还是光棍一个。

根据历史的记载，刘邦和吕雉结婚之前，就曾经和姓曹的寡妇胡来，两人还生下了一个私生子，至于其他没名没姓的女子，就更不用提了。在彭城遭遇兵败之后，刘邦又娶了如花似玉的戚夫人，不过她的命运太差了，基本上没过上几天好日子。

除了私生活混乱之外，刘邦对自己的子女更是不管不顾，在他逃命的时候，还曾经将儿女踹下车，这根本就不是人干的事！所以从这一方面来说，刘邦是一个极端的利己主义者，为了保住自己的小命，不管是老婆孩子，还是自己的亲爹，刘邦都可以不管不顾。

虽然司马迁生活在汉朝时期，但是他对开国皇帝刘邦的描述，还是用了好酒及好色来形容。根据后代人的研究发现，司马迁对刘邦的描写还是有所保留的，历史上的刘邦比司马迁描写得有过之无不及，几乎说他就是一个泼皮无赖。

虽然在很多人看来，项羽不具备一个大国领袖的素质，但他不缺少军事素养，至少在这一点上，项羽要比刘邦好太多了。只不过项羽少了一些文化底蕴，又缺少了一些政治理想抱负，所以才成了一个失败的英雄。至今人们还记得，项羽逃到乌江边的时候，亭长特意给他备了一条船，苦劝他尽快过江，仍可称王。然而心灰意懒的项羽，最终还是拒绝了亭长的好意。虽然项羽兵败身死，但他的豪言壮语，至今仍然让热血男儿敬佩不已。

宋代著名的女词人李清照，也曾经写下过传唱千古的名句："生当作人杰，死亦为鬼雄。至今思项羽，不肯过江东。"这既是对项羽的赞叹，同时也是对南宋王朝偏安一隅的极度讽刺。虽然历史已经过去了两千多年，我们不能用今天的眼光来看待古人，但成王败寇的思想，还是让项羽成了一位可怜可悲的英雄。

说完了项羽，最后再来聊一聊刘邦，他之所以能够成功，其实还是有很多原因的。虽然在很多人看来刘邦的品行不咋样，但他总能在关键时刻逢凶化吉，最终登上九五之尊的宝座，说明刘邦还是有很多过人之处的。

其中第一点，就是刘邦善于发现人才、使用人才。无论是张良这样的贵族阶层，还是萧何这样的普通公务员，都能为刘邦所用，也恰好说明了这一点。刘邦登上皇位之后，也曾经总结过自己胜利的原因，他起用韩信统领百万大军，让萧何担任后勤部长，又用张良运筹帷幄，决胜千里。用大家的智慧来做同一件事情，焉有不胜之理？

在团队合作这一方面，项羽差得不是一星半点，他手下只有一个谋士范增，还被陈平用了挑拨离间之计，最终让项羽起了疑心，把范增气跑了。当项羽和刘邦在鸿沟对峙的时候，项羽就提出与刘邦一对一单挑，刘邦怎能同意？他提出与项羽斗智，然而实际上，刘邦既无勇气，又无智慧，他只会集中优秀人才的智力，来对付单枪匹马的项羽。历史经验恰好说明了这一点，无论是打天下，还是治天下，没有杰出的人才是不行的。尤其是在科技高度发达的今天，谁能把握住人才，谁就能占据主动权。

第二点，刘邦懂得一个道理，那就是得民心者得天下。当他押送犯人服徭役的时候，完全可以用铁链子把犯人捆上，这样就不会让人逃跑了。不过刘邦并没有这样做，当他发现中途有人逃跑的时候，干脆把其他人也放了，宁可自己丢官，也不愿意采取暴力的方式押送犯人。无论是在推翻秦王朝的过程当中，还是楚汉相争时期，刘邦每到一处均会先礼后兵，即使攻下城池之后，也会贴出安民告示，绝不像项羽一样，采取屠城的方式让老百姓屈服，这也让刘邦笼络了不少民心。

攻下咸阳之后，刘邦看到这个花花世界，虽然嘴上流着哈喇子，内心也想放纵一番，但他还是听从了樊哙和张良的建议，赶紧离开了这个是非之地。为了让关中的百姓从严苛的秦朝法律当中解脱出来，刘邦还与他们约法三章，同样赢得了民心。

　　第三点，善于利用国家的财产收买人心。刘邦每打下一地，就会对立功者进行赏赐，不过很显然，这些都是秦王朝的土地和财产，刘邦只是做了一个顺水人情，正是凭借这些财产，刘邦让这些人死心塌地地跟着他。当刘邦打下天下之后，同样分封了一些诸侯王，但这些诸侯王和项羽分封的诸侯王不同，他们和刘邦是上下级的关系。当刘邦坐稳江山之后，感觉再没有力量可以威胁到自己了，他就开始找各种借口来消灭这些异姓王。无论是立有大功的韩信和彭越，还是投降过来的英布，都被刘邦捏造罪名杀害了。这对于他们个人来说，是悲惨的命运，但对于巩固封建王朝的统治，避免中国陷入四分五裂的状态，却起到了积极的作用。

　　第四点，拥有稳定的大后方。自从商鞅变法以来，秦王朝据守关中，不仅把这里变成了沃野千里的良田，而且资源非常丰富。虽然项羽也看到了关中的富饶，但是他没有远见，把这里白白让给了刘邦。刘邦据险而守，不仅把这里变成了稳固的后方，而且还给他输送了源源不断的粮草。在项羽的大后方，彭越天天和他打游击战，不仅洗劫了楚军的运粮车，还烧掉了项羽的粮库，让项羽苦不堪言。尤其是在楚汉对峙的过程当中，项羽好几次都是因为粮草不足退兵，最终在孤立无援的情况之下被拖死。虽然项羽失败了，刘邦胜利了，但两人之间的功过是非，还是值得后人研究的。尽管刘氏家族统一了天下，但刘邦作为一个胜利的无赖，他身上还有很多污点是老百姓无法忍受的，即使很多文人墨客站出来为他粉饰太平，也无法掩盖他令人不齿的行径。

（全书完）